英譯——甘為霖牧師
漢譯——李雄揮
校訂——翁佳音

【修訂新版】

荷蘭時代的福爾摩沙

FORMOSA UNDER THE DUTCH

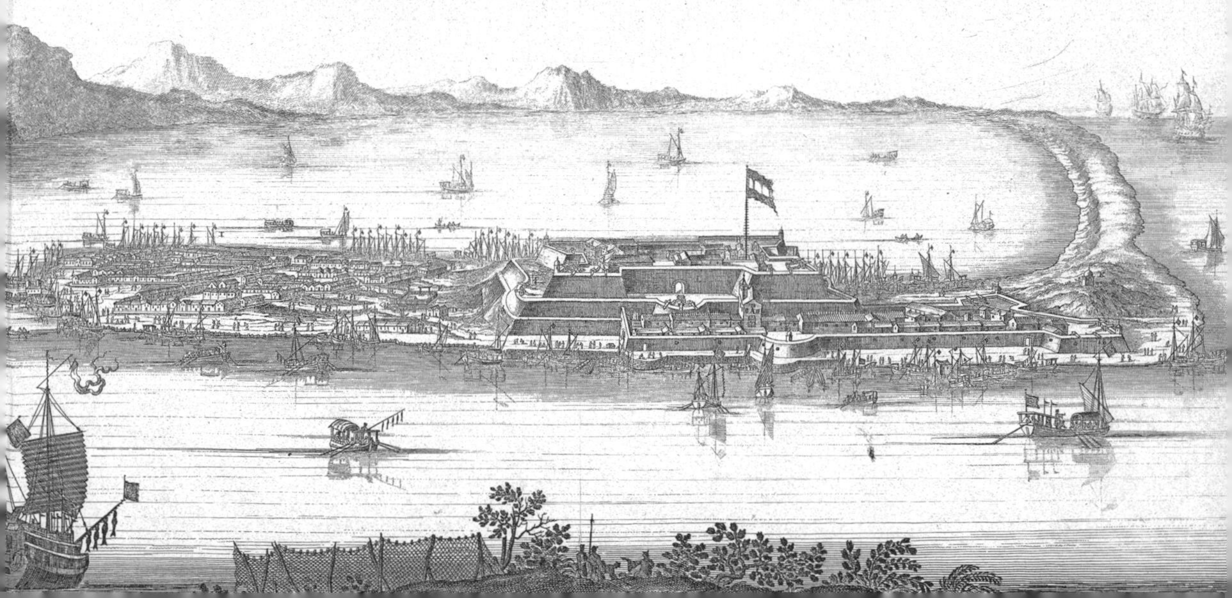

新版并序

1

我在「荷蘭時代台灣史」課堂上，幾乎不推薦，或規定學生閱讀當代研究者有關荷蘭時代的論文、專書，當然包括拙著在內。理由無關作品水準，而是與個人研究經歷及焦慮有關。我甚至在課堂上，一而再跟學生說：若精讀，且妥當理解甘為霖牧師（Rev. W. Campbell）編譯的《荷蘭時代的福爾摩沙》，那麼他對這個時代的認識，級數與我同等，不用上課了。

我不鼓勵初學者研讀現代研究論文，有兩個主因。第一是，有關「荷蘭時代」荷語文獻，百餘年至今，大部分是先被翻成英、日等外文，然後再由非老練的學者轉譯為漢語。譯詞與譯文各行其是，缺乏統一核對、校正與註釋，導致歷史敘述凌亂、重複。其二，國內學術評審制側重著作數量，研究者往往無法吟味便被迫快速發表論文，爭搶掛名文獻的編譯。「荷蘭時代研究」當然不能免俗，但它還具有其他部門所欠缺的特質，即：國內以往曾吹捧所謂「古」荷文的神秘與權威，致使這個時代的相關著作隨日增多，仍有點像學術租界，甚至是特權，很少人會、或敢質疑。這時代的史識、史論，積非成是者，因而不少。

舉一兩個實例來說明吧。大概一、二十年前，一位中國學者在其重要譯註書中，把福爾摩沙美麗島翻譯為「福島」，書中弄亂不少方位清楚的原住民與漢人聚落，進而又翻譯鄭成功患有梅毒（morbum）。此書一出，國內學者不少人競相引用與宣傳。儘管我指出「福島」造語，很容易跟日本地名混淆，應避免使用為宜；以及說拉丁文

morbum 不是梅毒，沒用。一般人總是以為著名出版社刊行、又是「古」荷蘭文專家的翻譯，是權威，錯不了。

另一個例子。一般人都知道的三冊漢譯《巴達維亞城日誌》，它可是輾轉翻譯而來。1887 年開始從原檔排印成荷文，總共三十一冊，接著日人選擇抄譯日、台相關部分，出刊時，先後有日蘭交通史料研究會兩冊版，與平凡社的完整譯註版。漢語版第一、二冊譯自前者，第三冊譯自後者，是拼裝車的譯作，書中台灣地名、人名，以及船名、度量衡與貨物名等，多採直譯或音譯。相信讀過中譯本的人，一定如丈二金剛。「台窩灣」、「華武壠」、「康康布」與「中國啤酒．三燒」，明明是日常可見的地點、布料，與中國米酒類等，經過翻譯，變得玄奧飄渺。也因文獻考證之基礎作業費力費時，研究者與學界視野，寧願多展望荷蘭殖民地史、荷中貿易史，或鄭成功英雄人物的國際研究。台灣土地，以及地上的人群，瘖啞變配角。這個時代台灣土地上，各地到底發生何事，與後來歷史又有如何關係，學術論著能清楚與實證告訴你的，甚少。

因上述的經驗與焦慮，我只好建議有志以歷史學角度研究台灣史的學生，日語行的，就直接看村上直次郎、中村孝志譯註之三冊《巴達維亞城日誌》（平凡社）；中文底子佳、明清史知識夠者，就好好看江樹生譯註的四大冊《熱蘭遮城日誌》（台南市政府）。這兩部譯著，相當發揮東亞傳統史學者的考訂與註解功夫，讀起來馬上可跟台灣、日本與中國史銜接；而且在論述荷蘭時代台灣史時，比較不會脫離時代文脈。至於想加入英語圈討論的學生，我就建議閱讀本書，即 Rev. W. Campbell, *Formosa under the Dutch: Described From Contemporary Records*。甘牧師這本編譯，由副標題即可看出十九世紀中葉後，台灣再度被西方關注，以及相關歐語文獻被再譯註、再生產的過程。也因此，不只像我歲數前後的歷史工作者，得由此書入門；從日本時代以來，即有各路研究者選擇書中相關資料，翻譯成日、中文。此書對初始研究者的重要性，可見一斑。

2

OK，話回到說主題。我與李雄揮教授迄今無面識之緣，但好幾年前見他因研究教育史而花費心血譯註此書的主要部分，出版後也受到學術界廣泛引用，一方面肯定李教授的用心，一方面也想藉機認識，提供一些譯詞上的意見。四、五年前，主編周俊男小兄說本書將要再刊行新版，請我幫一下。可惜，李教授與我時間不足，無法全書從頭到尾參照荷蘭原文修正。經考慮，主編建議不妨參酌我十幾年來研究意見，以及其他專家、或讀者來函指正與疑問之處進行調整。如荷蘭拼音的人名與地名，盡量採取易記之譯音，以及直接用原來，或與實際地點接近的漢字舊地名，避免讀者在看地名時，有如身處外國與方向凌亂之苦。另外，像日語式的「商務員」、「政務員」或「士官長」等，職位其實很高，怕讀者誤解成低層科員，新版也改成：「商務官」、「政務官」或「高層官員」等等。舊版中的中外度量衡，也盡可能還原為斤、兩、錢、分與石或擔了。

當然，經過這樣調整及修正，跟其他市面上同時代與同類型的學術、文化專書與譯作一樣，仍有不少令人不滿意或掛一漏萬之處。我贊成再版的原因，是考慮到國內仍有為數甚多不習慣閱讀英文，或不諳荷語的人口，也許透過中譯文，更可以各部門專門研究者進場，互為攻錯。最近，中部某國立大學博士生因研究教會與語言教材，來信問我：本書的英語版與中譯版書中，皆有「虎尾壠宗教議會」（Consistory of Favorlang），是啥回事？一般研究與你以前的譯註，不是都說荷蘭時代台灣基督新教只有台灣宗教議會（Formosa Consistory, Kerkraad van Tayoan）？經他提醒，我鄭重核對原文，發現是甘牧師不小心誤譯，因而讓研究者誤以為當時雲林地方又有獨立於台灣宗教議會的教會機構了。

誤譯，就是翻譯大師也在所難免，不是問題所在。我焦慮的是，上述「荷蘭時代」的神秘與權威性，多少讓文史工作者以不懂荷文而放棄荷語文獻批判的責務，這位博士生以專業敏感而質疑，正符合我多年來在提倡歷史文獻批判學之初衷。我再舉我自身的經驗。以前讀到甘牧師所譯：

> ...towards evening, the people of Mattau, Soulang, and Dorko–which latter consists of two villages called Magkinam–and Bakloan...made their appearance.（英譯本頁 122，漢譯新版頁 234）

這不是跟我們清代文獻衝突？現在被認為是西拉雅族的台南北邊東山區哆囉嘓（Doroko）社，清代文獻已說哆囉嘓有「新社」與「舊社」兩個聚落，怎會其中一社叫目加溜灣（Bakloan，台南善化）！由這種文獻敏感度發出疑問，再去翻查原文，原文是「...tegen den avont sijn de Matawers, Soulangers, die van Doroko, 2 dorpen sijnde, Magkinam ende Bacluan versceenen...」，翻譯成「……麻豆人、蕭壠人、哆囉嘓人（有兩社）及 Magkinam、目加溜灣人……」應該比較正確，與後來的不同語文獻，才不會互相打架。不只這樣，在比對與校正文獻過程中，很多學界不知的早期族群歷史，會因此而再度彰顯出來。

所以，我還是重複建議：或許本書譯文跟其他書一樣不完善，卻可以刺激有心探究的人，特別是想走「歷史學」方法的學生，好好反省現行所謂荷蘭時代的研究，是否有不足之處。隨著近幾年懂荷語的研究人數快速增長，神秘面紗漸褪，這個時代的歷史探究，漸有回歸常態的趨勢。或許你沒時間修習荷語，但這不代表你喪失發言權，尤其是至今有關台灣歐語檔案的編輯、註釋與出版，台灣文史工作者多屬消極參與，才會有上述歐美人士誤譯的狀況。總之，若你看到荷語文獻的英譯、中譯，跟你所知的歷史不一樣，那恐怕我們這些荷蘭時代專家，有可能錯，你對。歡迎加入十七世紀台灣史與世界史的研究！

中研院台史所 翁佳音

2017 年 7 月 28 日

漢譯者序

由於社會與政治環境的變遷，國人的殷切期待，台灣史的研究正加速前進中，即使因語言困難而一向乏人問津的荷據時代，也吸引不少甚有才華的學者投入荷語的學習。目前已有很多學者致力於荷據時代的研究或文獻的直接翻譯。

西元 1977 年開始，荷蘭、日本與台灣等地學者組成小組，聯合整理現在仍保存於荷蘭國立檔案館的《熱蘭遮城日誌》古代手寫原稿，將之打字排印出來，分成四冊出版。江樹生教授譯註其第一、二冊，已由台南市政府文化局出版。2000 年，程紹剛教授由聯經出版公司出版《荷蘭人在福爾摩莎》，摘取《東印度事務報告》中有關台灣的文獻翻譯而成。《東印度事務報告》為東印度公司定期向最高領導機構的十七董事會所呈報的文件。

上述兩文獻給荷據時代的研究提供了極重要的第一手寶貴資料，其內容特別著重貿易、內部統治及國際關係上，至於教育活動及教會推廣的資料則較欠缺。甘為霖牧師 1903 年所英譯的《荷蘭時代的福爾摩沙》，彌補了這方面的遺憾。該書分為三部分，第一部分有許多內容是對當時原住民的直接描述，第二部分如甘為霖所說，譯自赫勞特（J. A. Grothe）先生當時新出版的《早期荷蘭海外宣教檔案》，是當時傳教情形的甚佳見證。第三部分譯自 1675 年出版的《被遺誤的台灣》，此部分在 1955 年已有中華書局的中譯本（編按：前衛出版社在 2011 年有全新譯本）。最後還有五篇附錄和一個參考書目，五篇附錄皆已有中譯本。

譯者由於台灣教育史的教學與寫作的關係而閱讀此書，再於課餘時譯之。譯文包括第一和第二部分。甘為霖在其英譯本後面（頁 538-551）附有四十七個註解，本書亦將之譯出。

本書之譯恰於英譯本出版一世紀之後，謹向百年前英譯者甘為霖牧師對台灣的付出，表示敬意。

台東師院 李雄揮 謹誌

2003 年 4 月

英譯者前言

1895 年福爾摩沙割讓給日本，引起了世人的矚目，從那時起，新政府開始大刀闊斧開發島上資源。在當前遠東陸續浮現的嚴峻情勢下，任何稱職的觀察家均會承認該島在戰略上的重要性。

福爾摩沙早期的一切細節，我們幾乎都要歸功於荷蘭人的記載。在 1624 至 1661 年間，福爾摩沙是荷蘭東印度公司的殖民地之一。那時，荷蘭人不僅在島上從事獲利甚豐的貿易，也成功教育當地土著，讓他們歸信基督教。單單一位傳教士，就在福爾摩沙建立許多間學校，並使超過五千位成人接受洗禮成為新教徒。

當時正值滿洲人入侵中國，漢人首領國姓爺（Koxinga）從反清勢力中脫穎而出，但他的武力在廈門被完全摧毀 ❶，僅以身逃。國姓爺整合殘餘力量，編成龐大的帆船艦隊，越過海峽，將荷蘭人圍困在熱蘭遮城九個月後驅逐之，自稱是福爾摩沙的主人。

這些事件在目前具有特殊意涵。英國和加拿大的長老教會，現在正在福爾摩沙西部各地的漢人城鎮和村落工作著，日本人也即將開放福爾摩沙的東部山區，那裡的原住民自荷蘭人統治時期就保持著遺世孤立的狀態。因此，現在值得研究早期荷蘭殖民政府的管理狀況、有關的傳教工作，以及荷蘭人在台灣城堡內所遭遇的漫長圍攻情形。

為了讓大家能夠獲取這些知識，可以根據早期記錄為基礎來撰寫獨立報告，也可以透過純粹的翻譯，使英文讀者能自行閱讀第一手資料。本書所做的努力就是第二種，儘管這些資料有不少冗長和重複之

❶ 應該是 1659 年南京之戰大敗，而不是敗在廈門。

處。

第一部分的資料，選自法蘭汀（Francois Valentyn）的《新舊東印度誌》（*Oud en Nieuw Oost-Indien*）。法蘭汀是這方面經常被引用的主要權威。他所有關於福爾摩沙的地理、貿易、宗教的摘記，都被翻譯並收錄進來。此外，還有一份有關當時原住民的最佳報告，根據 van Rechteren 的說法，那是從 1624 年起便成為宣教先鋒的干治士牧師（Rev. George Candidius）所寫的。

第二部分的資料有些龐大，但若要瞭解早先（遠在我們進入福爾摩沙傳教之前）基督教十字軍在異教徒間的傳教概況，就不能避免其冗長。為了蒐集這些資料，筆者親自到荷蘭兩次，訪問許多大學圖書館和政府機構，受到他們友善的接待。烏特勒支（Utrecht）已故的赫勞特（J. A. Grothe）先生特別慷慨，允許我自由使用他那時剛出版的《早期荷蘭

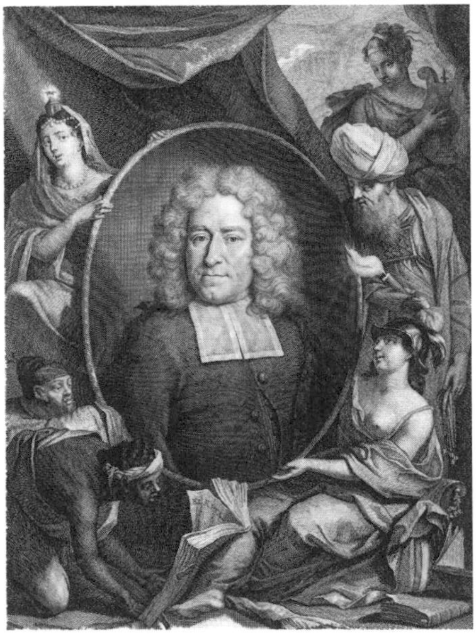
法蘭汀【引自 Wiki Commons】

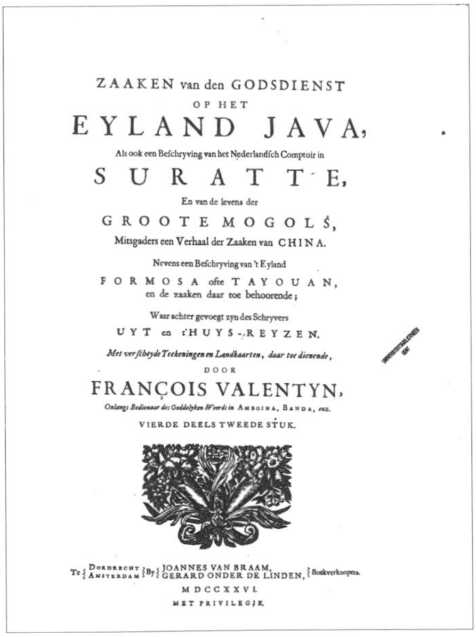
ZAAKEN van den GODSDIENST
OP HET
EYLAND JAVA,
Als ook een Beschryving van het Nederlandsch Comptoir in
SURATTE,
En van de levens der
GROOTE MOGOLS,
Mitsgaders een Verhaal der Zaaken van CHINA.
Nevens een Beschryving van 't Eyland
FORMOSA ofte TAYOUAN,
en de zaaken daar toe behoorende;
Waar achter gevoegt zyn des Schryvers
UYT en 'THUYS-REYZEN.
Met verscheyde Teekeningen en Landkaarten, daar toe dienende,
DOOR
FRANÇOIS VALENTYN,
Onlangs Bedienaar des Goddelyken Woords in AMBOINA, BANDA, enz.
VIERDE DEELS TWEEDE STUK.
Te { DORDRECHT / AMSTERDAM } By { JOANNES VAN BRAAM, / GERARD ONDER DE LINDEN, } Boekverkoopers.
MDCCXXVI.
MET PRIVILEGIE.

《新舊東印度誌》書名頁【翁佳音老師提供】

海外宣教檔案》（*Archief voor de Geschiedenis der Oude Hollandsche Zending*）。他所收集的當時書信和教會、政府關於福爾摩沙傳教工作的決議，都被翻譯於此。尤羅伯牧師（Rev. R. Junius）所編著的教義問答及一篇講道，我也加以英譯，讓讀者能夠一窺當時改信基督教的原住民所接受的教育概況，本書收錄的幾封書信也對當中的部分內容有所爭議。有了這些資料，讀者就能夠對17世紀基督教傳教事業的主要人物，就其傳教方法、傳教範圍，以及似乎在國姓爺出現之後便被完全消滅等等的情形，形成自己的公平、正確的評估。人們常評論說，沒有替福爾摩沙人民翻譯方言聖經，就足以解釋為什麼當時的傳教事業突然毀於一旦。但本書的資料顯示，這只不過是一小部分的理由，改信者僅僅擁有基督教書籍是不夠的，當初使徒不是就問過：「你所唸的，你明白嗎？」（Understandest thou what thou readest?）簡言之，這段福爾摩沙教會史告訴我們，一心只想積極開展傳教範圍，卻沒有提供適當措施來滿足那些棄絕偶像崇拜的改信者的精神需要，這種傳教政策的效果是極其可疑的。傳教工作只要和人有關，就沒有什麼方便、表面、迅速的方法，可以讓改信者經受不斷的誘惑和嚴厲的迫害而不動搖。

第三部分是描述國姓爺對熱蘭遮城九個月的圍攻，以及導致這場圍攻的前後始末。資料來源是1675年所出版的《被遺誤的台灣》（*'t Verwaerloosde Formosa*），它是這方面唯一的專著。讀完這個故事，讀者很可能對揆一（Frederick Coyett）感到同情，這位福爾摩沙的末任荷蘭長官，是一位可敬、勇敢，但遭到不公對待的人物，他的人格尚待其博學的同胞來辯明申冤。

附錄中的幾篇文章也有助於瞭解福爾摩沙的早期歷史。第一篇與西班牙人有關，是從Juan Ferrando神父的文章 *Historia de las PP. Dominicos en las Islas Philipinas y en sus Missiones del Japan, China, Tung-kin y Formosa* 翻譯而來。關於英國早期在福爾摩沙貿易的紀錄，

是在 F. C. Danvers 先生的允許下抄錄自印度辦公室（India Office）。馮秉正神父（Father de Mailla）有關福爾摩沙的報告，其英文版最早是刊登在上海的《華洋通聞》（*Celestial Empire*）。

甘為霖牧師
【引自《Sketches from Formosa》】

最後的參考書目雖然比任何已出版的都還長，但我在提出時還是感到有些遲疑。這份書目並沒有含括所有資料，因為那是在我有很多其他任務在身的短期休假期間印刷的，筆者也不敢在沒有日人與漢人的協助下，貿然使用手頭上大量關於福爾摩沙的中、日文著作。書籍與文章的資料都只出現一次（以作者名字的字母順序來排列），但少數以粗筆長體鉛字表示的標題，底下會有更多說明，如英國領事報告、航海圖和地圖、中國海關報告（Chinese Custom's Reports）、基督教信仰要項（Formulier des Christendoms）、醫學報告、國會文件（Parliamentary Papers）、京報（Peking Gazette Notices）等。我覺得不必要以交叉查詢或交代每一筆書目的再印及翻譯等出版經過來增加篇幅。就這樣，本書提供了一份相當完整的暫定書目，希望能比穆麟德（Mollendorff）的《漢籍目錄便覽》（*Manual*）更有用，甚至超越高迪愛（Cordier）教授《西人漢學書目》（*Bibliotheca Sinica*）的福爾摩沙部分。

甘為霖（William Campbell）
1903 年 9 月於海倫堡（Helensburgh）

目　次

附錄

第一部分

福爾摩沙概述

荷文原著：

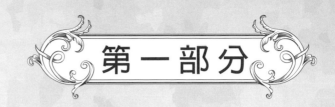

法蘭汀（Francois Valentyn）

干治士（Rev. George Candidius）

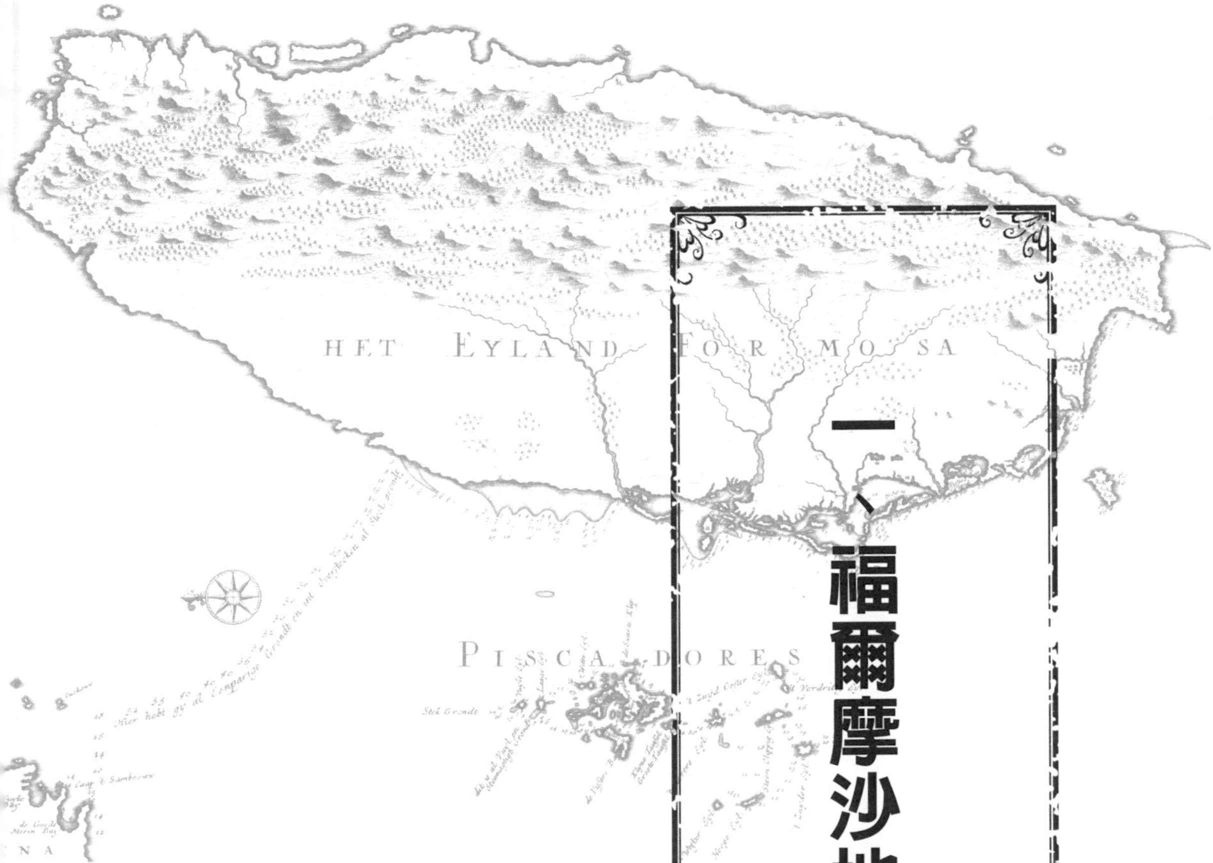

一、福爾摩沙地誌 ❶

1. 地名及位置❷

這個大島，土著稱爲北港（Pak-an 或 Pak-ande）❸，漢人稱之爲大琉球（Tai Liu-khiu，另外還有一個小琉球），葡萄牙人或卡斯提爾人❹因其賞心悅目的外貌而稱之爲福爾摩沙（ilha Formosa，意即美麗之島），荷蘭人也稱做福爾摩沙（island of Formosa）。

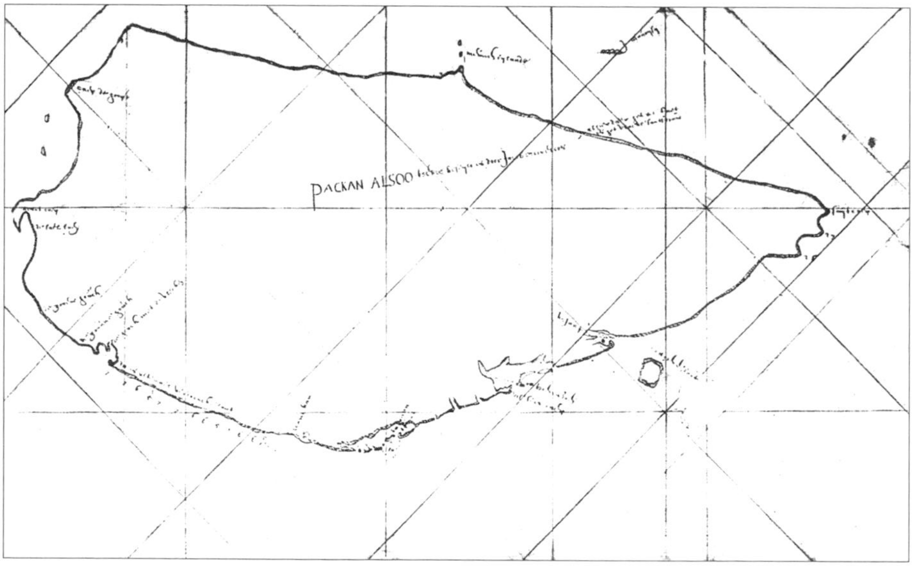

1625 年西方人繪製的台灣海圖，稱台灣為「Packan」【引自 Wiki Commons】

福爾摩沙由北到南大約 40 荷里（Dutch mile）❺長，東西約 14 或 15 荷里寬，其南端離福建約 40 荷里，北端則距離 17 荷里。現在該島隸屬於福建省❻。

福爾摩沙位於北回歸線上，在東經 120.75 度至 122.25 度，北緯

21.5475度至25.185度之間。東岸大約有40荷里長，西岸有50荷里長。北端有8荷里寬，南端只有4荷里寬，中間則寬達18至19荷里。周長大約在130至140荷里之間。但也有人說只有3度長❼。

福爾摩沙多山，也不乏美麗的平原和廣大的草地，特別是從海岸線遠眺，視野相當寬闊，引人入勝。找不到比福爾摩沙更適合貿易的島嶼了，往西就是中國，朝北可到日本，南方就座落著菲律賓。

2. 福爾摩沙的地形

若要盡可能詳細描述福爾摩沙的地形，最好從其東南端開始。有道沙洲從該處往南延伸約 1.5 荷里，向北延伸到海岸。這道沙洲的南半部至少有半荷里寬，往北則逐漸變窄，一直到沙洲北端的盡頭。

沿著福爾摩沙東岸往東北方向前進，在距東南端約 1 荷里處，有一島名小煙草嶼（Little Tobago，今小蘭嶼）。再往北約 1 荷里，有個村落名蚊卒社（Matafar，今屏東滿州境內）；再過 1 荷里則座落著大煙草嶼（Great Tobago，今蘭嶼）。沿著東北方向（這部分海岸的走向就是如此）前進 3 荷里，可看見離海岸約 4 荷里處有一個小島，名毛利島（Moaritus，今綠島）。再向東北 5 荷里處，有巴塱衛社（Alangar，今台東縣大武鄉大武），然後再 2 荷里，便是打鳥萬社（Natsibay，今台東縣大武鄉大鳥）和大竹篙、察臘密社（Laruhali，今台東縣大武、太麻里鄉）。

同一方向再 8 荷里，會到達一個很寬的海岬，名卑南角（Penimbos cape，今猴子山），向東伸出約 3.5 荷里，寬約半荷里。此岬以南不遠處，有兩個呈東南東走向的小島，最遠的叫海鷗嶼（Seagull island，今屏東滿州出風鼻），離岸 3.5 荷里。卑南角正南方有條河，往北 6.5 荷里處則有一海灣，其南北長、東西寬各 1 荷里，大致呈東北向或東北東向。

從這裡往東北半荷里，在靠近海岸處，有小島 Lesser Doatri（應爲台東縣長濱鄉三仙台），再往北 3 荷里可看掃別島（Sapiat，今台東縣長濱鄉掃別爲中心的海岸山脈），該島南北大約 3 荷里，寬僅有半荷里。再稍往北，有個三角形的島，叫 Denual 嶼（今花蓮溪出口處一帶）；掃別島和 Denual 嶼之間的海灣，也稱做 Denual 灣（今花蓮溪出口處）。

在掃別島的北岬 1 荷里遠，有一條哆囉滿溪（Doero river，又名黃金河，即木瓜溪）及哆囉滿社（Doero，今花蓮吉安一帶）。再前進 1 荷里，就來到聖勞倫斯灣（bay of St. Laurence，今宜蘭蘇澳）。此灣以東，離岸 7、8 荷里處，有三個呈東北走向的小島，每個小島相距各約 1 荷里，依序名爲 Dos、Reys、Magos（三王島，即沖繩八重山、宮古群島）。中間的島最大，有 3 荷里長，1 荷里寬；最東北的島最小。

在美麗的聖勞倫斯灣東北 1 荷里處，有個尖銳凸出的海岬，名 Caydan（今宜蘭頭城一帶）。Caydan 岬以北 1 荷里處，則是 Tranquidan（今宜蘭大里一帶）；再向北 1 荷里，就來到了寬闊的三貂角（St. Jacob）。在此處向東方的海面望去，龜山島（Gaelay）就在 1 荷里之外。再往北 3 荷里，我們就到達福爾摩沙的東北角（north-east cape，今鼻頭角）。

經過東北角後，改往西北角方向前進約 2 荷里，會發現海面上有兩個距離很近的小島，各呈東南和西北向。朝西北角方向再前進一會兒，在東北方距離海岸線約 1 荷里的地方，浮現出雞籠島（Kelang，也稱 Quelang，今和平島）。介於雞籠島與海岸之間，還有一個更大的島，1 荷里寬，7.5 荷里長。此島座落在一條大河的出海口，附近則有兩個不知名的村社。

再走個幾荷里路，眼前會出現兩個小海岬，小海岬之間還有一個小灣，附近則有 Tellada 暗礁（今野柳至金山之間）。再繼續走 3 荷里，就到達了西北角，名爲富貴角（Camatiao），其東西寬 1.5 荷里，南北長 2 荷里，上頭灌木叢生。穿過富貴角後往西行，一下子就來到 Tamkay（淡水社？），以及其他兩個村社，分別叫 Medoldarea（圭柔社？）和 Sabragoga（小雞籠社？）。不遠處即爲淡水河灣（Casidor），此灣多沙洲，並有一條小河在此出海。

往西南方 11 荷里，有一小海岬，從該處起，有一道長約 6 荷里的狹窄沙洲沿著海岸伸展，在沙洲中間座落著兩個相距 1.5 荷里的小海灣，以及一道 1 荷里長、1/8 荷里寬的狹長沙洲，稱做漁翁汕

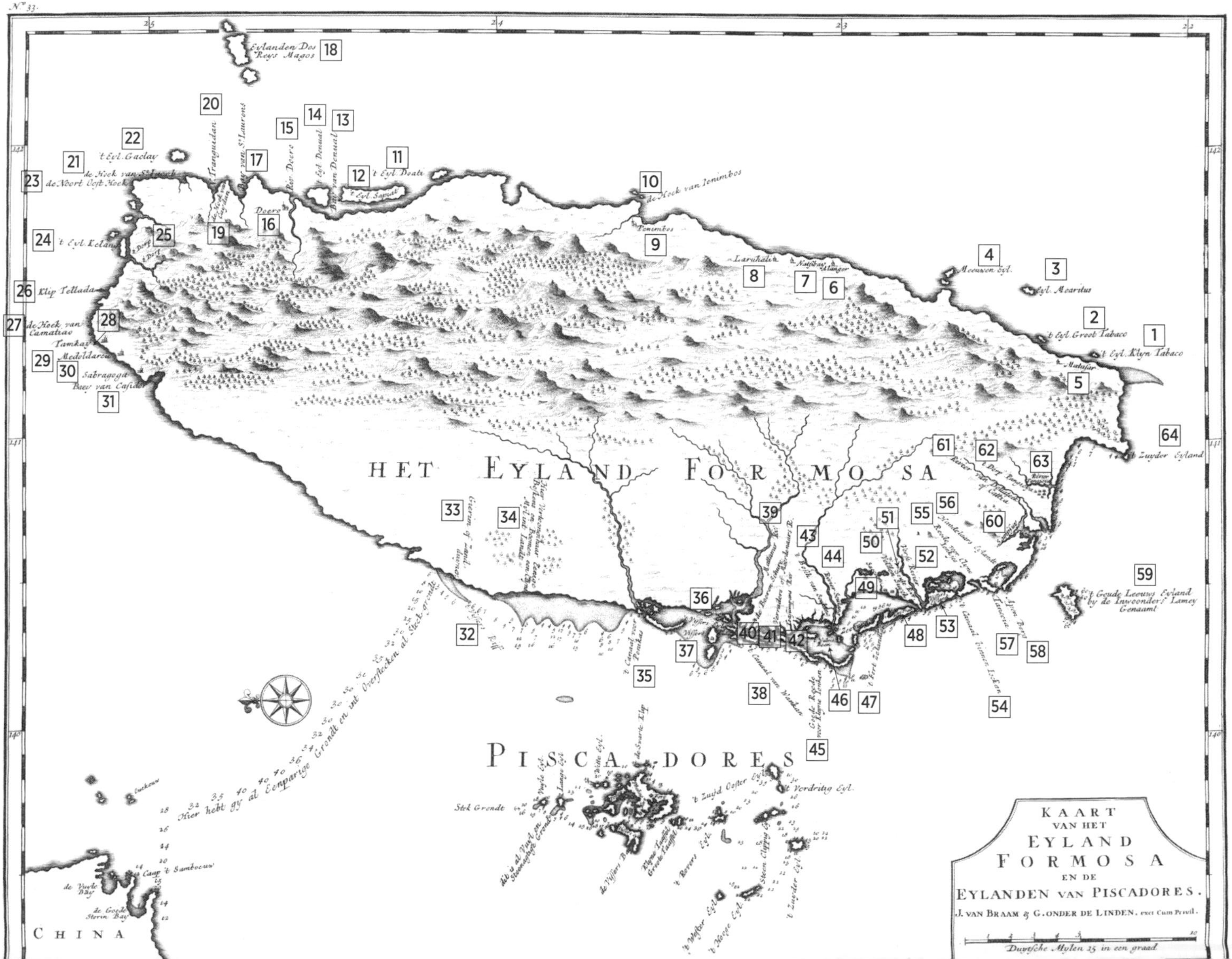

Nº 33.
KAART
VAN HET
EYLAND
FORMOSA
EN DE
EYLANDEN VAN PISCADORES.
J. VAN BRAAM & G. ONDER DE LINDEN. exc. Cum Privil.
Duytsche Mylen 25 in een graad
HET EYLAND FORMOSA
PISCADORES
CHINA
Eylanden Dos Reys Magos
't Eyl. Gaclay
de Hoek van St. Jacob
de Noort Oost Hoek
't Eyl. Kelang
Klip Tellada
de Hoek van Camatiao
Tamkay
Medoldareu
Sabragoga
Baey van Casidor
Tranquidan
Baey van St. Laurens
Rev. Doero
Doero
't Eyl. Denual
Baey van Denual
't Eyl. Sapiat
't Eyl. Doati
de Hoek van Ienimbos
Ienimbos
Laruhali
Natsibay
Alanger
Meeuwen Eyl.
Eyl. Moaritus
't Eyl. Groot Tabaco
't Eyl. Klyn Tabaco
Matafar
't Zuyder Eyland
Geude Leeuws Eyland by de Inwoonders Lamey Genaamt
Apen Berg
Tancoia
't Canaal binnen Lokan
Gierim of Zand duynen
Riff
Hier hebt gy al Eenparige Grondt en int Overstecken al Steck grondt
't Canaal voor Pounhau
't Canaal van Wankan
Goede Reede voor Kleyne Ionken
de Swarte Klip
Witte Eyl.
Ruyte Eyl.
Lange Eyl.
Steck Grondt
't Zuyd Ooster Eyl.
't Verdritig Eyl.
't Rovers Eyl.
Steen Clippig Eyl.
't Zuyder Eyl.
't Wester Eyl.
't Hooge Eyl.
de Visschers Bay
Caap 't Sambouw
de Vuyle Bay
de Goede Sterin Bay
Duckouw
1 2 3 4 5 6 7 8 9 10 11 12 13 14 15 16 17 18 19 20 21 22 23 24 25 26 27 28 29 30 31 32 33 34 35 36 37 38 39 40 41 42 43 44 45 46 47 48 49 50 51 52 53 54 55 56 57 58 59 60 61 62 63 64

福爾摩沙地圖【引自《新舊東印度誌》，地名為翁佳音老師考據】

1. ‘t Eyl. Klyn Tabaco= 小煙草嶼（小蘭嶼）
2. ‘t Eyl. Groot Tabaco= 大煙草嶼（蘭嶼）
3. Eyl. Moaritus= 毛利島（綠島）
4. Meeuwen Eyl.= 海鷗嶼（屏東滿州出風鼻）
5. Matasar= 蚊卒社（屏東滿州境內）
6. Alanger= 巴塱衛社（台東縣大武鄉大武）
7. Natsibay= 打鳥萬社（sic= Patcheban、Patsibal ，台東縣大武鄉大鳥）
8. Laruhari= 大竹篙、察臘密社（台東縣大武、太麻里鄉）
9. Penimbos= 卑南社（sic= Pimabasch）
10. de Hoek van Penimbos= 卑南角（猴子山）
11. ‘t Eyl. Doati（應爲台東縣長濱鄉三仙台）
12. ‘t Eyl. Sapiat= 掃別島（台東縣長濱鄉掃別爲中心的海岸山脈）
13. Bay van Denual=Denual 灣（花蓮溪出口處）
14. ‘t Eyl. Denual=Denual 嶼（花蓮溪出口處一帶）
15. Riv. Doero= 哆囉滿溪（又名：黃金河，即木瓜溪）
16. Doero= 哆囉滿社（花蓮吉安一帶）
17. Bay van St. Laurens= 聖勞倫斯灣（宜蘭蘇澳）
18. Eylanden Dos Reys Magos= 三王島（沖繩八重山、宮古群島）
19. de Hoek van Cay dan（Cay dan=Tangijdan= Tatoggedan，宜蘭頭城一帶）
20. N. Tranguidan（Tranguidan=Tragijdan= Troghyan，宜蘭大里一帶）
21. de Hoek van S t. Jacob= 三貂角
22. ‘t Eyl. Gaclay= 龜山島（sic=Tatachel）
23. de Noort Oost Hoek= 東北角（鼻頭角）
24. ‘t Eyl. Kelang= 雞籠島（和平島）
25. Dorp= 村社
26. Klip Tellada=Tellada 暗礁（野柳至金山之間）
27. de Hoek van Camatiao= 富貴角
28. Tamkay（淡水社？）
29. Medoldareca（圭柔社？）
30. Sabragoga（小雞籠社？）
31. Bay van Casidor= 淡水河灣
32. ‘t Vissers Riff= 漁翁汕（彰化大城一帶）
33. Gierim of Zandduynen= 二林，一名沙崙（彰化）
34. Hier Vertoonen haar Eenige Boskens en Boomen een clyne Myl int Landt = 離海岸約一荷里之陸地，有若干樹林、樹叢
35. ‘t Canaal voor Ponikas= 笨港前水道（sic=Ponkan，雲林北港一帶）
36. ‘t Vissers Eyl.= 漁翁嶼
37. ‘t Vissers Plaats= 魚寮（兩地大約指今嘉義東石、布袋）
38. ‘t Canaal van Wankan= 魍港水道（台南北門一帶）
39. Mattamir Riv.= 麻豆溪（sic= Mattauw，今急水溪）
40. de Boeren Schure= 農夫穀倉（台南市學甲、將軍一帶）
41. Verraders of Moordenaars R.= 刣人溪（台南歐汪溪，即將軍溪）
42. Toasumpans Riv.（疑係大線頭 Toasuatau 之誤，今台南將軍外海的沙汕）
43. ‘t Bosch van Soulang= 蕭壠森林（應該是今佳里、西港檳榔林一帶）
44. River Soulang= 蕭壠溪（後來因溪流改道，成爲今曾文溪）
45. Goede Reede voor Kleyne Jonken = 小帆船良好停泊地
46. ‘t Walvis Been= 鯨魚骨、海翁窟
47. ‘t Fort Zelandia= 熱蘭遮城、台灣城
48. Tayovan= 台灣
49. Saccam= 赤崁
50. Velden Suyck= 蔗園（sic= Suycker）
51. Soute Riv.= 鹽水溪（今二仁溪下游）
52. Verse Rivier= 淡水溪（三老爺宮溪，今二仁溪中游）
53. Vissers Eyland= 漁翁嶼（高雄茄定）
54. ‘t Canaal binnen Iockan= 入蟯港水道（茄萣區興達港）
55. Reede voor Clyne Ionkjes= 小帆船停泊處（即萬丹港，今高雄左營）
56. Handelaars Eylandt= 生理人之嶼（高雄市中心一帶）
57. Tancoia= 打狗仔
58. Apen Berg= 猴仔山（高雄柴山）
59. ‘t Goude Leeuws Eyland by de Inwoonders Lamey Genaamt= 金獅島，當地人叫 Lamey（小琉球）
60. Sampsuy=【下】淡水【溪】（sic= Tampsuy，高屏溪）
61. Rivier van Dollatock of Cattia= 茄藤溪（東港溪）
62. ‘t Dorp Pangsoya= 放索仔社（屏東林邊）
63. Rivier Pangsoya= 放索仔溪（林邊溪）
64. Zuyder Eyland= 南嶼（貓頭鼻）

（Fisherman's reef，今彰化大城一帶），極尖銳地朝西南方探出。在漁翁汕對面的海岸上，則分布著很多沙丘。從漁翁汕開始，有條狹窄沙洲沿海岸伸展達 2、3 荷里，接著有另一條更寬的沙洲。淡水河灣以南有個寬闊的海岬，從該處再向南 2 荷里，就來到二林（Geruys）。

漁翁汕以南約 2 或 3 荷里處，有一道大沙洲沿著海岸分布，長 6 荷里，寬 1 荷里至 1.5 荷里，一直延伸到大河 Tafarlan 為止。在漁翁汕東南方 4、5 荷里，可看到幾處大森林。

Tafarlan 河岸有一個同名的村社。再往南，海面上有六個緊靠的小島，周圍環繞著一道沙洲。另有一狹長島嶼，狀似彎曲的修剪長刀，從北到南有 2 荷里長。

Tafarlan 河有三條支流，第一條源自東南，第二條源自南方，第三源自東北，在離海約 5 荷里處匯流，然後在上述的六個小島附近入海。從 Tafarlan 河出海口朝東北方上溯 2、3 荷里，就會看見一片蓊鬱森林。

Tafarlan 河之南，有一道將近 5 荷里長的大沙洲，沿著海岸延伸，直到麻豆溪（the river Mattajar，今急水溪）為止。這道沙洲在靠近 Tafarlan 河處，只有 1 荷里寬，之後逐漸變寬至 3、4 荷里，又朝西伸展，形成一塊約 1 荷里寬的凸出點，接著在靠海岸那邊開始變窄，最後卻又越來越寬，從 2、3 荷里變成 4 荷里寬。❽

麻豆溪注入漁人島（Fisherman's island）西側的漁人淺灘（Fisherman's shoal），在漁人淺灘與海岸之間形成一條水道，該水道向西延伸 3 荷里，往北延伸 1 荷里。漁人島這座小島，就位在前述大沙洲的對面，離海岸很近，其北方 1、2 荷里處有另兩座小島。

漁人島以西 1 荷里處，有六個緊靠的小島，位在水道之北，離漁人岬（Fisherman's cape）南岸 1/8 荷里。再向西一點就是長漁人島（long Fisherman's island），南北有 1 荷里，但非常窄，其西北方 1 荷里處有另一島，東西寬 1 荷里，周長 3 荷里，稱爲漁人淺灘。再向西一點有個無名島，周長 2 荷里，兩岸崎嶇不平，尤其是西岸。

在漁人島西南方半荷里，有個約 1 荷里長的島，呈東北往西南走向，名叫鯤港（Wankam，今台南北門）。這裡的水道稱爲鯤港水道（Wankam channel，今台南北門一帶）。鯤港島西北有一小島，南方還有兩個島，南北互依，鄰近沙洲；這兩島近海岸，周長各約 1、2 荷里，並有小沙洲圍繞。

與本島相連的漁人岬，向西南方伸出四塊不相連的小岬角。第三塊小岬角稍近內陸處，有個名爲農夫穀倉（Farmers'-barn，今台南市學甲、將軍一帶）的村社；再往南一荷里，則有條刣人溪（Murderer's river，今台南歐汪溪，即將軍溪）。刣人溪以北有一小海灣，上述那兩個島中的一個就座落在海岸附近；另一島則在南方，離岸較遠，位於 Hamba 河口對面。Hamba 河旁有一同名村社。

再稍往南，我們來到大熊坡（Toahimpau）❾ 這條小河，它注入一條水道。上述各島的最南端，就接近大熊坡河的北岸，其南岸則有個非常狹長的島嶼，1.5 荷里長，呈東北西南向。這個狹長島嶼附近，另有一呈南北向的島嶼，形狀雖相似，但更彎曲，如蛇一般。所有這些島嶼都位在一道 2、3 荷里長的沙洲之上，該沙洲離岸約半荷里，從大熊坡河向西南延伸，東西寬 1.5 荷里，在越過上述蛇狀的長島後，向西南方凸出約 1 荷里的尖端。

此沙洲的北部另有三島，由東向西排列，相距各約半荷里，中間那島南北長 1.5 荷里。沙洲的東南部則有相互靠近的三島，由東北向西南排列，最西南的稱做鯨骨島（Whalebone island）。

此沙洲最外緣的那些島嶼，形成了一條半圓弧，從海岸向西邊延伸了 2 或 2.5 荷里。接著，沙洲上有個東北西南向的小島，以及一個狹長形狀有如上述第三島的島嶼，將這條弧線往東南延伸。最後這段弧線，先向南，再轉向東南，稱做海堡（Zeeburg，今北線尾）。海堡島位在沙洲上，其東岸盡是半荷里寬的沙洲，而西岸的沙洲只及全島的一半長，係由其西北角向西南方延伸，全長約 0.25 荷里，盡頭很窄。

海堡之南有另一類似的島，稱台灣（Tayouan）❿。台灣島很狹窄，長 1.5 荷里，幾乎是正南北向，很接近某條河流北岸的狹海角，並被一道小沙洲所圍繞，但北岸除外。熱蘭遮城（fort of Zeelandia）和同名的村落就座落在此。

台灣島與海堡島之間有一入口，通往一個很大的海灣（即台江內海），至少有 3 荷里長，東西約 2 荷里寬。

如果我們現在回到福爾摩沙本島，沿著刣人溪南下的話，就會來到這群近岸小島中最南端的島嶼；接著，過大熊坡河不遠，就有一條

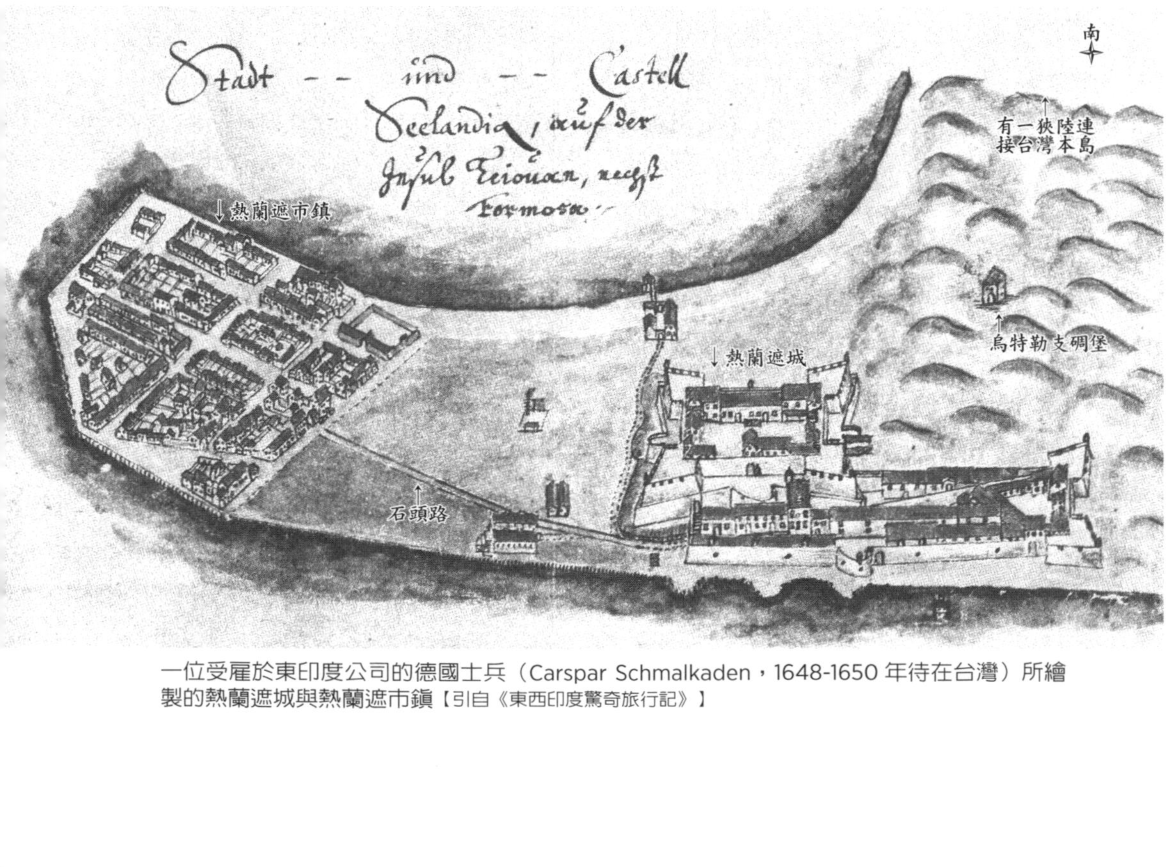

一位受雇於東印度公司的德國士兵（Carspar Schmalkaden，1648-1650 年待在台灣）所繪製的熱蘭遮城與熱蘭遮市鎮【引自《東西印度驚奇旅行記》】

大水道從該島之南入海。這條水道沿著六個小島和鯨骨島所座落的大沙洲蜿蜒延伸，其外立即可見另兩個小島。這條水道是由四、五條在那裡入海的小河匯流而成的。

從這些小島的最南端到蕭壠（Soulang）村和蕭壠溪之間的海岸線，向東延展約 2 荷里，往內陸凹成一個半月形。蕭壠之北則有一片濃密的森林。

蕭壠溪之南有個尖銳的海角，並有一道沿著大海灣的小沙洲，海堡幾乎面對著大海灣，台灣島也有部分面對它。海灣中間有另一條小河 Dorealam，流自內陸 2 荷里遠的湖泊，此湖呈南北向，附近有個小村社。

蕭壠溪以南 3.5 荷里處，有條從東北方向流來的赤崁（Sakam）河，

1644 年赤崁耕地圖【引自 Wiki Commons，地名為翁佳音老師考據】

乃得名自赤崁村。赤崁村和另兩個村社位於赤崁河之北 1 荷里處。赤崁河稍北，還有一條鹽水溪（Salt river，今二仁溪下游），在河口及往內陸延伸數荷里之間，可看見茂密的森林。

海岸線從赤崁河以南，開始急劇地朝西凸出，並形成一個岬角，岬角之南就座落著漁翁嶼（Fisherman's island，今高雄茄萣），此嶼長 1 荷里，北端寬半荷里，往南則逐漸變窄。此處有一個大海灣，約 1 荷里寬，南北 2 荷里長，內有五個小島。此海灣的南岬向北伸出，與漁翁嶼形成一個三角形的水道；海灣的北岬則恰在漁翁嶼之後。

從此處再往南，有一小海灣（即萬丹港，今高雄左營），入口很窄，但內部稍寬，其北岸伸展著一道小沙洲；此灣乃沿岸航行的帆船的停泊地。然後海岸形成一塊寬廣的海岬，往西南伸出半荷里，稱爲打狗（Tankoya），是依打狗村命名的。打狗岬有 1/8 荷里寬，其南緊接著另一海灣。此灣周長 2 荷里，有道寬沙洲往海延伸，在近岸處還有座生理人之嶼（Traders' island，今高雄市中心一帶）。這個海灣的入口亦窄，在入口以南及海灣南端的正對面，矗立著往西北方迤邐而去的猴山（Monkey hill，今高雄柴山）。

海岸接著向東南延伸 3 荷里。在這一帶海岸線的中間位置，大約距離陸地一荷里處，座落著金獅島（Golden Lion island），或稱蘭美島（Lamey，今小琉球）⓫，從東北到西南長 0.75 荷里，大約僅半荷里寬。其附近有 Golamto 島及另一不知名的島。

從猴山（Ape's hill）往東南整整 3 荷里處，另有一個窄小的海灣，海灣的兩邊都有沙洲。此灣的入口狹窄，中間則稍寬，裡面還有數個西北向和東南向的小灣（creeks）。

這個海灣的東南海岬很寬闊，該處流有茄藤溪（the river of Dolatok，今東港溪）⓬，那是根據 Dolatok 村（今屏東東港）來命名的。再向東南一點，我們會看到放索仔（Pangsoya，今屏東林邊）及一條同名的河流（今林邊溪）。海岸線接著朝東南方延伸 4 荷里，經過一個又長又深的彎曲，一直連到福爾摩沙的西南端，在此形成一個寬闊、頗爲顯著的岬角。過此岬角，西南方的南嶼（southern island，今貓頭鼻）就浮現在海岸之外。

從此處的西海岸往內陸 10 荷里，地勢看來低平，但若再繼續往福爾摩沙的東岸前進，就會碰上崇山峻嶺及濃密莽林，直到距離東海岸 1 荷里處，地勢才又變得平坦。

3. 福爾摩沙的區域劃分

大衛・萊特（David Wright）⓭ 是蘇格蘭人，在干治士牧師（Rev. Georgius Candidius）之後住福爾摩沙數年。他說福爾摩沙沒有唯一的統治者，除了高山地區眾多不爲人知的頭目外，還分成十一個郡（shire）或區（province）。

萊特繼續說，第一個區在北邊（指台灣島以北），由荷蘭人統治，包括新港（Sinkan）、大目降（Tavakan）、目加溜灣（Bakloan）、蕭壠（Soulang）、麻豆（Mattau）、大武壠（Tevorang）、虎尾壠（Favorlang）、二林（Takkais）、馬芝遴（Tornap）、西二林（Terenip）、阿東（Assok）等村社。

第二區，荷蘭人稱之爲噶瑪蘭灣（Bay of Kabelang），包括七十二個村社，全都是由自己獨特的法律所統治，彼此友善。荷蘭人無法征服他們，只得和他們和平相處，不僅與他們進行數種商品的貿易，還買他們的子女爲奴。年紀約 13 歲的青年，通常可賣得十銀元（rix-dollars）。

第三區由大肚王（the king of Middag）⓮ 管轄，位於台灣島東北，在大甲（Patientia）溪之南。有十七個村社服從大肚王的統治，最大的稱爲大肚（Middag），是首府，也是該王的居住地。大肚王還有其他四個主要村社：沙轆（Sada，今沙鹿）、水裡（Boedor）、Deredonesel、牛罵（Goema，今清水）。牛罵是一處很美的地方，位在離大甲溪 5 荷里的平原上，其他村社則座落在山丘上。大肚王以前支配了二十七個村社，但目前已有十個村社脫離他的統治。大肚王沒有盛大的儀式，外出時只有一兩個隨從而已。他的領域不允許任何基督徒居住，只同意他們旅行經過。大肚之北約 7 里格（league，每里格約 3 哩），離海約 4 里格處，有大肚台地（Mount Gedult），因其險峻難登而得名。若從鄰近平原攀上這座佈滿荊棘的山，會發現它看來像桌子般平坦方正，很

根據萊特的描述所繪製的福爾摩沙居民【台史博提供】

根據萊特的描述所繪製的福爾摩沙婦女【台史博提供】

像是人造物，不像自然生成。此外，那條流經大肚台地南面山麓的河流，水流極湍急，即使是最健壯的土著（這些人是很強健的）也不敢單獨涉越，要二、三十個人緊靠在一起才敢渡河。所以西班牙人戲稱其爲 Rio Patientia，意即忍耐河（Patient River，今大甲溪），因爲渡過這條流速極快的河，得要很大的努力和忍耐才行。

第四區是卑南（Pimaba），有八社和數村，其中最重要的是卑南，卑南王就是居住在此。卑南的居民勇武善戰，比福爾摩沙其他各族都更擅使用武器。卑南王本人也被視爲勇士，身邊永遠有侍衛，並不斷和鄰近部落衝突、戰鬥。他以前與荷蘭人關係良好，喜歡誇稱自己是公司的軍官。

第五區是掃叭（Sapat，今花蓮一帶），在福爾摩沙另一邊（東部），有十個村社，其首領與卑南結盟。

第六區是大龜文（Takabolder，今屏東獅子鄉一帶），有十八社和許多村。其境內有座極高的山，可能從台灣島便可望見。

第七區是加六堂（Cardeman，今屏東枋山鄉加祿一帶），由女性統治，由於她友善接受基督徒，荷蘭人稱她爲「善婦」。她控制了五個村社。荷蘭人抵達時，她提供荷蘭人糧食。她對其子民有很大的權威。她當時是個寡婦，後來與本地的一位王子再婚。

第八區領有十二個村社，主要有 Deredou、Arrazo、Porraven、Barraba、Warrawarra、Tamatanna、Cubeca 等社（即崩山八社）。

第九區是 Tokodekal，有七社、七村，其中最重要的是 Tokodekal，乃首領的住所。

第十區是竹塹（Pukkal），只有一個漂亮的城市。竹塹不斷與 Tokodekal 的七社作戰，也和南崁（Percuzi）和八里坌（Pergunu）敵對，後面這兩社就構成福爾摩沙的第十一區。

4. 福爾摩沙的天候

福爾摩沙和鄰近的台灣小島都深受地震之苦。1654 年 12 月 14 日發生強烈地震，除了短暫間隔外，斷斷續續的餘震長達七週。有些地震實在過於劇烈，使得山、谷、屋子就像海上的船那樣搖晃，好似整塊大地即將沉沒。

此地雨量亦大，人們可以安全旅行的時間只在 12 月和 1 月，這兩個月天氣最好。雨在 7、8 月下得最大。一年有兩次季風，即北風和南風。北風自 10 月到隔年 3 月，南風自 5 月持續到 9 月。荷蘭人將 9 月稱爲「不定月」（The Inconstant Month），因爲該月的天氣變化無常。

1655 年時，蝗蟲肆虐福爾摩沙和台灣島。蝗害最先出現在台灣島，大批蝗蟲從天而降，好像下大雪一樣，覆蓋每一寸土地。兩三天後，蔓延至福爾摩沙上的赤崁（Sakam）⓯，那是台灣島正對面的村落。蝗蟲數目太多，無處能倖免。赤崁人企圖消滅蝗蟲，四、五天之內收集到約三萬擔（picul）⓰ 的蝗屍，但仍舊徒勞無功，最終只好放棄。蝗蟲實在太多，以致所有甘蔗、稻米都被啃食一空。

5. 台灣島及澎湖群島

在此或許要再補述一下，台灣島位於福爾摩沙西南外海，其北端距離福爾摩沙約 1 里格，南端則距離不到一弓射程。人們可以從台灣島的南端，涉過淺淺的水道，直接前往福爾摩沙；但從台灣島的北端前往本島，最淺處也有約 13 呎（每呎約 30 公分）深。

台灣島爲東南、西北向，長 2.5 里格，寬 1/4 里格，其實是塊貧瘠沙地，只能生長鳳梨和野樹，但居住的漢人交易者超過一萬人，還有原住民。

台灣島北端的沙丘上，荷蘭人於 1632 年建造了熱蘭遮城，該城有內外雙重城牆，外牆包圍內牆，最外面有壁壘和角堡以強化防禦力。城堡西方另有一方形堡壘，兩面臨海。

一箭射程之外矗立著熱蘭遮城的主要防禦工事，一座稱做烏特勒支（Utrecht）的石造碉堡，高達 16 呎，並圍有幾層柵欄。烏特勒支碉堡之東座落著荷蘭人建造命名的台灣市鎮，與瀨口（Lokhau）港或台灣峽毗連。

在熱蘭遮城的另一邊，可看到一塊隆起的沙丘，即北線尾（Baxemboy），附近有散居的小村。

以下簡述澎湖群島（the Pescadores），或稱漁翁群島（Fishermen islands），做爲本節結尾，因爲後頭還會再提到它。澎湖群島離福爾摩沙 7 荷里，約在北緯 20.3 度 ⓱。

其最大島爲澎湖本島（Phekno），幾乎呈三角形，有一角指向東北，一角指向西南（由此凸出的另一小角也指向西南），第三角指向東方。全島周長 8 至 10 荷里。島的中央可見一城堡，其東邊角落有一聚落

澎湖地圖【引自《新舊東印度誌》，地名為翁佳音老師考據】

1. Stek Grondt= 船隻良好停泊處
2. Vuyle Eyl.= 垃圾嶼（過嶼）
3. dit is al Vuyl en Steenagtige Grondt= 此地全爲髒亂、多石之地
4. Lange Eyl.= 長嶼（吉貝嶼）
5. Witte Eyl.= 白嶼（白沙嶼）
6. de Swarte Klip= 黑礁（錠鉤嶼、雞善嶼？）
7. Pehou= 澎湖島（白沙鄉）
8. Phehno= 澎湖本島（sic=Phehou）
9. Vissers Eyl.= 漁翁島（西嶼鄉）
10. de Vissers Bay= 漁翁灣（内垵）
11. Klyne Taaffel= 小案山（桶盤嶼）
12. Groote Taffel= 大案山（虎井嶼）
13. 't Rovers Eyl.= 海賊島（望安島）
14. 't Wester Eyl.= 西嶼（花嶼）
15. 't Hooge Eyl.= 高嶼（貓嶼）
16. 't Zuyder Eyl.= 南嶼（七美嶼）
17. Steen Clippig Eyl.= 石礁嶼（東嶼坪嶼、西嶼坪嶼）
18. 't Zuyd Ooster Eyl.= 南東嶼（東吉嶼）
19. 't Verdrietig Eyl.= 傷心嶼（西吉嶼）

和另一座中國城堡。

澎湖本島之北有澎湖島（Pehoe，今白沙鄉）⑱，由西北到東南長 1 荷里，很窄，相當接近澎湖本島的東北角。澎湖島的西南側位在一道寬闊的沙洲上，西北西方向則有另一個小島，也座落在同一沙洲上。此沙洲向西北延伸約 1 荷里，在末端還有其他三個小島。

在澎湖本島和澎湖島這兩大島的四周，可以看到很多小島，但眞正的漁翁島（Fishermen's island，今西嶼鄉）——所有群島都以之來命名——在澎湖島以西 1 荷里多之外。該島西岸有個美麗海灣，稱爲漁翁灣（Fishermen's bay，今內垵）。

[註解]

註 1　本文摘譯自法蘭汀（Francois Valentyn）的《新舊東印度誌》（*Oud en Nieuw Oost-Indien*）。

【甘為霖原註】關於下列地誌，有必要先提出若干事實和意見來稍加說明。法蘭汀接下來對於本島的概述，當然很難說具有科學精確性，但還是有用的，至少它能顯現自荷蘭人占領以來，西部海岸線所經歷的變化。由於泥沙淤積的結果，早期航海家們熟知的許多小島、沙丘，現在都和台灣本島連接在一起了。著名的例子就是台灣島，現在它已完全是福爾摩沙的一部分。另外，處理古老荷蘭文獻上各種令人混亂的地名拼音時，必須相當小心，且要對當地有所認識才行。有些地名的變化實在太大，以至於很難瞭解報告當中的真正涵義。為了避免這方面的問題，以下的譯文（指甘為霖將荷文譯成的英譯文）將採用最通用的地名拼法，並去除所有的誤拼或僅偶而出現者。所以，以下通篇使用 Dorko（哆囉嘓）這個拼法，即使原文所使用的是 Dorcko、Dorkquo、Dorcque 等亦然；像 Xincan、Zinckan 也都去除，代之以 Sinkan（新港）。由於近來福爾摩沙土地被大規模開發，地名的數量急劇增加，地名的拼法也沒有依循任何明確與一致的方法，因此目前島上通行的地名拼音亟需這類修正。福爾摩沙地名拼音混淆的原因之一，就是不依據該地原來的地方發音來命名，而是依據中國官話的發音。例如，英國海軍航海圖用 Fung-shan 而不用 Hong-soa（鳳山），用 Pong-hou 而不用 Phe-au（澎湖）等等。又，自從 1895 年台灣割讓日本後，教育與電訊部門又將很普遍的漢文地名改成日文地名。因此似乎需要規定，要以當地居民所使用的羅馬拼音所記的發音為主，並為了方便外人使用，採用簡單的拼字法，將所有多餘的字母和不常見的符號拿掉。也有必要列出地名表，將地名分別以漢文、日文寫出，並用羅馬字母來拼寫兩種語音。最近禮密臣（Davidson）先生出版的《台灣之過去與現在》（*The Island of Formosa, Past and Present*, 1903）裡的地圖，就是同時拼寫兩種語音的羅馬拼音。我們需要更多這樣的改寫方式，但必須以熟悉該地的方言為基礎。簡言之，此時皇家地理協會（Royal Geographical Society）的地名命名規則能夠提供適當協助，讓人們更加便利，也讓外人更能清楚掌握本島所發生的事件。

註 2　第一部分前三篇原無小標，以下小標為漢譯者自加，以方便閱讀。

註 3　【甘為霖原註】這個地名也寫成 Pak-ande 或 Pockan。據說北港曾用來指稱全島，但這種說法很可疑，因為全島各部落的起源與語言有著極大的差異，以至於部落之間要互相溝通，或團結來做任何事情，都是不可能的。依中國早期文獻，北港最先指稱今之雞籠，後來才用來泛稱全島。這種語義的演變似乎說得通，因為北港意指「北方的港口」（本島唯一的良港），而且船員也可能實際上是要停泊在附近較小的登陸處，但還是說成要到北港。因此這詞最初的修正用法，很可能獲得一定程度的流通性。不過，英譯者過去三十年來在本島各地旅行，從未聽過有人（包括漢人和原住民）將福爾摩沙稱做北港。

註 4　西班牙於1479年前後由卡斯提爾（Castile）和阿拉岡（Aragon）兩國合併而成。

註 5　【甘為霖原註】荷里比哩（英里）還長，1荷里約等於6哩，在本書中只要涉及長度，都必須注意到此種差別。

註 6　本文應寫於清屬初期。

註 7　地球一圈分成360度，3度長即地球周長的120分之1。

註 8　地名在這裡有被抄錯，正文只是約略指出地點，例如 Tafarlan=Favorlang（虎尾壠）、Mattajar=Mattauw（麻豆）。

註 9　【甘為霖原註】大熊坡（Toahimpau）看來較像漢名，不像是原住民的稱呼。現在很難辨認其位置，或許在嘉義中部的西邊。只要最後一音節稍做修改，此字就可讀成「大熊埔」，意即大熊的平原。目前福爾摩沙還可找到黑熊，而在二百五十年前本島的西部密林中，應該更有可能遇見黑熊才對，所以那時的獵人或許就是因為這個緣故，稱此地為大熊埔。同時，在更北方還有兩個村落叫作大茅埔（Toa-hm-paw），意即大草原，因該地長滿了可蓋茅草屋的高大粗草。嘉義地區也有稱做茅港尾（Hm-kang-boe，今台南市下營區中營之西鄰）的市鎮，現在是台南市往北主幹道上的休息站，其「茅」（hm）字是因該地以前也長滿了茅草。上述關於「大熊坡」的聯想，有助於我們瞭解福爾摩沙各地地名的沿革。

註 10　Tayouan，除了寫成台灣，亦有寫作大灣、大園，以及福州音的大員。

【甘為霖原註】Tayouan，有時亦拼作 Taoan 或 Taiwan。必須謹記，這是對二百八十年前座落在台灣西南沿岸的一座小島或長沙洲的稱呼；由於泥沙淤積，台灣島已經跟台灣本島連為一體，現在稱做安平（Anping）。1624年荷蘭人被迫遷離澎湖時，他們就是選擇在台灣島建立總部，之後也在其上建造熱蘭遮城，做為他們的主要堡壘，以及荷蘭長官的住所。在熱蘭遮城以北的沙質平原上，居住著很多土著、漢人和荷蘭人，他們在此從事貿易，供應殖民地所需。隨著居民及建築的擴增，這一地區開始被稱做熱蘭遮市鎮。

註 11 【甘為霖原註】該島原稱為吐金（Tugin）或蘭美（Lamey），後因有一荷蘭船長遭島上土著殺害，才改以該船名「金獅」（Goude Leeuws, or Golden Lion）來命名。此島位於東港（Tang-kang）溪口外海 12 哩處，周長約 3 哩，現在僅有約二百名漢人居住。當地人稱此島為小琉球（Sio Liu-khiu, or Little Lu-chu），但海圖標示為 Lambay（不是 Lombay）島。鑒於近年該島周圍有許多船難發生，所以或許有必要提一下，目前英國長老教會已在這座孤獨的島嶼上建有一座基督教堂，以及一間傳教士很少使用的小療養院。

註 12 【甘為霖原註】Dolatok 河，現在有時被稱為淡水河（Tamsui river），得名自它開始往南流的地區。此河的出海口大約在小琉球（Lambay）的正東，是福爾摩沙唯一由北向南流的大河，因為島上的其他河流幾乎都是起源自東邊山區，然後向西流出。淡水河起源於六龜里（Lakoli，位於今高雄縣六龜鄉）和荖濃（Laulong）附近的山區，蜿蜒流經鳳山縣（Hong-soa county），最後從東港（Tang-kang）出海。這條河提供了便利的方式，讓米、糖、藤、竹和其他產物，能夠大量裝載在長型的淺竹筏上，順流而下，從內陸運出。

註 13 【甘為霖原註】萊特（Wright, D.）是「蘇格蘭人」，在干治士之後住在福爾摩沙一段時間，後者在 1624 年到達亞洲，成為傳教先鋒。Ogilby 的《中國導覽》（*Atlas Chinensis*）大量引用萊特〈本島筆記〉（Notes on the Island）的段落。儘管努力搜尋，還是找不到這份筆記，也無法發現此君的任何事跡，檢視過的所有荷蘭記錄都沒有他的名字，在倫敦印度辦公室（India Office）所做的漫長搜尋也同樣無濟於事。甘貝爾（Cambell）的手稿〈福爾摩沙摘記〉（Account of Formosa，幾乎可確定還存在）、萊特〈本島筆記〉的抄本，以及尤羅伯（Junius）於 1645 年在德夫特（Delft）出版的《福爾摩沙語讀本》（*Formosan Reading-book*），這些資料也許還有古籍珍藏之外的其他價值。

註 14 史初一（John Struys）於 1650 年訪視福爾摩沙時，說大肚王所統治的是全島最富庶的地區，見頁 422-423。

註 15 【甘為霖原註】赤崁（Sakam）是這個村落的當地名稱，現在已發展成台南市。漢人稱做赤崁（Chhiah-kham），之後隨著面積擴大、貿易增加，周圍築起高大的磚牆，並以「台灣府」（Tai-wan-fu）之名成為全島首府。但日本人領台後，將首府移往台北，台灣府目前變成縣城，即台南市。早期文獻也可見 Chhaccam、Sacam、Saccam、Zaccam 等稱呼。

註 16 擔（picul）是重量單位，通用於東南亞地區，約 60 公斤，100 斤（catty）。

註 17 現在的地圖標示澎湖島在北緯 23.3 至 23.4 度之間。

註 18　【甘為霖原註】本文先前都是用 Pehoe 來指稱澎湖群島，Pehou 和 Pekou 顯然是誤拼，似乎僅是當前中文名稱「澎湖」（Phe-aw）的變形，意即「澎湃之湖」（Dashing Lake），指涉大嶼（Great Island）和漁翁島（Fisher Island）之間那片潮流洶湧、時有暴風的水域。要釐清此處所用的 Phekno 的淵源並不容易，其描述也難以讓人掌握這些島嶼的確實方位。其實，頂山（Teng-soa，今白沙鄉）位在大嶼（Toa-su，馬公港（Makung Harbour）就在其西南端）的西北，而西嶼（Sai-su）位在大嶼與頂山之西，這三島就構成澎湖群島的大外港。這些地方皆有令人恐懼的颱風，並發生過眾多船難，幸好日本人現在已在吉貝嶼（Kiat-poe-su）以北的小島（即目斗嶼）上建了一座第一流的燈塔，四面八方的船隻皆因這座燈塔所射出的仁慈之光而避開凶險。或許還要提一下，筆者（指甘爲霖）曾在 1886 年對這些島嶼進行開拓性傳教，使得福爾摩沙南部的本土基督徒在此展開了傳教事業，從那時至今，這一事工均由本土基督徒自行運作，完全沒有依賴外援。

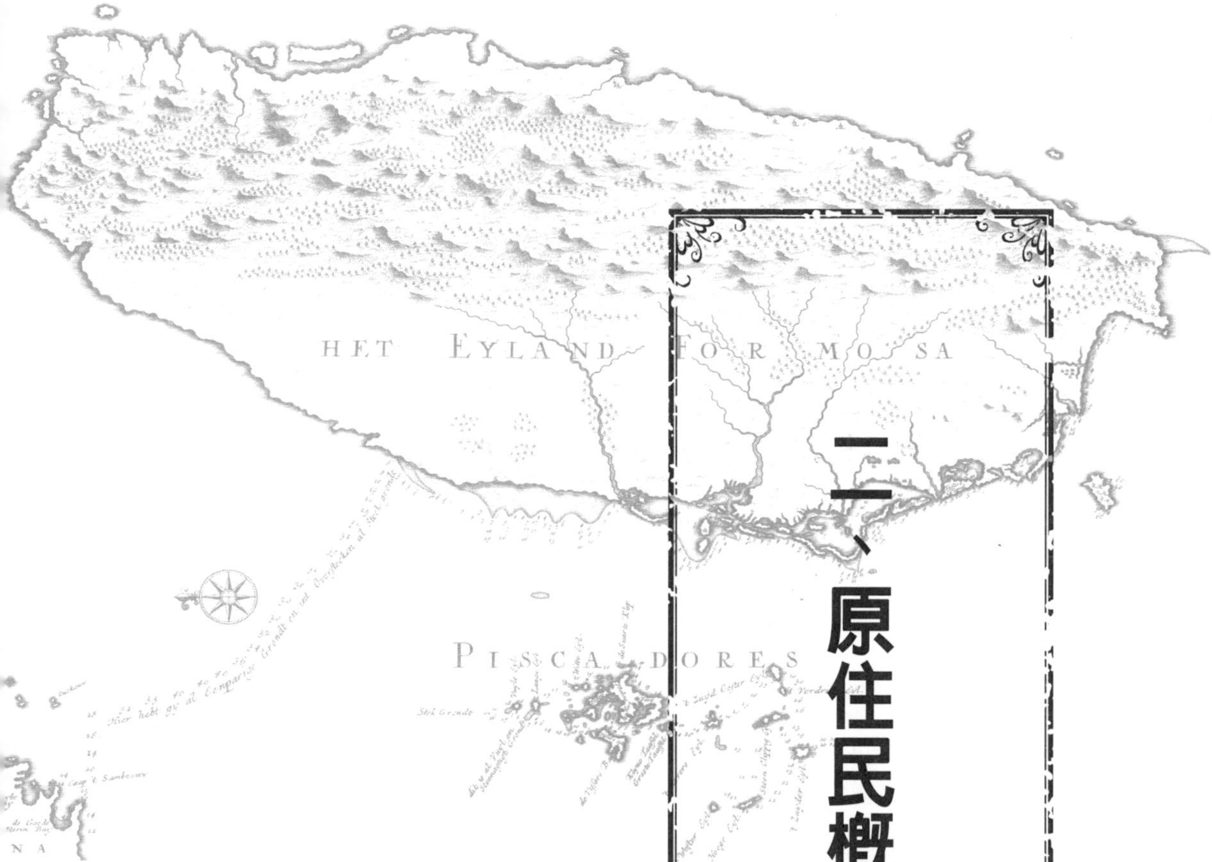

二、原住民概述[1]

1. 福爾摩沙概述

福爾摩沙島，神派我（干治士）來傳基督福音的地方，位於北緯22度，周長約130荷里，有許多村落，人口極多。福爾摩沙居民有好幾種不同的語言，他們沒有國王、領主或首領。他們並沒有和平相處，村落之間總是征戰不斷。

島上有很多條美麗河流，漁產豐富，有大量的鹿、野豬、野羊、野兔、兔子，以及山鷸、鷓鴣、斑鳩和其他鳥類。島上也有一種大型動物，像牛或馬那麼大，長有很粗且分岔的角❷。土著喜食這些獸肉，稱之為Chuang❸，山區有很多❹。此外，還有老虎和另一種名為Tumei❺的獵食性動物，長得似熊，但稍大，皮毛相當受珍視。

福爾摩沙的土地異常豐饒肥沃，但很少耕種。樹木通常是野生的，有的會結原住民喜食的果實，但歐洲人卻連碰都不碰。這裡也能看到薑和肉桂。此外，聽說也有金、銀礦，據傳漢人曾拿礦石到日本化驗。我本人不曾親眼看過，荷蘭人目前還未注意這些礦產。

2. 島上的居民

略作概述後，我接著要介紹福爾摩沙上我所熟知的幾個村落，其語言、風俗和習慣，我都相當瞭解。我熟知以下八處：新港（Sinkan）❻、麻豆（Mattau）❼、蕭壠（Soulang）❽、目加溜灣（Bakloan，今善化）❾、大目降（Taffakan，今新化）、知母義（Tifulukan，今新化知義）、大唪（Teopan，今新化唪口）、大武壠（Tefurang，今大內鄉頭社一帶）❿等。這些地方的居民都有相同的風俗、習慣和宗教，並說相同的語言。這些村落的位置也大致相同，從海岸往山邊分布。以熱蘭遮城的總部爲起點，所有村落都在一日的路程之內。最遠的是大武壠，座落在山中，從熱蘭遮城到該村，來回需三天。居民非常野蠻原始。男人通常很高、很粗壯，事實上幾乎是巨人，膚色介於黑與棕之間，就如大多數的印度人，但沒非洲黑人（Caffirs）那麼黑。他們在夏天時赤身裸體，毫無羞恥感。相反地，女人很矮小，但非常豐滿健壯，膚色在棕黃之間。女人會穿些衣服，並有一定程度

根據干治士的描述所想像的福爾摩沙原住民
【台史博提供】

的羞恥感，但洗澡時除外。她們每天洗兩次溫水澡，洗澡時，若有男人經過看到，並不會太介意。

大抵而言，福爾摩沙人民非常友善、忠誠、和藹。他們也很好客，會以最友善的方式，盡量提供外國人食物和飲料。但他們不喜歡太多歐洲人混入他們當中，也不允許任何莽撞或無禮的行爲。他們不會偷竊，也會把不是自己的東西歸回原主。但蕭壠人例外，他們是惡名昭彰的小偷和強盜。

此外，福爾摩沙人對朋友和盟友很忠心。他們不會出賣別人，寧死或自己承受痛苦，也不願背叛朋友，害別人受苦。他們的理解力、記憶力都很好，所以能輕易瞭解或記住任何事情。他們也都是乞討高手，可以說，他們的厚顏無恥在全東印度群島無人可比。不過，他們雖然貪婪、無恥地乞求他們所想要的，但只要一點小東西，就能使他們滿意了。

3. 農業

居民的主要工作是耕田和種稻。雖然這七村所擁有的大量肥沃土地，足夠讓他們多養活十萬人，但他們的耕種不超過所需，有時年收成還不太夠滿足需求。婦女很辛勞，負責大部分農事。由於他們沒有馬、牛或任何犁具，所有工作都是用尖鋤（pickaxe）慢慢做。當秧苗長出地面時，由於分布並不均勻，疏密不一，還需費很多勞力來移栽。稻子成熟時，他們不是用鐮刀來收割，也不是以大鐮刀刈倒，而是拿一種形狀像刀子的工具，從稻穗以下約一手寬處逐株切斷。

他們切下稻穗後，並沒有經過脫粒或去殼，就把稻穗直接帶回家。每天只搗碎當日所需的量。婦女在晚上將兩三束稻穗懸在火上烤，隔天天亮前二小時，她們就起床搗碎一天所需要的量。她們這樣日復一日、年復一年地做，從未準備超過當天之所需。

他們種三種水果：ptingh、quach 和 taraun，最後一種很像我們的小米。此外，還有兩種類似荷蘭豆的蔬菜，以及三種球根植物。這三種球根植物被他們當作麵包的替代物，所以當麵包、米或其他水果不足時，他們就完全依賴這三種球根植物。福爾摩沙還產薑、甘蔗、各種瓜子，但他們的栽種僅足夠他們所需。香蕉、椰子、檳榔也很豐富，還有多種不是很重要、我們的語言也拼不出其名稱的水果。以上就是他們種植在田園裡賴以維生的所有作物。

福爾摩沙西南部的這些人民並沒有葡萄酒，也不像印度其他地方，有從樹幹提取出的烈酒；但他們有一種相當濃烈、美味的自製飲料，和西班牙、萊茵的葡萄酒一樣能醉人。婦女們製造此種飲料的方法如下：首先，取些米，燉煮一陣子後，揉成糰；其次，取另外的米，嚼碎成粉末，吐入罐子，直到有一品脫（每品脫約合 0.47 公升）的液體；第三，將此液體（當作酵母之用）與上述米糰相混，直到像我們烤麵包的麵糰那麼細；第四，將此米糰放入大罐子裡，注入水，放置約兩個月，就像新鮮蘋果汁放在桶裡發酵一樣，屆時就會變成漂亮、強烈、可口的飲料了。放得愈久，酒性愈強，所以有時放了五年、十年、二十年，甚至三十年之久，以達到最完美的狀態。當開封食用時，這飲料看起來有兩層，上層清澈如最純的泉水，下層則濃厚如泥狀。泥狀部分通常用湯匙直接食用，或加水稀釋飲用。人們到田裡工作，就會取一些泥狀沉澱物放在罐子或竹筒裡，再帶一壺水，當作一整天的食物和飲料。至於上層部分，他們通常每次只喝一點點來強身提神，而不是用來解渴。他們每年所收成的米，大部分都用來製作這種飲料。

4. 男女分工

婦女們不在田裡工作時，就會乘舢板⓫去捉螃蟹、蝦子，或採集蚵仔。在他們眼裡，魚僅次於米，是最好、最重要的食物。他們捉到魚後，就整條魚（包括魚鱗和內臟）醃漬起來，存放一陣子後，連同其他腐爛物一併吃下。魚從罈子裡取出時，很難將蛆、小蟲與魚分開，但他們覺得這樣更加可口美味。

女人工作，男人卻遊手好閒，特別是17至24歲的強壯男子。那些較年老的男人（40至60歲），通常早晚都和妻子待在田裡。他們在田裡搭建小茅屋，在那裡休息和睡覺。除非有慶典或其他事情，否則他們約兩個月才會出現在村裡一次。年輕男人很少幫助妻子田裡的工作，他們主要的工作是狩獵和打戰。

他們有三種捕捉獵物的方法：陷阱（snare）⓬、標槍或長矛、弓箭。陷阱法有二種：一種是以藤條或竹子做成陷阱，佈於森林或豬群鹿群常出沒的地方，然後將之驅趕到坑裡。另一種是設在狹徑或曠野，將一根竹子深深地、牢固地插入土裡，把竹子的頂端往下彎曲，然後用一木樁固定住，繩套就綁在其上，再用薄土覆蓋著。當數百隻（有時數千隻）的鹿群在原野上漫步時，一旦碰到繩套，竹子就會立即彈起豎立，將鹿腳套牢，土著便以標槍射殺之。此法每年可捕到數千隻的鹿。

當他們用標槍狩獵時，整村（有時聯合兩三村）的男人會全部出動，各帶兩三隻標槍，獵狗也一起來。當到達指定地點時，大家圍成周長約一荷里或半荷里的大圈，然後向中間逐漸逼近，被圍住的動物很少能逃掉，動物一旦被標槍打中，就難以遁逃了。

福爾摩沙的獵人【引自《東西印度驚奇旅行記》】

標槍的長桿是用約6呎長的竹子製成，上頭用長線綁著一個小鈴，長線另一端則綁在有三、四個倒鉤的槍頭上。當標槍射中動物後，槍頭就緊緊插進肉裡。這時，槍頭因沒有牢固在槍桿上而脫落，但因有線綁著，動物就拖著槍頭、槍桿竄逃，所以很容易被困在灌木叢中，或流血至死。獵人只消聽鈴聲就知道動物往那裡逃，有許多動物就是這樣被捉到的。也有很多動物是用弓箭射殺的。一個或兩三個人來到有鹿的地方，只要追鹿就可以了，因爲他們幾乎跑得和鹿一樣快，只需在後面不斷射箭，就會有獵物傷重倒下。

捕獲的獸肉可以和漢人交易鹽⑬、衣服和其他東西。土著很少留下獸肉，通常只保留其內臟，連同上面附著的穢物一併吃下。如果獵物太多，他們就會醃漬起來，但事先卻不加以清洗。他們覺得這種醃肉風味極佳。他們會割一塊剛殺死的鹿肉生食之，嘴角還會淌下鹿血。母鹿肚中的小鹿，更被他們連皮帶毛吃光。

捕鹿【引自 Wiki Commons】

5. 戰鬥方式

他們要對某村發動戰爭時，會先向對方宣戰。接著二、三十個人（或看有多少人想參加）便出發，有時會搭舢板前往。他們到達目的地後，會等待到夜幕低垂，避免被發現或被偷襲。戰爭時，他們相當奸詐，知道兵不厭詐的道理。在適當時刻，他們偷偷潛入田裡，先找看看有沒有人睡在小茅屋裡，如前所述，大部分的年老土著會在田中的小茅屋過夜 ⓮。他們要是發現有人，不管男女老幼，都會立即殺掉，並砍下頭、手、足。有時他們會帶回整具屍體，有多少戰士，就切成多

福爾摩沙的戰士【引自 Wiki Commons】

少塊，因爲每個人都渴望帶屍塊回家，好向人炫耀他們的英勇和所經歷的危險。如果遭到敵人反擊，必須撤退，他們就只攜帶頭顱逃離。如果有被半路攔截的危險，他們就只割下頭髮，盡速逃走。如果他們發現田裡沒有人（有時會如此），就會潛進村落。他們等待良機，襲擊其中一屋，殺死裡面所有的人，砍下頭、手、足後，急速撤退，以防被攻擊。有時他們的時間僅夠割下死者的頭髮，因爲突擊敵人時，很少不驚動到屋中其他人，受害者的叫聲會傳遍全村，村民就會立即武裝馳援出事地點。這些奸詐的襲擊者有時雖成功殺了人，卻無暇取回頭顱或毛髮。有時他們僅能殺死敵人；有時天色太暗，敵人都躲在家中，他們徒勞無功；有時換成他們遭襲擊，甚至被殺掉。

他們有時會採取另一種戰法。先發出很大的聲音，引誘敵人追趕到他們停放舢板的所在，然後展開肉搏戰，以顯示其勇武。若被擊敗，或是有人受傷或被殺，他們便撤退。在他們眼裡，一個戰士的死亡是相當嚴重的事，有如歐洲人眼中的全軍潰敗。

他們的武器是盾、刀、標槍。這種標槍和射鹿的那種不一樣，沒有倒鉤、長線或鈴，槍頭也緊連在槍桿上。他們的盾又長又寬，可以輕易躲在其後。他們的刀又短又寬。他們有時也會使用日式短斧（Japanese hatchets）及弓箭。

有時全村會公然攻擊另一村。打仗時，並沒有隊長或領袖。任何人，只要持有許多敵首，或被認爲曾獵過人頭——簡言之，任何想戰爭的人，都可以輕易召集到一、二十人奉他爲名義上的首領，跟隨他去開戰，或宣稱要作戰。

又，他們很狡猾，相當有謀略。當他們搭乘五、六隻舢板出發，也就是五、六十人一道出征時，大部分的戰士會半夜上岸，埋伏在他們準備攻擊的村子的一邊。其餘的人則等到次日清早，才從村子的另一邊登陸，他們的任務是盡可能喧囂鼓譟，將村民引誘過來。村民誤以為這些挑戰者就是全部的敵人，就前去攻擊，丟下村子不管。埋伏在另一邊的人就突然出現，將碰到的人全殺掉。他們砍到兩三個人頭後，就立即匆忙撤退，到舢板上與他人會合，想像自己取得偉大的勝利。那些座落在太內陸的村落，常遭到這類攻擊。幾個人先到村前叫囂，村民出來應戰，於是展開肉搏戰，來攻者打到寡不敵眾後，就開始逃跑。這時，其他的埋伏者突然從四面八方出現，前後夾攻這些村民。

另一種作戰方法是，當他們準備在夜間攻擊敵村的某一戶人家時，先在通往該戶的道路上遍設陷阱，對付在後追趕的敵人，並小心地替自己留一條安全的路。這些陷阱和我們的不同，是用削尖的藤條或其他尖銳物做成，約有半碼長，並非垂直插在地上，而是朝著敵人可能跑來的方向。當這些全裸、跑得和鹿一樣快的敵人追逐來襲者時，一旦脛骨撞到陷阱，就會受到嚴重傷害，無法再追擊他們。土著也會假裝對敵人友善，再公然突擊之，我在的時候就發生過這種事。

有一島離福爾摩沙約 3 荷里，土語名 Tugin（即 Lamey 或 Lambay，今東港外海之小琉球），我們稱之為金獅島（Golden Lion island），因為先前金獅號要上岸補給時，其船長及所有船員都遭島上居民殺害，故以該船來命名。金獅島的居民不斷與福爾摩沙人民作戰，不准外人登陸。漢人偶而會前去貿易。但這些貿易者並不會登陸，而是留在帆船上，島上居民就會划船出來，以右手拿出要換的東西，用左手取回換得的東西。交易時，雙方都非常謹慎，彼此互不信任。

最近，我們這邊約六十位蕭壠村的居民，與幾位漢人一起前往金獅島。他們打扮成漢人的樣子，假裝要和金獅島人交易。當某位島民靠近帆船，拿出所要賣的東西時，他們突然捉住他的手，將他強拉到帆船上，砍成很多塊，然後回航，以為自己獲得了不起的勝利。這就是他們作戰的方式。

6. 獵首文化

當他們成功地獵首，或未能獵得人頭，只取下一些頭髮，或僅僅奪得一隻標槍回來，他們就會舉行盛大饗宴，唱歌、高呼，全村進入歡慶狀態。首先，他們拿著人頭巡行全村——這是獵首者的偉大勝利——唱歌讚頌他們的神或偶像，因為在他們看來，這是蒙神恩典才會有的勝利。不論到村落中的哪間房屋，他們都受到喝采及熱烈歡迎，並被招待最好的飲料。然後他們帶著人頭前往公廨（每十五、六户就有一間公廨），將人頭放到鍋子裡煮，直到上面的皮肉脫落，接著以陽光曬乾，並澆以最好的烈酒。這種場合要殺許多豬祭神，接著就舉行盛大的宴會。像這樣的勝利慶祝，通常會不間斷整整進行十四天。若只獲得敵人的頭髮，或僅奪得一隻標槍，也會有同樣的慶典。

他們極重視這些砍得的頭、手、腳或身體的其他部分，就像我們珍視金、銀、珍珠或其他寶石一樣。如果房子失火，他們會先搶救這些東西。獵得頭顱的男人受到極大的榮耀與尊敬，在最初的二星期內，沒有人敢和這樣一位英雄講話。以上就是他們對待死去的敵人的方式。

7. 政治

這些村落沒有一位共同的首領，各村都相互獨立。村落之內也沒有頭人在統治，雖然可能有名義上的議會（council）。議會是由十二位名聲好的人所組成，每兩年改選一次，屆時前議員（councillor）卸下職位，由新選上的取代。議員必須40歲左右，全部都同年⑮。雖然他們沒有年齡的概念，沒有人知道自己實際上活了幾歲，但他們確實記得自己生於何年何月何日。當他們服務兩年後，就會把前額兩旁的頭髮拔掉，以示他們任期已滿，然後再選其他同年齡的人。

議員們沒有很高的地位和權力，人們不一定要服從他們所訂的法律或命令。村子裡發生困難時，議員們要先集會，深思解決之道。當他們達成決議，便召集所有村民到公廨，向大家解釋問題，並用半個小時來說明正反意見。一人講累了，另一人接下去講，希望藉著長篇大論，說服大家接受其提案。他們秩序井然，有人說話時，其他人絕不會插嘴，雖然現場的聽眾有一千人之多。他們的口才令我震驚，我相信即便是古希臘演說家狄摩西尼斯（Demosthenes），也不會比他們更雄辯，或擁有更豐富的詞彙。議員們說完後，村民再自行深思熟慮，最後他們可以接受或拒絕議員們的提案。過程中沒有強迫，每個人都獨立思考該提案的優缺點。

議員的另一工作是監督尪姨（priestess）的命令有沒有被適當執行，並禁止他們認為會激怒神明的一切事情。當他們覺得神明受激怒，或私人利益受威脅，這十二位議員有權進行評判，並施加某些懲罰。懲罰方式並非監禁、腳鐐手銬或其他體罰之刑，而是罰東西，像罰幾塊布、一張鹿皮或一罐烈酒等，依其違犯的嚴重程度而定。

每年的某段時期，土著必須三個月全裸，他們認為如果不那樣，神將不降雨，他們就無法收成。議員們若發現有人違反此律法，就有權立即脫下其衣服，並罰兩小塊布或兩張鹿皮。因此，在早上及晚上，議員們會坐在路旁，看誰在往返住家及田地的途中有穿衣服，一旦被議員發現，就會立即被脫掉衣服，並遭到處罰。我從新港到麻豆時，曾親眼見過此番情景。有一次，我遇到一些麻豆的土著從田裡回來，其中有一位穿了衣服，遠遠看到議員等在路旁，就央求我替他拿衣服，等經過議員後再還他，要不然他會被罰。在他的請求下，我替他拿了。當走近那位議員時，我拿出那件衣服，說這是跟我同行的某一人的衣服。他想強奪衣服，並逼我說出所有者，但我拒絕回答，繼續走路。進入村子後，我將衣服還給那位土著，他說我真正幫了他的忙。

也有些時期，他們可以穿衣服，但不可穿絲製的。那時若被議員看到穿絲製的衣服，就會被強制沒收，並遭到懲罰。在某些慶典的時候，女人們會盛裝打扮，展示自己，但她們若穿著過多不必要的衣服，或做了過於自負的奢華裝扮，也一樣會被議員處罰。議員會當著所有人的面，將衣服剪成碎片，聲稱這是為了避免女人穿得太花枝招展。

又，有一段時候議員們不得做某些事。例如，稻子未熟或未完全長大時，他們不得喝醉，不可吃糖、香蕉⑯或任何肥肉。我詢問原因，他們答說，如果他們醉酒或吃那些東西，鹿就會跑進他們的稻田，破壞稻子。他們若不嚴格遵守此律則，人們就會輕視他們。我想，這些例子就足以說明他們的統治方法。

8. 法律

偷竊、謀殺、誤殺、通姦並非由法律來懲罰。每個自認受到不公對待的人，都可以逕行報復。假定有人偷東西，這起竊案又變得人盡皆知的話，被偷者就會帶些朋友進到小偷家裡，拿走他們所能拿的一切東西，或迫使小偷做某種賠償。如果小偷不同意這種解決方式，被偷者就可以訴諸武力，召集所有的朋友對小偷開戰。如果有人被察覺與別人的妻子有染，也以類似的方法來解決。遭侵犯的丈夫到冒犯者的家裡，從畜舍中帶走兩三頭豬——這就是通姦的懲罰。[17] 如果有人被謀殺，被殺者的朋友和殺人者的朋友就見面談判，以賠償若干鹿皮來解決；如果被殺者的朋友滿意了，殺人者就可以回家。

他們實際上沒有等級之分，沒有上位者與下等人、主人與僕人之分，所以他們的語言中沒有「主人」與「僕人」二詞。但他們根據某些獨特習俗，相互表示尊敬、禮貌。他們視高齡爲榮譽，將年紀看得比社會地位、權力或財富更重。當兩個人在路上相遇，年輕的一定會讓到路邊，並轉身背對年老者，直到後者走過爲止。即使年輕人在路上談論要事，遇到年老者經過，也一定會很小心地轉身，等著後者完全經過。當年長者要求年輕人代勞，即使必須走二、三甚至四荷里，後者也不敢拒絕。大家在一起時，若年老者在講話，年輕的就絕對不敢講話。集體聚餐或會飲時，一定會請年長者先開動，他們只考慮年紀的差別。他們就是以此方式相互尊敬。

9. 婚禮

現在要談婚喪習俗。關於結婚，男人不能想結婚就結婚，必須到 20 或 21 歲才能結婚。雖然他們不知道自己幾歲，卻很清楚誰較年長、誰較年輕，那些同一個月，或同半年、同一年出生的，就被視爲同時生，因此就算同年紀。以他們的語言說，已成年就是 *saat cassiuwang*，到了這個年紀才可以結婚；太年輕（*cassiuwang*）的，還不可以結婚。他們對此牢記在心，嚴格奉行。

幼年至 15 或 17 歲之間，他們的頭髮不得超過耳朵。他們也像我們一樣會修臉，但沒有剪刀或剃刀。他們用砍刀（*parring*）代替剪刀，將頭髮放在木塊上，用砍刀切斷。他們沒有剃刀刮鬍子，而用一種銅製或鐵製的工具來拔。有時他們會用一種竹子做的線，對折起來夾住毛髮，突然一拉以拔之。他們很討厭鬍鬚，所以用同樣的方法把臉上及身體其他部位的毛拔掉。17 歲開始，他們就可以蓄髮，要留多長都沒關係，像漢人那樣。頭髮留長後，他們開始向異性求愛。以上是關於男子的情形。

關於女子，只要她們自認年齡適當，要多早結婚都行。她們的頭髮自由生長，並不剪髮。

以下是他們求婚或求愛的方式。當一年輕男子愛上一年輕女子，他要做的頭一件事，就是請他的母親、姐妹、堂表姐妹或任何其他女性朋友，送禮物到他想娶的女子家裡。送禮物者向女方父母或朋友求親，並展示她們帶來的聘禮。如果女方的父母或朋友滿意這項提婚，就將禮物留下，這樣婚事就算決定了，不需其他儀式，也沒有婚禮。當晚，該男子就可以和他所選擇的女子一起過夜。

聘禮的大小，差異很大，依個人的財富而定。最富有的，會送七、八件裙子，同樣數量的衣服，三、四百個竹製的臂環和手鐲，十或十二個戒指。這些戒指用金屬或鹿角做成，每個都像切掉上下兩端的蛋那樣大，所以戴在手上會完全蓋住指關節。爲了裝飾，她們每個指頭都戴一個戒指，並用狗毛做的紅線固定住。她們戴上這種戒指時，手指之間會撐得很開，有時還很痛。這樣的手實在不好看，但他們卻認爲很優美。

禮物還包括：四、五條粗麻做的腰帶；十或十二件他們稱做 etharao 的狗毛衣；二十或三十件棉布（*cangans*）⓲ 或漢人衣服，每件值 3/8 里耳（real，1 里耳等於 8 荷先令（Dutch shillings））；一大束狗毛，他們稱做 *ayam mamiang*，相當珍視；一個稻草和狗毛做成的頭飾，製工精巧美麗，像是主教的頭冠；再加上四、五雙未鞣製的鹿皮製成的綁腿，那是以皮帶固定在腿上。上述物品是最有錢的人所給的聘禮，在荷蘭貿易商看來，總價值約 40 里耳。

較沒錢的，會給三、四個竹製的臂環或手鐲，兩、三件裙子，同樣數量的衣服，總價約 2 里耳，最多 3 里耳。中等家庭會多給一些，符合他們的財富所能提供的量。

若這些禮物送給女方並被女方所接受，該男子當晚便可在女方家過夜。他們的習俗不是女方住到男方家裡。女子仍留在她自己的家裡，照樣在那裡吃、喝、睡；男子也回到自己的家。丈夫在晚上來到他妻子的家，但不是公開的，而是像夜間小偷那樣偷偷摸摸。他不能靠近火或蠟燭，應該立即躺在床上，不可說話。如果他想要菸草或任何東西，也不可以出聲，但他可以輕輕地假咳嗽，他的太太聽到後，就會將他所要的拿給他，然後又回到她家人那裡去。當大家就寢後，女子就睡在她丈夫旁。第二天早上天亮之前，男子就應該起床，像前晚來時一樣，不發一語地神秘離開；實際上很像貓潛出鷄棚一般。白天時，男子不可以進入他妻子家。

他們的床沒有枕頭、睡墊或鋪草的床墊，而是以鹿皮代替床墊，以木頭代替枕頭。床是用竹子做的，上面放一塊木板，木板上則鋪鹿皮。有時他們就只墊張鹿皮，直接睡在地上。

妻子和同輩的女眷擁有自己的田，她們耕種這些田來養活自己。她們住在一起，在同一屋子裡吃喝。丈夫也依循同樣的方式，他和家人擁有自己的田地，並住在同一屋簷下。妻子不爲丈夫儲藏，丈夫也不爲妻子積蓄，他們各自養活自己。男人白天到田裡工作，女人則晚上到田裡工作。夫妻很少見面，除非他們想私底下在別人不知道的地方秘密見面。夫妻鮮少在別人面前講話。偶而丈夫會在白天進入妻子家裡，但那時要所有女性都不在才行。丈夫拜訪妻子之前，必須先請人通報：她丈夫正在外面，請求進入。如果妻子出來，表示他可以進去，就隨她進入屋裡；如果她不出來，丈夫就必須離開。

如果生了小孩，通常把小孩留在母親家，但小孩到了 2、3 或更多歲時，也經常和父親住在一塊 ⑲。婦女在婚後頭幾年並沒有小孩，因爲依照當地的法律和習俗，女人在 35、36 或 37 歲之前，不可以生小孩，如果懷孕，就必須墮胎。墮胎的方法如下：請一位尪姨來，讓懷孕婦女躺在床上或地板上，然後粗暴地推、擠、壓肚子，直到流產爲止，過程比生產還痛苦。她們這樣做，並不是因爲缺乏母愛，而是聽從尪姨的教導所致。如果婦女在上述年齡之前生下小孩，會被視作極大的恥辱、罪惡，所以通常會實行墮胎。她們經常向我坦承，已懷孕過十五、六次，每次都以墮胎了結。有個婦女告訴我，她已第十七次懷孕，這次終於可以自然生產。所以婦女唯有達 37、38 歲，才可以讓她的小孩見到天日，不必墮胎。

當丈夫到了 50 歲，就離開他們的祖產 ⑳、住家及親友，與他的妻子長久同居，這時他的妻子當然也已年老。但他們極少在家，大部分時間都待在田裡，並在那裡建個小茅屋過夜。這就是他們的婚姻生活。

然而，他們並沒有規定丈夫必須與妻子終老，不可分離。如果丈夫覺得妻子不再有吸引力，他就可以離開妻子，改和別人結婚。但如果他不能提出「不喜歡」以外的其他理由，他就不能取回當年所給的聘禮。如果他有其他理由，例如其妻與人通姦、跟別的男人跑、打丈夫，或犯其他輕罪，那麼他就有權取回當年給的聘禮。這項法律不僅男人適用，女人也同樣適用。因此，男人常常離棄舊妻，另結新歡，次數之頻繁有如一年有多少個月份。

他們的習俗是一夫一妻制，不可以同時娶二或三位妻子。有些人同時有兩個妻子，但這種情況極少見，也不被視為正當。然而，這些男人都是通姦高手，他們雖然有妻子，卻不會放過任何偷情的機會。他們的習慣是，偷情丈夫的妻子和偷情妻子的丈夫都會裝作不知情。他們的另一個習俗是，不可以和親人結婚，即使到第四代也不行。

跟我們的習俗相反的是：如果當著別人面前，向某個女子的親戚打聽該女子的情況，或長得美不美，或開玩笑地說，你想追求她或和她結婚，這樣做都會被視為很不禮貌，甚至有點侮辱。這類問題似乎會對他們造成痛苦，使他們覺得極端困窘。

我們聽說已婚男人住在他們自己的屋子，但到妻子家夜宿。至於未婚男子，或雖已婚但未與妻子同住者，則被指定到村中的某個地方過夜。每十二至十四間屋子就有一間自己的專屬公廨，裡面有床舖，供男人和未滿 4 歲的小男孩居住。這些人都睡在他們所屬的公廨裡。

10. 建築

福爾摩沙人擁有美麗高大的屋子，我能自信地說，全印度都看不到比這更精緻、更漂亮的房子。他們的房屋是竹製的，沒有閣樓。每間房子有四個門，東西南北各一；有的有六個門：兩面朝東，兩面朝西，南北則各一面㉑。所有房子都建在隆起的地基上，地基通常是由黏土做成，約有一個人高。

福爾摩沙人的屋子，主要以泥土和竹子搭建，用稻草覆蓋屋頂，搭築在隆起的地基上
【引自 Wiki Commons】

屋子的內外通常用雄鹿和公豬的頭來裝飾。他們較好的衣服來自於漢人，是以米、鹿肉和鹿皮買賣或交換而得的。他們並沒有金銀，而是以鹿皮來代替。他們拿尖鋤挖地，用槍矛、刀、弓箭來打獵和戰爭。他們最貴重、珍視的裝飾物，是他們所獵殺的敵人的頭顱、頭髮和骨頭。

他們用來準備、裝盛食物的器具是木製的，狀似餵豬的食槽。飲用容器是陶罐或竹筒，煮器則是陶製的罐或壺。他們的食物，除了米之外，都很污穢，並散發惡臭。對於不太挑剔的人來說，他們的飲料算是不錯，頗爲健康美味。

福爾摩沙人沒有休息日或假日，對他們來說，每天都一樣。但他們也有一些慶典。在這些日子，他們群聚在自己村子的集會場，盡情歡樂自娛。他們在那裡跳舞、蹦跳，展現出最獨特的表演。婦女依傳統方式盛裝打扮，穿上最漂亮精緻的衣服，我想用荷語來描述她們的服裝，但沒有辦法，把時間節省起來做別的事或許會更好。他們最珍貴的衣服是用狗毛做成的，像我們用羊毛織布一樣。他們每年將狗毛拔起來，綁成束以染色。他們用這些狗毛來裝飾衣服，就像我們使用金銀緞帶、花邊或貴重的穗帶一般。

11. 葬禮

福爾摩沙的土著不像我們，依照世界上的通俗來埋葬死者；也不像馬拉巴海岸的馬拉巴人（Malabarese）㉒和科羅曼德（Coromandel）海岸㉓的印度人（Gentoa），火化屍體。他們通常在死者過往的第二天，進行很多紀念儀式，然後將屍體手腳綁住，置於細竹片所做的屍架上；這種屍架搭在屋內，離地約 2 荷蘭尺（Dutch ell）。接著他們在屍體旁（不是在底下）點火，使屍體完全烘乾。許多喪禮都在此時舉行，例如，每個人依其財力大小來屠殺數量不等的豬隻，以及無節制地吃

西方人繪製的福爾摩沙人喪禮【引自《新舊東印度誌》】

日本人重繪的福爾摩沙人喪禮【引自《萬國新話》】

喝等。許多村民都來看死者，因爲有人過世的時候，他們會在喪家前擊鼓（這種鼓是由中空的樹幹做成的），人們就會知道有人死了，紛紛過來看。婦女也會帶酒來，眾人黃湯下肚後，就在死者家前跳起舞來。這種舞極其奇特。他們有一種大木槽，是由巨大樹幹做成的，很像東印度人的箱子，但更長、更大些。他們將幾個大木槽倒翻過來，站在上面跳舞，製造出最可怕的聲音。每個大木槽上，都站著兩排背對背的婦女，每排有四至五人。她們不跳不跑，只是溫和地移動手腳，在倒翻的大木槽上繞圈跳舞。當一隊人累了，另一隊人就來接替。這種舞通常持續兩小時，這可視爲他們哀悼死者的莊嚴程序。

屍體要烘乾九天，但每天都要加以清洗。第九天時，他們從屍架取下屍體，裹以草蓆，並在屋內另起一個屍架。新屍架四周掛上許多衣服，看起來像個帳棚，屍體就放置其上，人們再次舉行喪宴以紀念死者。屍體就在那裡放置三年，三年後再取下屍骨，改埋在屋內，這時還會再舉行許多紀念活動。以上就是他們處理死者的簡短描述。

有一習俗只在前面提到的七村之一發生，也應該敘述。當病人病得很重而且非常痛苦時，他們就用繩子套住他的脖子，把他往上拉，好像要把他勒死或絞死一樣，然後突然放下來。他們的目的是早點結束其生命，讓他脫離苦海。

12. 宗教

我們現在來看福爾摩沙土著的宗教。那是我被派到這裡，要用基督教信仰來改變的宗教。雖然島上沒有書，沒有人能讀和寫（漢人移民除外，他們寫得跟我們一樣好，但那是另一種不同的語言和宗教），但他們確實有代代以口頭方式流傳下來的宗教信仰。

他們對世界的創造一無所知，也不知道有一天世界將會毀滅。他們想像世界從永恆的過去就一直存在，將來也將永遠持續下去。

但他們知道靈魂不滅，所以有以下的習俗：人死後，就要在隆起處替亡者建一小茅屋，周圍盛裝著各式樹葉，四周各插上一枝旗子。茅屋裡放一大碗水，旁置一支舀水用的竹製小杓子，因爲他們相信死者每天都會回來洗澡和清洗。他們很嚴格地執行這種對待死者的習俗，但不到百分之一的人知道背後的道理。他們認爲應該那樣做，只因爲習俗如此要求，並沒有想到死者的靈魂。然而，年事很高的人（就是他們告訴我上述的風俗），很清楚這項民族習俗的眞正意義。

他們也知道人死後靈魂會得獎懲。老人家特別瞭解這個觀念。他們說，人在世時爲惡，死後將會在一條骯髒污穢的河流中飽受折磨；在世爲善者，將輕易通過該河，到達彼岸享樂。根據他們的信仰，該河之上有座很窄的竹橋，人死後都要經過該竹橋，才能到達天堂（他們稱做 *Campum Eliseum*）。惡人過橋時，橋會突然轉向，讓他們掉入髒河裡受苦。但是很少土著知道其中道理，我相信，只有百分之一的人對此稍具概念而已。

他們認爲會使人死後受苦的罪，並非我們十誡所提及的罪，也不是任何上帝律法所禁止的罪，而是他們自己創造或想像出來，沒有什麼嚴重性的罪。例如，在一年的某些季節必須全裸，在另一些時候則必須穿衣服，但不可以是絲製的；婦女不可以在36、37歲前懷孕生子；在某些季節裡不可以探蚵；在進行重要事情前，必須先注意鳥叫聲。還有許多類似的情況，規定他們必須做某事，或不可做某事，但在此沒有足夠的時間可加以敘述。希望以後能有機會寫下來，對這種奇怪的信仰和實踐做更進一步的詳述。

有些爲我們所禁止的罪行，也被他們視爲非法行爲，例如說謊、偷竊、謀殺。他們雖然沒有宣誓（juramentum），但和我們一樣有某種形式的發誓（oath），其做法是：爭論的雙方折斷一小根稻草，表示要嚴格遵守承諾。另一方面，醉酒不被認爲是罪，因爲他們無論男女都很喜歡喝酒，認爲喝酒只是無害的樂事。只要做得隱密，他們也不以私通（fornication）和通姦（adultery）爲罪，因爲他們是很好色淫亂的民族。荷蘭人若要說服他們相信自己犯了淫蕩之罪，卻是有點困難。因爲當我斥責他們不該私通，他們卻宣稱，他們的神喜歡他們這樣做。所以，當父母知道他們的子女私通，只要不是公然地做，他們就一笑置之，不加禁止。如前所述，男人未滿21歲不可結婚，但婚前私通僅是無關緊要的小事。

土著不知道肉體復活之事，也不認爲只有唯一眞神，他們敬拜很多神祇並獻上祭品。他們有二位主神。一位是住在南方的達瑪（*Tamagisanhach*），人們相信祂創造人，並使人好看、漂亮。達瑪的妻子住在東方，名叫德卡（*Taxankpada*）。當東方打雷時，他們相信那是德卡女神在對祂丈夫講話，斥責祂沒下雨，所以達瑪聽到後就開始落下雨水。這兩位就是他們敬拜的主要神明，並被奉上最多的祭品（主要由女人所奉獻）。另有一神住在北方，名叫薩拉（*Sariafingh*），但他們覺得此神並沒有很大的重要性。上述的達瑪讓人美麗，這北方之神薩拉卻使人醜陋，給人留下滿臉的痘疤或類似的缺陷。所以他們向薩拉祈禱，請求祂不要帶給他們任何傷害；他們也懇求達瑪保護，讓他們免於薩拉的傷害，因爲達瑪是他們的主神，最有力量。此外還有兩神，叫做達拉（*Talafula*）和達帕（*Tapaliape*），是他們戰爭前要敬拜的，主要是由男人來膜拜、服事。此外，他們還供奉很多其他神明，無法在此一一描述。

就我所知，其他民族都有男性的祭司、教宗或導師，他們教導人民，並成爲神明的祭司。可是這個民族卻只有女祭司，他們稱之爲尪姨（*Inibs*）。這些尪姨所執行的公開宗教儀式，具有兩種功能：召喚神，並獻上祭品。祭品主要獻於公廨，包括宰好的豬、煮熟之米、檳榔和大量的飲料，還有雄鹿、野豬之頭。

獻祭後，一、兩位尪姨就站起來，以很長的祈禱文召喚其神。這時，她們開始轉動眼珠，倒臥地上，可怕地高聲尖叫，接著神明附身了。尪姨像死屍般躺在地上，甚至五、六個人都抬不起來。當她們恢復知覺時，全身打顫發抖，看起來極端痛苦，這表示她們所召呼的神眞的顯現了。這時，圍在她們旁邊的人就只管哭泣流淚。我目擊過這種儀式，但未曾見到他們的任何一個神明，也看不到尪姨所見的景象。這些儀式進行一個小時後，尪姨就爬到公廨頂端，各立一角，再度向她們的神靈禱祝許久。最後她們脫掉衣服，在神前一絲不掛，用手拍打身體，並叫人帶水上來，在眾人面前全裸，清洗全身。大部分旁觀者都是婦女，她們此時都醉得快站不住腳了。我從頭到尾都沒看見他們的神或任何異象出現。這種儀式是公開的，在他們的公廨裡舉行。

每個房子內也都有召喚及獻祭神靈的地方。他們如果遭遇困難，就會請尪姨到家裡作法，執行許多怪異的儀式。

尪姨可以預言善惡、晴雨或天氣好壞。她們判斷何處爲不潔之地，並能驅邪靈、趕惡魔。據她們的說法，很多邪靈惡魔混居人間，

想像的原住民公廨。原住民以豬、米及酒來祭神。兩位尪姨陷入催眠狀態，正在屋頂上祈禱唱歌。牆壁上掛著動物頭顱【引自《被遺誤的台灣》】

尪姨就是用噪音和喧鬧來加以驅趕。她們還手握短斧，追趕惡靈，直到惡靈跳入水裡溺死爲止。

她們也在大路上擺滿祭神物品，我曾不只一次把它踢倒或扔掉。

以上就是福爾摩沙——我被派遣來的地方——土著的主要風俗、習慣、宗教信仰與實踐。我非常勤奮地學習其語言，並打從一開始就教導他們基督教信仰。目前的工作相當成功，在 1628 年聖誕節的前兩週，已有一百二十八個土著學會祈禱文，並能以最令人滿意的方式回答基督教信仰的主要問題；但由於某些理由，他們都還沒有受洗。到今日爲止，我恰好與福爾摩沙土著相處了十六個月（1627 年 8 月 27 日至 1628 年 12 月 27 日）。我相信我主上帝將賜福此地的傳教事工，並建一座屬於祂的教堂，誠心誠意地服事祂。

[註解]

註1　由甘為霖的另一著作 *An Account of Missionary Success in the Island of Formosa*（《台灣佈道之成功》）頁 75 可知，本篇是干治士於 1628 年 12 月 27 日寫給長官努易茲的備忘。

【甘為霖原註】我們對於福爾摩沙東部的知識還太有限，不能判斷干治士這篇概述今日能適用到什麼程度。由於筆者（指甘爲霖）曾訪視過南岬（South Cape，今鵝鑾鼻），以及鳳山（Hong-soa）和彰化（Chiang-hua）以東的諸部落，或可在此提出觀察到的幾點異同。干治士在第 10 頁（漢譯者按：英譯本第 10 頁並無具體提到以下部落的名稱）一開始先說，龜仔律（Ku-a-lut，今屏東縣恆春鎮社頂）、佳平（Ka-piang，今屏東縣泰武鄉佳平舊社）、霧番（Bu-hwan）等地的原住民對歐洲人友善，而且非常誠實。男人常赤裸外出，不覺羞恥。他們通常都在狩獵、馘首或與其他部落爭戰。另一方面，農事幾乎完全由婦女負責。她們不種稻，而是在山坡上耕種小塊地，種植芋頭、小米等作物。她們用小米釀了許多烈酒。干治士所描述的狩獵方法和部落之間的戰爭，還留傳至今，但他在（英譯本）15 頁說：這些早期的村民並沒有共同頭目，每個村落都是獨立的，村落內也沒有頭人在統治；這點，目前很多地方都已改變了。卓杞篤（Tokitok）統治著南部的十八個部落（即所謂的「瑯嶠十八社」），一直到三十年前他死時為止；現在他的一子繼承其地位。此外，每一部落也都各有其頭人在統治。女性有時也可當頭目，像佳平社即是。彰化東邊的萬番（Ban-hwan，千大萬）和霧番兩族，不僅有大頭目，也有部落內的長老或頭人。很多求婚、結婚和婚姻關係的習俗，似乎還一直保留著。但在某些地區，喪禮不是像干治士所說的，讓死者的屍體曝露，而是將屍體以坐姿縛著，葬在家屋的深洞裡。需補充的是，（英譯本）20 頁所提的墮胎習俗已經消失，至少在很多不同的原住民地區，都可看見年輕婦女哺育子女的情景。至於宗教，跡象顯示許多部落有惡靈信仰，並相信一位至高的天父，但看不見任何干治士所提及的儀式。大約二十五年前，筆者（指甘爲霖）曾聽嘉義的某漢人朋友說過，在嘉義正東方有個原住民部落，會執行一種嬰兒洗禮的儀式（請參考馮秉正神父（De Mailla）在英譯本 510 頁的紀錄）。他的說明是如此詳細可信，使人不免要下結論：這是二百二十年前傳教工作的真正遺跡。有趣的是，現在（1903 年）日本人正努力教育福爾摩沙非漢語系的原住民，東部海岸許多地方都已開設學校，教導數以百計的年輕學子讀、寫、算和日語。此外，日本傳道師加藤（Kato）先生有幸於最近成為首位進入原住民部落的外人，他致力於當地人民的基督教教化工作。他起初先住在一個遙遠的部落，在那裡學會了他們的語言。

註 2　這句翻譯是根據 Leonard Blussé & Marius P.H. Roessingh (1984) 所寫的 “A visit to the past: Soulang, A Formosa village Anno 1623” 的註解 9，該則註解指出甘為霖將荷蘭文翻成英文時出現的幾處誤譯。若根據甘為霖原先的英譯，這句應譯為：「島上也有一些較大型的動物，如牛、馬等，牛的角很粗，並有幾處分叉。」

註 3　根據 Leonard Blussé & Marius P.H. Roessingh (1984) 註解 9 修改，原作 olavang。

註 4　根據江樹生，〈梅花鹿與台灣早期歷史關係之研究〉（收錄在《台灣梅花鹿復育之研究報告．七十三年度報告》，1984），這種大型動物應即水鹿（頁 29）。

註 5　根據 Leonard Blussé & Marius P.H. Roessingh (1984) 註解 9 修改，原作 tinney。

註 6　【甘為霖原註】新港是荷蘭人在福爾摩沙最重要的據點之一。跟其他的例子一樣，各種記載對新港有不同的拼法，像：Sinkan、Sincan、Sinckan、Cinckan、Xincan、Zinckan，令人困惑。新港（Sinkan）位於赤崁北方約 7 哩，在國姓爺占領之後，被改為較漢化的地名——新港（Sin-kang），意即新港口或新海灣。但附近並沒有港口或海灣，可見「新港」這個詞一定是因為具有特定意義，且與原住民老地名的發音相似，所以才被採用。荷蘭人正式的傳教事工是從新港開始的，這裡也有最大規模的內陸貿易。荷蘭人為了方便傳教和貿易，在此建了幾棟大型磚造建築，包括一間教堂、一間教室、幾間神職人員與官員的宿舍，以及幾座存放進出口貨物的大倉庫。這些建築現已無跡可尋。但有一小群目前仍住在新港、四周被漢人圍繞的原住民，曾指出附近稻田中的某些土堆，其實就是荷蘭時期建築物的遺址。他們還保留某些舊時的獨特傳統。筆者（指甘為霖）還記得，多年前曾聽一位原住民老人感傷地說，當他還是小孩時，村民若遭到饑荒或傳染病，就會在太陽下山時成群前往這些土堆，捶打胸部，遠看西方，好像在向「我們的紅髮好友」祈求憐憫，趕快回來解救他們。幾份用羅馬字母寫的新港文老權狀、幾隻外國鑰匙和數片古荷蘭陶器，就是目前僅存能指出 17 世紀歐洲人曾占領過福爾摩沙的遺物了。

註 7　【甘為霖原註】麻豆（Mattau）人口據稱有三千人，受洗者達一百八十人，其居民被形容為個性躁動難羈，不只一次遭到荷蘭人嚴厲鎮壓。但後來宗教議會強烈建議應在此設立一所神學校，教導土著成為福爾摩沙將來的傳道師和牧師。此地目前已是麻豆（Moa-tau）市鎮，在台南以北、曾文溪（Tsan-bun river）之上約 3 哩處，其居民依舊迷信、易於騷動。1895 年，他們冷血屠殺約二十名與當地英國長老教會有關的基督徒，荒謬控告這些單純的改教者涉嫌通敵，將日本人引入福爾摩沙。不久前，本地的長老教會重新恢復基督教事工，未來可望再次結出好果子。本書即將付印之時，傳來一件傷心事，當地那位年輕的傳道師許朝陽（Kho Tiau-iong），被證實罹患痲瘋病。許傳道以前是我（甘為霖）的童僕，之後接受完整的訓練，並在本島多處教會有過良好的服務紀錄。每思及此，我就感到痛心。許傳道有六個聰明的小孩和一位虔誠的妻子。麻豆有時也被拼成：Matau、Mataw、Mattouw、Mathau、Matthau、Mattauw、Mandauw。

註 8　【甘為霖原註】蕭壠是荷蘭人據點之一，在麻豆西北不遠。荷蘭人經常提到蕭壠，想必頗具重要性。福爾摩沙評議會建議神學校應建於此，而非麻豆，設在麻豆是宗教議會的主張。蕭壠（Soulang）尚存，變成漢人的蕭壠（Siau-lang）市鎮，最近基督教傳教工作在此地重新展開。

註 9　【甘為霖原註】目加溜灣常被提及在新港、麻豆和蕭壠附近。英國海軍地圖依循荷蘭人的記載，將之置於蕭壠東北數哩處，這個地點和所有文獻的記載相吻合。禮密臣在《台灣之過去與現在》的索引第 3 頁，將之拼成較罕見的 Baccaluang，並用括號加註 Baksa，表示兩者同一。但如果 Baksa 指的是台南市以東 26 哩的木柵（Baksa，今高雄縣內門鄉），那一定有誤；即使是指曾存在茅港尾（Hm-kang-boe）稍南的同名小村，也一樣是錯誤的。

註 10　【甘為霖原註】大武壠（Tevorang），尚有其他拼法：Tefurang、Tefurangh、Tevoran、Tevourang、Devoran。郇和（Swinhoe）領事對此曾有以下說明（參見其 *Notes on the Ethnology of Formosa*，頁 11）：「我幾乎可以確定 Favorlang 和 Tefurang 是同一字，只是其中一字是筆誤而已。我相信後者是正確的拼法。」對此評論，有必要指出：(1) 干治士在（英譯本）第 9 頁說，包含 Tefurang 在內的八個村落，其居民都使用共同的語言；然而，比較倪但理（Gravius）所譯的〈馬太福音新港語譯本〉（St. Matthew in Sinkan-Formosan）和哈伯特（Happart）的〈虎尾壠語彙〉（Favorlang Vocabulary）的印刷本，卻發現兩種文字很不一樣。(2) 依（英譯本）276 頁的記載，漢布洛克牧師（Rev. Hambroek）被指派到麻豆、諸羅山（Tirosen）、哆囉嘓（Dorko）和 Tevorang 等地，而哈伯特牧師被派到笨港河（Ponkan river）以北的二林（Takkais）和 Favorlang。文中其他段落亦對 Tevorang 和 Favorlang 有很清楚的區別。所以郇和的說法應為錯誤。事實上，（英譯本）234 頁很清楚地指出：大武壠（Tevorang）是與虎尾壠（Favorlang）敵對作戰的九村聯盟之一。無疑地，大武壠在新港東北約一日行程，而虎尾壠則在更北邊。下面兩篇不同方言的主禱文，可說明大武壠等村和虎尾壠的差異：1. 大武壠版（*Version used in Tevorang*）：Rama-jan ka tou tounnoun kow ki vullum...（以下省略）；2. 維爾崔希的虎尾壠版（*Vertrecht's Favorlang Version*）：Namoa taman tamasea pafa de boesum, ipadassa joa naan...（以下省略）。

註 11 【甘為霖原註】舢板船（sampan），此字在馬來語、漢語有相同的意義，sam 指三，pan 指木板。它用來指涉任何靠槳划動的小船，特別是港口供雇用的渡船。有時，舢板上也安裝帆以產生推進力。

註 12 台語稱做「吊仔」（tiàu-a）。

註 13 根據 Leonard Blussé & Marius P.H. Roessingh (1984) 註解 9 修改，原作：木材（wood）。

註 14 原來老人住野外，是為了保護村中的年輕人，以自己的生命讓鄰村來獵頭。

註 15 這裡的議員，應該指村社中的長老。

註 16 甘為霖英譯本作 pietang，據荷文原檔，寫作 pÿsang，即香蕉。

註 17 通姦的懲罰對男性，不對女性。

註 18 根據當時的西班牙與荷蘭文獻，cangan 指中國生產的絲綢或棉布，但一般指棉布為多。

註 19 根據 Leonard Blussé & Marius P.H. Roessingh (1984) 註解 9 修改，原作：當孩子長大到 23 歲，就離開去和父親住一起。

註 20 根據 Leonard Blussé & Marius P.H. Roessingh (1984) 註解 9 修改，原作：神（Gods）。

註 21 根據 Leonard Blussé & Marius P.H. Roessingh (1984) 註解 9 修改，原作：地板用竹子鋪成，每屋各有四個門，東西南北各一；有的有八門，四面各兩門。

註 22 馬拉巴海岸位於印度西南方臥亞（Goa）的西南海岸，其主要港口為科欽（Cochin），16、17、18、19 世紀分別被葡萄牙人、荷蘭人、法國人和英國人統治。

註 23 科羅曼德海岸即今印度東南方馬德拉斯市附近南北 720 公里之海岸。

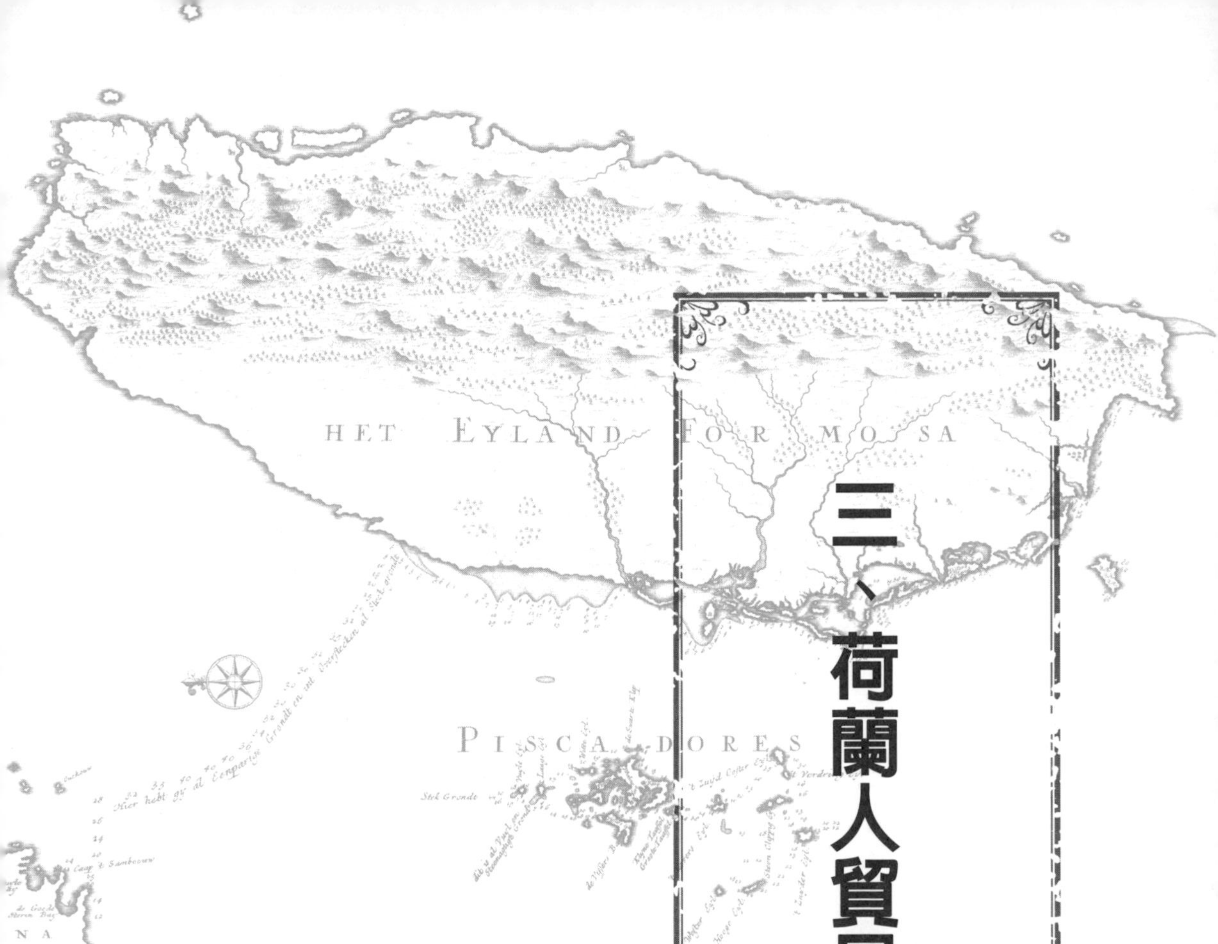

三、荷蘭人貿易史 ❶

關於福爾摩沙近代史，可以確定的是，葡萄牙人和西班牙人在荷蘭人抵達之前早已來過，並爲之命名。但他們最初何時來，有什麼成就，則不可知。

有人主張，英國人比荷蘭人更早到福爾摩沙，並在最大的島上建一堡壘，但後來不知何故遭驅逐。然而，持如是主張的人並沒有指出這些事件發生於何年、何月、何日，故我們認爲這只不過是忌妒的塔佛尼（Tavernier）所說的愚蠢故事。

清．謝遂《職貢圖》所繪的荷蘭人【引自 Wiki Commons】

1. 早期荷蘭人到中國

關於荷蘭人抵達福爾摩沙的情況，就可以說得清楚明確許多。荷人最初航向中國，眞正的目的是與中國通商，然後將貨物運往日本，希望驅逐葡萄牙人的勢力。但由於中國的法律禁止外國人入境，以致荷人遭遇到許多耽擱和困難。出於這些原因和其他事件，荷人才首次停泊在漁翁群島之中的澎湖（Pehoe）島，該島位於北緯 23 度半的北回歸線之上，西距南澳（Lamoa）島 22 荷里，東距福爾摩沙 12 荷里。

第一位到達澎湖的荷蘭人是司令官韋麻郎（Wybrand van Warwyk）。1604 年 6 月 27 日，他由大泥（Patani）❷ 出發航往中國，因駛往澳門（Macao）途中遇上暴風雨，遂在 8 月 7 日停泊於澎湖島西岸一處良灣（即馬公港）。快艇穆迪號（*Sphera Mundi*）也在這場暴風雨中歷經險境，最後在 8 月 29 日與韋麻郎會合。

由於中國人不允許韋麻郎進入大陸，所以他在澎湖停留許久，等待中國方面的消息。12 月 15 日，韋麻郎及其同伴徒勞無功地離開澎湖，一方面因爲中國都司（Touzy，即沈有容）率五十艘兵船前來，阻止他們登陸，另一方面則因爲他們始終沒有收到中方先前承諾的明確答覆。

之後，司令官馬地利（Cornelis Matelief）於 1607 年率艦前往中國，停泊於南澳島外，希望能通商，但中國人要求荷蘭人必須先轉往澎湖，他們才會派帆船來和荷人貿易。中國人雖滿口承諾，卻都沒有兌現。荷蘭人知道中國人想要什麼，且不慣於受騙，決定要貫徹自己的要求。

2. 雷爾生時代

因此，我們再派雷爾生船長（Cornelis Reyerszoon）到澎湖，看能否和當地的中國人達成協議。但由於島上居民都是漁民，懼怕荷人，一看到我們就逃，根本無法接近。但我們最後成功了。上席商務官（chief merchant）梅爾德（Johan van Melderd）乘一艘插著和平白旗的快艇前去，設法讓島上居民與我們商談。當居民知道我們純爲和平而來，就請求梅爾德先生進灣，親自和他們的長官對談。梅爾德照做了。

會談後，梅爾德就率領三艘快艇前往漳州江（Chinchew river）❸，但那裡的居民還是一看到荷人就逃。最後，梅爾德終於和一個中國官員見到面，便向他解釋說，此行純爲請求通商，並要求中國人不要和馬尼拉（Manila）的西班牙人貿易。該官員承諾，等他請示長官，長官再轉呈皇帝後，就會給予回覆。但他懇求梅爾德先離開漳州江，以免產生任何糾紛，並說他將立即前往距廈門（Amoy）70 荷里遠的福州（Hokchiu），親自去請示上級。

這位官員回來後，就派幾位使者乘四艘帆船到澎湖，當中有位英俊善辯的人，名王夢熊（Ong Sofi，王守備），告訴我們的評議會（Council）說：如果我們離開澎湖，就能允許我們通商的要求，畢竟澎湖是中國皇帝的領土，在我們離開之前，皇帝不會和我們進行貿易；皇帝不可能和入侵他的國家、並擅自興建堡壘的人談判。他補充說：如果我們願意前往福爾摩沙，並在那裡築城自衛，皇帝將不會反對。但我方人員沒有接受這項提議的權限，因爲巴達維亞方面要求我們不要放棄目前的地點。

就這樣，過了好幾年，對中國的遠征毫無所獲。1622 年，荷蘭

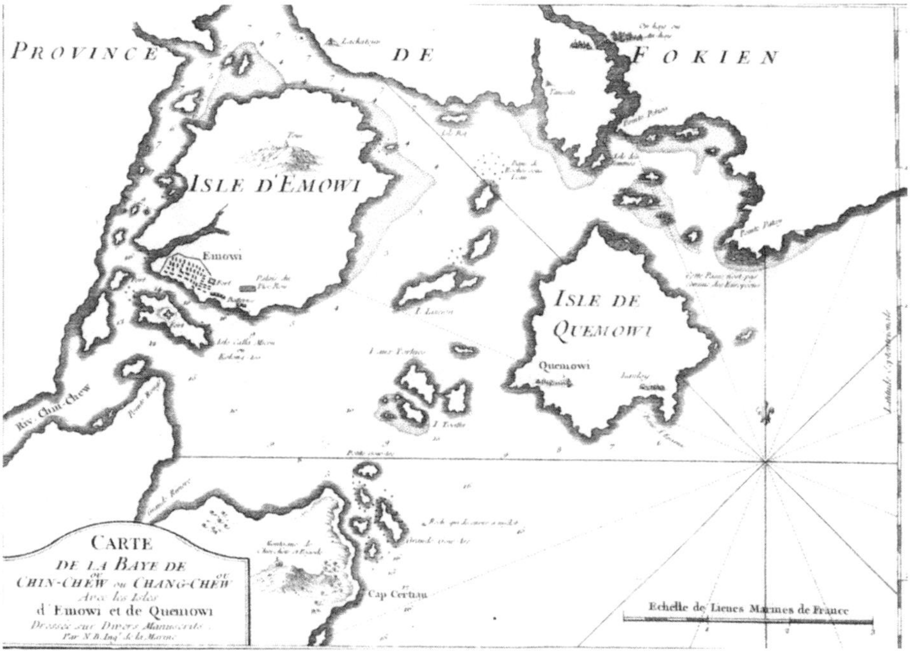

泉州、漳州江與廈門、金門海圖【台史博提供】

東印度公司決定派雷爾生船長再度前往中國，命令他，或者占領澳門，或者進駐澎湖島，設法與中國建立貿易關係。

雷爾生船長先嘗試占領澳門，但不成功，還因一些火藥桶爆炸而損失慘重。因此，兩艘英國船，連同忠誠號（*Faithful*），上有費布雷（Jaques le Febre）先生，於 6 月 27 日啓航前赴日本。大熊號（*Bear*）和聖十字號（*St. Cross*）開往南澳，近距離監視中國海岸，其他船隻（希望號（*Hope*）、聖尼可拉斯號（*St. Nicolas*）、帕拉凱號（*Palikatte*）除外，它們必須留至 8 月底，以監視從麻六甲（Malacca）航向澳門的船隻）則於 6 月 29 日航往澎湖。7 月 10 日，他們停泊在某個狀似桌子的高島的後面。在這些群島之間，可見二十艘負責守衛的武裝帆船，以及一些逃跑的漁夫。

因此他們起錨開進一個美麗的海灣，停泊在水深 8、9 噚（fathom，

1622 年雷爾生率艦攻打澳門情景【引自 Wiki Commons】

1 噚等於 1.829 公尺）之處。此地平坦多石，看不到樹，除高草外，一無所有。島上也沒有淡水，只有幾口小井，乾季時還略有鹹味。當地的日常用品都來自中國大陸。

由於我方人員被嚴格指示，必須在附近找個地方安頓下來，所以他們來到福爾摩沙南端的一處避風港，該港在台灣島附近，他們發現有些漢人住在該島從事貿易。此處離澎湖約 12、13 荷里，後來他們用快艇從澎湖運來補給品。避風港的水深只有 11 呎，且相當彎曲，大船不能進出，相當不便。順帶一提，台灣島僅是個小島或乾沙洲，只有 1 荷里長，離福爾摩沙約有半荷里。

7 月 19 日，赫尼根號（*Groningen*）和大熊號起錨前往中國海岸，他們在 7 月 21 日看到了中國大陸，並越過漳州江。此江很容易辨識，因其東北岸有兩座小山，其中一座狀似柱子；其西南岸的土地則很低，有很多沙丘，西南角稍往內有一座塔或類似的建築。

7月25日，他們看到一塊很崎嶇不平的土地，認定那是琅機山（Lanquyn）島，就停泊在15噚深的水域。

8月9日，這些船再度啓航，航行一段距離後，停泊在15噚深的水域，靠近中國海岸旁的幾個小島。8月11日，他們又回到琅機山島，該島位於北緯28度半，其北面有良港，飲水充足，但食物很少。他們待在那裡時，有些漢人乘舢板或河船前來訪視，並送每艘船五籃白糖。他們懷疑這些漢人是海盜。

8月18日，這些船來到琅機山島的西岸，停泊在一個更佳的良灣內，可避開所有方向的風。這群海盜尾隨他們，並給他們一些沒什麼用途的補給品。他們稍後發覺，必須擺脫這些可疑分子，因爲這些傢伙正在荷蘭旗幟的掩護下幹起海盜勾當。

爲此，他們決定返回澎湖，8月22日抵達後，發現我們的人正忙於建造城堡，該城備有四個稜堡，上頭還裝置二十門大砲。他們也發現澎湖多了三艘船：金獅號（*Golden Lion*）、山森號（*Samson*）及快艇新加坡號（*Singapore*）。城堡附近有一處名叫海岬（Seacape），也安裝了六、七門大砲。這座城堡離澳門18荷里遠，很能發揮攔截中國與西班牙貿易的功效。

翌日（即8月23日），又有兩艘快艇從中國海岸駛回，報告說另一艘船被迫留在中國海岸，幸好中國人幫忙掩護船上的人員和武器。

這些快艇是被派去談判通商事宜的。他們被中國人拖延了許久，最後才獲得承諾而離開——之前中方也常做出這類承諾——即中國人會派使者到澎湖做進一步的討論。這次，中方最終派人過來，但還是沒有達成通商的決定。我方很快就發現，中國人根本不願意我們留在那裡，只希望我們離開，這當然是我們荷人極不願意做的。

所以，我們決定在10月18日再度派出八艘船前往中國海岸，看能否以武力或恐嚇的方式逼迫中國通商。但我們駛向漳州江時，卻往南偏離了三荷里，最後船隊離散，三艘自行駛開，其餘五艘則進入一海灣，他們在那裡擄獲到六、七十艘帆船。當我們的人正忙於登上所奪取的兩艘帆船，一陣強風迫使他們拋下前錨。夜間，幾個錨不幸鬆掉，這些帆船開始漂走，快艇維多利亞號（*Victoria*）雖然就在旁邊，卻愛莫能助。

一艘被漂走的帆船上，除了兩位漢人，還有二十三位荷蘭人，他們後來遭漢人逮捕，只有其中一人於數年後逃了回來。意外發生時，

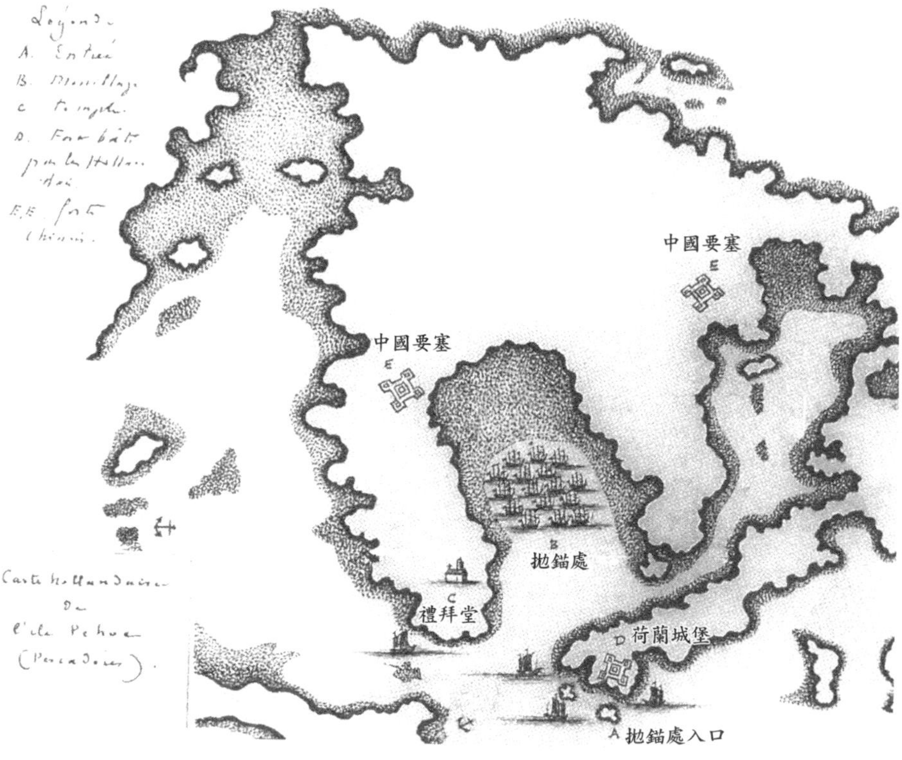

荷蘭人所繪的澎湖本島地圖【引自 Wiki Commons】

我們的人沿岸搜索，卻都沒有發現帆船及遺失者的蹤影，只好離開。期間，另一艘被漂走的帆船上，共有七位荷蘭人，他們跳入另一條小艇，然後縱火燒掉該艘帆船。由於風太強，小艇無法張帆，又處在下風岸（lee-shore），所以他們只得拋出一個多爪小錨（grapnel）。兩小時後，錨繩斷了，小艇開始漂流。當他們最終擱淺在岸邊時，艇上的燈火熄滅，只能任由海盜似的居民擺佈了❹。

橫亙在他們面前的是悲慘的命運。他們在小艇上禱告，在恐懼中等待天明。天亮以前，他們聽到幾位漢人走近小艇，於是握起劍，向靠近者大吼大叫。這些漢人因天色昏暗，不知有多少人在裡面，就被聲音嚇跑。他們視此爲鼓舞的徵兆。

由於小艇已擱淺在離海很遠的地方，無法駛回海上❺，所以他們天亮時就離開小艇，毛瑟槍（musket）扛在肩上，劍配在腰間，開始朝 Sammitjoe 河前進，當時我們有兩艘快艇正停泊在那裡。

漢人看到他們，就走近來，並推派其中兩位上前和他們說話。他們不相信這些漢人，作勢要開槍，才得以不被干擾地通過。

路上，他們遇見一間房子，裡面有一男一女。他們到屋內重新點燃火繩，修理被雨淋壞的毛瑟槍，並向屋內的男子要飯吃❻，然後致謝離開。之後，他們在海邊發現六、七具遭野狗、鳥群啃食的漢人屍體，顯然是被荷蘭人殺的。這使他們確信，在這裡不僅無法獲得任何援助，還會因這些被屠殺的漢人而遭到報復。

途中，他們又遇到一大群漢人，約有兩百人，一看到他們就四散逃開。當天下午，他們來到荷蘭快艇附近，開了幾槍，希望引起同伴的注意。然而，荷蘭同伴非但沒有前去援助或接應，槍聲還吸引了七、八百個來自鄰鎮的漢人。他們一看到這群持刀帶矛的漢人，自覺必死無疑。爲了把握任何活命的機會，他們向這群漢人齊發了幾輪槍，漢人發現他們猶做困獸之鬥，就往後退，只剩少數幾個人還待在

1622 年荷蘭人在福建漳州沿海與漢人對峙【引自《新舊東印度誌》】

一段距離外丟擲石頭。這些漢人似乎未曾聽過槍聲，所以很害怕，甚至還來請求和平，並邀請他們進入村鎮。

他們進入該鎮，發現約兩千個漢人站在那裡，驚奇地注視他們，似乎從未看過荷蘭人。漢人帶他們到廟裡，給他們食物、飲料和菸草。他們一直保持警戒，彼此緊靠，手上的槍隨時待命，以防遭到突襲。

他們坐在那裡，發現火繩即將熄滅，就從襯衫撕下一片片的布條，將之撚揉成維持火繩的新材料。不久，他們感激地離開該鎮，很高興無人尾隨在後，因爲他們那時只剩下四發子彈。他們利用兩艘當地的竹筏或木排，在早上時到達荷蘭快艇。

在此期間，漢人已將小艇洗劫一空，但被派來尋船的聖尼可拉斯號還是在 11 月 2 日發現了小艇。11 月 4 日，荷蘭人燒毀了幾艘帆船。

11 月 9 日，大熊號的小艇不見了，上面有船長楊生（Jan Janszoon）和十七人。

11 月 29 日，我們的人和漢人再次發生戰鬥，大熊號的船醫失蹤了，不知他是被殺或被捕。他們燒毀兩艘帆船和一座村莊，帶許多小豬、山羊和家禽回到船上。

12 月 2 日，我們的人搶劫另一村莊，並燒毀之。漢人於是朝我們放來兩艘燃燒的帆船，使我們陷入很大的危境，但我們最後只損失一條舢板。

12 月 13 日或 14 日，哈林號（*Haarlem*）從日本來到中國海岸，加入我們的船隊，他們想跟我們一起到澎湖。1623 年 1 月 4 日，哈林號出發航往巴達維亞，船上有八十四名陸續俘虜到的漢人。

在此期間，我們的人攻擊多艘帆船，但徒勞無功。1 月 28 日，他們俘虜了一艘帆船，裡面有八個漢人和一些魚乾、鹹魚。

2 月 20 日，他們再次從事遠征，一行有五十個武裝人員，深入內陸 2 荷里。他們蹂躪了兩個村莊，帶回幾袋蒜頭和洋蔥。

2 月 28 日，他們俘虜了一艘從漳州江出來的帆船，上頭有十四個漢人。這些漢人說，雷爾生司令已和漳州人訂下約定，但他們還是沒有放過這些漢人。

3 月 30 日，他們又俘虜了兩艘帆船、一艘漁船和二十七個人。5 月，他們劫到一艘很有價值的帆船，該船正要駛往馬尼拉，上頭共有兩百五十個人。他們將當中的大部分人帶往澎湖，澎湖已有好幾百個俘虜了。有些俘虜的頭髮很長，直立時可垂到腳邊。他們把頭髮盤繞在頭頂，用一枝針穿過固定。

這些漢人很懼怕我們的人，可能是因為一則漢人間流傳的古老預言所致。該預言的大意是，他們的土地將會被紅髮赤鬍的人占領，這裡的紅髮就是指金髮。當蓄有紅鬍子的邦特克（Bontekoe）船長一出現，這些漢人似乎更加害怕，相信他們古老的預言將因這位紅鬍佬的出現而成眞。

紅鬍子船長邦特克
【引自 Wiki Commons】

這些漢人被帶到澎湖後，就和其他同胞被兩兩綁起，被迫取土填建城堡。城堡建成後，約有一千四百至一千五百人被送到萬丹（Bantam），在那裡被販賣爲奴。中國官員不願釋放一位荷蘭俘虜，以交換這一千多個漢人❼。

不久，我們決定再派上席商務官梅爾德當使者，至廈門尋求通商的機會。爲此，我們寫了一封說明此行目的的中文信，張貼在大木板上，恭敬地舉在梅爾德之前。

梅爾德到達廈門後，被帶到一處群樹環繞的高地，高地上有一屋，屋子的陽台下有七張桌子，都鋪有垂到地面的桌巾，每張桌前均坐一名官員（senator）。這些官員要求，開會之前梅爾德必須先行跪拜禮，即梅爾德必須跪下，以額頭用力叩地板，直到旁邊的人都能聽見爲止。梅爾德拒絕了，此舉有損基督徒的尊嚴與榮譽，但他表示願意以自國的習慣來表示敬意。他就這樣做了，並在自我介紹後，脫帽和他們討論。之後他雖收到很多禮物，但被遣回澎湖，沒有完成通商的目的。

他向當時的澎湖司令官雷爾生報告在廈門的旅程及經歷後，雷爾

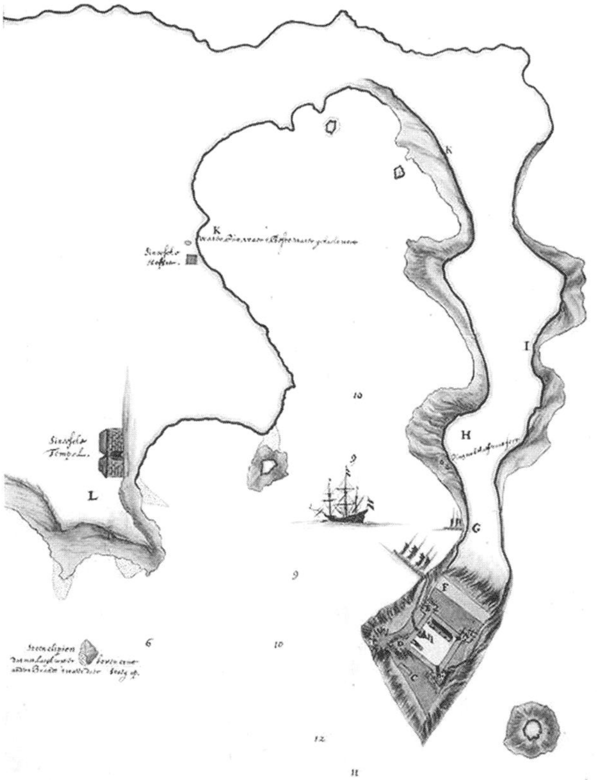

荷蘭人在澎湖所築的城堡（圖右下角），約 1623 年【翁佳音老師提供】

生決定親自走訪見識一下。於是雷爾生與梅爾德一塊從澎湖前往廈門，然後到省會福州。從廈門到福州，約要十二至十四天。

每經 6 荷里，他們就被帶進屬於國王或巡撫（governor）的建築內休息，受到隆重招待。他們經過許多城鎮，城鎮間僅相距約一個大砲射程的距離。城鎮內每一寸土地都有人使用。人潮相當擁擠，簡直寸步難行。

他們抵達福州時，被帶到一座壯麗的官邸或豪宅，主人是個擁有十六名妻妾的中國官員（即當時的福建巡撫商周祚），他給每位妻妾一間相似的房子。這座豪宅位於郊區，距離巡撫衙門（Town-hall）約一荷里半。他們被帶到官府（the council）面前，和以往一樣，只被告知除非荷人離開澎湖，前往福爾摩沙，否則不可能得到通商機會。雷爾生司令回答，此事不在他的權限之內，他必須接到巴達維亞的訓令才能決定。於是雙方約定，由雷爾生派一艘船和兩艘帆船到巴達維亞與總督商量此事。中國人看到船已派往巴達維亞，雙方便在友善的氣氛下分別。

但這些船由於逆風，未能於當年到達巴達維亞，使得旅程比預期的時間更久。中國人便開始懷疑荷人的誠意，因而又派幾艘帆船前往馬尼拉 ❽。我們捕獲了其中四艘，於是雙方又重啓戰爭。

爲了建立雙方善意的理解，重啓先前的談判，雷爾生及其評議會於 1623 年 10 月 25 日決定，由司令官法蘭生（commander Franszoon）率領赫尼根號、山森號、麥登號（*Muyden*）、伊拉斯穆斯號（*Erasmus*）等船前去封鎖漳州江，阻止任何帆船前往馬尼拉或其他敵人所占領的港灣；同時要求在台灣進行自由通商，並表達我們的友誼。依據他們攜去的書面訓示，這項要求若遭中方拒絕，就意味著在海陸同時宣戰。

他們當天出發，10 月 28 日到達漳州江，並在浯嶼（Pagoda island）升起白旗，但沒有得到任何回應。於是他們寫信給廈門的都督（Totok）❾，請某位住在浯嶼的漢人送去。信中表示，他們到達此地只爲和平地通商貿易，就像先前多次請求的那樣，信末附有許多感性及友善的客氣話。

11 月 1 日，一位名 Cipzuan ❿ 的漢人乘舢板來到船上，說我們若只是純粹要和平貿易，他們相當樂意，已有三百個中國商人決定要向福州的軍門（Combon）請願，希望能與荷人進行貿易，因爲他們已在戰爭中損失很多，如果繼續打下去，必會傾家蕩產。

Cipzuan 又說，他住的地方有位山中隱士，出身極好，家財萬貫，自從他的愛妻死後，就一直獨居，只爲窮人的利益向大官伸冤，因此人人尊敬他，視他爲先知、預言家。這隱士聽我們的意見後也預言，如果我們的提議公正合理，中國人還與我們作戰的話，必會使整個國家陷入危境⓫。

因此法蘭生先生請求Cipzuan，如果可能的話，將那位隱士帶來，Cipzuan答應了。11月3日，Cipzuan偷偷將該隱士及另一位漢人帶上船來。

明朝的「生理人」與婦女
【引自 Wiki Commons】

明朝的戎克船【引自 Wiki Commons】

我們向隱士表達此行的眞正原因及單純想通商的意願。他聽完後，答應盡力向都督說明。爲此，我們也寫了另一封信給該官員，內容和原先那封相同。

兩三天後，Cipzuan 帶回都督的答覆，大意是說：他瞭解我們現在停泊在浯嶼，只爲了請求和平通商，如果我們眞意如此，沒有隱瞞欺騙的話（他暗示我們以前曾欺騙過），他相當樂觀其成；在他看來，雙方是可以達成諒解的，不過在以前的談判中，兩種可達致和解的方式，一是釋放我們所囚禁的漢人，二是放棄澎湖，都被我們拒絕了。

我們則回答，我們的意圖一向善良正直；認爲我們是來搶奪漢人，身上沒帶錢也沒帶貨物，這種想法是完全錯誤的，因爲我們現在和過去一樣，所請求的僅是和平通商，這項請求我們在 23 年前就提出了。

爲此，中方要求我們派有權做決定的官員前去談判，我們則請求讓我們的快艇停泊廈門，這樣較方便。獲得中方的允許後，我們於 11 月 13 日決定由法蘭生司令官率麥登號和伊拉斯穆斯號前往廈門。次日，這兩艘快艇出發了，其他兩艘則停留在浯嶼。

11 月 18 日，我們的人乘小艇前往廈門，察看談判爲何還沒結束，結果正好目睹了中國人的陰謀。他們駛近時，看到麥登號已經著火，伊拉斯穆斯號則被三艘火船 ⓬ 圍住，並遭五十艘左右的船隻圍攻。伊拉斯穆斯號奮勇抵抗，保全了自己，但我們不幸損失了麥登號，連人帶船全部犧牲。

事後我們從伊拉斯穆斯號得知，我們的船一抵達廈門，都督即要求派幾位領袖上岸談判，但法蘭生以沒有適當的通譯人員爲由，恭敬地婉拒了，反過來要求他們派有決定權的人上船來討論。

中方於是派幾位全權代表上船。雙方會談之後，決定在台灣進行貿易；只要荷人付得起，要購買多少絲綢都沒問題。

他們也同意，若沒有我們發給的通行證，將不會航往馬尼拉、柬埔寨（Cambodia）、暹羅（Siam）、大泥、占碑（Djambi）、Andragiri 或任何別的地方。另外，他們也會派四至六艘帆船到巴達維亞，與當地的荷蘭總督討論澎湖一事，因為他們迫切希望我們離開那裡。

條約訂好後，他們上了岸，但不久又折回船上，要求我們派幾個領袖到都督那裡，將條約寫成中、荷文兩式，並加以宣誓作證，這樣都督才能通報福州軍門，說明這一切都是他親自在場所做成的。依中方的習俗，他們送來三個官吏為人質，以及三隻令箭為信物。

所以我們決定由法蘭生率領麥登號船長克拉格（Doedoe Floriszoon Kraag）、伊拉斯穆斯號的上席商務官郝丹（Willen van Houdaan）、船長羅絲（Jan Pieterszoon Reus）和隨從多人，總計約三十人，登岸處理此事。

他們上岸時，顯然受到很好的接待，岸邊擺著桌子，呈上豐富的食物。但司令官法蘭生命令羅絲船長提高警戒，要求大家不可離岸太遠，一有狀況就要盡快返回船上。

後來羅絲船長一發覺可疑，立即叫大家回船。當晚，麥登號的小艇依協議去接回三位留在岸上的官員（即法蘭生、克拉格及郝丹），但他們全遭拘留。當麥登號上的人還在疑惑他們為何遲遲未歸，火船出現了，敵人全部陰謀終於暴露出來。此外，中方先前還將毒酒送上船來，幸好被我們及時發現，並未造成任何危害。

司令官及其隨從和一些人就這樣被中方囚禁起來。我們決定提供必要的補給，繼續用其他三艘船來封鎖漳州江，並以邦特克船長代行指揮官一職，直到 1624 年 2 月。之後，邦特克奉命到澎湖，然後返回巴達維亞，司令官雷爾生則率領其下大部分船隻到台灣。

上述這些事件的結果，致使中方於 5 月 12 日派遣一位中國重要官員（the head Chinese official）攜來一信，請求中荷雙方應達成諒解；該位官員也為此事出力不少。

3. 宋克長官時代

1624年8月1日，熱蘭遮號（*Zeelandia*）抵達澎湖群島，上載有上席商務官穆色（Pieter Muysert）和宋克博士（Maarten Sonk），宋克係來取代雷爾生司令官，接管當地所有事務。

這時雙方達成如下協議：荷人應離開澎湖，進駐台灣；中國官員則應引導漢人到台灣與荷蘭人貿易。

我們會接受這種安排，也是因爲聽說中方正在動員一萬五千艘火船、戰船、石船（stone-junk）等，準備要塞滿整個澎湖灣。所以我們認爲澎湖不宜久留，最好趕緊打包移往台灣，在那裡建基地，迎接貿易夥伴。因此我們破壞澎湖的城堡，中方也幫忙我們拆毀。

我們在台灣島這座乾沙洲上定居沒多久，就發現中方承諾的貿易並沒有實現。然而，後來事情出現了轉機。

當一切安排就緒後，雷爾生先生（宋克先生在1624年接替其職位，成爲台灣的長官和主要統治者）載著六千磅生絲和一箱其他物品前往巴達維亞。雷爾生離開後，上述那位中國重要官員（此人曾長期與都督和軍門待在中國內陸，商談有關荷蘭人的事）突然出現，他帶來若干生絲及一封廈門都督致宋克先生的信，內容如下：

此為答覆閣下請求之信函：

中國甲必丹（The captain in China）⓭ 多次提及，你們已放棄澎湖的城堡，當地也恢復了原狀，由此可見你們很守信。所以我們肯定你們的友情。總督大人（vice-roy）知道你們荷蘭人千里而來，請求在赤道之南的巴達維亞及此地的福爾摩沙與我們通商。因此我們決定前往福州呈報軍門和官府（the Council），以同你們維持友好。

我們已向閣下保證此一貿易關係，司令官自可航往巴達維亞向總督報告這一切。

天啓四年八月二十日 ⑭ 都督 Foa

接著，在評議會的批准下，宋克開始致力於建立城堡，因爲台灣若缺乏這類屏障的保護，很容易遭受攻擊。他們選定台灣港（Tayouan river，即台江內海）西岸的一塊沙質高地，四周圍以木板，中間塡沙，

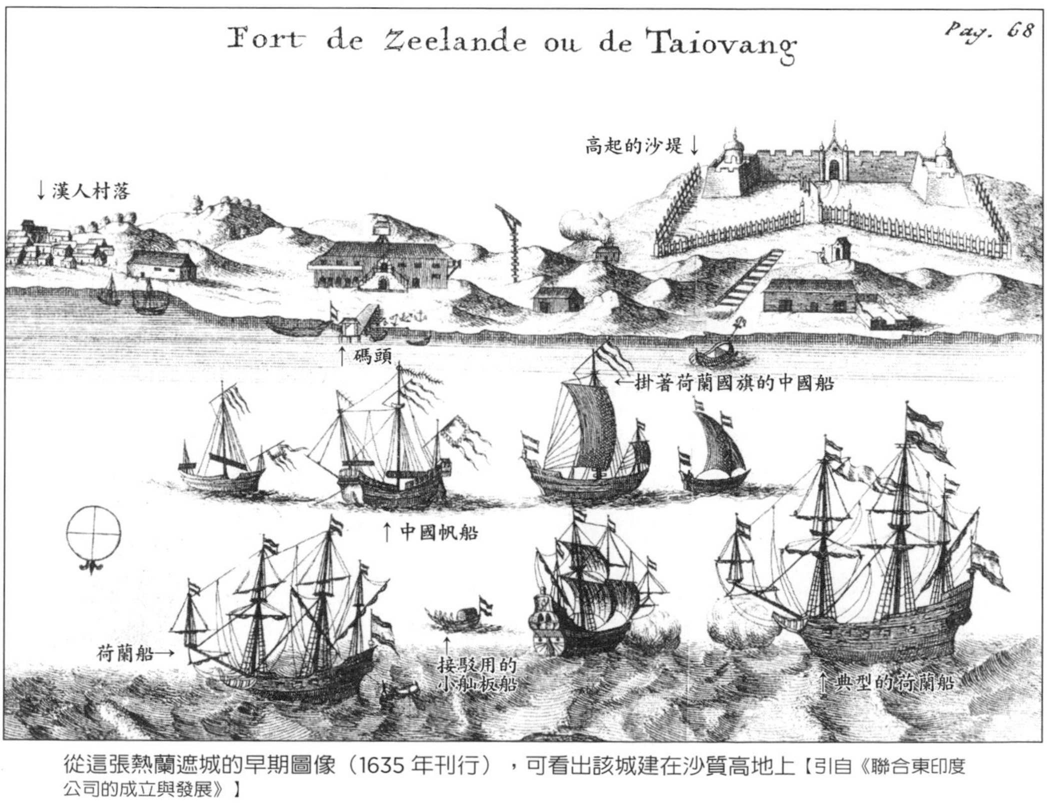

從這張熱蘭遮城的早期圖像（1635 年刊行），可看出該城建在沙質高地上【引自《聯合東印度公司的成立與發展》】

後來由中國運來大量石頭，建造石牆圍繞，成爲堅固的基礎。

城堡建成後，命名爲熱蘭遮城，可能是取自宋克到台灣所乘的船名。此城呈方形，以燒磚整齊砌成，圍牆最堅固處厚 6 呎，內牆厚 4 呎。此外，還築了一道補強用的防禦牆，3 呎高，半個磚塊厚。但所有角落都是中空的，只以沙填滿。

仔細檢查這座城堡，會發現它在防禦或攻擊上的作用很有限，因爲大砲設置得太高，只要稍有傾斜，就會直接射進地面，根本打不到人。

這座城堡在其他方面的設計也很糟。城堡周圍沒有護城河、柵欄或其他防禦工事——這些都是加強防衛所必須的——所以敵人可以輕易接近。

後來這座城堡又擴建了一部分，並圍以單層牆，上設砲眼。但這反而弱化了主要堡壘，因爲主堡的大砲無法掩護這處偏僻角落，所以需要派更多的人來防衛，對公司造成更多不必要的麻煩。

必須補述的是，熱蘭遮城的設計，看來僅是用來防禦島上的土著及漢人農民，而非爲了抵抗強敵；爲此目的，它已綽綽有餘。就位置來說，他們之所以選擇那個地點，顯然是爲了方便上岸和卸貨，要不然，該處有很多缺點。城內挖了一、兩口井，但帶鹹味、不健康，飲水須從福爾摩沙本島運來。

在這期間，許多中國帆船陸續前來，我方人員送布給船上的人，與這些來自中國的漢人維持友好關係，看來貿易前景可期。這些漢人因國內戰亂而逃亡至此，台灣島和福爾摩沙的人數愈來愈多，除婦女與小孩外，現已形成約兩萬五千名壯丁的殖民區。他們從事貿易和農業；就農業而言，此地生產了大量的稻米和蔗糖，每年都整船整船地外銷，公司也因抽取關稅而獲利甚豐。

之後不久，我們因關稅及諸如此類的問題與日本人發生嚴重糾紛。日本人強烈反對交稅，辯稱他們比荷蘭東印度公司早六年來到福爾摩沙，因此是最先占有福爾摩沙的人。總督庫恩（Governor-General Koen）於 1622 年發給雷爾生先生的訓令中承認這項事實，後者也授予日本人在福爾摩沙的自由貿易權。但這並沒有免除日本人繳納稅金、通行費及其他稅務的責任，他們的地位跟福爾摩沙其他居民並無差異。因爲這塊土地不是屬於日本人，而是屬於中國皇帝，中國皇帝已將福爾摩沙賜給東印度公司，做爲我們撤出澎湖的條件。所以公司是福爾摩沙的主人，有權對上頭的所有居民收稅，更包括外來的日本人。雖然日本人很早就來此地，但還是必須向地主繳稅。如果說誰有權主張這項收稅權利，那無疑就是中國人。

然而，日本人厚顏地拒絕承認荷蘭長官是福爾摩沙的主人，聲明絕不臣服於他，並與他毫無瓜葛。當宋克先生向巴達維亞報告此事，公司當局很清楚地命令他，要以公司的名義主張並執行台灣的最高主權，不必懼怕任何人，也無須向任何人道歉；並要告誡日本人：如果想在此貿易，就要和其他人一樣交稅付費。日本人拒絕交稅所帶給我們的困擾，將在往後的適當篇幅提及。

1625 年 1 月 20 日，宋克先生（已被任命爲台灣長官）友善地向福爾摩沙人民購買公司在福爾摩沙本島所需的土地，以便在本島擁有明確的地產權利。他用十五匹棉布（cangans or viquamas）在赤崁購得這塊土地。這件購買案可從 2 月 19 日評議會通過的決議得到清楚證明，當時簽名的評議員有：宋克（Maarten Sonk）、魏斯（Gerard Frederikszoon de With）、偉西（Adriaan Verhee）、祖蘭（Gysbert van Zuylen）、韓德生（Gerard Hendrikszoon）。

此事絕非如塔佛尼所說的（記載在其著作的第二卷第 186 頁以下），英國人先從西班牙人取得這些土地，我們荷人再將英人灌醉，集體屠殺後，才取得土地。這根本是無稽之談。

宋克長官時代，海邊築了一座小堡壘（即北線尾之海堡），距離城堡約半個砲程之遠，扼守在船舶進港之處。這座小堡壘高 16 呎，以燒磚建成，有七個側面（flanking），安置了十二門大砲，並有二十八人防守，易於阻止船隻入港。

宋克於 1619 年從荷蘭出發，1620 年與德代（Jacob Dedel）先生一同抵達好望角，至今好望角上尚有勒石記載此事。宋克沒有機會在台灣貢獻更多心力，因為他於 1626 年 12 月死在當地 ⓯。

4. 魏斯長官時代

同一年（1626），魏斯（Gerard Frederikszoon de With）副長官接任宋克，成爲第二任台灣長官。魏斯先被任命爲司令官，後來接任台灣長官。他表現得並不好，任期不長，處理日本人的方式也不明智，雖然他只是蕭規曹隨而已。公司當局命令其前任長官盡量刁難日本人（但不要公開提出不滿的理由），讓不願繳稅的日本人知難而退，自動放棄當地的貿易。爲此，1626 年上席商務官穆色在江戶（Yedo）日本幕府（the Court of Japan）擔任特使時 ⓰，就察覺日本政要因日人在福爾摩沙受到不公正待遇，對荷人相當不滿。

5. 努易茲長官時代

魏斯先生僅在當地待到 1627 年，就移交給他的繼任者，第三任長官努易茲（Pieter Nuyts）。

努易茲於 1627 年 4 月 10 日乘金海馬號（*Golden Seahorse*）到達巴達維亞，十六天後，被總督卡本特（de Carpentier）任命爲台灣長官。努易茲也受命擔任特使，和上述的穆色一起前往日本，這是起因於荷人不當處理某些在台日人的事務，造成荷日關係複雜化，亟需一位精力充沛的人前去解決。努易茲極力向總督表示，自己尚年輕，對東方事務缺乏經驗，希望能免除這項任務，但他的請求無效，可說是被強迫上任。

努易茲於 5 月 4 日啓程，6 月 28 日到達台灣，從魏斯先生那裡接管公司業務後，即準備赴日。他在出發前，寫信給耐烟羅得（Nyenrode, C. van）⓱ 先生：

閣下：

您交由休斯登號（*Heusden*）和漳州號（*Chinchew*）送來的公文，已準時收到。不久，維迪號（*Vrede*）抵達本地，就在魏斯司令官的指揮下，載著整船貨物航向中國海岸，伊拉斯穆斯號、德和號（*de Haan*）、史盧登號（*Slooten*）和休斯登號等快艇伴隨在旁，並由最勇敢的人員來保護。本地只留下三百二十人戍守。

到目前為止，這支船隊尚未歸來。只有一艘小帆船載著荷蘭人逃回來，帶回消息說：魏斯司令官在軍門、都督、海道（Hayto）⓲ 和其他中國高官的請求下，從漳州江航向南澳附近，一個名叫銅山（Tamsoia）的地方，準備去殲滅海盜一官（I-quan，即鄭芝龍）。此行的報酬，就是讓軍門以書面文件允諾，皇帝將會同意荷蘭人的通商權。

但魏斯司令官一到那裡，就遭到海盜火船的猛烈攻擊，他沒有發射任何一砲，就被迫與維迪號和伊拉斯穆斯號逃到爪哇，逃走前命令其餘快艇和帆船返回此地。但如前所述，目前還沒有半艘回來。

克丁（Nicolaas Ketting）所乘的快艇歐渥克號（*Ouwerkerk*）在港灣中被焚，其船員被抓到澳門。如果有人從 Costi 出發，二十天後到達此地，他們必會發現本地沒有海軍，防衛相當薄弱。讚美神，敵人並沒有在那時出現，要不然他們真的可以輕易占領此地。

海盜一官對我們的進攻相當憤怒，命令其下超過千艘的帆船，盡其所能危害我們。例如，他俘虜一艘載有八十五個荷蘭人的大帆船，後來又捉住另一艘船，上面有我們準備運給魏斯的兩副錨和繩索。還有一艘新港號（*Sinkan*）帆船也落入其手，上面載有許多商人的貨物，價值超過 1 萬 8 千里耳，原計劃運到中國。另外，他還攔截到兩艘帆船，其中一艘載著哈根（Joannes van der Hagen），他被派到漳州，要從許心素（Simsou）手中取回我們的生絲。許心素本人也被捕獲，並遭殺害，所有財物都被奪走。廈門被海盜占據，都督被驅逐，整個海岸都臣服在一官的暴政之下。最後，一官也劫走我們的快艇西卡佩號（*West-Kappel*）及船上的一切。

以上就是該次莽撞行動的後果。這些事情發生後，我們為維持日常生活所支出的費用，已足夠購買一整船貨物還有餘。沒有船敢出現在中國沿海，一現身就會落入一官的魔爪。我們只有三百五十人困守在此，如果沒有獲得立即增援，恐怕除了一艘待修的船外，您再也不能從此地獲得任何東西了。

之後，來了幾艘日本帆船，上面載有四百七十人。船長濱田彌兵衛（Jaffioen）⓳尚未抵達碇泊處，就大聲對黑音（Heyn）船長——他被派出來當領航員——和卡農（Franz Kanon）船長提出最無禮的要求，且行跡相當可疑。因為如此，再加上閣下和來自平户（van Firando）的秘密指令，我們不得不勤加戒備，加倍地監視一切，以確保這塊土地的安全。

當這些帆船進港，並確定沒有危險後，我們將它們和我們的船隻並排在一起，進行全面檢查，並帶走船上所有武器。這樣做，一方面是由於上述的無禮行為，另一方面也由於整起事件實在過於怪異。因為我們發現，這些帆船裝備良好，火力異常強大，最大的一艘（比其他艘大不了多少）甲板上有六門野戰砲，另有九門混在壓艙石之間。難怪有些漢人乘客（他們搭乘這些日本船前來，抵達後立即上岸）警告我們，可能會發生問題。

船長濱田彌兵衛不斷遣人來質問檢查帆船一事，但我全然不予理會，告訴他，如果有任何疑問，就應該自行上岸依慣例來請求，但他懷疑有詐，不肯同意，直到他發現不上岸就無法解決問題，才終於登岸，進入屋內。我命他到我面前，聽完他高聲批評我們檢查帆船的行為後，我回答説：雖然這種檢查之前從未發生過，魏斯司令官時代也未曾有過——他根據自己的方式統治，而他的任期已經結束——但現在我是長官，正式檢查帆船的命令必須被遵守，就好像我們的船到日本，進、出港都需要被檢查一樣；他不必對此感到驚訝，他先前的無禮要求更迫使我們不得不如此。看他一副絕不同意的樣子，我就將他留在一間單獨房間，到外頭找穆色副官（lieutenant）和幾位軍官商量。濱田彌兵衛和幾位跟他一同前來的商人被扣留了五、六天，等我們拆卸武器並適當檢查後，才予以釋放。我們從這些帆船取下十五門大砲，大量的劍、槍、矛、長刀（soap-knives）、箭、弓和其他東西。拆下這些武器期間，我們允許濱田彌兵衛隨時前往擦拭保養，後來我們也將之完全恢復原狀。

我也告訴他，到朋友那邊不必帶這麼多士兵及武器，並說我們有人員、城堡、船隻等，足以抵抗任何敵人。他看到武器被搜出，騙局遭揭穿後，變得不知所措，無法自圓其說，因為他沒料到我們會採取這種處理方式。最後他回答說，帶這批武器是為了在航行中自衛，我則回覆，目前已經沒有危險，等他離開時，這些東西自然會歸還；事實上我們之後也照做了。他聽完後勃然大怒，因為無法逃跑，便威脅回日本後要對荷蘭人提出嚴厲指控。他甚至敢在我面前公然宣稱，就是他和他的主人平藏殿（Phosodonne，即末次平藏）從中作梗，我們才無法獲得日本幕府召見，他更吹擂說，受到平藏殿支持的人，就能獲得幕府的好感。他又提出更多褻瀆、自相矛盾的要求，實在太過邪惡，不便在此一一向您陳述。

他待在住所一陣子後，還不斷以欺騙、拐彎抹角的方式（因為那顆騷動、不信神的心是永不停歇的），想從我手中奪回武器，但一切都是徒然。他看到在此無利可圖，便希望能獲准前去中國，取回數年前留在那裡的貨物，並允許他雇用或購買七、八艘帆船，以他的人來擔任船員及武裝人員，到中國執行這項任務。一如以往，我對他的所有提議予以拒絕。

然而，考慮到他可能在日本對我們做出不實控訴（這相當符合其厚顏無恥的吹牛行徑）而引起諸多風波，並害您替我們揹黑鍋；又考慮到他會繼續威脅我們支付補償金，不到手絕不甘休，這

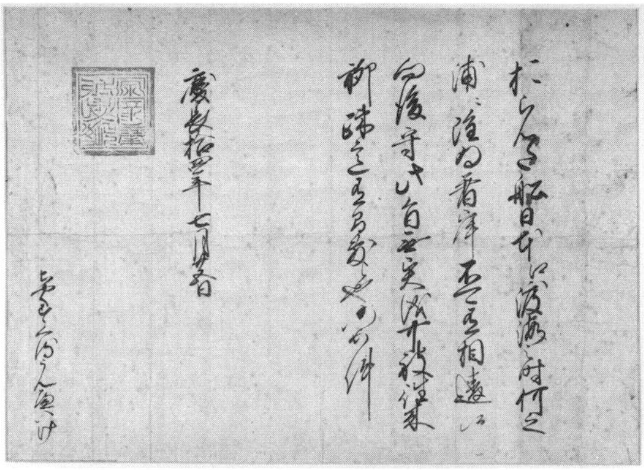

朱印狀（1609 年）【引自 Wiki Commons】

朱印船（1633 年）【引自 Wiki Commons】

些因素讓我們最終答應他的要求，雖然這已超出他所持朱印狀（pass）的許可範圍，一份由他及其主要商人（his principal merchants）簽字的原始文件可以為證，由於安全起見，無法託這艘帆船將之送到您手中。

我們批准後，卻發現帆船水手根本不願冒險做這項工作，明白地說這樣做違反他們的法律，他們寧願在此被我處死，也不願害他們的父母兄弟姐妹妻子孩子全家被殺，他們若違法將這位被驅逐的日本人帶進中國，一定會被滿門抄斬。於是這個計劃流產了。後來濱田船長說願搭自己的帆船到澎湖，到那裡再想辦法，他接著又變卦，改說要直接回日本。這就是我們雙方交涉的大概情況。

附帶說明，今年公司所損失的一萬兩（tael），比不上欠缺一位好通譯那麼嚴重。如果閣下能派一位較有能力的人，或根據我

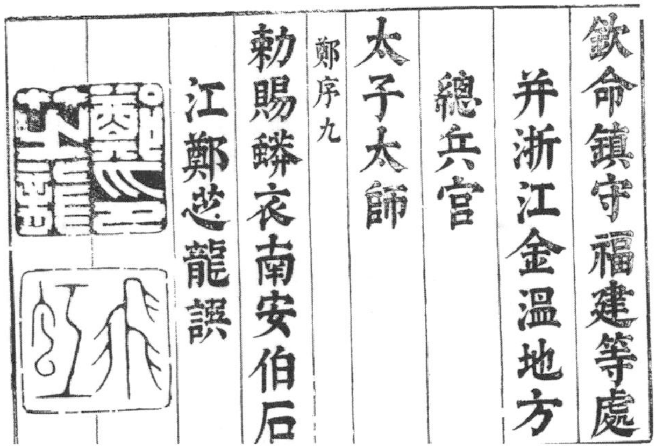
欽命鎮守福建等處
并浙江金溫地方
總兵官
太子太師
鄭序九
勅賜蟒衣南安伯后
江鄭芝龍譔

鄭芝龍官銜及印章【翁佳音老師提供】

在江戶所得到的理解，用荷船載送來自平戶的先生，則必能將所有事情向您說明得更清楚生動。然而，由於目前缺乏一位較幹練的人，有些事情無法完成。

一官已與皇帝和軍門達成協議，並尋求與我們交好。一官為表示誠意，在我們的要求下，歸還了快艇西卡佩號、我們的水手和漢人在占領期間所支用的 1182.125 里耳（或 863 兩）、許多燒酒（arrack），以及您在爪哇所送給我們的食物。

由於缺少援兵，目前能做的很有限。我們希望在四、五天內獲得援助和指令。上帝允許的話，屆時貿易量可望逐漸增加。一旦增加，您可期望由此地發出一船貨物。到目前為止，我們沒有機會幫公司大肆採買中國貨。

艾登號（*Edam*）沒經過這裡，加上維迪號也不見，木材貿易變得相當困難。

閣下說有寫信託日本帆船送來，但後者抵達時卻否認有信件，西卡佩號也沒帶信來，因此更確定了我們的懷疑：日本人是不可靠的。

走筆至此，我召集了朋友，請他們就該不該讓這些日本帆船離去發表意見。為避免我們的信件尚未送達您手中，這些日本人就先行返國，到處散謠造非，您卻沒有資料可以反駁，我們最終決定拘留這些帆船，直到爪哇那裡有船過來（我希望能在六天之內抵達），例如有開往 Costi 的船偶然停泊此地，我們就可請他們代為送信，以確保我們的朋友手中有自衛的手段。

再者，由於濱田彌兵衛涉嫌叛國重罪（他奸巧地引見新港人），破壞公共和平，不管在此地或在日本，都是公司利益不折不扣的敵人及傷害者，並曾被日本判決終生放逐（後因特殊恩典才保住一命），所以我們今天決定告訴他及所有的商人：他們的帆船將被拘留，但如果他們明年再來，屆時貿易已建立，並能有通情達理、不好爭辯的船長帶領，那麼我們就能提供他們甚於以往的一切尊重及協助。

最後，渥登號（Woerden）所送來的補給品，短少了一百兩。又，休斯登號所送來的一千包米，每包都少十斤（catties）。

努易茲敬啓

1628 年 6 月 16 日 [20] 於熱蘭遮城

在這期間，有些日本人可能在葡萄牙人的慫恿下，偷偷帶了十六個新港土著到日本，組成代表團要見幕府將軍，誘導這些新港人把台灣獻給將軍。出乎意料之外，幕府不願接見這些日本人，要求他們離開，禁止今後再帶任何福爾摩沙人前來，並命令他們把這些福爾摩沙人帶走。（但事後證明這種說法是錯誤的）

擔任特使的各項準備工作完成後，努易茲於同年（1627）7 月 24 日出發赴日，並以穆色爲副使，因爲他之前也曾擔當過同一使命。

日本人的頑強執拗，可從下面這件事看出來。他們雖然爲了獲取台灣的最高主權而吃足苦頭，卻始終不忘我們在此地對他們的傷害，一有機會，就不擇手段尋求報復。因此，這些日本人在我們出發後四天，就秘密尾隨我們到達日本，千方百計阻礙努易茲的出使工作，讓他的訪問歸於失敗。努易茲太慢發覺日本人的陰謀，因此受到了傷害。由於日本人成功的運作，努易茲根本得不到晉見幕府的機會。他只得將公司在日本的業務盡量安排妥當後，再度返回台灣。

6. 長官被挾持日誌（濱田彌兵衛事件）

之後努易茲先生怎樣對待這些日本人（他們帶著新港人從日本回來），怎樣被他們挾持囚禁在自己的房間，並讓我們的人以巨額款項贖回等細節，都詳細寫在下述台灣評議會所記錄的「長官被挾持日誌」裡：

從1628年6月29日至7月5日，長官努易茲與某些日本人之間的往來記事，描述後者如何在台灣奸巧地攻擊長官。由一位評議員所記載。

6月29日，此地發生一起膽大包天的事件。日本人前來請求出境，但遭長官婉拒。日本人不服，堅持要離開。長官回覆說，依評議會決議，他們不能出境。於是他們就像一群咆哮的獅子般衝向長官，抓住他的頭，用長布捆綁長官的手、腳及腰，威脅他如果大叫，必砍下他的頭。

發生這一幕之前，上席商務官胡曼（Jacob Hooman）剛離開房間。當他再度回來，聽到吵鬧聲，就衝出去大喊：他們要殺長官了，快拿起武器！於是造成一陣恐慌。大廳外幾位早有預謀的日本人，立即攻擊我們大廳內外的守衛士兵。事出突然，士兵們來不及反應，子彈未上膛，只得逃走。因此敵人立即控制了四周。雙方各有死傷，胡曼傷得很重。

此一騷亂發生時，我和商務官哈曼（Hartman）同在胡曼的房間，在那裡聽到吵鬧聲。我們持劍驚起，但遭遇猛烈攻擊，為保全性命，哈曼被迫從胡曼房間的窗户跳出，我則由走廊的門逃走。另一位上席

西方人筆下的濱田彌兵衛事件【引自《新舊東印度誌》】

商務官哈根，當時只著襯衫躺在箱子上，根據濱田彌兵衛事後描述，哈根若沒有用一根裂開的柱子從窗户緊急脱逃，必死無疑。日本人搜尋他的房間，找不到他，就生氣地將當時在房間內的長官僕人和長官表兄弟殺掉，並把屍體偷埋起來以掩飾罪行。事後他們承認對此感到羞愧。

我們一進入院子（the Court），立即叫士兵武裝起來，據守城堡，並朝日本人放了兩、三砲，造成一些損傷。接著我爬上走廊，來到長官被囚的窗户對面，看見他被綁坐著，表情痛苦。半由同情，半由失望，我不禁眼眶濕潤。

長官哀求我們停火，否則他必被砍頭。日本人也想捉我，他們説如果我不停火，長官的頭就會丟到我的腳下。為了保全長官性命，我立即從陽台跳下來，下令停止射擊。

隨即有人報告説，緊張局面已緩和下來，事情將會有好的結束。長官命令我們要自我約束，我們只能盡量遵守。但當我們聽説大批日本人開始集結，到中午時人數已多達一百五十人，我們就開始準備抵抗，因為日本人公然宣稱將與漢人和土著一起進攻城堡。

因此我在城堡召集評議會，詳細討論後，決議要求日本人必須於日落前交還長官，否則我們將以武力解救。如果他們膽敢殺害長官或一起被劫持的長官之子，則沒有任何日本人可以活著離開此地。我們也同意，立即讓長官知道這項決議，詢問其意見。

所以我們派雷莫特（Simon van Remortre）和長官的私人秘書前往探訪。他們很快帶回長官的請求：目前還不要展現任何敵意舉動，明早事情或許會有結果，他希望雙方最終能達成和平協議。長官又說，明天要派一隊士兵到屋前來索回他；他也在考慮從窗户逃走的可能性。

評議會接到這個答覆後，再經過詳細討論，決定接受長官的請求，將武力解決的計劃延到明晨。同時每個崗哨都加倍人手，要求他們務必小心看守。

6 月 30 日一大早，評議會再度討論直接帶一隊士兵到長官屋前的提案，最後因數種理由而加以否決。我們又派代表團去見日本人，友善要求他們釋放長官，並宣稱若不在兩個小時內照做，我們將出動主力部隊奪回長官，生死不論。

日本人與長官回覆評議會說，他們正在協商，很快會有結果，不希望期間發生敵對行動，一切等到下午再說，希望屆時就能安排妥當。評議會同意這項請求。

下午，長官致函評議會，說雙方已就他的釋放及日本人的自由離境達成協議，並要送呈評議會核可。這份協議的內容是，長官要將五個人交給日方當人質，即長官的小兒子（Laurens Nuyts）、商務官穆色、哈根、莫考（Mourcourt）、哈曼，日方也交給我方五個主要人物，讓他們搭乘我們的快艇到日本，最後雙方在日本交換人質。這項協議若經評議會核可，長官就會被釋放，日人則會在四天內離境。

評議會討論此案，贊成反對者皆有。有人發現一個困難：到日本後，如何保證日本人會釋放我方人質？所有的反對意見都寫下來送給長官，請求他盡快答覆。

長官立即回覆說，一切都很安全，無須害怕，日人要人質，只為確保我方不會報復他們脅持長官的作為。所以評議會決定接受這個提案。在此期間，由於彼此互不信任，雙方皆緊密監視對方。

那時天氣很炎熱，傍晚卻下起了雨，令很多人感到意外。7月1日，繼續下一整天的大雨。

交換人質時，日方被問到是否還有其他要求，他們答曰：第一，要求兩百擔生絲，因為他們先前向中國商人購買兩百擔生絲，但後來荷蘭人以許心素的不幸及一官㉑的搶劫為由，禁止他們前往中國取回那批生絲；第二，要求釋放被監禁的新港人；第三，要求歸還這些新港人所有的財貨及禮物。

長官和日本人就這些條件談判許久，評議會對此並不知情。對於第一點，長官絕不同意；但對於後兩點，他似乎沒太大的反對。

這期間，評議會在城堡召開會議，焦急地等待日方說明為何遲遲沒有交換人質。最後他們逐漸相信，日本人遲延的目的可能是為了執行某些陰謀，於是決定中午前若沒有獲得答覆，將以武力攻堅來搶救長官。長官的私人秘書將此決議告知長官，並要求他立即回答。

長官很激動地回覆（可以料想他會如此），懇求評議會再多一點耐心，他希望一切能夠圓滿收場。他又說，將在下午送給評議會書面資料，說明他的最後意見，屆時評議會便可自行決定要採取何種行動。

評議會再次同意長官的請求，一切等到下午接到長官的書面回覆後再說。之後，他們對這份答覆進行討論，覺得為了救長官的命，最好再等個兩、三天，不要採取任何敵意行動，希望時間能順利化解一切。他們將此決議告訴長官，長官聽完後非常高興。

7月2日星期日早上，長官派人來問我們是否仍維持昨天的決議，暫時不會採取敵意行動？並說如果我們仍然如此，事情可望有好結果。因為日本人正在起草他們的要求，並發誓寫完後，絕不再新增。這份要求一旦完成，就會盡快送交我們討論。

傍晚，長官送來日方的要求，由卡隆（Francois Caron）翻譯如下：

第一，長官的小兒子、指揮官穆色、哈根、哈曼、莫考等為人質，乘日船前往日本。日方也送末次平藏的堂弟澀田（Sibutta Fatsesemedro）、軍隊指揮 Sayngo Soyemondonno、監督 Jammaocka Sinseymondeyno、濱田船長之子濱田新藏（Famada Sinsodeyro）、商首 Onnamits Croyemondeyro 等五人乘荷蘭快艇到日本，以保障荷方的權益。

第二，十一位新港人（其中四位已逃走，必須到他們家去找）和兩位漢人通譯，必須交給日方，或加以釋放。

第三，歸還日本幕府賜給上述新港人的禮物。

第四，在出發之前，所有荷船的船舵必須取下，並置於岸上。

第五，他們要求兩百擔的生絲，因為購買這批生絲的錢先前送到中國，可能已落入海盜一官的手中。另要求被宋克長官沒收的十五擔生絲。

以上就是日方所要求的條件。他們以最莊嚴隆重的發誓（semon）保證絕不再增加要求，然後正式簽名，日期為 1628 年 7 月 2 日，在熱蘭遮市鎮。

評議會於 7 月 3 日討論上述要求，經詳細考量後，一致決議：如果長官同意的話，評議會也接受，附帶條件是絕不可再有新要求。

此一決議的時間是 1628 年 7 月 3 日星期一，內容如下：

評議會現於熱蘭遮城召開會議。我們昨日接到台灣長官、東

印度評議員（Councillor for India）努易茲所寫的關於日方要求的文件，文件上有日本人簽名。對此，我們全體一致決議如下：

批准人質及第二、三項要求。

關於第四項要求，設法說服日本人，若不成功，接受。

關於第五項要求（日本人之所以要求兩百擔生絲，據稱是因爲我們阻礙他們取回這批生絲——這項指控眞是荒謬輕率），我們也讓步了，因為我們在日本的分支——如果中國貿易繁榮的話——可望成為公司最賺錢的機構。同意這項要求的其他理由是，如果我們此刻採取任何敵意行動，非但會喪失我們已獲利甚豐的對日貿易，還會喪失目前這個根據地，以及長官的寶貴生命，對我們來說，上述事

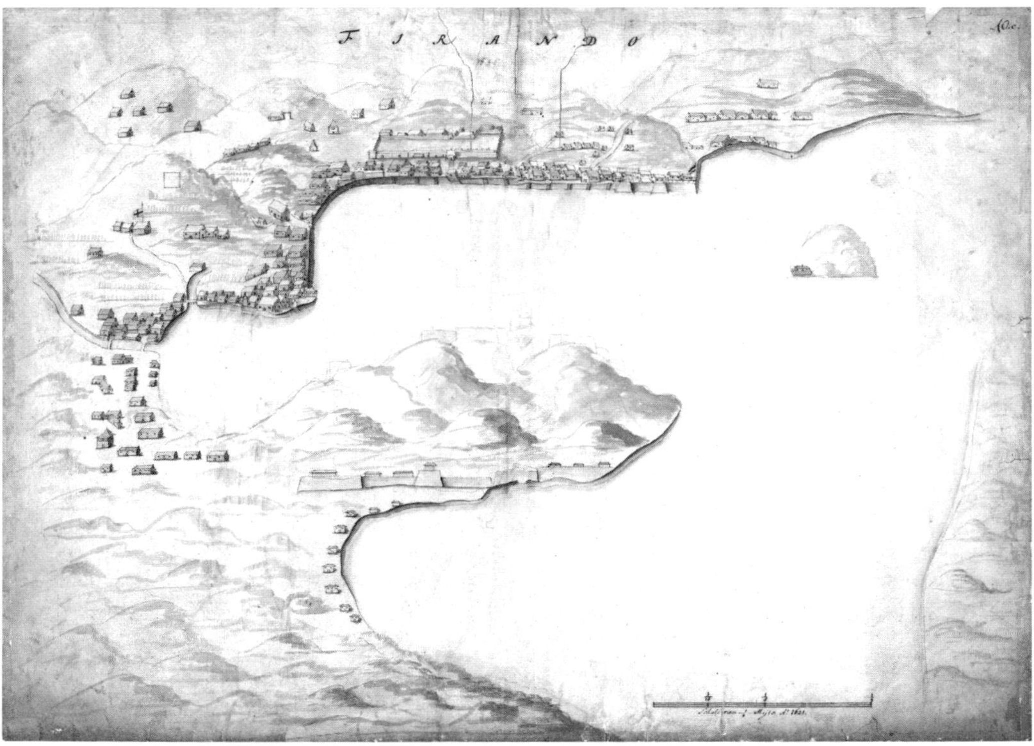

1620 年代的平戶，荷蘭商館坐落於此【引自 Wiki Commons】

項的價值遠高於兩百擔生絲。反之，如果我們接受這個條件，或許還有助於避免公司在平戶（Firando）㉒的建築、貨物、雇員，以及目前正航往日本的船隻等蒙受嚴重損失。㉓因此，我們在這般壓力下，最好先讓步，支付日人現金、支票或生絲，稍後再尋求日本法官的審理。

至於宋克先生所沒收的十五擔生絲，我們也決定歸還，因為東印度總督卡本特先生曾下令要在日本償還，且在此地歸還比在日本歸還對公司更有利。

此一決議由以下評議會成員簽署：穆色、哈根、哈曼、胡曼、莫考、黑音（Jacob Heyn）、巴倫（Matthys Balen）、傑洛尼（Lambert Jeronimus）、威廉生（Teeuwis Willemssen）、史必林（Jan Henrikssen Spiering）、賽利（Andries Thiry）、斯內（Michiel Snel）、雷莫德（Simon van Remortre）、波夫（Abraham le Poivre）、特勞德（Paulus Traudenius）、麥可生（Antoni Michielszoon）、私人秘書揚生（Dirk Janssen）。

日本人忠實履行其簽名的協議，還答應上述事項若能於明天日落之前解決，他們將在三天後離開，絕不會留下任何一個日本人。這份協議，日本人也於 1628 年 7 月 3 日簽字同意。

7 月 4 日，天氣很好，我們順利討論如何執行上述協議。最好的辦法是，將目前所有庫存的生絲都交給日人，其餘部分則以現金支付，每一擔合一百四十一兩，外加 20% 的利息。至於十五擔的生絲，若在日本支付每擔得要兩百九十五兩，但在這裡每擔只要一百四十一兩，因此彌補了我們所支付的利息。這些手續完成後，雙方就會交換人質，然後釋放長官，同時讓日本人離境。

7 月 5 日早晨，生絲依協議轉交給日人，發現庫存量為一百二十擔五十三斤，短缺的七十九擔四十七斤以現金 11,184 兩 7 錢（mace）4 分（candareen）支付，外加利息 256 兩 6 分。總計我們付給日人 13,540

兩8錢㉔。另外的十五擔生絲則分開給。一切解決後，日人開始準備於明晨離境。這時，長官寫了以下這封信給評議會：

致熱蘭遮城評議會：

昨天日本人的暴行，起因於他們所經歷的一連串挫折。他們看到自己不斷提出的友善請求全都石沉大海，便決定訴諸極端之舉。

讚美神！祂賜給我們相當的慎思，阻止他們實現邪惡的企圖，因為他們曾決定要殺死我，再自己切腹自殺㉕。

他們對自己的行為提不出任何辯解，只能歸咎說：由於他們帶走新港人並阻止我們晉見日本將軍，所以我們打算將他們拘留在此，慢慢毀滅他們。

現在事情已歸於平靜，希望在此處及日本的所有苦惱都能告終。

如果我當初提議讓他們和平離開的意見能被接受㉖，所有的困難或許就不會產生。但沒有人應受責備，因為我知道你們大

日本人筆下的濱田彌兵衛事件【翁佳音老師提供】

家的意圖都是好的。

這些人堅信，他們不可能被允許離開，一定會在此地因飢餓、痛苦而走向毀滅，但最後我們達成了協議，用交換人質的方式來保證他們得以安全離開，以你們五人交換他們五個頭人。

我方主要的人質是我的血肉，我兒勞倫斯，為了他，我們爭執許久；其餘四位是穆色、哈根、莫考及哈曼。這些人質需搭乘日方帆船前往日本。另一方面，他們的軍隊指揮、濱田船長之子、末次平藏的表兄、監督及商首 Croyemon 等五人，在日方出發前都需待在我們的船上，然後再搭乘我們的快艇跟隨在後。

這個安排仍無法讓他們安心，害怕我們依然會採取報復行動。雖然有我的兒子和你們部分成員當人質，他們還是不滿意，一直在找尋絕對安全的方法，因為他們深知犯下這種可怕的罪行將會招致何種後果，擔心航行途中會遭我們追擊。為此，他們甚至要求我本人、黑音船長和中尉為人質，以求更大的安全。但經長久討論後，終於同意上述雙方的五位人選。希望他們冷靜下來後，人數可以再減少些。

濱田船長向我保證，引起我們麻煩的原因（他們要挾持長官的原因），的確僅是上述的那些，並誓言向我展示日本的奇妙事物。他又補充說，如果我們接受他的建議，我們的禮物就會被親切地接受。一旁的日本商人們斷言，我們的利益並不會在幕府（Court）中受損，這使我們更相信濱田船長的話。

各位！不要反對我們所選定的五位日本人質，或問為什麼沒選 Kitsisemondeyro 或其他人，因為我希望這份名單能讓日本人減少我方的人質，以免除我的小兒子和穆色。

除了不能離開日船的兩位船長外，我們有自由選擇日本人質的權利。如果評議會覺得有必要更換人質，也沒有問題。

如果我們不希望在此地及在日本陷入更大的危險，如果各位願意以行動證明你們的熱誠，那麼我們覺得這是一份相當令人滿意的協議。所以，我們期待聽到諸位坦率明智的回覆。

各位可以放心，引起所有困難的理由只有上述那些。很抱歉字跡太潦草，由於昨天被綁的關係，現在雖已鬆綁，我的手還稍微發抖。匆匆，願神與你們同在，使你們能和我同樣穩健與理性。再會。

努易茲敬上

在下一封致評議會的信函裡，長官針對我方對人質問題所提出的反對意見，回應說：如果必要的話，他個人也可以前往日本。但他補充說，他不認為有這個必要。他勸告評議會，要採取明智的方式，並保證一切可望有最好的結果。

努易茲獲釋後，致函駐日指揮官耐烟羅得，敘述整起事件，並詢問他的意見。該信內容如下：

閣下：

附函寄上總督庫恩訓令的副本，您可由此看出他對我們及閣下的指示與託付。鑑於商業壓力並為保存副本起見，我們將之轉寄閣下。

上月 16 日我們寄給 Quitsisemondonne 一函，其副本亦附寄於此。

此後我們與日本人間發生的事，您能從附寄的文件和決議文，以及穆色、哈根、莫考和哈曼等先生處得知。6 月 29 日，日本船長濱田彌兵衛及其同夥想來辭行，但評議會先前已決定要拘留他們，直到我方船隻從中國沿海回來為止，想說如果能載回生絲，或許可以部分給他們。抱怨的話不必多說，簡言之，我們雙方在我的房間裡討論很久，當時陪著我的只有我兒子和通譯法蘭斯（Frans），上述的濱田船長夥同十二或十四個商人，竟然想謀殺我們。

當時錨地停泊了幾艘爪哇來的快艇，所以我交代胡曼一些卸貨事宜。他聽完後走出我房間，沒有察覺到任何異狀，但在屋前遭日本人拿刀亂砍，生命瀕危。接著開始一陣嚴重的打鬥，場面大亂，數個日本人和兩個荷蘭人被殺。我手臂被劃一刀，頭頂躲過一刀，最後被繩索以日本的方式捆綁起來。

這時躲在屋子各角落的武裝日本人聽到叫聲，全都衝了出來。我質問濱田船長有何意圖，明知我們的人手足以將他們全部摧毀，為什麼還用這麼卑劣的手法？他回答：因為我們不允許他們離開，就是想置他們於死地，所以先下手為強，先取我命，再與我們戰到最後。

穆色和其他朋友不時在屋外走動，看到我們尚未被殺，要求日方釋放我們，如果拒絕，就只好開火。日本人清楚我們的要求後，宣稱除非保證他們可以安全離境，否則絕不交人，也不離開屋子，並不惜戰到最後一兵一卒。

經過評議會一次又一次的討論，最後終於達成決議，如附件所示。從這些文件，您可知道為了保留在日本的根據地，並拯救我們的生命，朋友們認為必須讓國家和公司蒙受什麼樣的羞辱、不光彩和損失。

由於發生了這種事情，能否請您立即前往長崎（Nangasaki）的商館——以免那裡的朋友措手不及——共商如何保護公司的利益。我們認為可以這樣做：

這些帆船一抵達日本，立即奪取一百二十擔五十三斤的生絲（那是日本人以武力從評議會手中勒索的），以及13,540兩8錢，這些是用來支付兩百擔生絲的。這樣事情可能就會鬧到Cauwaystsdonne那邊，由他來審判。如果真的進行審判，請您要盡職，在評議會的核可下，您、穆色和其他人應大膽力言我們的主張，這樣公司或可不受任何損失。

但如果沒有審問，也沒有歸還我們被侵占的財物，那麼評議會就得鄭重考慮，是否要將公司的一切財物搬離日本，完全切斷與日本的關係。如果決定離開，請協助收拾我們的東西，盡快寄送回來。

也許讓您知道也是好的，就是：您即將離開日本。雖然我們考慮周全，到目前為止都根據公司利益來解決事情，但總督或許認為，必須有人為此一羞辱受懲。細節請見附件。

事情也可能這樣解決：讓兩百擔生絲的問題不了了之，因此日本人對我們國家就不再有任何抱怨。如果是這樣，那麼您在商館撤離前都得仔細行事，畢竟商館是公司很好的收入來源，不能輕言放棄。

另一方面，日本人轉交給我們的債權證明，大都是三、四年，甚至五年前借出的，其中沒有一筆與許心素有關。這些債務大都無法償還，但只要是有效的，不管數目大小，就一定要催繳。我們已將這些債權證明做成副本，所以把正本隨函寄給您，或可將之送給評議會，以證明日本商人的抱怨為子虛無有。那些商人說，因為我們的過錯，使他們收不回本年度的資金，但實際上這些債務已經有四、五年之久。我們平常和日本人的往來，都記載在各項文件裡，並由他們日人簽名。

最重要的是，您須熱誠保護公司利益，盡可能保住該處貿易站。時間有限，無法說得太詳細。

快艇伊拉斯穆斯號也載有貨物，附上發貨單，希望一切無誤，請計在一般帳戶名下。這批船貨及日本帆船所載的貨物，價值恰好為 11,948 盾（gulden）12 斯圖弗（stuiver）[27]。

本季我們所需如下：

2 吋厚橡木板，240 片

4 吋厚橡木板，30 片

2.5 吋厚和 3 吋厚白松木板，80 片

米，2000 包

又需要 miacose 和 sunghy 木板，越多越好；sunghy 木板必須是單片的。

鯨魚油，150 大桶

松脂，50 大桶

麻（hemp），50 捆

日本衣服，300 件

襪子，300 雙

鞋子，300 雙

大秤，2 個

1 兩重砝碼，1 個

我的辦公室在混亂之際敞開著，許多小東西被日本人偷走，如：一條金鍊子（公司的財產）、一個小型銀製油杯、一個餐桌上的鹽罐、三張盤子、兩組刀叉和其他東西。您可以向他們提出請求聲明。匆匆草上，祝福您，願神保佑。租給日本人的大帆船請替公司出售。

努易茲敬上

寫於熱蘭遮市鎮，1628 年 7 月 7 日

7. 努易茲的中國貿易簡述

以下引用努易茲所起草的在台貿易報告，來精確說明這項主題。

呈給聯合東印度公司總督及其評議會關於中國貿易的簡短報告

各位尊貴的紳士：

我們注意到，無論是在荷蘭國內或在印度，許多優秀的人在談論中國貿易及其所占地位時，都說不出它真正的價值和重要性。就我所知，在我之先的幾位前任者，皆未就此一主題提出完整且清晰的報告。因此，為了公司及當局諸位，我們有責任根據就任以來短時間內的個人經驗，以及到中國旅行的見聞，盡可能精簡清晰地向諸位報告。

福爾摩沙，漢人稱之為北港（Pockan），我們公司在赤崁有座城堡；其附近的台灣島，我們已命名為熱蘭遮。

福爾摩沙位於北緯 21 度，由西南向東北延伸，一直到北緯 25.3 度；在漳州江或廈門東南方約 32 荷里。沒有地方比福爾摩沙更適合從事中國貿易了，一年四季皆可來訪，整年河流都可行船。

台灣是個沙質小島，離福爾摩沙約半荷里，目前公司在台灣島的沙丘上有座小城堡，主要是磚造的。此堡希望能在兩年內完工，但因雨季時很容易浸水，每年都需大筆修繕費。水道的入口處很窄，漲潮時水深超過 14 呎，港內則有 5 噚深，船隻在此可避開所有方向的風。

福爾摩沙的山特別高，又很美麗。居民雖善良，卻很懶惰，愛乞討，但容易滿足。每個家庭都只播種足夠一年所需的食物。野外生長一些甘蔗和幾種蔬菜，也有些樹。這裡的土地肥沃，適宜耕種。關於這方面及當地民風等，我將留待往後再談，現在先談其他議題。

公司用中國帆船將資金從台灣島和福爾摩沙運到中國，交給當地的代理商或任何可靠的中國商人，讓他們購買日本、東印度和祖國所需的貨物。這些交易得到福建軍門（或巡撫）的默許。

有些中國商人亦運貨來此出售，但這類貿易的獲利甚薄。所以，每當我方艦隊每年開往巴達維亞與日本的時間將屆，運來的中國貨卻不夠時，我們就被迫要派兩、三艘帆船到中國、甚至廈門，在中國當局默許下，中國人會將大量貨物帶上船，當場秤重買賣，完畢後我們便迅速駛離。那裡的價格較便宜，每擔生絲的價差約八至十兩。

中國貨可以公開地用帆船輸出到馬尼拉，只要繳關稅給中國皇帝即可。西班牙人為了吸引中國商人及獨占貿易，習慣先預付大額訂金，但中國商人常無法運來等值的貨物。這種貿易進行了數年，直到我們定居於此、海盜開始肆虐，情況就出現變化：中國船隻一開始不敢出帆，然後逐漸改為拜訪台灣。所以最近幾年，馬尼拉的貿易變得蕭條。

澳門的葡萄牙人已和中國貿易一百一十三年之久，他們透過特殊的花費、送禮及出使，得到中國皇帝特准居住該地，每年兩次前往廣州（那裡每年有兩次大型市集）買貨。他們的獲利很可能高於馬尼拉的商人或此地的我們，因為長期的居住使他們較知道哪裡有最優質及最多樣性的產品。他們也有很多機會來訂購他們想要的貨物，要求特定長、寬、重和圖樣的絲織品，因為他們知道何種規格的需求量最大，在何地（無論是日本、東印度或葡萄牙）售出最有利可圖。

然而，自從葡萄牙人在澳門進行築城等工事後，中國人就開始生疑，擔心他們會染指中國領土，就像他們侵入麻六甲那般。因此，中國官員刻意杯葛每年舉行的市集，讓葡萄牙人備嘗刁難、損失和不便，迫使他們逐漸避免親自貿易，改為全部委託他人經手。由於這一原因，加上幾次海上的不幸事件，葡萄牙人的貿易利潤一落千丈，所以只要能成功阻擋他們前往日本的船隻，他們在中國的貿易就會自動瓦解。屆時，既無領土、又沒有固定收入的葡萄牙人，就不得不撤離澳門了。

自從本公司在熱蘭遮建立基地以來，有兩個嚴重問題困擾著我們：即，我們的共同敵人（指西班牙人）在福爾摩沙北部建立一座堡壘；日本人放肆地主張要跟我們平起平坐，同享貿易。這兩個困難都必須面對，但處理的手法不同：西班牙人必須以武力擺平；日本人則必須用友善的方式來解決，不能讓他們發現我們真正的目的。這個政策必須立即執行，若拖延下去，一定會帶來無可彌補的傷害。

的確，西班牙和葡萄牙在印度的唯一支柱是中國貿易。我們與他們之間的全面戰爭，以及他們在日本所遭逢的恥辱，已相當程度削弱他們，並破壞他們與其他國家的貿易。因此，他們能夠賺取可觀利益的地方，就只剩下中國。所以，我們若能成功剝奪他們在中國的貿易，或至少縮減其獲利，就像我們在其他地方常做的那樣，必然會迫使他們放棄像澳門、馬尼拉、麻六甲、帝汶（Timor）等最佳根據地，他們在摩鹿加群島（Moluccas，即香料群島）的商館也會自行倒閉。

馬尼拉當局對此了然於胸，他們清楚知道，若要挽回這一劣勢，除了占有福爾摩沙外，別無他法。他們在這種考量下，於

1626年占領福爾摩沙北部的雞籠（Kelang，即基隆），並在那裡建一堡壘。隔年，他們在雞籠召集一支大艦隊，想驅逐我們。感謝神，暴風雨讓他們無法得逞。我們已適時向巴達維亞政府報告過此事。

澳門的葡萄牙人也處處跟我們作對，雖然能夠支援他們的唯一基地遠在臥亞（Goa）㉘，他們在印度的其他領地也都處於式微當中。他們邪惡的計畫沒有成功，反倒曝露出自己的脆落。他們向自家國王報告此情況，在臥亞大肆準備，並宣稱要在帝汶（Pulo Timor）建堡壘，但皆未實現。簡言之，依該國現況，我們可以輕易摧毀他們，或至少癱瘓他們在南海（South Seas，即太平洋）、新西班牙（New Spain，即墨西哥）、麻六甲、臥亞等地的貿易。如果能這樣，本公司要獨占中國貿易就易如反掌了。

只要我們的基礎夠堅強，公司能夠承受相應的壓力，要這麼做並不困難：其獲益是如此之大，值得我們審慎從事，避開一切錯誤。一旦我們成功將葡萄牙的貿易勢力逐出這些國家，公司手頭上現有的資金，將不及進行中國貿易所需的六分之一。另一方面，當我們能夠獲得充分資金從事這些買賣時，起初將陷入一個困境：我們無法消費掉所有向我們提供的商品，或找不到足夠的買主來購買它們。

讓我們仔細檢討一下我們真正的處境。在不損害公司其他利益的情況下，我們公司每年拿得出多少錢，就能夠從這個國家購得多少商品。到目前為止，我們所缺的並不是商品，而是購買商品的資金，因此無法估計每年在此地所需準備的資金數量。可以更確定的是，我們每年皆毫無困難地遵照契約，供應日本740,000盾價值的中國產品，而且我們若有更多資金，絕對可以獲得更多的商品。

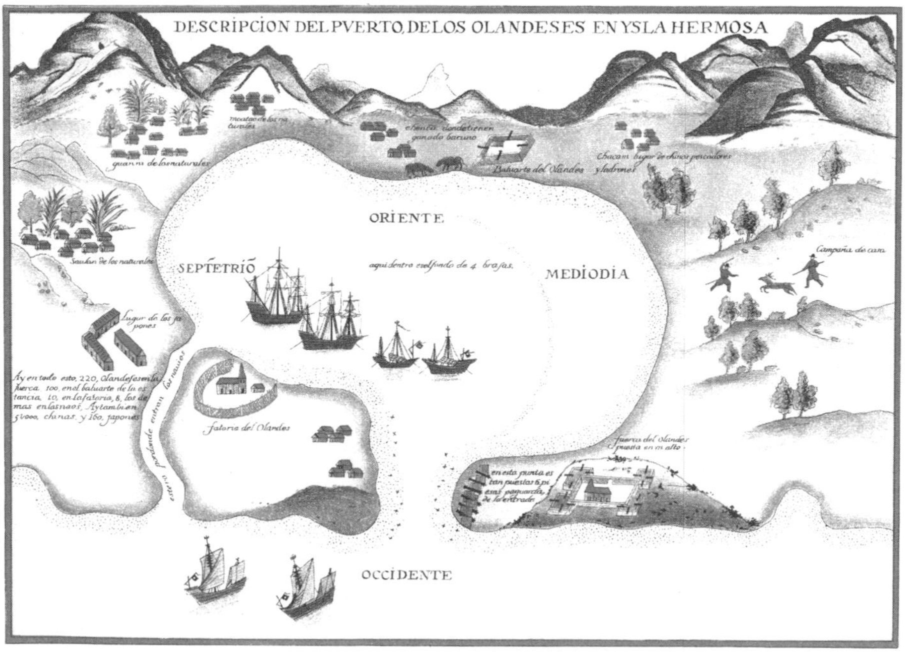

1626 年西班牙人所繪的熱蘭遮城及台江內海地圖【引自 Wiki Commons】

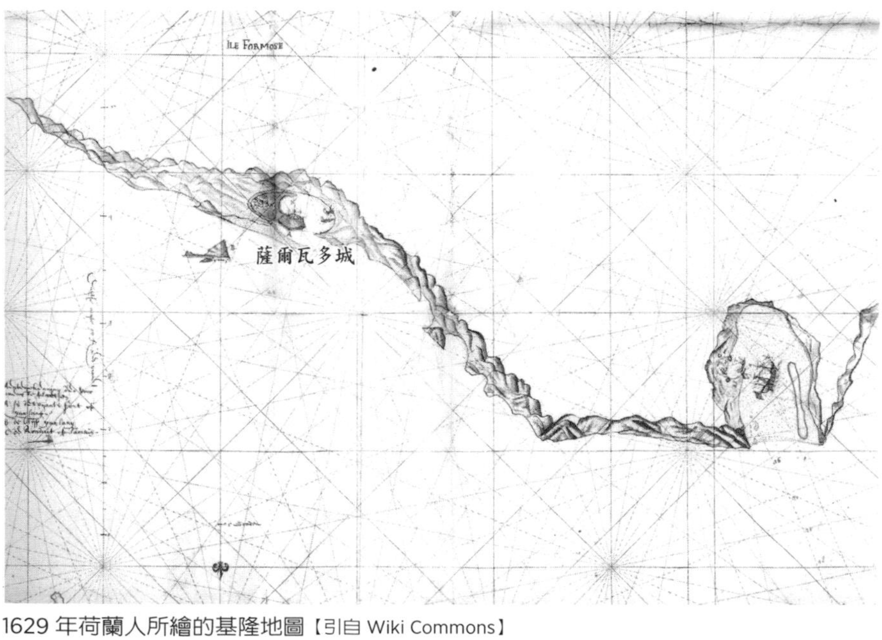

1629 年荷蘭人所繪的基隆地圖【引自 Wiki Commons】

即使我們不願採取這麼龐大的計畫，有件事還是至關緊要：我們必須成為雞籠的主人，派出足夠的兵力以達成此目的。理由如下：

1. 我們的敵人以雞籠為根據地，隨時可以派船攔截我們前往漳州江貿易的快艇及其他船隻，我方船隻要完全避免被捕獲，幾乎不可能。只要敵人成功一次，對本公司所造成的損失，就會大於維持一支艦隊攻擊雞籠六個月的開銷。

2. 如果讓西班牙人留在那裡，憑他們手頭上的大量資金，必然會不斷給我們添麻煩，並會吸引眾多商人和商品前往他們的根據地。

3. 一旦西班牙人在雞籠建立堅實的基地，他們恐怕會煽動此地的土著和漢人來反抗我們，這將成為最不幸的事。因為在當前的情況下，我們若要保有根據地，就需要土著和漢人的協助，不然我們就得增加大量的駐軍與艦隊，如此將造成龐大的支出，減損我們的獲利。

4. 雞籠一旦攻陷，我們將有機會動用更多的資金，因為以前賣給西班牙人的貨物，將會來到我們手裡，漢人也不得不降低價格。

5. 因此，經驗將會告訴我們，公司在貿易上運用更多資金（雖然實際的情況似乎是相反），貨品就會變得更便宜，從中獲得的利潤也就更大。

中國的物產相當豐富，可充足無虞供應全世界某些商品。中國人將全國各地的貨物運到各個易於脫售的城鎮和港口。例如，在西班牙人到中國通商或中國人前往馬尼拉貿易之前，商人習慣將貨物運到上川島（Sanxian），後來改送到浪白滘（Lampacas），葡萄牙人已在浪白滘建立根基十八年了。之後，中國人又將商品

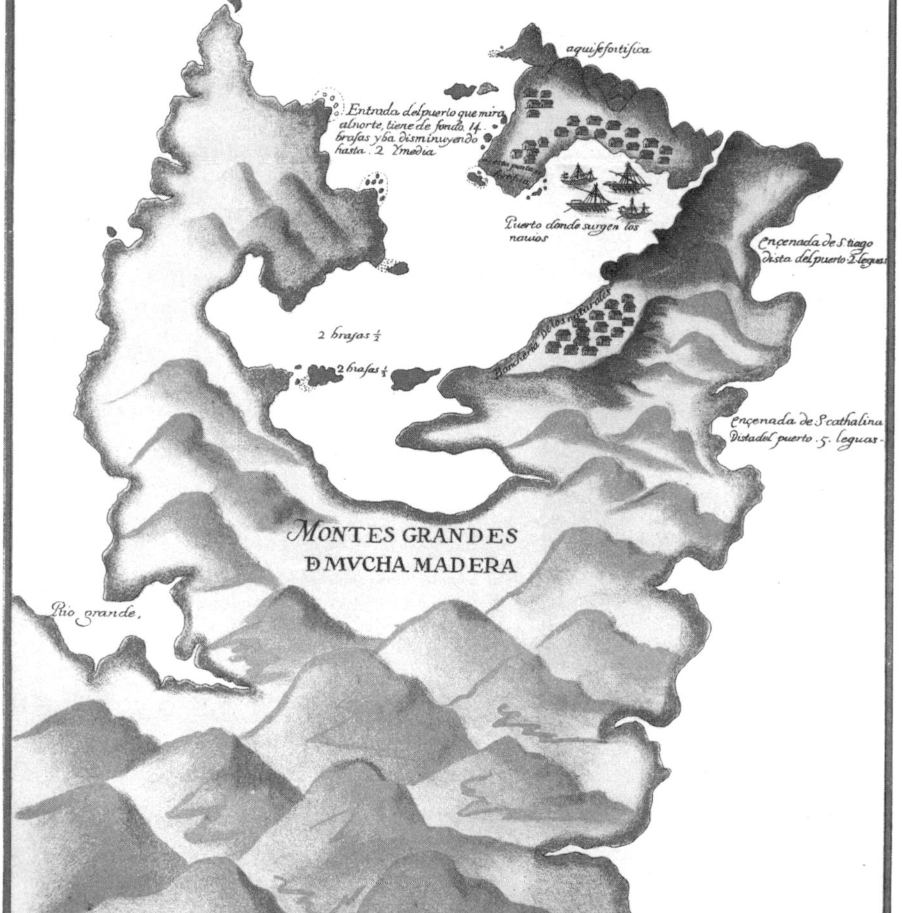

1626 年西班牙人所繪的基隆、淡水地圖【引自 Wiki Commons】

清・謝遂《職貢圖》所繪的西班牙人【引自 Wiki Commons】

送到澳門和廣州的市集，但送往廣州的商品是如此之多，葡萄牙人根本不夠錢來買。

從中國北方和內陸前來參加這些市集的商人，發現他們的商品未能售完，就用自己的船隻自行運往馬尼拉、暹羅、錫江（Macassar，今印尼西里伯斯島南端的港口）等地，但由於他們常在海上遭逢不幸或損失，特別是遇到海盜，最後不得不停止這種方式。所以，一旦他們發現更近便的市場，那裡不僅能從事大筆交易，還有大量資金等著買貨，他們自然會放棄長途航行（他們的船隻根本不適合長途航行），轉而聚集到這種市場，即使他們的獲利比以往低得多亦然。

因此，我們必須竭盡所能破壞馬尼拉與中國之間的貿易。只要能這樣做，我們堅信諸位閣下必能看到西班牙人自動離開摩鹿加群島，甚至離開馬尼拉。西班牙人已被趕出日本，如果再被我們奪去中國貿易，他們必定無法承受如此龐大的負擔。這一點西班牙人看得比我們清楚，他們一定會盡全力來攻占熱蘭遮城，以及我們在中國所有的貿易站。所以我們的當務之急，是強化此地的據點，絕不可大意而喪失此地。

現在談日本人問題。在我們抵達此地之前許多年，日本人就與漢人從事秘密交易，只要他們有多少資金，就能買到多少貨物。但我們來到此地並建立城堡後，我的前任者們便試著將大部分生意吸引到公司這邊，以便能從與中國政府締結的條約（即我們放棄澎湖，退守此地）中獲利。

因為這個緣故，我們對某些商品的課稅，引起來此通商的日本人很大的不滿，遂向他們的政府提出控訴。總督卡本特預見此事將損害我們在日本的利益，為了避免事態嚴重，便向日本幕府呈獻禮物，並於 1627 年派遣我為特使，親自前往日本說明。但日本幕府已聽取了商人的控訴，對我們懷有偏見，根本不願接見我們。

尤有進者，有些日本人為了把我們趕出本地，曾帶若干本地土著前往日本，想透過他們，將福爾摩沙主權呈送給日本將軍（the Emperor，即德川將軍），這亦對我們不利。誠然，如果能強迫或誘使日本人轉往別處買賣，無疑是好事一樁，因為他們從此地所獲得的利益，將落到我們手中。但就算日本人真的放棄這裡的貿易，公司手頭上的資金也不足以購買所有運到此地的貨物。如果擁有巨額資本的英國人能偶爾拿出若干資金來跟我們公司合作投資，那就再好不過了，因為這樣一來，我們就可避免因資金不足而遭中國人輕視，過去有時會發生這種情況。

此外，我們如何能拒絕日本人到此自由貿易，又不破壞我們在日本的聲譽呢？我們與日本的貿易獲利甚豐，非常重要。我認為最好立即和他們分享貿易，不要再向他們課稅，因為他們恐怕不會乖乖交稅。這件事必須立即處理，否則我們就會失去與日本貿易的利益。

我們在日本，除對其將軍和最高當局獻上薄禮外，享有完全的貿易自由，不必繳任何稅，可是我們卻對該國來此貿易的人民課稅，這樣公平嗎？此外，根據「先占先贏」（*qui prior est tempore, prior est jure*）的格言，日本人也站得住腳，因為他們遠比我們更早來此與土著貿易，所以似乎是他們有權向我們課稅，而不是我們對他們課稅，但他們連想都沒想到要課我們稅。

所以，我們若執行諸位閣下的命令，最後將不得不離開日本。如果這件事導致兩國爆發戰爭，誰能保證我們一定守得住台灣和雞籠（如果那時我們已占有雞籠的話）？就算我們能保住這些地方，也保不住任何利益，因為我們必須付出很高的代價。

因此，我覺得最好、最安全、最合理的做法，就是與日本人保持友好，允許他們參與貿易，分一杯羹。因為我們在日本的處境，不同於在印度其他各國，在後面這些國家，我們是訴諸威嚇或利誘而取得貿易權，但在日本就不是這樣，因為日本人毫不在意我們，不怕我們傷害他們，也不太重視與我們貿易所能獲致的利潤。

現在暫時擱置這個論題，分析一下我們對日本與中國的貿易能否支付每年的開銷，成為富國裕民的利益之源，並讓投注的資金展現出高於其他地方的獲利能力？若干數據可使我的想法更清楚。

1627 年，五艘裝載絲的船由此地運至日本，兩艘經巴達維亞轉至荷蘭，如下：

目的地	運貨船	貨物價值（盾）㉙
日本	*Vrede*	228,214:17:06
日本	*Woerden*	225,757:19:00
日本	*Heusden*	92,587:11:00
日本	*Edam*	60,000:00:00
日本	*West Kappel*	15,294:17:04
巴達維亞	*Vrede*	337,932:19:00
巴達維亞	*Erasmus*	221,561:00:02
總計		*f*.1,181,349:03:12

1628 年，因在中國有糾紛，加上經費不足，運送較少的貨物到日本和爪哇。運送量如下：

目的地	運貨船	貨物價值（盾）
日本	*Erasmus*	111,953:14:08
日本	*Woerden*	107,398:17:00
日本	*Heusden*	191,511:04:00
爪哇	*Batavia*	277,572:15:12
總計		*f*.688,436:11:04

附註：1. 依通常的計算，由 *Woerden* 號運送的貨物在上述額度之外，還給我們帶來八千銀元（rixdaadler）㉚ 的收入。2. 結帳情形，1627 年盈餘達百分之百。我們希望 1628 年也能有同樣的獲利。

補述：日本商館負責人耐烟羅得先生，除了中國方面的貨物之外，還有一份待發貨的訂單，要求下列貨物：

歐洲貨：150 half pieces of assorted cloth（各色布料）, 60 *kersays*, 300 pieces of Turkish grogram （絲與毛的混合織物）, 100 of Leydsch grogram, 60 of fine wool *couratten*, 80 of *perpetuanen*, 100 of gentleman's serges（紳士嗶嘰）, 60 of English *perpetuanen*, 100 of coarse colth （粗布） and 50 pieces of *stammetten*.

暹羅貨：2000 *piculs* （擔） of *sappan wood* （蘇木）, 600 *piculs* of Cambodian nuts （高棉核桃）, 600 bundles （束） rattan （籐） or an unlimited number at about seven *mace* （錢）each, with as many rocheskins, thomskins and steekskins as can be procured.

巴達維亞貨：200 *piculs* of priaman pepper （胡椒）, 40 of *giroffel* cloves（丁香）, 25 of sandalwood （檀香）, 500 pieces of bleached guinean linen （漂白麻布）, 100 of *salpicados*, 400 of *tafatsjelas di Golconda*, 200 *tsjelas*, 200 *di Narsapour*, 200 of fine *Makafonis*, 400 of *salampoeris*, 300 of *moeris*, 200 of *pancallen*, and 500 of *rocheskins*.

即使不再擴大貿易規模，單單是以上這些貨物，再加上銅、樟腦等的輸出，收益就已相當大。但耐烟羅得能取得更多的貨物，同時我們在中國若能像葡人那樣自由貿易，我就能夠呈報更大的獲利。

相對於前所報告的，讓我繼續呈上今年度的支出。由於我的前任者自知很快就會被解職，所以他沒有適時做某些處理，也浪費超過一萬盾，導致今年的負擔重於以往。閱讀下列資料時須謹記這點，才能做出正確的評估。

支出項目	支出金額
熱蘭遮海岸費用	67,186:04:01
民生用品	15,348:00:12
外加的費用	4,392:11:01
食物	1,758:11:14
房屋費	537:17:05
醫院支出	1,465:08:07
禮物	12,462:06:02
特別費	1,187:13:07

防禦工事	18,074:16:11
運費，包括 40 人（每人每年 ƒ.15）的工資	21,600:00:00
船的維修和一般支出，包括帆船維修	27,595:15:02
船 8 年折舊（總價估計 ƒ.60,000，不包括砲）	7,500:00:00
公司每年貿易投資 ƒ.700,000 的利息（年利 5%）	35,000:00:00
支出合計	ƒ.214,109:04:14

以上必須減去：

今年本站獲利	14,554:10:13
法院的禮物	10,000:00:00
防禦工事之結餘	10,000:00:00
巴達維亞運來貨物之盈餘	4,500:00:00
獲利合計	39,054:10:13
全年收支總計	ƒ.175,054:14:01

因此，諸位閣下今年度在本站需支出約 175,000 盾，相對於此，今年從日本運來的貨物量將達 700,000 盾，其中 400,000 盾可送回荷蘭，100,000 盾送回巴達維亞，帶給每個東印度據點超過 100%的獲利。

一旦我們能截斷澳門與日本之間的航路，葡萄牙人必會被驅逐出中國及日本的貿易，其貿易將轉入我們手中，這樣一來，摩鹿加群島與中國之間的貿易將更形廣泛，屆時上述數據就算不了什麼了。如果我們全部接手葡人的貿易，則根據坎普（Leonard Camps）估計，每年光在日本就有下列貨物可處理：

貨物名	量（擔）	入貨價（盾）	出貨價（盾）
細白絲	3,000	540,000	1,080,000
生絲	500	90,000	180,000
白絆絲	100	22,000	40,000

白捻線絲	100	22,000	30,000
散絲	100	19,000	30,000
黑圍巾	15,000	37,500	67,500
coloured *armozynen*	20,000	30,000	50,000
重黑緞	2,000	16,000	24,000
黑錦緞	5,000	30,000	47,500
緞	8,000	30,000	47,500
黑平絲絨	2,000	16,000	26,000
黑粗絲布	2,000	16,000	24,000
白緞	5,000	20,000	31,250
錦緞	2,000	7,000	12,000
紫錦緞	3,000	15,000	22,500
紫縐綢	5,000	20,000	30,000
有裝飾的嗶嘰	3,000	13,500	21,000
白縐綢	3,000	9,000	13,125
有裝飾的嗶嘰	2,000	7,000	11,000
超重物	5,000	50,000	75,000
合計		ƒ.1,010,000	ƒ.1,862,375

總之，只要上帝讓我繼續待在東印度，我向諸位閣下承諾，我就能將前述數量的貨物變成上等純銀，每四、五個月就能為公司賺得850,000里耳，這般收入應該足夠諸位購買所需的中國貨。

讓我們共同開始，攜手合作，達成這個正當目標（*Nunc audi, vide, lege, relege, et tandem quod justum est judica*）。

1629年2月10日寫於熱蘭遮市鎮 努易茲

1627年，努易茲寫信給東印度總督卡本特，但卡本特恰於同年11月10日返回荷蘭，該信落入9月30日繼任總督的庫恩（Jan Pieterszoon Koen）手中。信中有若干對庫恩不敬的話，觸怒了庫恩。於是庫恩粗暴地召回努易茲，代之以普特曼斯（Hans Putmans）。不過，努易茲一直留在該地，直到1629年7月才由普特曼斯接任。

庫恩的傷害及侮辱，令努易茲大為惱怒，所以他離開台灣之前，特地寫了封嚴厲的信函給阿姆斯特丹的東印度商館（East India Chamber at Amsterdam）。後來努易茲於1632年7月20日前往日本，在那裡經歷許多災難。日本將軍下令囚禁他，直到1636年7月5日才予以釋放。努易茲想到江戶（Yeddo）送禮，感謝獲得釋放，但他請求卡隆（促成他被釋放的人）允許時，得知日本大官不會同意此事，後來便改派助理雷尼爾生（Daniel Reynierszoon）前去答謝將軍。先前這項建議似乎引起某些困惑：應派遣荷蘭人隨同翻譯，代表公司前去平戶的官員處，感謝他們釋放努易茲，以及日本將軍所賜下的兩百條銀條（值兩千五百盾）的禮物。

法國人編的 *Recueil de Voyages au Nord* 一書中，關於努易茲出使日本和他被囚熱蘭遮城記，裡面有許多嚴重錯誤，只要稍微思考就能看出：

1. 努易茲無法覲見日本將軍，該書認為是肇因於他的固執或對日本事務的無知。其實眞正的原因是，在他到達日本之前，某些幕府官員就對他懷有敵意。

2. 努易茲被任命為長官的時間，該書毫無根據地主張是在他從日本回來後。其實他剛從荷蘭抵達巴達維亞時，就同時被任命為台灣長官及奉派出使日本。

3. 該書認為努易茲是1634年前往日本，被囚禁到1635年才釋放。其實他是1632年7月20日前往日本，一直被囚禁到1636年7月5日，才在卡隆的求情下獲釋。卡隆贈送那頂漂亮皇冠的時間，不是努易茲被釋放後一年，而是他被釋放前一兩個月。順道一提，某位閣老（royal councilor，他是荷蘭人的朋友）所說，因該皇冠用在日本將軍的父喪中 ㉛，使將軍非常高興，所以才釋放努易茲，也是無稽之談。

4. 該書說努易茲把日本人（這些人後來攻擊他）拘留在台灣很久，也是全然錯誤的。決定拘留的是評議會，此事並沒有經過努易茲的批准，也與努易茲的建議相反，他曾高聲反對此事。

5. 關於努易茲的出使日本，下列說法純屬無稽：他被總督派到那裡，是當作犧牲品；日本方面以將軍之名，詢問他到日本的目的及方法。東印度公司的記錄（唯一可靠的訊息來源）看不到這些故事，那是法國人自己捏造的。公司檔案清楚記載：1631 年努易茲在日本幕府遭誣告，所以他決定學日文，以期能在將軍面前爲自己辯護。1632 年夏天，他做到了，那時他到日本，好證明自己的清白。但是他一到日本，立刻被逮捕，在平戶囚禁五年，沒有給予任何理由。他一直未到江戶。他最後被釋放，請求向將軍致謝被拒後，就乘一艘我方船隻返回巴達維亞（該書錯誤地說：他在一位保鏢保護下，留在日本一段時間）。努易茲在 1637 年或 1638 年回到荷蘭，此後沒有進一步消息。

8. 第四至第十任長官時期

普特曼斯長官時代，台灣所發生的事已不可知，沒發現任何書面資料，只知道他從 1629 年至 1636 年 11 月 15 日擔任台灣長官，然後乘華蒙號（*Warmond*）和快艇布列登號（*Bredam*）回巴達維亞，再以艦隊指揮官的身分回荷蘭。

1636 年 11 月，東印度公司特別評議員范得堡（Johan van der Burg）接替普特曼斯的職位，成爲第五任長官。他在此地的表現亦不得知，也不詳其確切的逝世日子及地點，只知他似乎是死於 1640 年。

特勞德（Paulus Traudenius）於 1641 年接任爲第六任長官。他乘九艘船與高層官員拉莫提斯（Joannes Lamotius）一同前來台灣。特勞德在台灣待多久，做了什麼，也找不到資料。只知他於 1641 年寫信給西班牙派駐雞籠的長官，並收到回信。兩信分別如下：

致台灣雞籠島西班牙城長官波提利歐（Gonsalo Portilio）：

我們已派出壯大的陸海軍力，準備以和平或強攻等方式，占領閣下在雞籠島至聖三位一體（La Sanctissimo）的根據地。我們在此遵照基督教傳統，事先警告閣下，並知會閣下：倘若您和您的部屬願意在我們同意的條件下投降，離開雞籠的至聖三位一體（La Sanctissimo Trimidado）城和其他堡壘，那麼我方會依戰爭慣例善待您和您的部屬；閣下若不從，我們只好訴諸武力來對付您及您的部屬。所以，您要善用這個機會來避免流血嗎？敬候賜答，切勿蹉跎。神賜福於您。

1641 年 8 月 26 日於熱蘭遮城，您的朋友特勞德

回信如下：

致台灣長官：

　　您 8 月 26 日來信敬悉。我依善良基督徒的律法，以及對西班牙國王的誓言，回答如下：我既不願也不敢獻出閣下所索求的城堡，我和我方守軍已決定堅守城堡。我已慣於面對大敵，也曾在法蘭德斯（Flanders）和其他地方打過不少仗，閣下就不必再費心寫這類勸降信了，讓我們各自防衛吧。我們是信奉基督教的西班牙人，我們相信神是我們的保衛者。願神保佑您。

1641 年 9 月 6 日在主堡薩爾瓦多（Salvador）城，波提利歐

1667 年荷蘭人繪製的福爾摩沙北部沿海及基隆島地圖【引自 Wiki Commons】

後來我們占領了雞籠。在國姓爺占領福爾摩沙之前不久，馬休牧師（D. Masius）和若干人就是從雞籠前往日本，事後據報已安全抵達巴達維亞。在國姓爺時代的 1665 年，波特（Bort）收回了雞籠，留下皮特上尉（captain de Bitter）和兩百人在那裡守衛。我們在這處北部據點的貿易，可說是沒有收穫只有麻煩，特別是和中國的貿易一直沒進展，所以我們於 1668 年完全撤離該地。

特勞德似乎在福爾摩沙留到 1643 年，然後由梅爾（Maximiliaan le Maire）接任第七任長官，他做到 1644 年。

東印度公司常務評議員（Councillor-in-ordinary）卡隆（Francois Caron）取代梅爾，成爲第八任長官。1646 年 10 月 25 日，卡隆派遣奧佛絲契號（*Overschie*）從福爾摩沙運送價值 12,910:12:4 盾的大麻和亞麻布，以及價值 27,836:15:1 盾的 gilams、廣南（Quinam）絲、犀牛角、砂糖、radix China、galiga、蘇木、水牛角、鹿皮、羚羊皮、牛皮等貨物到日本。他擔任長官一職到 1646 年，再由歐佛華德（Pieter Antoniszoon Over't Water）繼任爲第九任台灣長官。

歐佛華德任內的作爲，沒有記錄留傳下來，只知他在 1647 年 9 月 22 日派西拉加斯堡號（*Hillegaartsberg*）到日本，上頭載著價值 17,800:14:8 盾的各色貨物；同年 10 月 4 日再派載貨價值 214,808:15:8 盾的董克號（*Tonker*），以及另一艘載貨價值 215,254:16 盾白馬號（*White Horse*）。10 月 31 日西拉加斯堡號從日本回來，載貨價值 125,868:6:11 盾。他任職到 1650 年，由富爾堡（Nicolas Verburg）繼任爲第十任長官。

9. 郭懷一事件

1652年9月7日㉜，福爾摩沙的漢人籌備盛大宴會，所有荷蘭要人都受到邀請，漢人打算宴會後以送客爲名，送這些荷蘭人回熱蘭遮城，不只要在那裡殺死他們，還要乘機奪取城堡，成爲全島的主人。

這計劃由名爲懷一（Fayet，即郭懷一）的漢人領袖主導，懷一是離赤崁兩荷里的小村莊頭人，但是普仔（Pauw，音譯）——他是熱蘭遮城附近村落的頭人，也是懷一的兄弟——非常反對這項計劃，勸他的兄弟不要那樣做，但懷一不聽，於是普仔及時通知那些生命危險的荷蘭人。

普仔要進入城堡親自通報長官富爾堡，但被守衛阻擋，和守衛爭執甚久，最後只好說「不只長官，所有荷人的生命和幸福都有危險」，才被允許晉見。他將所知的計謀都告訴長官。長官聽完後大驚，立即逮捕普仔，並派一位上尉和八個士兵到那個小村落，發現漢人全都騷動起來。他們許多人都逃開了，慶幸能死裡逃生。

懷一發現事洩，知道禍事大了，緊急召集一萬六千人前往赤崁，大肆破壞，摧毀一切。但他攔不住馬夫首馬林（N. Marinus），馬林騎馬握劍，與其他三位馬夫一起衝出赤崁，在8日抵達熱蘭遮，將所見所聞報告長官。

之後，鄧可（N. Danker）上尉率領一百二十位荷人，在兩千位土著基督徒的協助下，很快就擊潰敵人。在接下來的戰鬥中，懷一和一千八百名隨眾被殺，許多婦女和小孩被捕，包括起義軍副領袖鹿仔（Lonegua，音譯）㉝在內。鹿仔在台灣被活活燒死，屍體用馬匹拖行於

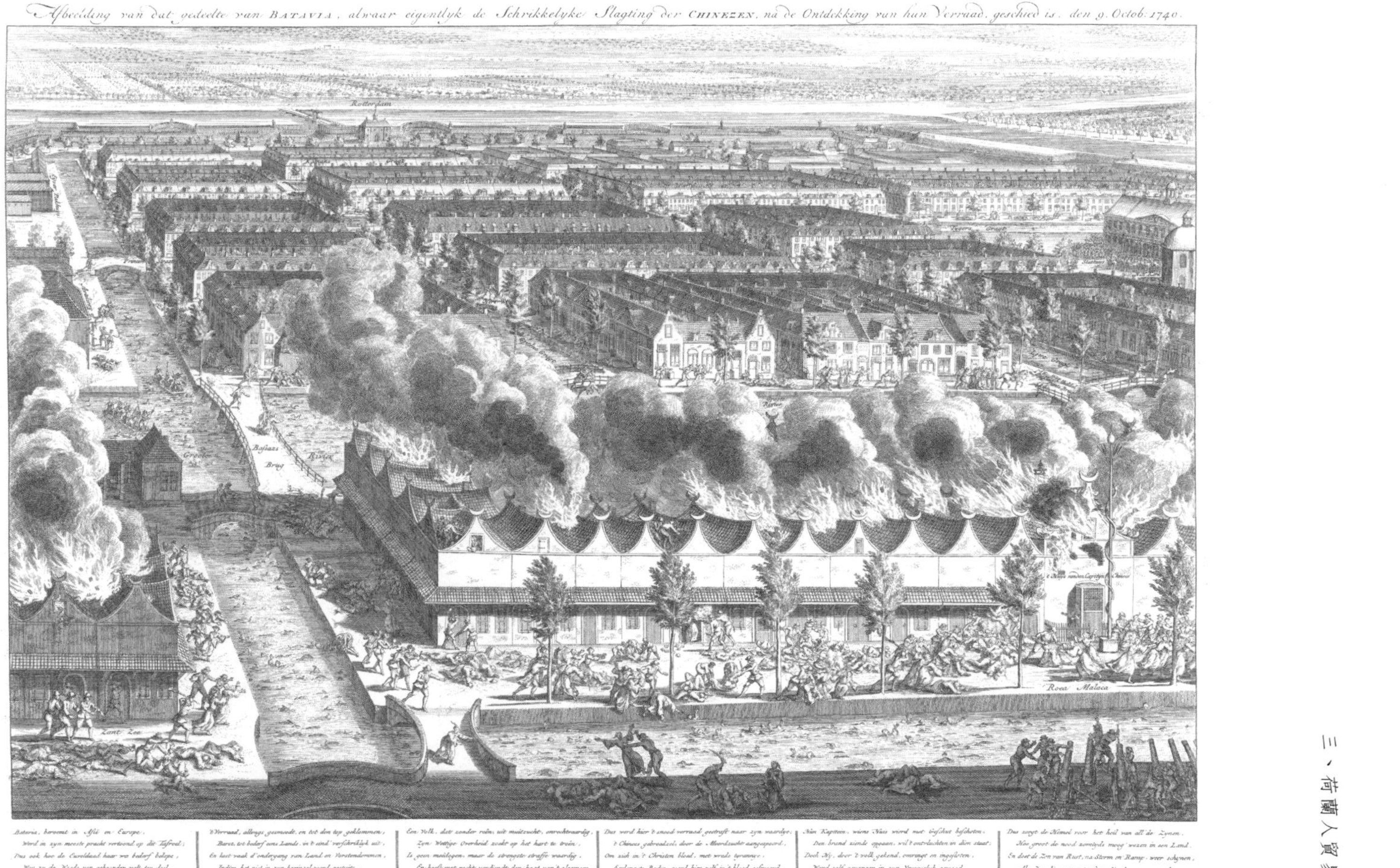

圖為1740年的紅溪慘案，巴達維亞荷蘭人大屠殺漢人，當年荷蘭人鎮壓郭懷一起義，應該也是這場景
【阿姆斯特丹國家博物館藏，翁佳音老師提供】

市鎮間，接著頭顱被掛在竹竿上示眾。他的兩位部將，先前曾剖開一個土著孕婦的肚子，取出胎兒，這時也遭荷人五馬分屍。

動亂持續十五天，前後有四千名男人、五千名婦女及若干小孩被殺或被捕。荷蘭人方面，除了住在平原的兩個男人被殺，沒有損失一人。

如果普仔沒來密告，我們的處境必會很難堪，本地的荷人統治恐將悲慘地結束。感謝神，這件事沒有發生。長官賞給忠誠協助我們的土著每人一件 *niquanias*。

1651 年 5 月 10 日，漢人的人頭稅以每年二十萬盾（gulden）包給承包商，可見這時台灣已有很多漢人。

富爾堡長官時代（1649-1653）沒有發生其他重要事件。1653 年由

乾隆年間的赤嵌樓【引自《續台灣文化史話》】

凱撒（Cornelis Caesar）繼任為第十一任長官。

富爾堡於 1654 年 3 月 10 日抵達巴達維亞，他向東印度總督及評議會詳述福爾摩沙的處境，說明治理一個地區比征服一個地區需要更多的判斷力。他又說，當地的荷蘭當局面臨眾多顯而易見的危險：一方面是野蠻的土著，他估計在十萬人左右；另一方面是島內及島外的漢人，前者曾在 1652 年讓我們陷入立即的危險。他建議東印度總督及評議會提高警戒，因為據報海盜一官（此人曾任前長官普特曼斯的裁縫及前長官魏斯的通譯）之子中國官員國姓爺，目前正在與滿洲人作戰，一旦被逐出中國，將前來福爾摩沙定居。為此，荷蘭人在台灣島之旁、靠近赤崁之處建了普羅文西亞城（Fort Provintia，即今日的赤嵌樓）㉞，此城能夠應付突襲，卻不足以經受軍隊的攻擊。

10. 凱撒長官時代

不久，在凱撒長官時代（1653-56），特別是 1655 年，謠言更多，似乎國姓爺仍執意舉全力攻台。因此，凱撒認爲有必要派碼頭長彼得生（Auke Pieterszoon）和中士陽森（Pieter Janszoon）——這兩人都精通中文——乘小帆船前往澎湖，巧妙地向中國人探問這些謠言的眞實性如何，以便能及早準備。此一謹愼措施是有道理的，因爲已許久不見來自中國的帆船了。這個事實使凱撒及在台漢人推斷，國姓爺眞的有意攻台，因此才扣留所有船隻，避免消息走露，以便進行襲擊。

國姓爺在廈門附近擄獲漢人船隻【引自《被遺誤的台灣》】

此時，凱撒果斷行事，在熱蘭遮城內儲存八至十個月的柴火。凱撒最大的困難，在於無法阻止國姓爺登陸（聽說國姓爺有許多雲梯），因爲國姓爺可以從許多地點登陸，當時的駐軍人數根本不敷所需。所以 1655 年 11 月，凱撒請求公司方面能允許在打狗（Tankoia）㉟建立城堡，並說明其必要性。他任職到 1656 年，由揆一繼任爲第十二任台灣長官。

11. 揆一長官時代

揆一住台灣十年，是副長官，也是上席商務官，所以他應該完全熟悉當地事務。

這時，國姓爺即將襲台的謠言不但未曾止息，反倒越發增強，使我們開始擔憂毫無防備的台灣市鎮的安危。它位在熱蘭遮城所在沙洲（即台灣島）的一端，僅是個村落，人們可以任意進入。至於城堡本身，依我們先前所述，實在太過脆弱，無論多麼英勇的長官，都無法據之來長久抵抗強敵的圍攻。

可以確定的是，不只巴達維亞的總督（由1657年的急件公文可知），連荷蘭的董事們也在很久以前就注意到台灣的惡劣處境。早在1650年，阿姆斯特丹的十七董事會（Amsterdam Council of Seventeen，又作 Committee of XVII）㊱就決定，將平時的駐軍人數增加到至少一千兩百人。

我們不只從許多管道確信國姓爺（在中國戰事不利的情況下）打算攻擊台灣，也有很好的理由相信1652年9月的郭懷一事件，是在國姓爺知情的情況下發動的。揆一長官於是向上級呈報這些謠言，但因前長官富爾堡在巴達維亞評議會刻意扭曲唆弄，致使揆一的擔憂全被視作膽怯、無謂的恐懼。

由於某些事件，富爾堡成為揆一永遠的敵人㊲。雖然富爾堡深知揆一關於國姓爺侵台意圖的報告都是真確的，但他對揆一的憎恨是如此之深，竟至於刻意欺騙巴達維亞的評議員們；這些評議員應記取富爾堡本人於1654年3月10日的報告㊳，不要太看重他日後所說的那些話才對。富爾堡極端反對揆一，不顧自己要增進公司利益的誓言，竟然犧牲福爾摩沙，只為了讓這位精力充沛、無辜的紳士（指揆一）走向悲慘的結局。

1660年傳來更可靠的消息，說國姓爺很快就會來攻打台灣；這時許多漢人都逃到國姓爺那裡。積極行事的長官用盡所有方法來驅散這片烏雲，並於1660年3月10日寄給巴達維亞總部關於國姓爺即將來攻的諸多警告；他也沒有忽略爲了英勇抵抗敵人所需的其他必要準備，爲此，他遭到上級的嚴厲斥責。當國姓爺聽到這消息，就推遲預定的攻擊，因此再度平靜了一陣子，但我們的人依舊難以安心。

揆一在3月寄出告急信函後，希望巴達維亞總部能迅速派來強大的援軍。但那些高官被錯誤的訊息誤導，認爲揆一長官所害怕的，不過是無稽謠言，福爾摩沙並沒有眞正的危險。

巴達維亞評議會雖在1660年初對派兵增援福爾摩沙持有異議——當時他們認爲這場風暴終將煙消雲散，雖然暹羅及日本方面都發出關於此事的確切報告——但他們最後還是決定派出援軍，並在1660年4月22日的信中讚揚揆一所採取的預防措施，也說如果這些報告並未成眞，派去的艦隊便用來奪取澳門，因此對公司沒什麼損失。

他們在7月16日派范德蘭（Jan van der Laan）率六百人分乘十二艘軍艦前來福爾摩沙，下達如下指令：如果有需要就協助福爾摩沙，要不然就進攻澳門。范德蘭這個人很粗魯，缺乏謀略，在澳門挑起敵意後（那是超出他受命範圍的），於9月抵達福爾摩沙，聽到很多人說國姓爺打算攻打台灣。但范德蘭全然不予採信，強烈主張台灣不需要他，也不需要他的士兵，所以他最好依令攻打澳門。

當他發現遠征澳門的計劃不能實行，便大肆咒罵長官及評議會，並威脅要報復任何反對他的人。附加一提，有人認爲他之所以那麼熱切地想進攻澳門，完全出自他的貪婪，所以叫他爲「橫行揚」（Jan athwart the road）。

十七世紀的荷蘭戰艦【引自 Wiki Commons】

范德蘭憤怒平息之前，誘使他的追隨者起草一份文件，宣稱福爾摩沙沒有絲毫需要害怕的理由，長官和評議會都是可恥的膽小鬼，無端地驚嚇駭怕。起草時他們都喝醉了，第二天也沒人在文件上簽字。1661 年 2 月，范德蘭和他帶來的軍官乘海豚號（*Dolphin*）和特戈司號（*Tergoes*）回巴達維亞時，他拿到某些在台人士寫給朋友的信件，內容與上述的文件大同小異。這些人違反范德蘭的意願，被留在台灣[39]。至於援台艦隊，除了赫克托號（*Hector*）、格拉弗蘭號（*Gravesande*）及溫克號（*Vink*）外，其餘都被分派往東印度各處。

在范德蘭惡意造謠的情況下，未能成功奪取澳門這筆帳，被算在揆一頭上。當時沒有人讚揚這位飽受中傷的長官——透過通譯何斌（Pinqua）——成功恢復了被國姓爺斷絕很久的中國貿易。事實上，揆一日後在巴達維亞受審時，檢察官甚至將這件功績列爲他的罪狀之一。

回歸正題吧。范德蘭及大部分援台船隻離開台灣沒不久，國姓爺

台灣島四周

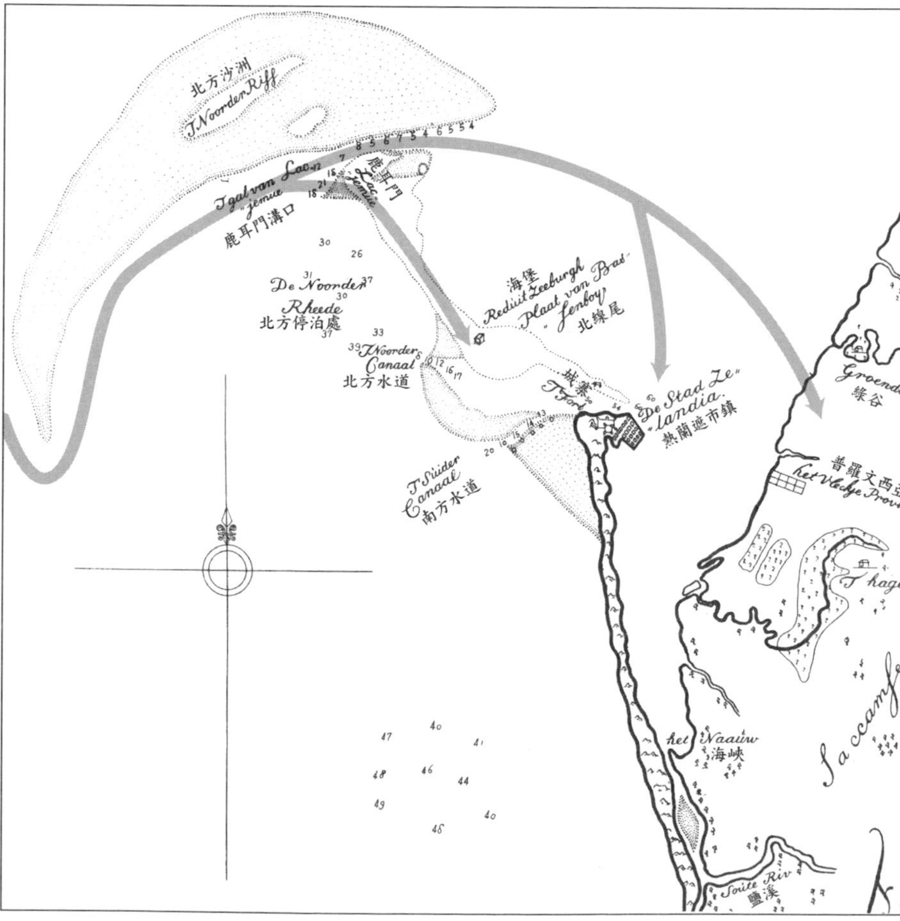

國姓爺軍隊進入鹿耳門水道路線圖【引自《台灣早期歷史研究》】

就率領好幾百艘戰艦於 4 月 31 日 ㊵ 破曉時分出現在福爾摩沙海面，並在赤崁和北線尾登陸了兩萬五千名精兵。我們因人船俱乏，無法阻止他們登陸。當時荷蘭當局手頭上只有赫克托號、格拉弗蘭號和快艇、平底快速船各一。

約在此時，總督馬次科（Joan Maatzuyker）從巴達維亞寫信給國姓爺：

總督馬次科致中國官員國姓爺：

殿下經船長萬官（Nachoda Banqua）送來之信收訖並拜讀。大函並未如我們所預料的友善，您對我們提出許多冒昧的要求，恕難同意。

殿下先前曾數度提出相似但較不重要的要求，我們都同意了，不是因為我們有責任同意，而是因為不願觸怒殿下。我們竭誠願意與所有人保持和平。但殿下既然利用我們和平的心願，不斷增加要求，我們只得在此明白宣示：我們不會再讓步，未來這一年不會再讓您有機會對我們做不合理的要求。簡言之，我們現在想表明，絕不接受您這種要求，希望您能合理對待我們，滿足於現狀。

第一，來信稱殿下一艘帆船從 Djohor 返回中國時，被我方船隻攻擊且俘虜至台灣，在該處因暴風雨而擱淺，故向我們索賠十萬兩。

第二，另一艘帆船從大泥（Patani）開來時，在廣州附近遭荷船追捕，以致擱淺岸邊，無法駛回。殿下估計損失八萬兩。

第三，不久前殿下兩艘帆船被我船攻擊並逮捕。

對於第三點，我們的回答是：前此被我方逮捕的兩艘船，我們已高額賠償殿下。當時您還說我們已令人滿意地解決該事了。

關於殿下所説船隻從大泥駛回途中，遭我船追逐而遭受損失一事，雖然我們已經嚴格調查過，卻依然毫無所悉。因此，這可能是該船船員為了逃避航行技術不佳或疏忽之罪所虛構的故事。就算我船確曾跟隨過該船，這也沒什麼不對。我方指揮官奉有通令，對海上遇到的任何船隻，友船即協助，敵船即盡力摧毀或逮捕。這一通令是很合理的。為服從此通令，他們必須呼叫所遇到的船隻，以辨敵友。如果殿下的該艘船隻遇到荷船（我船根本不想傷害它，且會給予各方面的協助），卻選擇逃走，以至於發生意外，這能怪誰呢？只能怪該船誤把最好的朋友看作敵人。此外，殿下對該帆船所要求的賠償金額也太高了。誰曾聽説過從大泥返航，載運著甘蔗、胡椒等粗貨的船隻，竟然值八萬兩？

至於從 Djohor 返航，殿下估計價值十萬兩的船隻，情況也如前述那般，除非您能對賠償金額提出更多明確事證，否則我們不認為有虧欠您什麼。

殿下若細讀有關中國沿海貿易的檔案，您將發現過去六十年來，我們在此地區和平地追求自由貿易之建立，就像世界各國允許我們，中國也允許幾個國家的自由貿易那樣。我們的要求很合理，若拒絕我們，將是極大的傷害和侮辱，因為我們是正直虔誠的商人，只求公平行事，不希望被任何人委屈或羞辱。

因此，既然我們多次的友善請求都不被中國政府採納，我們只好訴諸武力，迫使他們明白道理。我們在幾番成敗後，終於達成目標，和中國簽訂協定，結束敵對狀態，條件是：允許我們在所有中國港口和台灣、巴達維亞各港口之間自由貿易。關於這份協定的存在（之後曾數次更新），我們握有非常清楚、不容置疑的證據。我們認為這份協定對殿下的拘束力，就像您自己所簽訂的協定那般。

但是，不知為何，殿下竟關閉港口，禁止您的人民來台灣貿易，並以其他方式傷害我們，使我們有理由懷疑，並以此訓令指揮官：以後遇到殿下管轄的各式船舶，應先加以截獲，但不可加害，將之扣留在台灣或巴達維亞，直到我們弄清楚殿下對待我方的態度，究竟是要遵守舊約，或要造成新的衝突為止。因此，我們才暫時扣留 Djohor 的來船。雖然我們不認為這樣做有什麼錯，但我們現在對扣留該船感到遺憾，因為您當時已重新開放港口，只是那時我們並不知情。

至於在台灣擱淺的船隻，這個不幸事件乃海象不佳所致，並非我們所造成。但為避免殿下以此為理由關閉港口，我們已賠償船主所有損失。

因此，對於殿下所提的任一要求，我們確定我方未曾虧欠殿下分文。

如果殿下堅持現在立場，並四處寫信來挑起其他地區對我方的無端猜疑（如您致函潘明嚴（Bingam）和 Siqua 所威脅的那般），我們也沒有辦法。但殿下務必注意，我方屆時將採取有效措施來破壞您的貿易活動，這可是維持殿下手下軍隊的軍餉來源啊。

為避免兩敗俱傷，不如盡量消除雙方衝突之源。為此，我們打算派遣特使晉見殿下，準備同殿下建立一份明確持久的協定，讓雙方的往來有所依據。不知您是否同意此議。如果殿下覺得可行，望惠賜回覆，下一季即可處理，希望能令殿下諸事滿意。

1658 年 6 月 8 日在爪哇島巴達維亞城 馬次科

揆一勇敢抵抗強敵，但似乎諸事不順。赫克托號雖在海上英勇攻擊中國人，但很快就因船上火藥爆炸而沉沒。格拉弗蘭號上的士兵奮勇抵抗來敵，但是佩得爾（Pedel）上尉在北線尾慘敗，他和一百一十八個士兵都犧牲了。阿朵普（Aaldorp）上尉也兵敗赤崁。

國姓爺在短時間內取得迅速進展——因爲巴達維亞方面不願適當強化城堡的防禦——並在掌控台灣島與福爾摩沙後，把荷蘭人逼至絕境。

在此同時，回到巴達維亞的范德蘭出於憤恨，嚴詞批評福爾摩沙長官及評議會，提出不實的報告，致使總督不相信福爾摩沙的來信，以膽怯爲由，罷免了長官及其兩位最高部屬，把他們顏面盡失地召回巴達維亞，並於 1661 年 6 月 21 日派遣克蘭克（Herman Clenk van Odesse）攜帶一封很嚴厲的信，前去取代揆一的長官職位。但兩天後，他們接

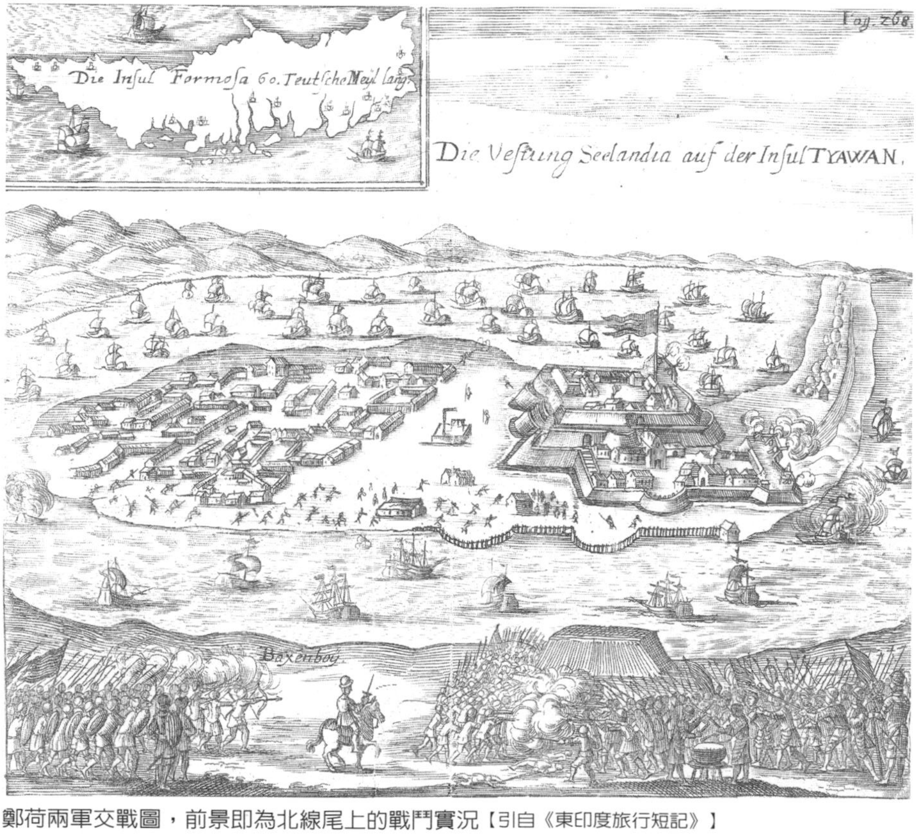

鄭荷兩軍交戰圖，前景即為北線尾上的戰鬥實況【引自《東印度旅行短記》】

到國姓爺登陸福爾摩沙的確切訊息，再清楚不過地證明了，富爾堡和范德蘭的報告完全是錯誤的。

這時，國姓爺要求熱蘭遮城投降，但長官和評議會決定要抵抗到最後一滴血。

5月2日，國姓爺派使者前來，保證荷蘭人派出的和談者安全無虞。赤崁地方官也派兩位助手法肯斯丁（Jan van Valkensteyn）和皮克（Adriaan Piek），傳達如下訊息給熱蘭遮城：普羅文西亞城內缺水，井已乾，且敵人到來後，附近許多男人、婦孺和奴隸都逃入城內避難。

普羅文西亞城看來保不住了，所以長官決定與敵人談判該城歸屬，希望能解救城內的人員，並藉以強化熱蘭遮城。因此派遣商務官伊佩蘭（Thomas van Iperen）和檢察官李奧納（Leonardus）——這兩位都是評議員——爲使者，以口頭授權的方式，讓他們和國姓爺就一切事務進行談判，並詢問國姓爺爲何前來，想要什麼。這兩位使者被訓令談判過程中要保持威儀，不得顯露絲毫畏懼。

5月3日，這兩位使者渡過海峽來到赤崁，看見國姓爺及其大軍紮營在普羅文西亞城周圍的曠野。國姓爺雖擁有大批重砲和火藥，此時卻未挖掘戰壕，也沒有設立砲台。國姓爺的軍隊由弓箭手、劍盾隊和持戟武士組成，他們的戟是把刀刃綁在半人高的木柄上，需雙手操作。士兵全身都有鐵甲（由一片片的鐵鱗相疊而成）保護，只有手腳露出。弓箭手是國姓爺的精銳；持戟武士像我們的長矛兵，用來保持己方行列整齊；持盾武士的功能則等同我們的騎兵。

兩位使者到達後，由一名軍官把他們帶進一個大帳蓬，在那裡等候國姓爺召見。

等待期間，有好幾隊精兵從帳蓬前經過。接著，陪伴荷蘭使者的軍官說，國姓爺的頭髮梳好之後就會接見他們，現在可以先到他的帳篷（在一段距離之外）。到了那個帳篷後，許多先前經過的武裝士兵再

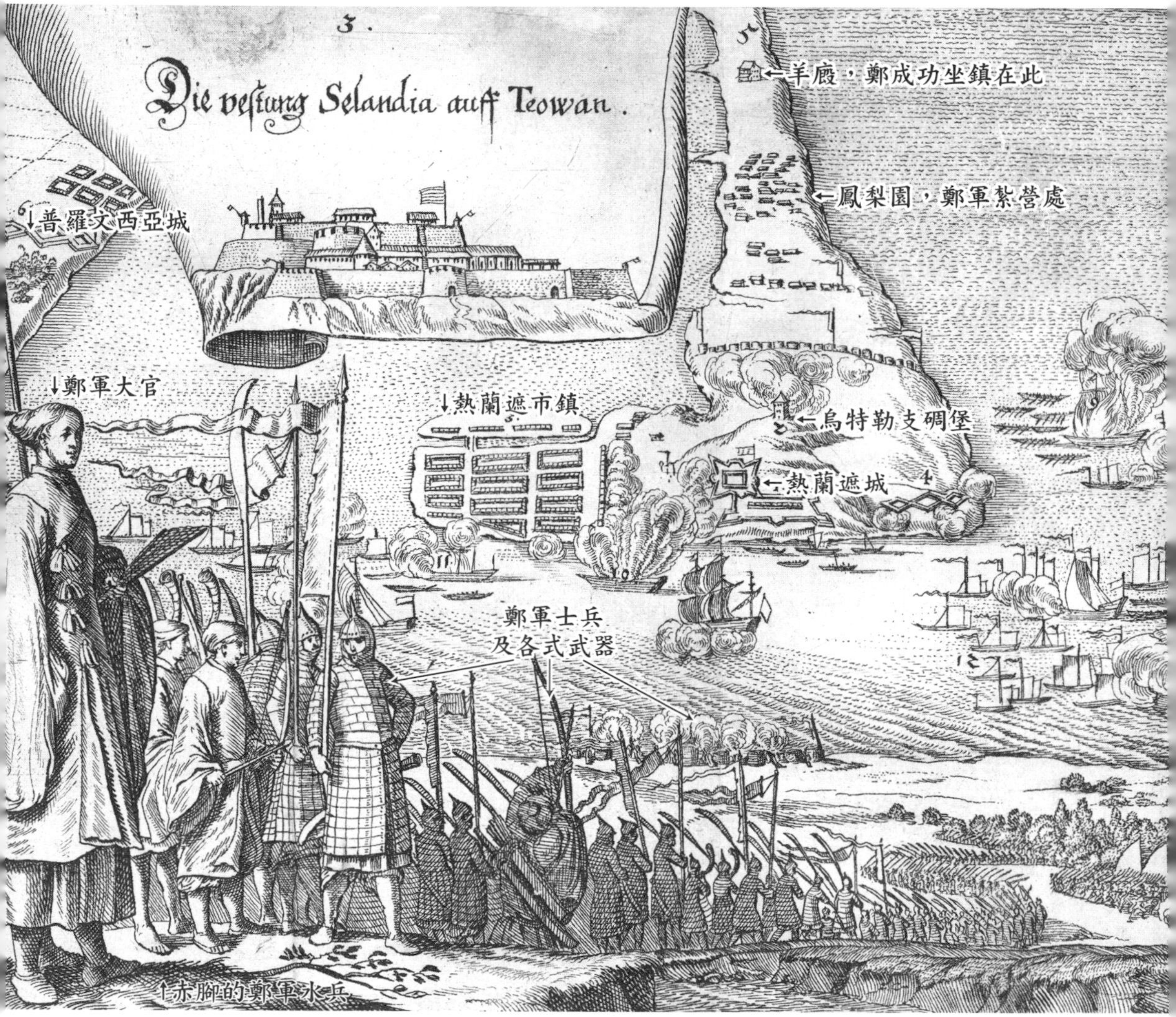

國姓爺圍攻熱蘭遮城，此圖畫出國姓爺的各式兵種【引自《東印度旅行短記》】

次行經使者面前，他們因此看穿國姓爺虛張聲勢的伎倆，顯然他想利用此舉，讓軍力看起來比實際的更加壯大。

最後他們被帶到國姓爺面前。國姓爺待在開放的藍色帳篷裡，坐在扶手椅上，旁邊有張小方桌，周圍圍繞著眾大臣，這些大臣身著長袍，看起來就像東正教的牧師，身上並未配戴武器。兩位使者直接通過國姓爺的護衛，來到小桌旁，代表長官及評議會向他致意，並遞上委任書。但國姓爺不太在意委任書，說道：對他來說，荷蘭東印度公司的友誼就像其他東印度公司的友誼那樣，只要於他有利，就會持續下去，否則就會消失；你們荷蘭人也是如此看待這種友誼的。國姓爺又說，他不必為自己的行為提出解釋，但事已至此，也無須再隱瞞：為了與韃靼人打仗，占領福爾摩沙乃是明智之舉；這個島嶼一向屬於中國，中國人不需要時，荷蘭人才被允許暫住於此，現在中國人自己要用了，外來的荷蘭人理應物歸原主；他不希望與公司戰爭，也無意貪圖公司的財物，只要這塊土地而已；因此，如果荷蘭人立刻投降，他願意用他的帆船，替荷蘭人運貨回巴達維亞，那麼彼此都還是朋友，不會計較荷蘭人曾無禮地染指他的帆船，並傲慢地反抗他的大軍；現在城堡裡只剩少數人在抵抗，那些人都已見識過他的威力了。

荷蘭使者拜訪駐紮在普羅文西亞城周圍的國姓爺【引自《被遺誤的台灣》】

荷蘭使者立即回應說：福爾摩沙不屬於中國，而是東印度公司所有，因為公司離開澎湖時，曾與中國當局訂有正式契約，因此國姓爺對福爾摩沙並無所有權。使者們很堅持這點，並問國姓爺是否有其他要求。國姓爺回答說，他一定要這個島嶼，對此已無需再談，如果荷蘭人不滿意，大可高舉戰旗。

使者們提出強烈抗議後離去。他們返回熱蘭遮城前，獲准探視普羅文西亞城，發現城裡情況很糟，居民已八天沒水喝，並缺乏一切資源。使者們於是授權該城地方官與敵人進行談判，但不得損及我們在台灣島或熱蘭遮城的權利。[41]

使者們回到熱蘭遮城後，向長官及評議會報告所見所聞。大家聽完後，重申堅守熱蘭遮的決議，並集合所有武力，於 5 月 4 日在城牆上高掛戰旗。

普羅文西亞城接著就投降了，但地方官無法解救他自己及部下，全淪為國姓爺的俘虜。為了謹慎起見，熱蘭遮市鎮的荷人都撤入熱蘭遮城，於是敵人立即占領該市鎮。阿朵普上尉曾試圖驅逐敵軍，但因兵力懸殊而失敗。

5 月 25 日，國姓爺開始在市鎮架砲台，砲轟熱蘭遮城，荷蘭守軍則英勇反擊，殺死了數千名敵人。荷蘭守軍還出城突擊，破壞敵人在混亂中遺棄的大砲。

在此要補記的是：巴達維亞的官員們竟毫無理智地主張，荷蘭守軍應發動總攻擊，徹底摧毀敵人，因此揆一該為錯失此一時機負責。此外，揆一還受到很多其他瑣碎的指控。不知感恩的維克（Paulus de Viek）——揆一長官待他很好——也加入批判的行列，因而被任命為主計長。

這時，城堡內除了麵包師助手出身的阿朵普上尉和一位不適任的中尉外，並沒有其他軍官可協助長官，因為其餘軍官都隨范德蘭返回巴達維亞了。

荷蘭守軍突擊了兩次，之後敵人就放棄強攻猛打，改採圍城的方式。

巴達維亞官員接獲台灣情事的詳細報告後，困窘不已，原來他們先前一直遭到可恥的蒙蔽。但他們還是夠聰明（或夠固執），決定要掩蓋自己的過失，將一切都歸咎於揆一的膽怯。

爲了盡量掩飾錯誤，他們決定派快艇去召回克蘭克（他兩天前才出發，應該還來得及），目的是取回那封錯誤的信。感謝神，他們失敗了，快艇沒追上克蘭克。

荷軍釘死國姓爺的大砲【引自《被遺誤的台灣》】

於是巴達維亞當局決定盡快派出一支由十艘軍艦組成的艦隊，並配備能召集的所有人員，但卻很難找出一位好的指揮官，最後他們選擇了卡烏（Jacob Caeuw）。卡烏在7月5日啓航，並攜帶一封非常重要的信函，東印度總督及評議會在信裡承認他們有重大錯誤，決定召回克蘭克，並承認揆一長官及評議會是完全正當的。

7 月 30 日，克蘭克抵達台灣的停泊處，看到熱蘭遮城插上戰旗，又發現停泊場，特別是北端，停泊許多敵船，頓時不知所措，因爲他要履新的地方應該完全和平，不該有戰爭才對。於是克蘭克通知岸上官員他的到來，以及他被派來的理由，但推說因有重要原因，目前不能上岸。他又將前述那封巴達維亞總督於 1661 年 6 月 21 日所寫的信函送上岸。

揆一數度請求克蘭克上岸，接任長官職位，但克蘭克一再拒絕。幾天後，克蘭克發現暴風雨即將來襲，藉機駛離停泊處，開到外海；後來暴風雨不斷，他就以缺水和無米爲由，直接航向日本。克蘭克這種極度不忠的行爲，難以原諒。同樣不可原諒的是，他還不准船上無辜的漢人上陸，即使他們擁有合法的通行證，這眞是不應該。

克蘭克回到巴達維亞後，因這兩件事（避任長官和不准漢人上岸）被告到法院，他沒有答辯。然而他不但沒受到應得的懲罰，反而被任命爲回國艦隊的指揮官，這麼做，可能是爲了使他無法被傳喚。他後來雖回到巴達維亞，卻沒有再被控訴追究，反而被任命爲東印度的檢察官（advocate-fiscal），他的名字出現在擔任過該職務的名單裡。

克蘭克剛離開不久，卡烏的救援艦隊就在 8 月 12 日抵達了。城堡守軍原先因克蘭克卑鄙的離去而失望，如今卡烏一到，又重新燃起希望。但事情並不順遂，波折迭起。卡烏因海浪太大，無法靠岸停泊，就把艦隊開走，岸上守軍焦急等待將近一個月，雖日日搜尋，卻不見卡烏的蹤影。但出乎所有人的預料，卡烏在最後關頭回來了。

在卡烏離去的這段時期，國姓爺從擱淺的厄克號（*Urk*）人員口中，逼問出我方救援艦隊的眞正實力。卡烏回來後，我方決定從海陸兩面夾攻敵軍，但攻擊 Bokkenourg 和北線尾的戰役都失敗了。

滿清人此時提議相助，希望能攜手擊潰國姓爺。這項提議曾帶給我們一絲短暫的希望，但幾無結果。

這時，荷蘭守軍決定將婦女、小孩和所有非戰鬥人員送回巴達維亞，減少消耗城堡內的資源，以期支撐久一點。卡烏請求能陪同婦女返回巴達維亞，但長官及評議會認爲這是個可恥、膽小的提議，斷然予以回絕。卡烏則回答：他不必聽從福爾摩沙評議會指揮，而且依照他所得到的秘密指令，他可以不管他們而回到巴達維亞。後來卡烏發現，他若沒有評議會的同意就無法離開，只好打消此一念頭。

大約在此時，我們決定接受滿清的提議，派遣最好的船和足夠的人去中國，以便和他們合作，打擊國姓爺在中國的勢力，迫使他抽走在台灣的軍隊。

國姓爺奪取烏特勒支碉堡【引自《被遺誤的台灣》】

這項工作，卡烏勇敢表示願意承擔，評議會毫不遲疑地同意了。但卡烏一駛到外海，卻不忠地率領兩艘最好的船隻逃走。他先逃到暹羅（此人在暹羅所浪費的火藥，原本可在台灣做更好的利用），然後逃回巴達維亞。但卡烏卻只受輕罰，只被處以小額罰金及停職半年的處分。

卡烏無恥的逃逸，讓守城的荷人士氣大衰。另一方面，敵人在經歷若干不幸事件後，從幾個荷蘭逃兵處獲得情報——特別是來自斯托卡的羅迪斯（Hans Jurgen Radis van Stokkaart），他原來是我們的中士，於12月16日叛逃至敵方——遂發動攻擊，將這批荷蘭守軍逼入更深的絕境。1662年1月25日，敵人攻陷烏特勒支碉堡，開始逼近熱蘭遮城及其外部工事。

揆一決定等待國姓爺最後的攻擊，但評議會基於多項原因，一致反對。1662年2月1日，揆一和評議會在正式起草的條約下，將城堡投降給國姓爺。

公司的損失不超過471,500盾（每1銀元（rixdaalder）依然以60便士（pence）計算），卻在荷蘭及巴達維亞引起高聲指責，好像損失數百萬似的。依目前還保存在檔案裡的財產細目，我們所蒙受的損失可以摘要如下：

紅珊瑚石	值900盾
好幾箱琥珀	值50,000盾
保險箱的錢	值120,000盾
金塊和其他庫存	值300,600盾
合計	471,500盾

很明顯的，由於富爾堡對揆一的仇恨、巴達維亞當局被錯誤資訊所誤導，以及克蘭克和卡烏的自私作爲，導致福爾摩沙可恥地遭到忽視，進而喪失了。如果後兩人能堅守他們的崗位，事情可能會有很不一樣的結局。

勇敢的長官和部分評議員事後遭到殘酷的處置，檢察官韋那提（Philibert Vernatti）起草一份驚人的起訴書來控告他們，讓揆一嚐盡苦頭。揆一回到巴達維亞後，立即遭到逮捕，被囚三年期間，經受無數恥辱，包括被送上斷頭台，讓劊子手以劍揮過頭上。1665 年 6 月 11 日，他被判終生放逐到班達（Banda）島的 Rosingeyn，後來又被移囚到艾伊島（Pulo Ay）㊷，一直待到 1674 年。該年，他的兒女和朋友替他向奧倫治親王（Prince of Orange）㊸ 請願，終於獲准在若干條件下返回荷蘭。

我們就在占領三十七年後，被趕出福爾摩沙這處美麗地區。公司最大的損失有二：第一是在那裡所做的資本投資全都泡湯了，第二是喪失了極佳的根據地，無法再用來破壞西班牙及葡萄牙兩國對中國和對日本的貿易。

國姓爺征服福爾摩沙後，未滿一年就過世了。據說滿清人捉到他，他怕被逼供出秘密，自己先咬斷舌頭，再自斷食指，因此變得不能說話、寫字。他的下場非常悲慘。

國姓爺的兒子錦舍（Kimpsia，即鄭經），或名 Sepoan，想和滿清和談。雖然他同意向滿清進貢並剃髮，但因他堅持擁有福爾摩沙、廈門、金門的主權，所以和談不成。但最後雙方也達成一項協約。

以下是我們在福爾摩沙所從事的貿易商品。輸出方面：麻衣（hemp garments）、生絲、醃薑、white and red gilams、白糖、黑糖、米、鹿皮、羌（stonebuck）皮、大羌皮、母牛皮、水牛皮等。輸入方面：琥珀、胡椒、珊瑚、銀元和各式衣服。

[註解]

註 1　甘為霖為「荷蘭人貿易史」做兩次註解。

【甘為霖原註】關於荷蘭人在福爾摩沙貿易的起源、性質和數量，法蘭汀（Valentyn, F.）這篇記載，依舊是目前出版的英文文獻當中，最為詳盡全面者。福爾摩沙主要的輸出品是各種皮貨，因為當時福爾摩沙西部有相當多大型獵物，荷人賤價買進皮貨，然後在別的市場賣出，賺取很大的利潤。福爾摩沙主要的輸入品則是血珊瑚（blood corals），土著拿來做項鍊之用。從上述那兩項貨物所占的重要性，就足以看出從那時起，福爾摩沙的商業活動經歷了何種變遷過程。像糖、茶、樟腦等商品，在當時尚未開始進口（漢譯按：應為出口之誤），也看不到往後將會大量進口的鴉片、清酒和中國米酒。

【甘為霖原註】關於荷蘭人在福爾摩沙貿易的性質及數量，法蘭汀在此提供了極佳的說明。一開始，大部分貿易都是採取以物易物的形式，因為當時島上只有少數的漢人，貨幣的使用也尚未普及。目前居住在福爾摩沙偏遠山區的漢人（大部分是客家人），依然和原住民進行著以物易物的交易模式：原住民帶著大量的皮革、藤、中藥用途的鹿角和猴骨，及其他物品，來換取鹽、布、小珠子等等。早期從事這種物物交易，和現在一樣，都必須稍懂原住民語，因此，熟悉原住民語的荷蘭傳教士就被要求得協助公司。這些可敬的紳士們為了執行他們的精神任務（傳教），必須用心學習原住民的語言。他們一旦學會這些語言，就對不諳當地語言的地方官員相當重要了。關於輸出品，一如預期，早期文獻沒提到像茶、煤、樟腦和糖等後來的輸出品。值得注意的是，當時他們對黃金的努力搜尋並未獲得報償，反觀目前，挖金和篩金已成為福爾摩沙獲利甚豐的產業了。

註 2　又譯「北大年」，位於泰國南端的河口港，今為一小鎮。

註 3　漳州江（Revier van Chincheo），即今九龍江，範圍指九龍江出海口一帶，包括廈門。

註 4　直到 19 世紀末，漢人對待受難船的方式還是搶劫。見必麒麟，《歷險福爾摩沙》（台北：前衛出版社，2010），第 15 章。

註 5　甘為霖英譯有誤，此處根據荷蘭原文譯出。

註 6　他們一定是以武力取得的，因為米很值錢，不可能會給陌生人。

註 7　當時 J. Burney 船長的航海日誌記載：「荷蘭人強迫他們所擄獲的一千五百個中國水手建築城堡，依記載，築城中死亡者超過一千三百個，其死因大都是被虐待。因為他們沒有足夠的食物支撐他們的勞動，每天很少超過半磅米。荷蘭人宣稱他們這樣對待俘虜，有兩個理由，一是為了報復中國人先以同樣的方式虐待荷蘭俘虜；二是荷蘭人曾要求與中國換俘，要求以十八個中國俘虜換一個荷蘭俘虜，沒想到中國官員竟說，即使一千個中國人換一個荷蘭人，他們也不會同意。」J. Burney, *A chronological history of the voyages and discoveries in the south sea or Pacific Ocean*. Part Ⅲ. from the year 1620 to the year 1688. London: Luke Hansard and Sons. 1813, p. 44.

註 8　漢人知道荷人和西班牙人是敵人，西班牙人占領馬尼拉，所以派人到馬尼拉，等於和荷蘭人斷絕關係。

註 9　【甘為霖原註】都督（Totok），這是漢字提督（The-tok）或將軍（Admiral）的誤拼，現在還是廈門地區漢人所熟悉的字。

註 10　有學者將此人比定成通事「池貴」或大商人「張吉泉」，但仍未有定論。請參見江樹生（主譯），《荷蘭台灣長官致巴達維亞總督書信集（1）1622-26》（台北：南天書局，2007），頁 54。

註 11　甘為霖英譯有誤，此句根據荷蘭原文譯出。

註 12　為了燒毀敵船，而將滿載燃料或爆炸物的船點火，令其流向敵船上風處，就是所謂的火船。參見永積洋子著，許賢瑤譯，〈荷蘭的台灣貿易〉（收錄在《荷蘭時代台灣史論文集》，佛光人文社會學院，2001），頁 316 之註 44。

註 13　根據岩生成一〈明末僑寓日本支那人甲必丹李旦考〉（收錄在《荷蘭時代台灣史論文集》，佛光人文社會學院，2001）一文，此人即為李旦。

註 14　合西曆 1624 年 10 月 2 日，星期三。

註 15　宋克葬於今台南安平。

註 16　時日本為德川幕府第三代將軍德川家光時代。

註 17　耐烟羅得於 1623-1632 年任日本平戶荷蘭商館館長，1633 年 1 月 31 日死於平戶。

註 18　海道，負責海防的道員。

註 19　稍後努易茲說，這位日本人因罪被日本判終身驅逐。查日本船長 Jaffioen，在日本的資料是濱田彌兵衛，乃長崎代官末次平藏所派出之朱印船船長，不是被驅出日本的罪犯。如所將述，濱田回到日本後並沒被捕。又努易茲的資料內部不一致，如果日本船長不能回國，何以後來能與荷蘭人互換人質一起回到日本？

註 20 努易茲於 1627 年 6 月 28 日到達台灣，7 月 24 日赴日，這封信是他在出發前所寄出，照理應為 1627 年 6 月 28 日至 7 月 24 日之間，與信末所記日期並不相符。另，信中所述，濱田彌兵衛率領兩船前來，遭努易茲全面臨檢，沒收武器一事，是發生於 1628 年。下文接著談到濱田彌兵衛返日暗中策畫，讓努易茲無法晉見幕府，無功而返地回到台灣一事，則是發生在 1627 年。

註 21 前已述及，生絲在許心素那裡，許心素被一官所殺，生絲亦被一官劫走。但其實後來一官要求與荷蘭人友好，主動送還所劫財物。

註 22 即日本的荷蘭商館所在地平戶（Hirado）。

註 23 可見日本政府會以此報復。比之中國，人民死了就算了，所以如果荷人面對的是漢人，因無中國政府的撐腰，荷人必不答應。

註 24 以上數據看來有誤。依漢譯者計算，他們應該給日本人 120 擔 53 斤生絲以及 13,446 兩，另外還給 15 擔生絲。他們多付了約 94 兩。

註 25 根據江樹生（主譯），《荷蘭台灣長官致巴達維亞總督書信集（II）1627-29》（台北：南天書局，2010），頁 231 修改。此句甘為霖原譯作：「再裝滿他們自己的荷包。」

註 26 努易茲原主張讓日本人和平離開，評議會不同意，結果才導致日本人劫持他。

註 27 當時荷蘭錢幣的換算為：1 盾（gulden）＝ 20 斯圖弗（stuiver）。

註 28 又譯為「果阿」，在今印度孟買南部約 300 公里海岸處，當時為葡萄牙殖民地。

註 29 此處錢幣的單位為複名數，其錢幣名稱為 *florin* (guilden or guilder)，其簡寫為在數目前加 *ƒ.*，為三級非十進位制，其進位方式為 1 盾（guilden）合 20 斯圖弗（stuiver），1 斯圖弗合 16 佩尼（penning）。

註 30 在荷蘭幣制中，1 銀元（rixdaadler）等於 2.5 荷盾（guilden）。

註 31 查當時為明正女天皇及德川家光在位。明正父為後水尾天皇（1596-1680），家光之父德川秀忠（1579-1632），死亡年代皆非 1636 年。

註 32 荷蘭人使用西曆，漢人使用農曆。西曆 1652 年 9 月 7 日合農曆 8 月 5 日，星期六，離中秋節還有十天。

註 33 荷文原檔為 Loukequa（老雞官）。

註 34 【甘為霖原註】荷蘭人在台灣島建築熱蘭遮城後，為加強陣地起見，又在台灣島正東約兩哩的赤崁（位在福爾摩沙本島）築起普羅文西亞城。台南市西門之內，仍可見普羅文西亞城的遺跡。筆者三十二年前初抵福爾摩沙時（即1871年），普羅文西亞城比現在顯著得多，但幾年後，中國人移除了部分殘壁，並在原址上興建了海神廟。另，尼布達號（*Nerbudda*）及安妮號（*Ann*）的一百九十七名生還者，當他們於1842年在台灣府北門外被處決之前，其中若干人就是被監禁在普羅文西亞城內。

註35 【甘為霖原註】打狗位在柴山（Ape's Hill）之北，從台灣島南下需幾小時的航程。荷蘭占領時代，打狗有一個寬闊的淺灣，時常有小船停泊；但日後由於泥沙不斷淤積，該處海岸線的面貌出現了極大變化。福爾摩沙當局認為打狗相當重要，故提議在此設防。

註36 【甘為霖原註】十七董事會在阿姆斯特丹開會，對荷蘭東印度公司的諸項事務擁有最高的決策權。所有殖民地的評議會，包括巴達維亞評議會在內，都要向它報告，並全盤接受它的決定，宛如聽取最高法院的裁決那般。它通常被簡稱為「十七」（The xvii）。

註37 約自1650年起，長官富爾堡與副長官揆一（1650年到福爾摩沙）分裂成兩派，大部分教士們站在揆一這邊，相互間有嚴重的攻擊。見頁439。

註38 見頁478至483，前面（頁127）也已簡單述及該信件的內容。

註39 其中一人是瑞士人Albrecht Herport，留下來保衛熱蘭遮城。失敗後回到巴達維亞，並寫一本《爪哇、台灣、印度及錫蘭旅行記》。其中台灣部分，台灣銀行經濟研究室將之譯為中文，載於《台灣經濟史三集》（台灣研究叢刊第34種，1956）。

註40 此處有誤，4月沒有31日，4月30日才對。

註41 依此記載，普羅文西亞城至少堅守八天以上。楊英《從征實錄》說鄭成功大軍4月1日（西曆4月29日）登陸鹿耳門，4月4日（西曆5月2日）普羅文西亞城投降。

註42 【甘為霖原註】艾伊是班達外的一小島，揆一因把台灣投降給國姓爺，在那裡渡過數年痛苦的流放歲月。他被釋放很久後，其所住過的草屋猶被指出，他那令人心酸的孤寂遭遇也一直被傳述著。這位福爾摩沙最後一任荷蘭長官的人格及行為，尚待其有能力的同胞來為之辯明伸冤，這方面的資料目前還是存在的。

註43 奧倫治親王為稱號，不是一個人的名字，當時的奧倫治親王為威廉三世，於1672年獲國會推戴為大將軍，掌控荷蘭全國軍隊。後於1688年入主英國，登基為英王的威廉三世，亦為今荷蘭王室之祖先。

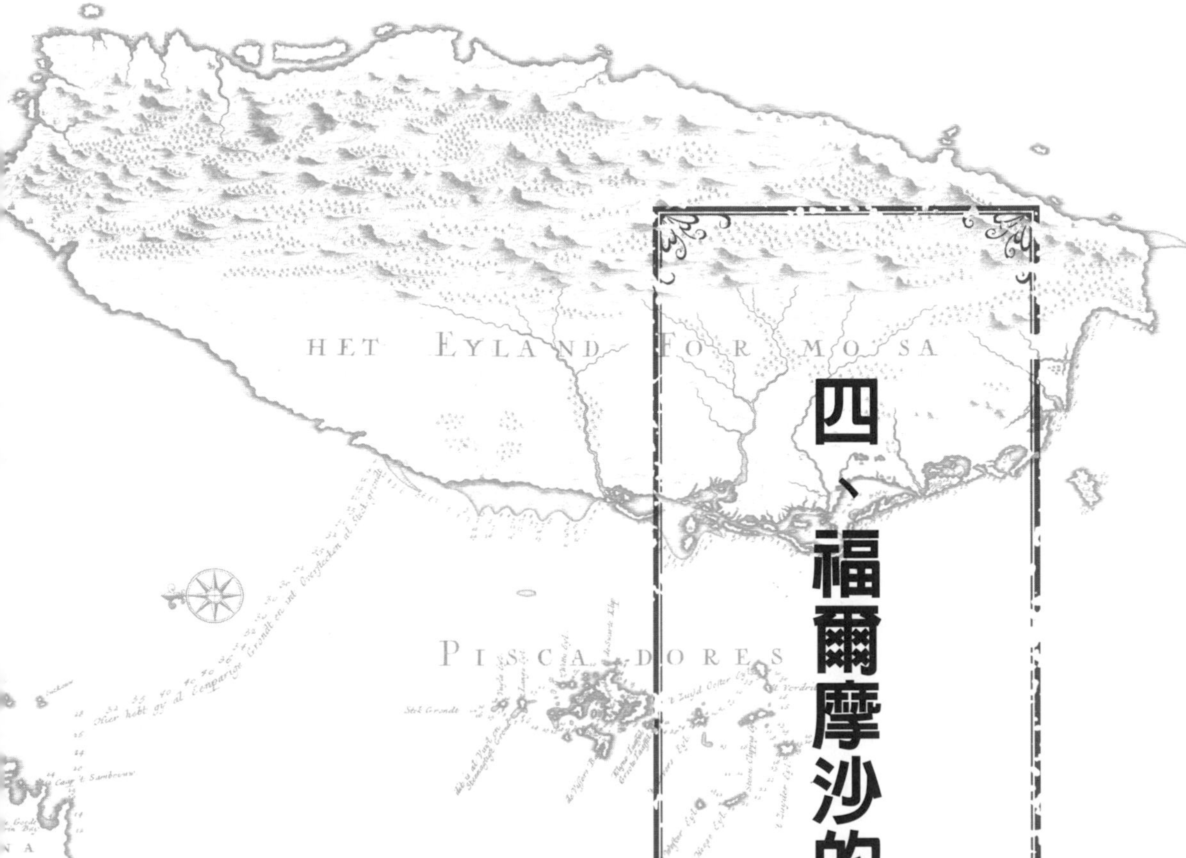

四、福爾摩沙的宗教

福爾摩沙的宗教，除了原始宗教和基督新教之外，沒有別的。

1. 原始宗教

雖然島上找不到任何介紹當地宗教的書籍或著述，但福爾摩沙人民的確有宗教，那是一種異端的迷信，與其他代代相傳的原始宗教很類似。

福爾摩沙人民想像有多位神，各有各的職司和住所；他們不知道有至高無上的創造者，也認爲世界是永恆存在的，並沒有起點和終點。

然而，他們相信獎善懲惡，認爲人死之後，善良者會經過一道很難通過的深溝，到對岸享樂；惡者則通不過那道深溝，必須永遠在深溝裡打滾受苦，以懲其罪（sin）。這種信仰似乎隱含著唯一眞神的信仰，因爲如果每個人都應依其行爲受審判，就必須有個最高的統治者。

此一宗教的荒謬之處在於，他們所謂的罪，其實並不是眞的罪。例如，在某些所謂的禁忌日子建屋；沒有適當分辨鳥聲就採集食物或木頭；婦女在 37 歲以前沒將所懷的胎兒殺死（這種墮胎習俗相當可惡，須加以懲處），都被視爲罪行。

反之，他們卻把某些極端罪行視作無罪，以至於像通姦、私通、謀殺、偷竊等，他們不只不視爲有罪，反而自鳴得意，因爲他們認爲神喜歡他們那樣做。由此可知他們想像的神有多墮落。

福爾摩沙人敬拜多位神祇，並在必要時奉獻。其中有兩神最有力、最富有，一是男神，住南方，名達瑪（*Tamagisangak*），能使人變漂亮。一是東方的女神，名德卡（*Tekarpada*）。據說天空響雷時，就是德卡在罵她丈夫，指責他沒有下足夠的雨水到地上，她丈夫聽到後就會立刻下雨。這兩神最被崇拜，特別是被女人崇拜。

另有住北方之神，很邪惡，名薩拉（*Sarisano*）。祂能使人變醜，帶來水痘和其他疾病，所以必須安撫討好祂。他們很怕這些疾病，避之唯恐不及，相信只要祭拜薩拉，就可無憂。

此外還有兩神，達帕（*Tapatiap*）和達卡（*Takafutta*），是戰神，主要是男人在出征前祭拜，有時甚至在街道上獻祭以討好祂們。

公廨隨處可見，每十六戶就有一間。雖然其他民族都有男性教士來執行宗教儀式，但此地的祭典卻是由稱做尪姨（*Inibs*）的女祭司來執行。

尪姨以豬和鹿的頭（通常先煮半熟），再佐以米、烈酒（或 *brom*）和檳榔來祭神。獻祭後，兩位尪姨隨即站起，用非常恐怖的尖叫聲召喚神。她們是如此的激烈，以致眼睛突出，口吐泡沫，看起來很像著魔或發瘋。據說這番可怕情景就是代表神出現了，但外人只能看到尪姨的身體猛烈地晃動發抖，終至如死屍般倒臥在地。旁觀者則是不斷哭泣或哀號，表現出極度的哀傷。

兩位尪姨一恢復知覺，就爬到廟頂，各立一端，用激烈的姿勢召喚其神。她們脫光衣服，在偶像前全裸，藉著展現其陰部並不斷拍打之，來表達對神明的敬意，並促使神明有所回應❶。她們接著用乾淨的水洗澡，在眾人之前依舊一絲不掛。這些場合大都只有女性在場（因為男性不太虔誠），她們不斷盡情痛飲。

尪姨也忙於驅鬼和抵抗各種邪靈。她們不只能預告天氣，還能趕走造成壞天氣的邪靈，做法如下：她們持劍空砍，在眾人面前做出許

尪姨專門替居民祈神和獻祭，圖為尪姨殺豬【引自《荷蘭東印度公司遣使大清中國記》】

多瘋狂的姿勢，邪靈便因擋不住劍的亂砍，逃到水裡溺斃了。數以百計的這類驚人故事，從她們的口中傳到普通百姓耳裡；普通百姓很依賴她們，驚嘆她們的所作所爲。

除了由尪姨所執行的祭典，每個福爾摩沙居民在自家內也都有一套私人信仰，每個人都以自己喜愛的方式來祭拜神。

他們也有數場慶典，期間會莊嚴地祭拜公廨裡的神靈，並舉行宴席、歌舞。

有人生病時，就先用繩子捆住，綁在細樹枝上，讓他突然掉下來，折斷他的脖子和骨頭，縮短其痛苦。人死後，就用鼓聲宣告。婦女便集合起來，每人帶一壺酒，盡情暢飲。

他們處理屍體的方式同樣令人驚奇。喪禮過程中，他們將屍體置於火旁，朋友們則隨著鼓聲盡情跳舞。這些儀式持續九天，期間屍體因烘焙變乾而發出濃濃惡臭。

之後，他們將屍體清洗九次，用草蓆之類的東西包起來，置於高高的屍架上。屍架四周吊滿了掛物，看起來像床架或帳篷。屍體在屍架裡放三年，直到全乾，然後埋在屋裡，這時會再一次邀集朋友舉行喪宴。

從上述的一切作爲看來，福爾摩沙人民顯然是愚笨、盲目、荒謬的異教徒。然而，令上帝喜悅的是——如以下將看到的——我們已讓其中很多人認識到眞理。

2. 基督新教

1624年，荷蘭東印度公司在台灣島建立基地，開始與當地居民貿易，並展開殖民工作。當他們逐漸熟悉盲目的福爾摩沙居民的野性，便渴望能有牧師前來，不只讓他們自己有機會接受適切的宗教教育，還想藉由福音的傳播，將神的王國擴展到異教徒當中。

他們實現了這種想法，一方面是爲了顯示擴展教會的熱忱，另一方面也是替他們在當地的貿易奠下良好基礎，因爲他們確信，神不會遺棄那些敬畏祂、努力帶領異教徒迎向神的榮光的人，祂必會賜福於他們在當地的貿易事務。

起初只派去兩位傳道師（catechist），最先到達福爾摩沙的似乎是西多利（Michiel Theodori），他在1624年隨同雷爾生或宋克前來。但西多利做得不順利，勞倫生（Dirk Lauwrenszoon）被派來取代他；西多利被遣回巴達維亞，沒再接受新職。勞倫生待在台灣的時間，從1625年7月17日至1627年5月。1625年德鍾（Cornelis Jacobszoon de Jong）也在福爾摩沙，並在同年12月4日返回巴達維亞。

巴達維亞的傳道師布魯寧（Herman Bruyning）於1626年12月3日和長官魏斯一起赴台。

虔誠的干治士（George Candidius）❷是第一位前來福爾摩沙的牧師，1627年5月4日抵達本地。他帶來一位傳道師費客倫（Jan Janszoon van Fekkeren）。干治士在這未開化的人民之間，奠立了教會的基石，依福爾摩沙和巴達維亞的信件所述，該教會往後將變得相當繁榮。

干治士就像眞正的熱心者那樣，先學習當地居民的語言，熟悉他們的宗教，再引導他們走上得救的正確道路。他的工作成果甚豐，在歷經艱難後，帶領這些可憐的居民脫離黑暗，進入上帝之子榮耀的自由。

他工作約兩年後，希望能夠回去。於是派來尤羅伯（Robertus Junius），在 1629 年抵達。干治士在福爾摩沙一直留到 1631 年，因爲此地仍很需要他。

1631 年 4 月 3 日，傳道師藍格（Jan de Lange）返回巴達維亞。7 月 3 日決定由牧師候補（licentiate）❸ 波納斯（Petrus Bonnus）取代他在台灣的位置。

尤羅伯牧師
【引自《台灣佈教之成功》】

這時尤羅伯正努力學習當地語言，並苦心編輯長短兩篇教義問答，也有人認爲他將若干「神的話語」翻譯成當地語言。

同時干治士被召回巴達維亞，但他一直掛心福爾摩沙教會，因爲單憑一位牧師，不管能力有多強，絕對無法完成那裡的工作。因此，在下列條件下，他於 1633 年 5 月 5 日同意再次回到赤崁服務：

1. 他應有一間磚仔厝。

2. 任期滿後，他將擔任巴達維亞的牧師。

3. 他可以隨時提領他的月薪。

當局在 5 月 12 日同意這些要求，於是干治士回到福爾摩沙，居住在赤崁村，他的同僚尤羅伯也住那裡。

1634 年 6 月 15 日，巴達維亞宗教議會（Consistory）決議由傳道師卡爾（Cornelis Carre）到福爾摩沙取代狄克生（Andries Dirkszoon）。1635 年 3 月 22 日，在福爾摩沙待了一段時間的道維生（Pieter Douweszoon）返回巴達維亞。

這一年，由於干治士和尤羅伯的熱切努力，有七百個福爾摩沙人受洗。1636 年 4 月 24 日，巴達維亞接到更值得喜悅的消息，那是這兩位牧師於該年 3 月 11 日寄出的，信中說明長官普特曼斯巡視全島，發現傳播福音的機會相當多，迫切需要十至二十位牧師來耕耘。這些弟兄熱切請求再多派一位牧師前來，並希望將來派來的牧師能夠在福爾摩沙服務久一些。

4 月 28 日，荷根斯坦（Assuerus Hogensteyn）牧師無異議被內定派來福爾摩沙，此召喚於 5 月 1 日獲得熱烈贊同。

7 月 26 日，巴達維亞宗教議會決定讓林德堡（Joannes Lindeborn）牧師復職，並派駐台灣。他原是駐厄克林（Erkelens）❹ 的牧師，因戰爭被趕出，已於 7 月 11 日以傳道師的身分，乘 *Oost-Kappel* 號船赴台。

上述兩位牧師分乘不同船隻來台。林德堡夫婦於 10 月 10 日到日本。因爲未曾有外國女性造訪過日本，且林德堡夫人又跛腳，因此她的現身讓日本人大爲驚訝。林德堡於 11 月 10 日抵達台灣，但不知在台灣停留多久。

根據尤羅伯和荷根斯坦合寫的信函，荷根斯坦似乎在 12 月 15 日安全抵達福爾摩沙。

這時，干治士要求解約。總督迪門（van Diemen）同意干治士的請求，回信說他可依其志願來巴達維亞結婚，但不能久留，必須選擇返回荷蘭或再到赤崁。看來這位總督忘記了當初干治士離開時對他所做的明確承諾（即任期滿後將擔任巴達維亞的牧師），這位福爾摩沙教會的傳教先鋒、奠基者，在衷心誠摯地付出忠實的服務後，只得到這種可憐的報酬。

1637 年 4 月 30 日，干治士由台灣回到巴達維亞，受到弟兄們熱烈歡迎。

此時尤羅伯亦來一信，指出林德堡牧師行爲不檢，應該免職一陣子，干治士也證實這一點。荷根斯坦又於最近去世，於是只剩尤羅伯單獨一人在赤崁。

結果，尤羅伯太忙，每個月只能勉強在熱蘭遮城講道一次。他迫切請求再派一、二位牧師，以及若干牧師候補和傳道師赴台，因爲該地莊稼甚豐❺，只一位神工，無法應付這麼多人的宗教需要。

信中不再提到林德堡，或可推論他大約死於這時。

7月13日，干治士因熟悉那裡的語言，被熱誠邀請返回赤崁服務。但這位善良的紳士，記得他的服務受到多麼不合理的回報，所以婉拒了，表示願意回荷蘭。不久他就回去了。之後李必斯（Gerardus Livius）牧師被選赴台，被安排在熱蘭遮城。

1638年7月12日，蘇坦納（Joannes Schotanus）被召喚至赤崁爲牧師。他和傳道師巴比安（Balbiaen, J.）一起前來，但沒留太久，因爲1639年12月11日蘇坦納就出現在巴達維亞，身上沒有適當證件，原來9月時，他已當著尤羅伯和李必斯兩牧師的面，被長官范得堡下令停職了。

1640年1月2日，尤羅伯寄來一信，說李必斯已死於1639年底，蘇坦納則比以前更惡劣，還無法復職。蘇坦納須在本年度親赴巴達維亞長官處說明。

1640年6月4日，傳道師必貝斯（Viverius, J.）請求去台灣，希望巴達維亞的弟兄們能把他推薦給福爾摩沙的弟兄們。

7月17日，巴必斯（Joannes Bavius）牧師被召至福爾摩沙，因爲尤羅伯很希望能離職，也被批准了，他在福爾摩沙服務已長達十年。

1641年5月9日，精力旺盛的尤羅伯出席巴達維亞宗教議會，被問及他想回台灣或荷蘭？尤羅伯回覆說，如果議會覺得有必要，他的薪水又能增加，那麼在一個條件下，他願意於10月初再回福爾摩沙待上兩年。這個條件是：這裡的弟兄們要寫信給台灣長官特勞德，要求長官不得再妨礙他。尤羅伯獲得了保證，表示他不會再受到絲毫困擾，一切都會跟范得堡長官時代無異。

尤羅伯又要求，一旦他開始講道，長官就要給麥金尼（N. Merkinius）❻牧師的薪水，阿利可樂（Agricola, C.）也要升到牧師候補的等級。

由於福爾摩沙或因條件不足，或因其他原因，目前尚未建立長老教會教區（Presbytery）。尤羅伯被問到是否需要建立，他回答：是的，並希望能將這個建言傳達給台灣長官。

5月13日，尤羅伯同意再回到台灣服務三年，每月薪水一百四十盾，外加原有的十銀元。

總督很明確地承諾，他會針對上述諸事，寫信告知台灣長官，也同意將麥金尼升爲牧師，讓阿利可樂成爲牧師候補。這些事項都獲得適當執行。往後未再提及後兩位弟兄，只知道阿利可樂稍後又出現在巴達維亞。這兩人的福爾摩沙方言都說得非常流利，這是他們被升級的主因。

1643年，范布廉（Simon van Breen）牧師離開巴達維亞，被召喚到福爾摩沙；傳道師尤斯頓（Gillis Joosten）要求隨行。6月8日，雷吉利（Regerius）代替當時生病的范布廉牧師，向巴達維亞的小會（the Kirksession）道別。

該年12月14日，尤羅伯出現在巴達維亞，將福爾摩沙的事務留給巴必斯、范布廉和牧師候補歐霍福（Hans Olhoff）。他受邀留在巴達維亞，更被熱烈請求再回去福爾摩沙，但他回覆說，巴必斯牧師和蕭壠的居民也都力勸他留下，不過他因爲更想回祖國而拒絕了。因此他也婉拒宗教議會的請求。

尤羅伯也報告說，福爾摩沙的基督教會正蓬勃發展當中。他似乎同年就回到祖國，死於1656年。尤羅伯離開前，曾代表福爾摩沙教會提出多項請求，均受到長官卡隆的重視。

1644年，哈伯特（Joannes Happartius）來到福爾摩沙。8月1日，阿利可樂艱難地回到巴達維亞。該年11月7日，福爾摩沙接到命令，要求起草最適合當地教會組織的規章，之後又被要求編纂一本《赤崁字彙》（*Sakams Vocabulary*），以後可擴充內容，成爲一部馬來語、葡萄牙語、赤崁語、荷語的通用字典。

1646年，巴必斯仍住在蕭壠，並指導麻豆、哆囉嘓（Dorko，今台南東山）❼、諸羅山、大武壠各村；范布廉負責虎尾壠和鄰近各村；哈伯特則駐城堡，負責荷人教會，兼管赤崁、大目降、目加溜灣等村。此後不再有哈伯特的記載。

牧師候補歐霍福留在南部各村，但該地區從麻里麻崙（Veroverong，位於今屏東萬丹）❽延伸到南部的放索仔（Pangsoia，今屏東林邊）❾，範圍太廣，難以照料，故懇請能得到一位牧師的協助。歐霍福也嚴厲批評此區教師太懶惰。

1647年4月1日接到巴必斯的死訊❿，也得知范布廉想回國，故予以批准。

倪但理（Daniel Gravius），這位天份極高、備受政府官員和巴達維亞會眾愛載的牧師，此時表達出前往福爾摩沙，想要爲該地剛改信基督的土著服務的強烈意願。這眞令所有人吃驚。政府官員和巴達維亞的小會設法勸阻他，但他前往福爾摩沙服務的心意已決，只要他們願意解除他目前

倪但理牧師
【引自《台灣佈教之成功》】

漢布洛克牧師【翁佳音老師提供】

在巴達維亞的職務，就會立即動身。大家不斷勸阻他放棄這個念頭，但他堅持到底，終於如願解約。總督說，倪但理虔誠的決定不該再被阻擋，他到福爾摩沙傳教的熱誠也將獲得朋友們的全力協助。倪但理於 1647 年 5 月 6 日向巴達維亞的小會辭別，在眾會友的歎息和眼淚下，啓程前往他的新崗位。

7 月 11 日，當局決定派維爾崔希（Jacobus Vertrecht）牧師至福爾摩沙。

1648 年 4 月 20 日，漢布洛克（Antonius Hambroek）牧師也被召喚到福爾摩沙。

哈巴特（Gilbertus Happartius）⓫ 牧師、克魯夫（Joannes Cruyf）牧師及鐵舒馬克（Rutger Tesschemaker）牧師，先後於 1649 年 3 月 22 日、1649 年 4 月 26 日及 1651 年 4 月 17 日被召喚到福爾摩沙。

約在此時，弟兄們強烈控訴長官富爾堡；維爾梯根（Verstegen, W.）受命調查此事。

1651 年，倪但理返回巴達維亞。他在福爾摩沙待了四年，努力學方言，對當地教會貢獻很大。在熱烈請求下，倪但理又在巴達維亞當了兩年牧師。1654 年 2 月 5 日，他向巴達維亞的小會道別，回到祖國。1662 年初，倪但理在衛爾營（Camp-Vere）出版荷語與福爾摩沙語對照的《基督教要理問答》（*Formulary of Christianity*），此書充分證明了他對福爾摩沙語言的知識和對福爾摩沙的興趣。

Het H. Euangelium
na [de beſchrijvinge]
MATTHEI.
Het eerſte Capittel.

1 HET Boeck des Geſlachtes JESU CHRISTI, des ſoons Davids / des ſoons Abrahams.
2 Abraham gewan Iſaac. ende Iſaac gewan Jacob. ende Jacob ghewan Judam / ende ſijne broeders.
3 Ende Judas ghewan Phares ende Zara by Thamar. ende Phares ghewan Eſrom. ende Eſrom gewan Aram.
4 Ende Aram gewan Aminadab. ende Aminadab gewan Naaſſon. ende Naaſſon gewan Salmon.
5 Ende Salmon ghewan Boöz by Rachab. ende Boöz gewan Obed by Ruth. ende Obed ghewan Jeſſe.
6 Ende Jeſſe ghewan David den Koningh. ende David de Koningh gewan Salomon by de ghene die
Urias

Hagnau ka D'lligh
Matiktik ka na ſaſoulat ti
MATTHEUS.
Naunamou ki lbægh ki ſoulat.

1 SOulat ki kavouytan ti JEZUS CHRISTUS, ka na alak ti David, ka na alak ti Abraham.
2 Ti Abraham ta ni-pou-alak ti Iſaac-an. ti Iſaac ta ni-pou-alak ti Jakob-an. ti Jacob ta ni-pou-alak ti Juda-an, ki tæ'i-a-papar'appa tyn-da.
3 Ti Judas ta ni-pou-alak na Fares-an na Zara-an-appa p'ouh-koua ti Thamar-an. Ti Fares ta ni-pou-alak ti Eſrom-an. Ti Eſrom ta ni-pou-alak ti Aram-an.
4 Ti Aram ta ni-pou-alak ti Aminadab-an. Ti Aminadab ta ni-pou-alak ti Naaſſon-an. Ti Naaſſon ta ni-pou-alak ti Salmon-an.
5 Ti Salmon ta ni-pou-alak na Boös-an p'ouh-koua ti Rachab-an. Ti Boös ta ni-pou-alak na O-bed-an p'ouh-koua ti Ruth-an. Ti Obed ta ni-pou-alak ti Jeſſe-an.
6 Ti Jeſſe ta ni-pou-alak ti David-an ka na Mei-ſaſou ka Si bavau. Ti David ka na Mei-ſaſou ta ni-pou-alak ti Salomon-an p'ouh-
A koua

CHAP. I. (1) THE book of the generation of Jesus Christ, the son of David, the son of Abraham. (2) Abraham begat Isaac; and Isaac begat Jacob; and Jacob begat Judas and his brethren; (3) and Judas begat Phares and Zara of Thamar; and Phares begat Esrom; and Esrom begat Aram; (4) and Aram begat Aminadab; and Aminadab begat Naasson; and Naasson begat Salmon; (5) and Salmon begat Booz of Rachab; and Booz begat Obed of Ruth; and Obed begat Jesse; (6) and Jesse begat David the king; and David the king begat

A

荷蘭語 - 新港語（右）對照的馬太福音，
倪但理翻譯【引自 Wiki Commons】

盧根（Joannes Ludgens）牧師於 1651 年 7 月 26 日被召喚至福爾摩沙。布拉克（Gulielmus Brakel）牧師於 1652 年 4 月 15 日，潘瑟路（Gulielmus Pantherus）於 1652 年 6 月 3 日也被召喚，但後者拒絕前往。

1652 年 12 月 26 日，哈巴特回到巴達維亞；1653 年 3 月 7 日，他又被召喚到福爾摩沙，繼續第二任期⓬。

福爾摩沙教會發展興盛，評估至少需要六位牧師。巴達維亞評議會根據這項重要意見，指示剛出發的新長官凱撒（Caesar），到任後要立即進行調查並呈報。

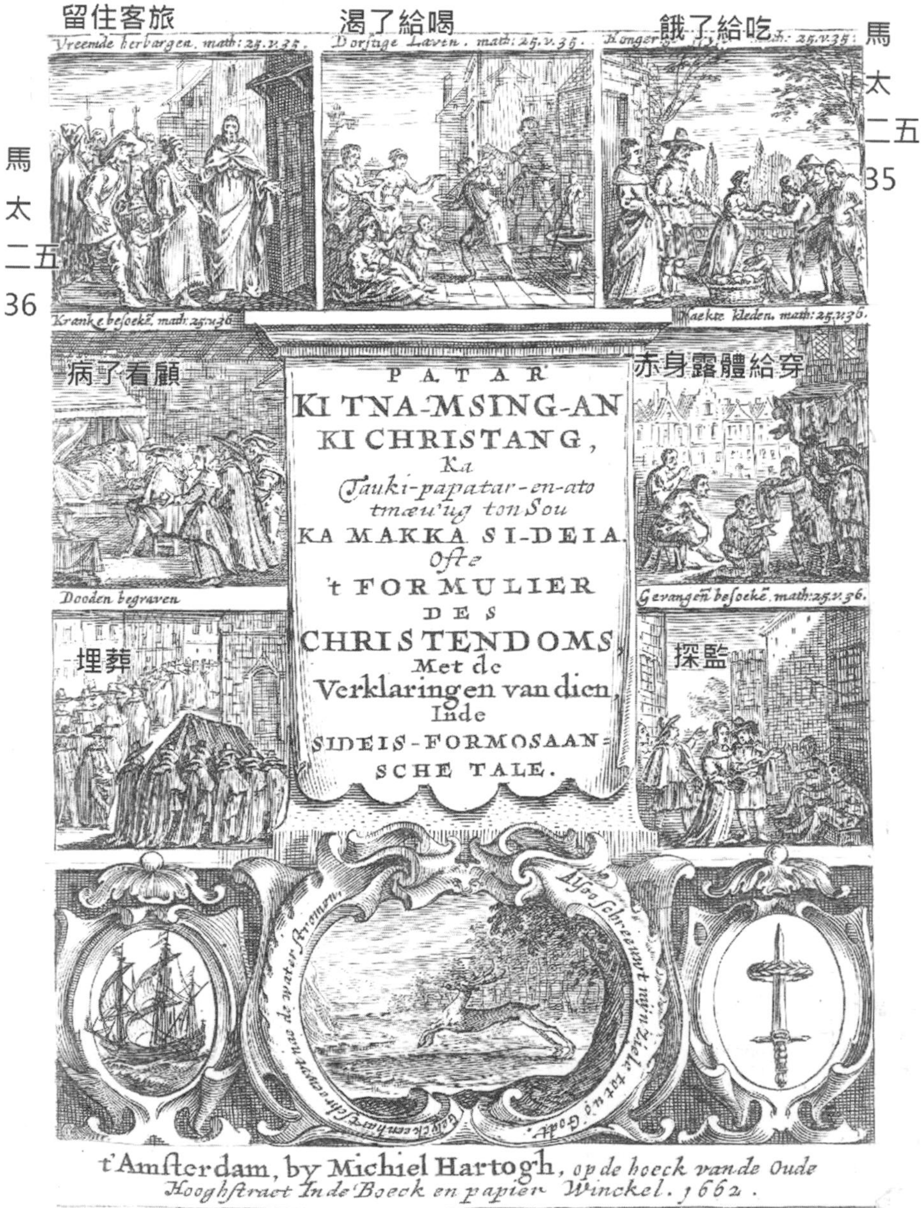

西拉雅教義問答【翁佳音老師加註】

7 月 30 日，貝克（Joannes Bakker）牧師被召喚至福爾摩沙。1654 年 4 月 20 日，達婆（Abrahamus Dapper）牧師受到召喚，同月 27 日薩森（Robertus Sassenius）牧師也被召喚。

1655 年 6 月 21 日，馬休（Marcus Masius）牧師被召喚。6 月 30 日慕斯（Petrus Mus）牧師和甘比（Joannes Campius）牧師，7 月 14 日布希霍（Hermannus Buschhof）牧師，7 月 21 日溫慎（Arnoldus Winsem）牧師等都先後被召喚；後者被指定於赤崁。

資料顯示上述幾位牧師在 1656 年時都已離世，但不知其死亡的確切日期。大致來說，他們死亡的日期大約就是本文末尾所顯示者⓭。

1656 年 6 月 9 日，李奧納（Joannes de Leonardis）牧師——就是那位先前擔任巴達維亞牧師、後來成爲多得勒支（Dordrecht）⓮牧師的李奧納（Abrahamus de Leonardis）的親兄弟——和安普仁（Jacobus Ampzingius）牧師一同被召喚至福爾摩沙。李奧納牧師及其夫人在國姓爺入侵時成爲戰俘，1663 年時仍被囚禁在那裡。

1657 年 5 月 21 日，賓德斯（Gulielmus Vinderus）牧師被派至福爾摩沙。同年，布希霍牧師離台。賓德斯待在福爾摩沙的時間不久，據報告，死於 7 月 11 日⓯。

馬休派駐雞籠（我們在福爾摩沙北端的領土），於 1661 年乘 *Graveland* 號船經由日本回到巴達維亞，以逃避國姓爺殘酷的屠殺。

至於漢布洛克牧師，他似乎因遭受若干政府官員的不公對待，而於 1661 年 4 月 25 日回到巴達維亞。但他必定立即返回福爾摩沙，因爲同年，他和妻子、數個孩子及五、六位同僚被國姓爺所捉。

國姓爺將這些俘虜置於可從熱蘭遮城看見的地方，看長官及其評議會是否會爲了解救他們而立即投降。國姓爺還派遣漢布洛克牧師爲使者，讓他進入城堡勸降。但這位高貴堅定的牧師非但沒有勸降，還以各種言論激勵城內守軍堅持下去，雖然他知道，這種勸告無異是宣告他自己、他的妻子、孩子及同僚們的死刑。

揆一讓他自由決定留在城堡或返回國姓爺陣營。但漢布洛克牧師對這個提議連想都不想，立即拒絕，說道：如果他滯留不歸，國姓爺的怒火很快就會爆發在其他囚犯身上，尤其是他的妻子和小孩。這種不忠的行爲（不回去，使國姓爺遷怒他人），是牧師連想都不會想到的，如果他犯下此罪，必會悔恨一輩子。爲了維護他的名譽，他認爲最好忠實履行承諾，回到他的愛妻、摯兒和忠友那裡，堅定不移地等待神的旨意。只有這樣做，他才能在神與人之前，保有他的良知。

最令人動容的，是看到他兩個女兒在城堡裡懇求他改變決定。她們淚流滿面，不斷哀求他留下來和她們在一起。但所有勸阻都無效，

漢布洛克牧師與女訣別圖【引自《台灣歷史畫帖》】

他以英勇、高貴的回答，讓女兒們啞口無言。在他離去之際，他的一個女兒因難以言喻的悲傷而癱軟在地，另一個女兒則抱著他哭泣，雙臂環繞他的頸子，昏死過去。漢布洛克牧師以無比的勇氣，利用這個機會脫身而去，以免這些令人心碎的情景軟化他的決定，讓他做出終生悔恨的行爲。的確，這種場面和聲音，足夠撼動鐵石心腸！

於是，這個人就像雄峙於怒濤間的磐石，堅定不移，以最大的勇氣離開城堡，返回敵人陣營。他離去之前，激勵士兵們務必忠於職守，並向他們保證，如果他的犧牲有用，他願爲他們犧牲，爲他所摯愛的每個人犧牲。目睹這種罕見的自我犧牲，他們都感動得流下眼淚，並承諾會盡忠至死，也熱切希望神會保佑他及所有的人。

就這樣，這個高貴的人留下珍貴的誓言（這些誓言可能讓他被殺，實際上也使他被殺了），步履艱難地離開，不願做自私的懦夫，給自己、同僚及國家帶來永遠的恥辱。

漢布洛克牧師的行爲遠比古羅馬大將雷古路斯（Attilius Regulus）勇敢。雷古路斯被迦太基人俘虜，雖然他沒有過去的偉人可以仿效，但他一樣不爲保命而勸告羅馬人接受迦太基的要求。他同樣勇敢勸阻他的羅馬同胞們，以此給他的祖國帶來光榮與聲譽。但整起故事尙有許多可疑之處，而且就算是眞確的，也沒有現在這個實例那麼令人心碎。另一方面，漢布洛克的例子無疑是眞實的，且在面對至親情結時，他一樣能堅定他的意志，樹立高貴英雄的榜樣，其令人震撼與敬佩的精神，不斷激勵著我們。

漢布洛克回到國姓爺那裡後，以尊嚴和沉著的口氣說：長官及其評議會決定堅守城堡，直到流盡最後一滴血，連想都沒想過要投降或屈服，但他們十分願意以其他可敬的方式來滿足國姓爺。

這樣的回答激怒了國姓爺，加上事態的發展與國姓爺原本預期的相反，而且福爾摩沙原住民又起身反叛他，因此他就找理由要殺掉所

漢布洛克的回覆，激怒了國姓爺【台史博提供】

有荷蘭囚犯。當福爾摩沙原住民攻擊他的軍隊並將許多士兵碎屍萬斷 ⓰，他找到了好理由。他托詞我們的人煽動福爾摩沙原住民反叛他，所以下令將所有荷蘭男性殘酷地處死。這件事輕而易舉，因爲他們全然無法自衛，且被分散囚禁在不同地方。依據最可靠的報告，這些俘虜幾乎全被砍頭，其中包括高貴的漢布洛克牧師 ⓱、虎尾壠的慕斯牧師、赤崁的溫愼牧師及其忠實的同僚安普仁和甘比兩牧師。又據說許多婦女和小孩也在敵人的這次盛怒中被殺。

這些犧牲者並非如某些吹毛求疵者所說的，是因信仰問題被殺。國姓爺是不管什麼信仰的，他們被殺，是因爲這位野蠻首領的憤怒，特別是因爲熱蘭遮城拒不投降所致。他們死後不該被如此難堪、惡毒、錯誤地中傷，就像最近出版的《被遺誤的台灣》（*Neglected Formosa*）所敘述那般，那種寫法只是爲了政府高層的利益而已。從牧

赤崁的溫慎牧師【翁佳音老師提供】

虎尾瓏的慕斯牧師【翁佳音老師提供】

漢布洛克牧師被砍頭【翁佳音老師提供】

師們極少帶著大筆財富返國這個事實，就能清楚看出有些指控是無的放矢。

前已述及，李奧納夫妻皆被囚，但他們和赤崁地方官法蘭丁（Jacobus Valentyn）⑱及其他二十多人似乎都被赦免。至少在波特（Bort）⑲先生於1663-64年間第二次到中國時，他們還活著；也有證據顯示，下級商務官（under-merchant）雷納德（Joannes Renaldus）曾大費周章地賄賂國姓爺的重臣，以求釋放法蘭丁地方官的遺孀及李奧納夫婦等

鄭軍屠殺荷蘭俘虜【引自《被遺誤的台灣》】

人。至於波特，除了交換人質之外，他的努力全都徒勞無功，這對還在流亡的人來說是很悲慘的事。

我們的人被殺後，還活著的荷蘭婦女就被分配給漢人。分配給未婚者的荷蘭婦女算是幸運的。那些被已婚首領占有的荷蘭婦女最悲慘，淪為他們善妒的妻子的虐待對象。有些被迫做最卑賤的奴隸工作，承受無以言喻的不幸、傷害、斥責，最後在悲慘、羞辱中傷心死去。

當波特第二次到中國，船長波曼（Christiaan Poleman）剛登陸金門（Quemuy），正在追逐敵人、攻擊大城之際，我們從國姓爺之子（即鄭經）處接獲訊息，得知法蘭丁的遺孀、李奧納牧師和其餘男子婦孺幾達一百人，尚在赤崁。

他（鄭經）承諾要釋放這些荷蘭俘虜，讓我們在台灣自由貿易，並允許我們在福爾摩沙北部的雞籠或其附近的淡水定居。他力勸我們不要相信滿洲人，宣稱滿洲人會欺騙我們。他指著天地日月發誓，表明他的話不假。

如果我們採信他的說法，那些荷蘭囚犯就會被釋放，我們的人也不會在日後遭受滿洲人的欺騙及奉承。結果，我們既沒能與中國貿易，俘虜也沒被釋放。每件事都可恥地失敗了，整起談判最終化爲一場雲煙。

1684 年 9 月 2 日，施琅（the Lord）慈悲地釋放若干不幸的俘虜：舒拉芬（Alexander Schravenbroek）夫妻及兩子、維必斯特（Hendrik Verbiest）遺孀及兩子（維必斯特及其母親都死在中國）、法蘭叮（Salomo Valentyn）⑳夫妻及三子、柏崁（Susanna van Berchem）夫人及一女、佛卡納（Geertruy Focanus）夫人及兩子。最後兩位寡婦是赤崁的原住民，都和她們的孩子留在中國。舒拉芬被囚禁二十二年後，已非常熟悉當地的語言㉑，因此被我們的使者巴次（Paats）和奇舍（Keyser）聘爲通譯。

現在美麗的福爾摩沙已被國姓爺奪走，我們占領三十七年間所獲致的成就，全都化作灰燼，福爾摩沙再度陷入原始的異端迷信或漢人的偶像崇拜。眞是可悲，所有投注在這座美麗小島上的勞力、憂慮和金錢，結果只換來屈辱和無可挽回的損失！

[註解]

註 1　「旁證其他記載，顯然可知這是一種祈雨儀式，尪姨用力拍打陰部讓尿水大量溢出，正代表企圖讓雨水充沛。」（翁佳音，〈影像與想像〉，載於《2001年荷蘭時期台灣圖像國際研討會》，國立台灣歷史博物館籌備處，不記年代，頁 69）

註 2　干治士在台期間：1627-1631；1633-1637。

【甘為霖原註】干治士是第一位被正式派到福爾摩沙的牧師。他顯然具有絕佳的判斷力及熱誠，為人相當謙遜，對自己的任務懷有高度理想。筆者曾如此描述干治士（引自 1889 年出版的《台灣佈教之成功》第二冊，頁 327）：「我在 1873 年 5 月 16 日早晨離開埔社（Po-sia，今埔里），但要勸誘一小隊人陪我走那條我所安排的路，卻有些困難。我常聽說有關水番（Tsui-hoan）和他們的湖的事情，現在似乎是探訪此地最佳的時機。因此我們從埔社出發，越過南方山脈，當晚到達水番的居住地。我們在此見識到福爾摩沙唯一的大湖，就是郇和（Swinhoe, R.）所記載的那個湖。我做為第一位造訪此湖的歐洲人，對著這片平靜、甜美又孕育生命的水源，為之命名的衝動油然而生，大概沒有比『干治士湖』更適合的名字了。干治士是 17 世紀上半荷蘭人到福爾摩沙傳教的先鋒，我們現在還可讀到他的詳細事跡，希望他能受到永遠的尊敬與紀念。願他所傳的福音，就像干治士湖的湖水，能成為這塊美好土地上的子民的幸福來源。」後來 Bullock 和 Allen 這兩位領事也造訪過該湖，並在 1877 和 1878 年的 *Proceedings of the Royal Geographical Society* 中提及。此湖的相片常被翻印，最近日本人所畫的地圖和禮密臣（Davidson）的近著也都有提及。干治士湖約有 2 哩寬，南北 4 哩長，湖面在海平面上 2366 呎。此湖約在北斗（Po-tau）以東直線距離 28 哩，埔社平原以南 14 哩處。

註 3　長老教會中有執照（licentiate）但未就任的牧師，譯為牧師候補。

註 4　德國中部城市，今尚在。

註 5　指許多人想信基督教。

註 6　由於英譯原文有兩位麥金尼，N. Merkinius 和 A. Merkinius，前者是牧師，但只出現兩次，即此處和附錄表三的牧師表裡。後者先是教師，後升為傳道師、牧師候補，但未升為牧師。本書常沒將其名標出，在福爾摩沙的時間又相同，為免混淆，一律附加其英文名。

註 7　【甘為霖原註】現在不難辨識出 Dorko 這個地點，它位在麻豆與諸羅山之間，即現在的哆囉嘓（To-lo-koh），這個名稱是 Dorko 的漢字音譯。事實上，現在有東西兩個哆囉嘓，店仔口（Tiam-a-khau，即白河）在其北界之外，大約在兩者的中間部分。

註 8　原誤寫為 Favorlang（虎尾壠），此處根據荷文原檔修改。

註 9　【甘為霖原註】記錄顯示放索仔座落在塔加里揚和瑯嶠（Longkiau）之間，該處現在還有名 Pang-soh 的小鎮。筆者（指甘爲霖）二十五年前到該地區時，曾聽說鄭成功的妻子葬於附近。該地太過偏僻，似乎不會有這類墳墓。然而，若仔細研究漢人的傳言，或許能得出一些蛛絲馬跡，但筆者當時沒有機會加以調查。必須提醒的是，漢人只能有一位合法妻子，其他的都只是妾，而且有錢人都會早婚。因此，無論國姓爺是將其妻子留在中國或帶到福爾摩沙，那位葬在放索仔的人，可能只是曾住過台灣宮廷的本地土著。

註 10　死於 1646 年 12 月 23 日。

註 11　哈巴特（Happart）牧師一共有兩位：J. Happart，1644-46 年在福爾摩沙；G. Happart，1649-52 年在福爾摩沙，曾兼秘書，1653 年重來，但旋病死。又 Happart 有時也被拼成 Happartius，更增其複雜性。本譯文嚴格將前者譯為哈伯特，後者譯為哈巴特，以識別之。只出現 Happartius 而沒附加 J. 或 G. 者，亦依其年代及事蹟，清楚分辨之。

註 12　1653 年 8 月 8 日死，見頁 474。

註 13　這份資料改移至附錄，即表三「福爾摩沙牧師表」。

註 14　荷蘭鹿特丹西南的城市，今尚在，1618 年重要的多特宗教大會的地點。

註 15　可能有誤。G. Vinderus 死於 1659 年 12 月 12 日，見頁 511。

註 16　這次戰爭當在 1661 年 9 月 16 日，見頁 526。

註 17　漢布洛克在福爾摩沙十三年（1648 年 4 月 20 日到 1661 年 9 月 10 日），為僅次於尤羅伯，在福爾摩沙待得最久的牧師。

註 18　法蘭丁為國姓爺攻台時的荷蘭副長官，為普羅文西亞城的地方官。依楊英《從征實錄》頁 187 所記，鄭成功至台四天，赤崁城夷長貓難實叮開城投降。法蘭丁即貓難實叮。

註 19　【甘為霖原註】1662 年，這位荷蘭海將被派去反擊國姓爺的橫暴作為，波特和漢人、韃靼大官貴族間的談判經過，Ogilby 的《中國導覽》（*Atlas Chinensis*）一書有詳細的記載。他的第一次遠征不太成功，主要是因為東方特有的謹慎與偽善所致。不過，波特最後擅自作主，對福爾摩沙的武裝帆船發動無差別攻擊。但這樣做同樣成效不彰，波特隨即返航，對福爾摩沙情勢沒有起到實質性的改變。第二年波特又出征，並和韃靼人合作，以驅逐國姓爺在廈門的武力。這次攻擊重創了福爾摩沙的鄭氏政權，使鄭氏反過來要和波特結盟來合攻韃靼人。但波特有不同的計劃，他帶領全部艦隊越過海峽，攻占雞籠，留下皮特上尉（Captain de Bitter）及兩百名士兵駐守，然後返航。荷蘭人在雞籠短暫占領約五年後，最終從福爾摩沙撤退。

註 20 原赤崁首長法蘭丁（Jacobus Valentyn）有五子（頁 526），此處法蘭叮（Salomo Valentyn）只有三子，應是不同人。

註 21 指明鄭的用語閩南語。

第二部分

福爾摩沙
教會工作摘記

荷文編者：

赫勞特（J. A. Grothe）

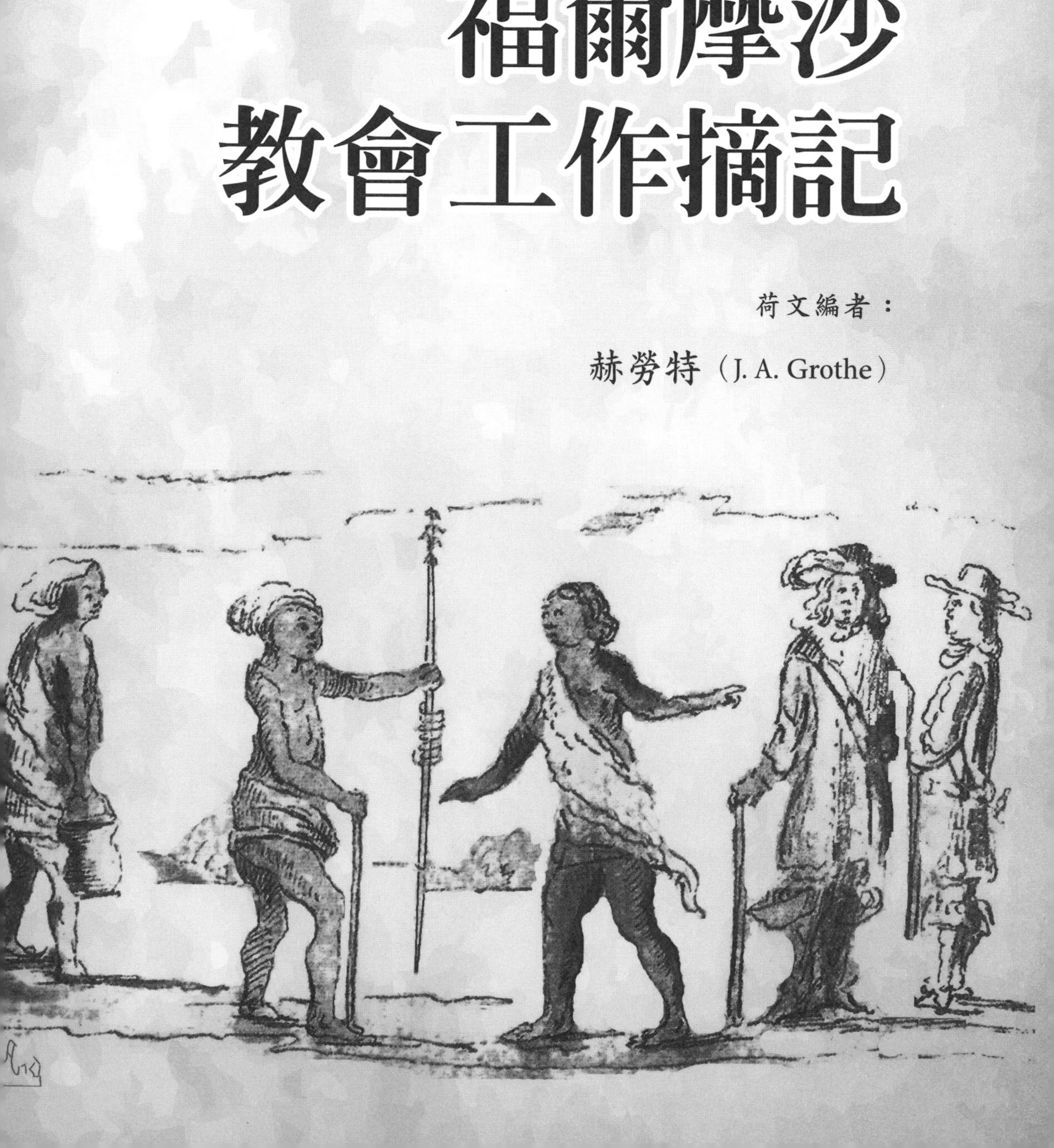

1. 干治士牧師給長官努易茲的備忘

寫完關於福爾摩沙的風俗、習慣和宗教的簡短敘述後 ❶，長官努易茲問我，基督教能否被此地居民接受？用何種方法才能達到最佳的傳教效果？這些提問，驅使我寫下如下意見。

我絕不懷疑這點：經宣導後，基督信仰一定會吸引此地的人民，他們原本的信仰、風俗習慣等，只要和神的律法不一致，就會被他們捨棄。我更堅信在福爾摩沙一定會建立起全印度 ❷ 最先進的基督教社區，甚至還可和最繁榮的荷蘭本國教會爭勝。

由於許多重要原因，使得印度和鄰近地區的傳教成果令人洩氣。就居民的天賦能力來說，福爾摩沙人民很聰明，記憶力很好，在別的印度地區（甚至荷蘭本國）要教兩週的東西，在此只要教一週就會了。也許有很多人不想接受基督教信仰，特別是老年人，他們固執於原有的信仰，我們需要大費周章，他們才可能聽從我們的教導。但我還是相信，全印度沒有任何民族，比此地人民更馴良、更願接受福音了。

即使假設他們比其他地方的人民更強烈反對我們的信仰，我還是相信此地人民比其他地方的更易改變。這有一個很明顯的理由。我們在印度地區遇到的其他民族，有摩爾人（Moors）❸、異教徒（Gentiles）和漢人，他們都有國王、統治者、首領等，未經這些統治首領的允

❶ 即第一部分第二篇的「原住民概述」。

❷ 本書之印度，指東印度群島，即南洋群島。荷蘭人以福爾摩沙屬於東印度群島。

❸ 東印度群島的回教徒。

許，任何人都不敢改信其他宗教，否則會被處死。但福爾摩沙人既無頭目、統治者，也無首領，每一個人都能自由選擇信仰。此外，上述三個民族都有成文的制度和儀式，也有專研經典、精通教義的祭司，以無比的熱情努力傳道。對照之下，福爾摩沙人既無成文教條，也無勇敢著名的教師來傳布他們的信仰知識。只有一些婦女執行女祭司的功能，但這些女祭司對宗教事務所知很有限，和其他人沒有兩樣。所以這些宗教行爲僅被視作風俗習慣，遵守與否，端視情況而定。

六十年來，當地的宗教大爲式微，而我相信，未來六十年，縱然基督教不在此地工作，他們的宗教也會演變成跟現在完全不同。如所已述，原因之一是他們沒有成文經典，沒有人會讀、寫，沒有人站出來宣揚他們的信仰，老一輩也認爲，先前人們被教導的東西跟現在有很大的不同。

對於科羅曼德（Coromandel）海岸的異教徒，我們難以期望傳福音給他們會有什麼好成績，至少那是 1624 年尤布蘭茲（Marten Ysbrantz）指揮官告訴我的那個條約的唯一結果。我們無法使東印度其他異教徒的心轉向我們，原因很簡單，就是因爲我們沒有和他們交往。

和前述相似的另一個條約，是住在摩鹿加群島（Moluccas）的摩爾人和我們訂的，那是 1626 年費布雷（Le Febvre）在那裡擔任長官時告訴我的。牧師在影響若干摩爾男女並教會他們祈禱後，被迫停止宣教，無法幫他們施洗。

即使沒有這類禁令，要這些人信奉基督教也非常困難。這從他們擁有宗教經典和我們在日常生活中所看到的例子即可確知。

據說對安汶（Amboyna）島 ❹ 的摩爾人的傳教有些成功，但眞實情

❹ 安汶，今名 Ambon，印尼摩鹿加群島中央的一個島嶼。

形究竟如何，我不予置評，留給別人評斷。班達（Banda）島❺的摩爾人有誰成爲基督徒呢？只要能向我舉出一人，我就認爲是大成就。誠然，該地開設了教導摩爾兒童的學校，但那些孩子並沒有變得順從，反而太被縱容了。

再看巴達維亞，我們的殖民地首府，摩爾人的堡壘。那裡就是我們的牧師和弟兄最初被派來照顧病人的地方，他們也從那裡回到祖國。我們在那裡有三位牧師和三、四位探訪傳道（sick-visitors），但即使投入這麼多，試問這群守舊的摩爾人中有誰改信基督教呢？我不知道有任何一個！我知道有些婦女已洗禮，但爲什麼她們要洗禮呢？因爲她們被我們荷蘭人所解救，如果她們要結婚，就必須先洗禮。

我希望能找到一個民族，願意順從並接受我們的信仰，純粹是因爲信仰本身的價值和尊嚴，而與利益或其他世俗動機無關。福爾摩沙的原住民就是這種民族，我們與他們的關係，和前述的異教徒、摩爾人很不一樣。單單憑藉著信仰，我們就能夠眞正影響他們的意志，改變他們的心。我的證據是：在過去的十六個月❻，我親自看到他們之中，有一百二十位青年與老人因接受教導而服從了基督。

再看第三個民族：漢人。我們一直未關心他們靈魂的幸福，但我能確定，如果我們要眞正向他們傳教，幾乎不會有任何成果。

詳述完我們可以在福爾摩沙建立印度主要的教會，且能夠輕易統治的理由後，我想說明爲何此一教會將逐漸變得傑出、眞誠，足以和荷蘭祖國最好的教會相媲美。在荷蘭，常常可以發現屋子裡有多少人，就有多少種不同的宗教看法。然而，福爾摩沙人在忠實、正統的教師教導後，必然只有一種相同的信仰。

❺ 印尼東部的群島。

❻ 1627 年 8 月 27 日到 1628 年 12 月 27 日。

我們荷蘭人要根除錯誤，不僅困難，幾乎不可能，因爲信仰錯誤教義的人，也有理論著作當作依據，所以能把同樣的錯誤教給下一代。然而，我們知道福爾摩沙人並沒有宗教著作可以將迷信及偶像崇拜傳給下一代。因此我們可以教他們讀和寫，再簡要地灌輸他們正確的基督教義。我們只採用一種教學制度，他們就會同心同意地祈求神，以同一種方式崇拜神。關於將基督教傳給福爾摩沙居民的可能性，以上就是我的意見簡述。

現在進入第二個主題：什麼是最好的傳教方式。首先，福爾摩沙不可棄讓給日本人，否則西班牙便會兼併它；在日本人的統治下，基督教將無法獲得任何保障。

所以必須繼續占有本島，同時立刻由公司批准或由總督指派一位牧師前來。同時必須決議，一有需要，就要派其他牧師來替代，不要讓牧師職缺空著。因爲此地若缺少一位智慧、忠誠的朋友，儘管只有一年，都可能造成巨大傷害。

派來的牧師要訂下契約，必須終身在此，或至少服務十至十二年。只能來三、四年的就不必了；與其來三、四年，不如不要來。因爲停留三、四年，並無法熟練當地語言，十或十二年才能完全精通。三、四年當然可能學會一點當地語言，在任期屆滿前用以宣教，但他們無法眞正講這種語言，只是勉強略通而已，讓當地人聽起來很不舒服。所以我要強調的是，來此十或十二年的人，就能用當地語言清楚表達自己的思想，也能正確發音。這樣一來，當地居民聽他們的話才會舒服愉快，他們才能夠因地制宜地影響當地居民。因此，必須事先安排幾個人學習當地語言，以隨時取代死亡或離去的人。

任何未戒除禁慾（*donum castitatis*）的牧師必須帶著太太隨行，這樣才能抵擋撒旦的誘惑，他和家眷也能過正直、高尚和善良的生活，成爲聽眾們的模範，並成爲一面鏡子，使所有人都能照見自己，做適當的調整。未婚者若能娶當地女子爲妻就更好了。基於幾個理由，我認爲娶土著爲妻是很好的做法。當然，前來的牧師還需有很多好品德，我已在別處提過了。

另一件很有助益的事是，可讓十至十二個本國同胞來此居住，他們可以是非神職人員，但要品行優良，不窮，並準備娶土著爲妻。如此一來，便可吸引整個地區的人民，成功亦可期，因爲神不會吝於賜福。

同時，島上各首長必須注意來此的荷人，不可縱容他們違反法律，讓他們丢荷蘭人的臉，冒犯本地居民。須嚴懲違法者，完全支持牧師，這樣公司投注在此地的巨大支出才不致枉費，帶來若干好結果。

偶而要分送棉布給當地居民。如果有頭人從山上下來拜訪我們，要禮遇他們，款待食物、飲料，並贈送幾件衣物。

以上就是我認爲將基督教傳給土著的好方法。這項工作當然需要時間，但最終必能成功。

然而，如果要我說出內心最深處的想法（這是很嚴肅、責任重大的事），我必須承認還有一種成效更好、速度更快的方法尚未說出。這方法需要各首長承擔多一些責任。任何國家都不可缺少統治者和法律，但這個地方卻是兩者皆無，所以我們所任命的各首長，應該保護、協助我們所占領的七個村落，並對願意服從我們的法律的其他村落，賦予類似的特權。但他們若不服從法律呢？若然，就要訴諸威脅。如果他們不怕威脅呢？那就要懲罰他們。如果他們逃到山上呢？我想七個村落的居民不能也不會同時逃亡。如果我們威脅其中一個村落而導致全村逃亡，則部分居民會逃到山上，其餘會藏到另外六個村落。

但我們如果用同樣方式對待所有村落，他們就不會再逃亡。如果最壞的情形發生，他們要和我們開戰，我們就設法在每個村落各結交二、三個頭人，這些頭人很容易使其他居民聽從他們。但我相信當地居民不會反抗我們，因爲他們很怕我們荷蘭人。

以上就是我規劃的可行之道，敝人以爲，公司可據之行事。這樣一來，公司不只能從此地獲得許多好處，還能引進眞正信仰，根絕偶像崇拜及不敬神的作爲。我不是要以武力迫使當地居民採行我們的宗教，這絕非我的本意。我只是要說，此地須有適當的法律來禁止謀殺、通姦、偷竊等行爲，地方首長必須是法律的執行者，每個人都必須服從他們，視之爲一切權威的來源。

這就是我認爲使福爾摩沙基督教化的適當方法。願我主——祂知道什麼是最好的方法，並使我們能瞭解、實踐它——賜福給此地愚昧的異端，使其得救。

2. 干治士牧師給總督庫恩[1]的信

（1628 年 8 月 20 日，新港）

致最英勇、審慎、公正的總督：

6 月 26 日的來函已收到。該信顯示閣下充滿愛心和善意，樂於向異端傳播福音，也善待在此地工作的牧師，爲此我想表達最誠摯的感謝。

令人遺憾的是，介紹基督教的信仰，教育他們救贖眞理以消滅偶像崇拜和異端惡行的工作，目前在新港少有進展。主要的阻礙如下：

東印度總督庫恩【引自 Wiki Commons】

第一，自今年 4 月起，即日本人和去年與他們一起去日本的新港人回來後，新港人的心就變了，變得對我們不友善。因爲——這點長官很清楚——當日本人和新港人到達此地外海時，我們經過好幾天才允許他們上岸、取水或做其他事。新港人爲此怪罪我們，因爲他們好久沒見到親人，希望親人能上岸回家，擔心船停在外海，沒有食

---

[1] 庫恩（J. P. Coen, 1587-1629），1601-07 年在羅馬接受商業教育，後來到亞洲，1617 年升總督，1619 年到巴達維亞，1623 年回荷蘭，1627 年 9 月 30 日再任總督（頁 118），可能死於 1629 年第二任總督任內。

物，會有什麼意外，而且這時已死了五個人。

不久，長官與日本人達成協議，將新港人送上岸，這些人被戴上鐐銬，監禁在我們的船上。爲此，新港人相當氣憤，好像被奪走幼獸的獅子那般，許多人哭號並咒罵我們。當時我與我的僕人待在新港，也受到他們的威脅。我隨即通知長官，長官立即派一位下士（corporal）帶八位士兵前來，並轉告說：如果我覺得不安全，應該立即回到熱蘭遮城。我選擇留下來，但沒起到什麼作用。這時日本人攻擊長官住所，挾持長官及其小兒子爲人質。此時新港人還被監禁著，但有四個頭人打斷枷鎖，在夜間秘密游上岸，他們回到新港後，開始痛罵荷蘭人。最後我們和日本人達成協議，長官有條件地被釋放。條件之一是，尚被監禁的新港人都應釋放，所有他們從日本帶回被沒收的，都應歸還。這些新港人重獲自由後，在許多漢人❷陪同下回到新港。他們慶祝歸來，非常高興，並稱讚日本人，說日本人對他們很好，不只在船上，在日本也一樣，送給他們許多錢和禮物。他們將荷蘭人描繪得很醜陋，說我們待他們很壞，更搶奪他們從日本帶回的財物。就這樣，土著的心離我們而去，對我們充滿憤怒。他們因上述因素而懷有的惡意，自今年 4 月開始便阻礙著我的工作，直到現在。

第二，尪姨也是阻礙傳教的另一嚴重因素。這些尪姨，土著稱做 *Inibs*，是群老太婆，她們所教的和我們完全相反，她們不能容忍迷信的偶像崇拜及錯誤行爲遭受絲毫的改變或輕視。我已教會許多新港人祈禱，他們也能回答救贖眞理的問題，具備受洗的資格。事實上，他們都告訴我，尪姨只會說謊，我的教條才是眞理。但他們就是不願付諸實行。我原本想替其中某些人洗禮，然後藉這班船將名單呈給閣下，當作我們在此地宣教的最初成果，但我無法這麼做。他們雖然知

❷ 應該是日本人。

識上已合乎洗禮的條件，但還需等到他們不只承諾要放棄偶像崇拜、迷信和錯誤行爲，而且眞的實踐基督教信仰一陣子，行爲和宣誓相一致，給他們洗禮才安全。他們目前還做不到這點。他們依舊以豬、魚、肉、蚵、米、烈酒等等獻祭，繼續依夢境、鳥的飛行和鳴叫來決定行動。就算我能藉由諄諄善誘讓他們放棄迷信和偶像崇拜，但還是無法勸止他們墮胎。此地的墮胎行爲，就像我們爲嬰兒施洗一樣普遍。摧毀子宮內胎兒的罪行，婦女會持續到 30、33 或 35 歲爲止。她們還以殺死的胎兒數目爲傲，許多婦女向我承認，她們曾殺了八個、十二個，有的還殺了十五個。尪姨教導她們，不墮胎是可恥的；就是這些老太婆，被準媽媽請去執行流產。假定她們放棄偶像崇拜和迷信，但繼續以這種最殘酷的行爲對待胎兒，又沒有嚴格的法律及懲罰來禁止她們，那麼我們必然不能對這些人施洗。

我不斷敦促他們放棄這種罪行，但他們的反應大概都是：「那是代代傳下來的傳統，不可改。」「尪姨每天都和靈界溝通，知道什麼是對的行爲，所以教我們那樣做。」「如果鄙視尪姨，神會生氣，不下雨，並會派敵人來，把我們趕出家園，毀滅我們。」

這些人民還有另一種迷信的恐懼。自從今年 4 月日本人來後，他們就敵視我們，認爲我們有意使他們疏遠他們的神，使神對他們發怒。

所以他們提議，我應該先對一個家庭講道，讓此家庭內所有成員都放棄他們的風俗習慣，改採我們的。在接下來的兩、三年，如果他們的眾神還繼續賜福這一家庭，賜給他們豐收和其他東西，那麼他們就願意採用我們的信仰。他們還來找我，測試我的能力，要我顯奇蹟、呼風喚雨，或預測未來、說出發生在別處的事。我做不到，他們就輕視我，說他們的尪姨能做所有這一切。

第三個阻礙是，他們沒有一位國王或頭目可以代表他們全體來和我溝通。每個人都各行其是。今天我教某人，隔天他可能就到田裡不來了，有時一整月都不來。聽從我的人若遇到另一個不聽從我的人，後者可以在一小時內摧毀我辛苦教導十小時的成果。這些反對者應該予以告誡。日本人離去後，我就請求長官採取行動。長官命令他們到城堡來，但他們不敢去，害怕遭到監禁。一段時間後，我又向長官請求此事，長官答應要當面訓誡新港人，但可能公務繁忙，他一直沒做到。不久，他就和艦隊到中國去了。

無計可施下，我只好在 8 月 1 日前去面見長官，向他詳述現況，並尋求他的忠告。但長官說他不知道該給我什麼意見。我說有個可望成功的辦法，就是請他親至新港，禁止尪姨教導偶像崇拜，命令人民不要再聽她們的，只聽我的，並依此規範他們的生活。

我也說，教學必須有些固定的規則，可以這樣安排：將新港分成十四個區，命令每兩區的男子在清晨，婦女在下午，輪流來上課，全部小孩在上午 9 點到 12 點上課，那麼全村人每星期都上過課，我們期望最深的小孩則天天上課。這樣並不會影響他們的工作，因爲每人每星期才上課兩小時。

最後我提醒長官，麻豆和目加溜灣兩村是新港的死敵，如果荷蘭人先前沒有派一百名步兵協助新港人，新港必被他們燒毀，居民也會被屠殺殆盡。從那時起，新港就一直受荷蘭人保護，若沒有我們的保護，新港連一天都無法存在。他們目前所害怕的是，荷蘭人會不會因爲他們過去與日本人的關係，把他們趕出村莊。最近傳說荷蘭人要驅逐他們，因此新港人都攜帶最有價值的財物逃到山上。他們害怕荷蘭人即使不傷害他們，也不會再保護他們。因此，如果現在對他們說，他們若願服從我們，採用我們的風俗習慣，我們就保護他們；否則根據宗教理由，我們無法再延續與他們的契約。這樣，我相信他們必然會順從我們，遵守我們的命令。無論如何，這個建議不會有壞處。如果他們答應，很好；如果拒絕，而我們又希望和他們維持友好關係，則可以把我調回城堡，讓他們和以前一樣。

爲此，長官答覆說，回巴達維亞的船出發後，他將依我的建議去做。我很希望長官能在船離去前就做，這樣我就可以寄給閣下一份完整的報告。但事與願違，長官太忙了。我只能說，如果我的建議能成功，我將充滿勇氣；如果不成功，最好盡快停止傳教工作，以免浪費時間。

這是新港人的宗教現況。願主改變他們，拿走他們頑固的心，讓種在他們心中的聖言種子能長出神聖、光榮、永生的果實。

本報告結束前，我要特地恭喜總督夫婦平安順利到達印度，誠摯歡迎他們，衷心感謝神能保佑他們平安。我不停祈禱總督夫婦能永得神佑，遠離危險和不幸。也願神保佑他的統治，使教會及學校繁榮進步。誠摯祈禱，願神垂鑒。我是您閣下最服從的僕人。

干治士

後記：我的任期快到，由於若干重要理由，請快派人來接替我。我已將一些祈禱文和救贖眞理譯成新港文，也將我所知的一切新港字編成字彙書。新派來的牧師最好能長期駐此或是願意終身居留，我將把所有的新港文資料留給他，如此，當未來展望良好，他將能較快精通新港語。

3. 干治士牧師致總督庫恩

（1629 年 2 月 1 日，新港）

致最可敬的總督閣下：

上次報告是經由巴達維亞號（*Batavia*）的哈姆（Ham）商務官呈上的，敘述福爾摩沙島上新港的宗教事務及所完成的工作。我們也提到這方面的希望和期待，及爲了更廣泛傳播福音所將採取的措施。本信的目的，是就目前爲止我們所採行的工作方式與進展，向閣下做更詳細的報告。

巴達維亞號一啓航，長官立即來到新港，對新港人演說，非常熱情地向他們推薦我個人和我的使命，要他們接受我所教的，並依之生活。長官也說，如果他們能夠如此遵行，他便非常樂意保護他們，就像父親保護小孩那樣；但如果他們不願聽從，他就會拒絕他們的請求，並對他們動怒。基於私人的理由，長官覺得不適合干涉他們的違法習俗，或處罰違法者。長官以我的名義，招待這裡的頭人食物、飲料，並給他們三十匹棉布，說是我贈送他們的，讓他們願意傾聽服從我，依我的教導改變生活習慣。

此舉效果很好。長官回去後，他們便很認眞地聽我的話，許多人都來找我，讓我日夜都無法休息。白天工作的人晚上來，白天不工作的人白天來，我的體力無法負荷，覺得有必要訓練若干較聰明的本地人來協助我，我的僕人因略懂一些，也協助我。結果，在 1628 年 12 月 25 日聖誕節，有一百一十人（年長及年輕者皆有）能復述祈禱文，並熟練地回答爲了得救所需瞭解的問題。

聖誕節前不久，長官派我公告要在城堡舉行聖餐禮的計劃，訪視教友並講道，使城堡裡每個人都有機會一起坐上眞主之桌，所以我離開新港大約兩星期。

1629 年元旦，長官又蒞臨新港，問了當地居民一些問題，傾聽他們的請求，並告誡他們要繼續聽從我。他的口氣和藹可親，效果很好，使他們尊敬荷蘭，對我們有好感。

幾天後，長官再度回來，但這次是帶一隊武裝士兵來逮捕名叫里加（Dika）的新港人。里加是一年多前和日本人同去日本的那伙人的領袖，他們做了許多有害荷蘭人的事。里加設法逃走，藏匿在別人家。不管怎樣威脅利誘，就是沒有人願意說出里加的藏匿處。因爲這裡還有十個與里加一起到過日本的新港人，長官開始不信任他們，認爲我最好立刻和他回城堡。長官更威脅道，六天之內交出里加，否則就開戰。

在這六天期間，村民攜帶所有財物逃到森林裡。期限一到，里加還是未被交出，長官帶領大軍前往新港，打算里加再不出現，就放火燒村。但他一到村落，發現整村空蕩蕩，除了幾位老人，所有人都已帶著財物逃走。長官認爲居民已放棄這地，便改變原計畫，改依當地方式來妥協，向在場的人開出懲罰條件：1. 交出三十頭豬，及每戶十束米；2. 給荷人建一間新屋；3. 摧毀去過日本的十一人的住宅。當地人同意上述條件後，長官便帶著軍隊回去。

1629 年 1 月 26 日，我在新港人的熱切懇求及長官的同意下，重回新港傳教。但起初發展順利的傳教事業，這時已出現重大變化。很多逃亡者再也沒有回來，當中有些是永不回來，有些是回村落後卻不再到我家，他們不相信我，對我懷有很深的疑慮。這個月不可能有太多成果了。但我有信心，藉由仁慈的表現，許多人會重新信任我。

現況就是如此，我非常擔心日本人若再出現，將會嚴重打擊新港的傳教事業。願我主——傳教事工即在祂的聖名及榮光下展開的——

指引、協助我們。

就此擱筆，請求神保佑總督夫婦健康，賜與本地繁榮。

干治士

後記：前信已向您提出緊急請求，請快派接任者前來，在此我再次謙恭地請求此事。由於諸種原因，我很想回祖國。應盡快派一位有能力的人來，他要能終生住這裡，並與新港婦女結婚，不然也要能住十年以上。可以在公司資助的學習者中尋找這種人才。新來者必須虔誠、純潔、好個性、好脾氣，不怕工作和麻煩。他的記憶力要好，才能很快學好土語。我會送他我所編的字彙書和我所翻譯的教會主禱文，包括基督教主要教條。

只要我還在這裡，我就會繼續耕耘，雖然可能收穫較少。任何具有上述條件的人，一定會有更豐富的收成。

4. 福爾摩沙評議會議事錄

（1629 年 11 月 17 日）

……干治士和尤羅伯（Robertus Junius）❶ 問道：要讓土著歸順，並使其改信基督教的最好方法是什麼？我們認爲，最好的方法就是：奪取最近犯謀殺 ❷ 和其他暴行的人的全部財物，這些人現在住在麻豆和目加溜灣兩村。我們藉此展現武力後，土著們便會滿懷恐懼，眞正歸順，誠心乞求我們的友誼。這樣一來，他們才會變得較文明，順從我們的統治，在上帝的慈悲下，傳教工作的進展就能比以往順利許多。過去的經驗證明，對這些人傳教，僅靠善意是無效的。

評議會在詳加考慮後決議 ❸，等我們的船從中國回航後，立即攻擊目加溜灣，因爲那村落最小，只有三百人，看看此舉能否讓他們重回我們的統治，接受文明。

❶ 1628 年出國，1629 年 3 月到台灣，1629-43 年在新港與蕭壠任牧師，後離台回國，1655 年死。

❷ 1623 年 11 月，Ripon 隊長與八十四位奴隸和一位海員到目加溜灣、麻豆附近，和三、四百名武裝麻豆人激戰，射殺約九十名麻豆勇士，荷方三人喪生，多人受傷。（包樂史，〈與古人的另類對話〉，國立台灣歷史博物館籌備處編，研討會資料，2000，頁 43）麻豆人於是和荷蘭人結怨。大概為此，1629 年 6 月，荷蘭長官帶六十三名士兵到麻豆社捉漢人海賊，未發現，受麻豆人款待。長官先回城，其餘士兵在飯局結束要過河回城時，除了一名小孩和一名奴隸外，全遭麻豆社殺害。（曹永和，〈多族群的台灣島史〉，《歷史月刊》129 期，1998，頁 94）

❸ 1629 年 11 月 17 日決議，同年 11 月 23 日出征。（江樹生，《熱蘭遮城日誌》第一冊，台南市政府，2000，頁 4-5）

1629 年 11 月 17 日，在台灣的熱蘭遮市鎮。簽名者：普特曼斯 ❹、庫庫巴卡（Nicolaes Couckebacker）❺、Aryaen Sonnius❻、Jan Isebrantsen、Jong、Minne、Willemse❼、Caertekoe。

---

❹ 1621 年出國，1629-36 年任台灣長官，1633 年兼東印度評議員，1636 年以回國艦隊司令官歸國，1654 年死。

❺ 1627 年以上席商務官出航，1628 年來台，1632 年以後數度代理長官，1633-39 年任平戶商館館長，1639 年總督派其為特使，負責台灣、越南、平戶。1639 年 12 月回荷蘭。

❻ 1629 年以上席商務官出航，4 月來台，1632 年 9 月 29 日離台，1633 年為巴達維亞法務議會議員，後辭職。

❼ A. Willemse 為班長，1630 年 5 月 30 日上吊自殺。

5. 長官普特曼斯致總督庫恩

（1630 年 2 月 24 日，在廈門外海 *Texel* 號船上）

……干治士雖想離台，但見到土著的墮落，又感覺傳教事業的前景很好，決定多留一年。我們相信，如果合理提高其薪水，他會再多留三年。這對公司很重要，因爲新來者需要二、三年才能達到干治士現在的語言水準，這期間傳教事業必會大爲退步。原本相當興旺的傳教工作，現在已中斷了一整年。

無疑地，干治士應已寫信給閣下或休尼斯（Heurnius）牧師，因爲他就是使傳教中斷的原因。我們也相信干治士即將與一土著婦女結婚。依他的說法，如果不是前長官努易茲強迫他離開新港，他必定已與土著婦女結婚了。我們認爲，與土著婦女結婚對傳教工作極爲有用，因爲這樣就建立起我們與他們之間一道很重要的聯繫……

6. 上席商務官庫庫巴卡致總督庫恩

（1630 年 3 月 27 日，台灣）

……依長官指示，干治士於 1630 年 2 月 9 日回新港，重新開始他先前做得相當成功的工作。干治士 22 日即來信，說他堅信新港的基督教化會有很大的進展，他對此毫無疑問。閣下可從附上的信函清楚瞭解一切，我們將繼續努力，完成信中所報告的……

7. 福爾摩沙評議會議事錄

（1630 年 7 月 10 日）

……由於新港教會進展迅速，長官也強烈要求該工作要持續且擴張……因此我們決議，在時間和物力允許下，在新港建屋給干治士和隨從人員使用。我們也決定，公司將以月薪八盾的待遇，僱用干治士目前的黑僕 Francisco，他以奴隸身份忠實地爲公司服務十年後，現在即可獲得自由。

1630 年 7 月 10 日在台灣商館決議，簽名者：普特曼斯、布勞沃爾（Gedeon Brouwers）、特勞德（Paulus Traudenius）❶、Aaris Schellinger、Paulus Claess、Paulus Pieterss 及秘書 J. van Sandt ❷。

❶ 1628-33 年在台任商務官，1633 年至廣南（越南中部一王國），1635 年來台，1640 年任長官，因過失，1643 年被召回巴達維亞，同年 7 月 9 日死於巴達維亞。

❷ 1632 年時為下級商務官。

8. 長官普特曼斯致總督斯貝克（Specx）❶

（1630年10月5日，在台灣北方三荷里 *Bommel* 號船上）

……關於干治士所提出的續聘條件，我們尚未得到一致的決議。他的條件包括：第一，自他離開荷蘭至今，每個月要多補給他九盾。因爲他離開荷蘭前，公司的董事會曾決定，休尼斯、de Praet 和他本人等三位牧師，月薪都是八十四盾，但被派去駐科羅曼德海岸的人，月薪不能超過七十五盾。當他們的船在好望角附近，透過抽籤，決定干治士到科羅曼德海岸。但一到該海岸，他發現該地已有巴達維亞派去的牧師，所以他和牧師同伴們就轉派到別地去。但自從他離開該海岸後，他的薪水就一直是每月七十五盾，好像他一直都住在那裡似的。此事可以從我的帳簿獲得證明。第二，他要兩百五十里

東印度總督斯貝克
【引自 Wiki Commons】

❶ 有戰功，1607年出航，1609年前往日本，1609-13年、1614-21年任平戶商館館長。1622年任巴達維亞法官及東印度特別評議員，1627年回荷蘭，1628年任東印度正式評議員，次年接替庫恩為總督，1632年回國定居，1645年又被提名為西印度公司董事。

耳。根據他的說法，那是努易茲長官時代，努易茲積欠土著未還，由他暫墊給土著的。第三，他說如果他結婚，必須按月以現金支付薪水。第四，若再任命努易茲爲長官，就請同時派人來接替他（干治士）的工作。他認爲這項任命是有可能的，因爲努易茲曾透過他傳話給新港人民：「你們的父親努易茲長官希望你們好，他將在十個月內來看你們，盛宴款待你們，給你們大量烈酒或 *maschecau*。」並用荷語補充說：「讓我知道新港人怎麼說，他們是否偶爾問候他們的父親，他們是否像我領導時那樣，不只在山上的住家，也在海邊的城堡受到酒食款待。」

信寫至此，新港的尤羅伯來訪，說道：如果我們同意這些您當初批准的條件，讓干治士能和休尼斯牧師一樣月薪一百二十盾，他就願意再簽三年。我們希望您能同意這些條件，以免新港的傳教嚴重退步；另一考量是，干治士幾乎確定要事先安排與土著婦女結婚。雖然這些條件也不是那麼不合理，但我不敢斷然批准，因爲干治士說您已透過休尼斯知道此事。如果您同意，無疑地，干治士將一如所說，立即與新港土著結婚，這樣對教會及公司都將大有裨益……

9. 長官普特曼斯致總督斯貝克

（1631 年 2 月 22 日，在廈門漳州江 *Wieringen* 號船上）

我們剛征伐麻豆歸來，麻豆一直與新港敵對。干治士和尤羅伯認爲，爲了向新港和其他村落傳播基督教，征討麻豆是最有效的方法。

爲援助及取悅新港而攻擊淡水（Tampsui，指下淡水）❶ 的戰爭可說是失敗的，因爲新港人根本不知道路怎麼走 ❷，新港人只獵得一個人頭。雖有三、四個淡水人被射死，但屍體立即被敵人拖進莽草叢林間，無法取得人頭。雖然如此，此次出征的效果卻令人滿意，因爲新港人的心已轉向我們，整個村落都呈現出接納基督教的傾向，有些頭人（他們是其他村民效法的對象）也拋棄偶像，每天都來接受干治士的教導。所有跡象都顯示，基督教將獲得很大的進步，成就將甚於以往。願主賜福於此。

干治士主張，應給新港建立法律，並任命一個行政人員充當法官；他也曾建議您執行此議。但我們目前還不能同意。我們如此回覆

❶ 【甘為霖原註】Tamsuy 是通常的拼法，但頁 143 處有 Tampsui，而荷蘭手稿在頁 113 處有 Tamsay 一詞，顯然是誤拼。此地名通常和雞籠（Kelang）一起出現，有時也和噶瑪蘭（Kabalan）在一起，清楚顯示它指的是福爾摩沙西北端經常有人前往的淡水。但此處及頁 166 所指的，是座落在福爾摩沙南端的另一個淡水。即使今日，漢人為區分兩地，也以北方的淡水為頂淡水（Teng Tamsuy），以南方鳳山縣的淡水為下淡水（E Tamsuy）。現在的地圖也指出福爾摩沙南北各有一條淡水河。

❷ 依江樹生譯文，他們原要由海路進攻麻豆，1630 年 12 月 29 日出航，因強烈北風，無法抵達麻豆，只好轉向進攻南方的淡水。參考江樹生譯註，《熱蘭遮城日誌》第一冊，頁 37-38。

干治士：此議要等到新港變得較文明、較適應我們的習俗後再說，目前最方便的方法，還是由該村的議會（*Takasach*）——在他的忠告下——來解決村裡所有問題。

建新屋的大部分材料已運到，不久即可建好房子給干治士及其隨從，屆時順利開展的傳教工作就能不受阻礙地發展下去，不必再擔心麻豆人……

您謙卑的僕人　普特曼斯

10. 長官普特曼斯致總督斯貝克

（1631 年 3 月 17 日，台灣）

……新港的房子即將蓋好。傳教工作在一開始就很興盛，目前已顯現出很光榮的成果。在十至十二天內，干治士即將為他認為適合的五十個人洗禮。願主賜更多福給他的工作……

您謙卑的僕人　普特曼斯

11. 總督斯貝克致長官普特曼斯

（1631 年 7 月 31 日，巴達維亞城）

最可敬、睿智、公正的閣下：

您在 1630 年 10 月 8 日、12 月 28 日、1631 年 2 月 20 日、2 月 22 日、3 月 6 日、3 月 17 日的來信已收到。我們的答覆如下……很高興聽到新港傳教事業大有進展的消息，干治士在這方面所展現的熱誠很值得稱許。但不管做什麼事，總要適可而止，閣下在推展傳教工作時，務必要以不增加公司的負擔為原則。新港人應該在經濟上協助福爾摩沙的窮人，絕不能期待由荷蘭教會來負責。我們的財政已夠困難的了。比新港人更需要援助的荷蘭基督徒，在這裡及各處都是，且公司最近營運虧損，這些都使我們不能再補助新港人。就現狀看來，公司每年花費四千盾來支付台灣的神職人員與傳教事務，已是財政上的一大負擔。許多寡婦和孤兒仰望他們數年前對公司投資的利息，就如同新港人仰望田地收成那般急切，公司必須照顧這些孤兒寡婦。所以我們無法同意公司再拿出任何額外的錢，來實現那些在新港服務者對當地居民所做的承諾。

關於干治士所提的續約條件，因為完全抵觸公司的規定，加上前述的財政拮据狀況，我們實在無法批准。干治士不應忘記，做為神職人員，他已獲得極大的精神利益，不應被短暫的世俗利益所動搖。至於他主張在努易茲時代曾暫墊兩百五十里耳一事，必須請他提出更多證據。努易茲說不知有此事，他說離台時已解決所有債務。努易茲建議續聘干治士，公司終將認可他的服務熱誠，他以後也沒有任何理由可抱怨。

我們相信干治士的婚姻是出自熱心公益，但如果仔細思考這項婚事在公私兩方面所造成的優缺點，爲了他個人及普遍的利益，我們認爲他最好不要太匆促……干治士想與家人同住在新港，應予考慮，但不要太快答應，讓他等等，看情形如何演變再說。柏尼斯（Pieter Bonnius）是牧師候補，待在印度超過四年，被認爲具有才幹，即將搭乘*Zeeburgh*號前往台灣，如果需要他的服務，請他留下來，否則，他可以回到巴達維亞。

我們也不同意派三、四位年輕的神職人員到這些村落，因爲到目前爲止，我們不知道有誰適合這項工作。

建議閣下抑制一下這種不合時宜的傳教熱忱，您往後提出要求前，請先考量看看這是不是我們所能夠負擔者。❶

您的朋友　斯貝克

❶ 巴達維亞方面所考慮者，經濟第一，傳教第二。與西班牙不同。

12. 長官普特曼斯致總督斯貝克

（1631 年 10 月 11 日，台灣商館）

……我們要在新港建房子，不只是爲了宗教的理由，還爲了監視其他村落，保護新港免受毀滅。另外，將來這個地區也能收取大量的鹿皮。這房子對我們極有利，我想干治士應已向您報告過了。

干治士挽留不住了，他說評議會應付給他月薪一百二十盾，而不是他離開荷蘭後一直領取的七十五至八十四盾。無疑的，如閣下前封來函所說，他的要求有點誇張。同時，尤羅伯在語言上已有很大進步，似乎也願意取代干治士的工作。我們已通知干治士，將不再聘任他，讓他如願解職。尤羅伯在另一位也在學習語言的幹練者的協助下，將取代干治士的工作。至於柏尼斯，將來可在台灣服務。

閣下說我們在新港的工作擴張太快，希望我們抑制一下不合時宜的傳教熱誠。但您一定會記得，去年總督庫恩和您都強烈建議我們要推展這項工作，我們也已讓您了解努力傳教的各種理由。即使撇開基督教的進展不說，光是政治上的理由和考量到目前所做的一切，我們就應該要努力傳教。眞的，如果我們希望福爾摩沙各村落能變得和平有秩序，讓我們遲早能從中獲益的話，我們就應該要這麼做……

您服從的僕人　普特曼斯

13. 長官普特曼斯致總督斯貝克

（1633 年 1 月 18 日，台灣）

……讚美神，基督教在新港很成功，現在全村居民都已丟棄偶像，轉而依靠全能的唯一真神。其他村落，像麻豆和蕭壠，都很平靜。麻豆人有時會在我們背後誇口他們對我們犯了謀殺和劣行，但現在日本又開放門戶了，我們相信他們將受到應得的懲罰。如果有更多的神工❶，必定有更多的人被帶向主。至於台灣，目前沒人能協助尤羅伯，希望您將來能考慮此事。

您服從的僕人　普特曼斯

❶ 為神服務的勞工。

14. 長官普特曼斯致來自巴達維亞的艦隊司令

（1633 年 5 月 31 日，熱蘭遮城）

……根據尤羅伯的來信，新港的工作很興旺，但麻豆頭目踏加弄（Takaran），出於驕傲，一直干擾那些沒有取得他的執照或允許，就在魍港（Wankan，今台南北門）捕魚的漁民。踏加弄聲稱，他一定要夥同某些人乘中國或日本的船隻到日本。我們認為，最好等巴達維亞艦隊到來之後，才來制止踏加弄的出行……以上。

普特曼斯

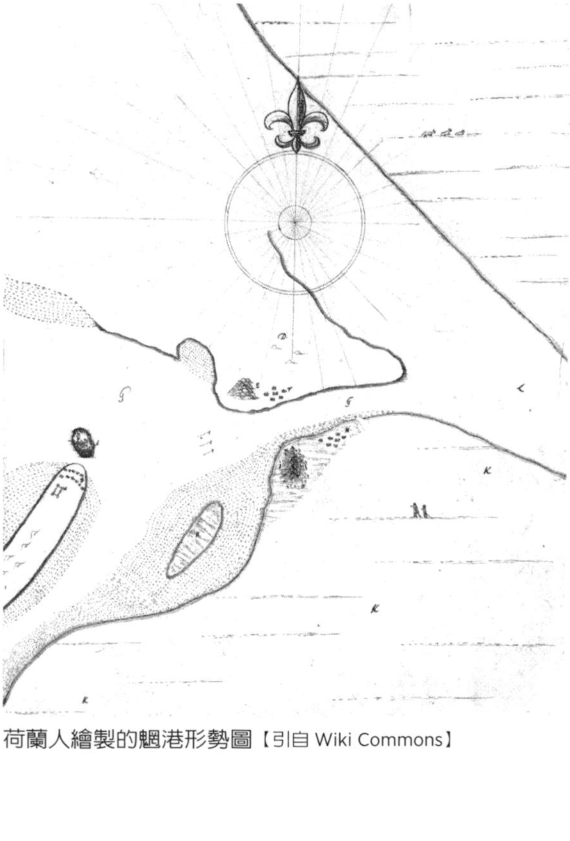

荷蘭人繪製的魍港形勢圖【引自 Wiki Commons】

15. 艦隊司令致總督布勞沃爾（Hendrik Brouwer）❶

（1633 年 7 月 9 日，在南澳島外 *Middelburg* 號船上）

東印度總督布勞沃爾
【引自 Wiki Commons】

……我們已決定，干治士夫妻 ❷ 在雨季結束、天氣變好之前，將住在教會旁的兩間小房子。除非干治士要留在台灣，否則依長官指示，屆時要在新港蓋另一間住房給他。

我們已經和干治士充分討論過阻止踏加弄前往日本的方法。結論是，干治士抵達後要送幾件禮物來取悅踏加弄，同時告訴他，我們在兩、三個月內會有十五艘船組成的艦隊前來，並於回程時消滅金獅島（今小琉球）。我們進一步安排，在干治士的協調下，可讓踏加弄成為這次出征的首領，但不得告訴其他村落的頭目，以免引來嫉妒。我們認為，如果踏加弄不願接受這項提議，那就是有日本人或漢人從旁阻撓。如果這種猜測沒錯，那麼就該直接告訴他——既然禮物和甜言都已無效——若我們的艦隊到達台灣時，他已去

❶ 1581 年生，1606 年為艦隊議會秘書，1610 年任三艘船的指揮官，1614-15 年在日本，1616 年回國，1623 年出使法國，1632-35 年任總督。1641 年至巴西，出征智利，1643 年 8 月 7 日卒。

❷ 干治士首次來福爾摩沙是 1627 年 8 月 27 日至 1631 年 10 月，第二次在 1633 年 5 月 12 日至 1637 年 4 月 30 日。

了日本，那麼我們將會被激怒，休怪我們攻打他的村子。閣下請進一步與干治士討論此事可能造成的後果，並給我們命令，告訴我們應該怎樣做。

您很清楚，先前那幾位新港人到日本後對我們造成多少麻煩。如果踏加弄也去日本，上次尚未復原的傷口將再度潰爛，甚至更加嚴重。因此，我們強烈建議總督阻止他，我們相信以總督的智慧和思慮，必能找到不讓此事公開的解決方法。這時請干治士回來，確實如及時雨一般。

簽名者：普特曼斯、W. J. Coster ❸、Claes Bruyn ❹、Roelant Tayler ❺ 等等及秘書 Jan Wouterse。

❸ 1626 年以船長出航，1629 年前往波斯，1633 年到中國沿海，1634 年回國，1636 年帶領四艘艦隊再出航，1639 年為錫蘭商館館長，1640 年征葡萄牙人，1640 年 8 月被殺。

❹ 1629 年被公司認為無用，解除船長職並被送回國，1632 年再回到亞洲，1633 年巡航中國海岸，1636 年回國。

❺ 商務官，台灣評議員，1634 年升為上席商務官。

16. 上席商務官布勞沃爾❶致迪門❷

（1633 年 10 月 21 日，台灣）

……新港很好，福音也傳得很順利，只要麻豆人不來橫加破壞，此地一定能有大收穫。麻豆人的厚顏無恥阻礙了傳教工作的推展。他們越來越狂妄，如果沒有好好教訓他們，可能會有非常嚴重的後果。我相信，我們的手舉得越高，拳頭越慢揮下，對他們的打擊就會越重。我們堅信，施加這種懲罰後，這地區的改信將會比其他東印度地區更順利。我們相信，只要著手宣教，就像我們至今所做的那樣，神就會在其他方面給予公司十倍的報酬，公司收入將增加，神也會賜福各位董事。這是我們誠摯的希望。

願全能的神繼續賜福給祂勇敢、聰明、審慎、明辨的僕人您及夫人，繼續奉獻給祖國及人民，我們獻上最誠摯的敬意。

真誠的僕人　布勞沃爾

❶ 總督是 H. Brouwer，這位上席商務官是 G. Brouwers。

❷ 迪門（Antonio van Diemen），1617 年破產。1618 年前往東印度，1623 年上席商務官，1624 年東印度評議員及國防會議議員，1627 年總經理，1632 年歸國，1633 年出國，任東印度首席評議員、總經理、法務會議議長，1636-45 年當總督。

17. 上席商務官特勞德致總督布勞沃爾

（1633 年 10 月 24 日，台灣）

……在新港，教會工作進行很順利，但因麻豆人及其他人在旁煽惑，還是有許多人不願聽從我們。一定要懲罰這些人，如果不趕快動手（希望長官普特曼斯回來後就能懲罰他們），他們恐將籌劃不利於我們的陰謀。如果他們邪惡的計謀得逞——願上帝阻止它！——很可能對我們造成嚴重傷害。根據他們怪異荒謬的行事風格，我們相信他們眞的會那樣做。無疑地，干治士和尤羅伯能提供您決策所需的一切訊息。我們相信您會在公司法律許可範圍內，儘可能協助我們。

您最服從的僕人　特勞德

18. 長官普特曼斯致阿姆斯特丹商館

（1633 年 10 月 31 日，在放索仔灣 *Catwijck* 號船上）

……新港的基督教工作有很大進展，未來也將在上帝的賜福下日漸擴大，但先決條件是必須懲罰麻豆人，他們在努易茲時代對我們犯下很多嚴重惡行。周圍討厭麻豆的村落，都很希望我們懲罰麻豆人。或許在季風開始前，麻豆人會受到應得的懲罰。

您服從的僕人　普特曼斯

19. 長官普特曼斯致總督布勞沃爾

（1634年9月28日，熱蘭遮城）

……如果能實現您所下令的，讓某些新港人習得足夠的知識，使他們能用母語教導他們自己的同胞，將會是很光榮、很有價值的事。我們和這裡的牧師就此事討論了很久，他們認爲，只要那些新港人還住在自己的村莊，並享有太多自由，這個計劃就不可能實現。

牧師們也認爲，如果能挑選幾位較聰明的年輕土著到荷蘭本國，在此地兩位牧師之一的監督下接受教育，這件事一定會大有進展。但千萬不要像對待安汶（Amboina）的土著那樣，只送他們到學校，然後隨便他們到處遊蕩。這些被選上的台灣原住民，必須隨時受到帶他們前去荷蘭的人的嚴格監視，要注意他們有沒有認眞讀書；也不該太尊重他們，像稱呼那些安汶年輕人爲「皇家孩子」（royal children）那般，要用最簡單明瞭的方式來教育他們。

牧師們堅信，如果能實施這套做法，假以時日，這群未開化的異教徒中將出現很多奇妙的基督徒。所以他們請求，今年內應允許他們之中的一位，爲此目的前往荷蘭。

由於眾多因素，評議會沒批准此項請求。理由之一是，若一位牧師因此居住在荷蘭，那麼新港所有的工作就須由留下來的牧師一肩承擔。而且，此計劃需費時十年，等明年再開始也無所謂。因此，評議會認爲這件重要事項應徵詢您的忠告與決定，才不會太輕率從事，在不利的時節貿然開始。另一項考量因素是，我們忠實的助手 Jan Gerritez 最近剛過世。

我個人的意見是，如果合適的土著能在牧師嚴格監督下，在荷蘭

東印度公司總部及各處商館【阿姆斯特丹國家博物館藏，翁佳音老師提供】

. COMPAGNIE DES INDES ORI-
ICES QUE DANS LES INDES.

uverain en Europe.

Compagnie, representent la souveraineté de tout le corps: et c'est cette
e consequence de ladite, compagnie; Comme la disposition des char:
sseaux, la vente des marchandises, les repartitions, et sans ex:
la quelle se doivent conformer toutes les Chambres en particulier.
marchandises; dont la moitié est vendue dans la Chambre
dans châcune des autres chambres, de Delft, Rotterdam, Horn,
frant et dernier encherisseur:

lam, les quatre de Zelande et les quatre de Delft, Rotterdam, Horn,
n par exemple, en a encor dix, ce qui fait dixhuict de la même Ville;
; Dortrecht, et Tergau, y ont aussy châcune un Deputé, ainsy que
ûtre les quatre Directeurs on a encore 8: ou 10: de Midelbourg où des au
chaçun dans leur chambre: au sien, et à l'avantage de la Compag:
ourir, la Chambre en choisit trois que lon presente à Messieurs les
ce vacante: la même chose, à peu prés, se pratique dans les autres Villes.
change de President tous les mois; de sorte que tous depuis le pre:
vocats de la Compagnie, qui font leur raport de ce que lon resoût
ions, et donne ses ordres:
e, la guerre, et la construction des vaisseaux.
sur les marchandises qu'on envoie aux Indes et qui en viennent.
que paye la Compagnie.
aires qui regardent l'ordre, et la Iustice que lon
rs.

s Indes

Indes Orientales

e la Compagnie, est cependant comme une espece
rre, et faire la Paix avec les Rois et Princes des In:
vos, et selon l'occurence des affaires; Ce Conseil represen:
é du Général qui soûtient sa dignité avec beaucoup d'Eclat,
t quelquefois de deux ou de quatre extraordinaires, selon

est Composé d'un President, d'un vice-President, de douze Conseillers
les, que criminelles, et peut même Condamner le Général à mort.

rins à peu prés comme ceux des Provinces de Holande.
condamner sans appel les affaires, jusqu'à trois cens florins.
te: continue souvent pour d'avantage; il a deux voix dans le Con:
mbassadeurs des Princes des Indes, sans estre escortés d'une

at, et qui commande toutes les troupes sous les ordres du General.
ient les clefs de tous les Magasins de la Compagnie, dont

liers, sont donnés par le Conseil, Ce que la Compagnie de l'Eu:
à-propos.

et le sejour ordinaire du Général, du Conseil Souverain et des
uis lequel tems, ils l'ont fait fortifier et bâtir à plaisir, etant une
e par son agreable sejour; elle est bâtie à l'imitation des Villes
acompagnées de Canaux, et de rangées d'Arbres, qui sont toujours
aisons, et leur gentillesse en font aussy un agreable ornement
ensemble la rendent un joli Sejour. Cette Ville est dans l'Isle
sous la ligne de l'Equinoxe cela y fait regner un Eté

Gouvernemens Généraux de la Compagnie des Indes Orientales, Savoir à
- La Coste de Cormandel
- L'isle d'Amboine
- L'isle de Banda
- L'isle de Tarnate
- L'isle de Ceylan
- Presquisle de Malaca

Gouvernemens Particuliers...
- Le Cap de Bonne Esperance
- L'isle de Macassar
- à Padam
- L'isle de Timort
- à Andragery
- à Cochin &c.

Le Conseil de la Ville ou des Echevins

Le Conseil Souverain ou d'Etat

Cour de Iustice ou le Parlement.

Conseil Presidial des petites affaires.

Comptoirs particuliers de la Compagnie en divers lieux des Indes, Savoir.....
- à Ispahan.
- à Gaumaron.
- à Surate.
- à Agra.
- à Amadabat.
- à Bangale.
- à Palimbang.
- à Bambi.
- à Banka.
- à Siam.
- à Ligar.
- à Tonquin.
- au Iapon. &c.

勤勉學習，再回來教土著，這樣的好處必然不可限量。但如果這些人變成惡棍、無賴，反過來用其影響力來阻礙傳教呢？我覺得這一反對理由不是很重要，因爲我們相信神會賜福於我們的努力。至於經費問題，如果公司有困難——希望不會有這種情況——那麼照顧這些土著的牧師，將負責在荷蘭籌錢，而另一位留在新港的牧師——很可能是干治士——願意一直留在新港，直到這群土著從荷蘭回來爲止。

爲了政治與宗教的理由，我們必須徹底懲罰麻豆人，因爲他們殘酷殺害我們六十三位無辜同胞。這次征伐至少要有四百名兵力，才能保證不失敗，讓麻豆人受到該得的懲罰。

您謙卑的僕人　普特曼斯

20. 長官普特曼斯致阿姆斯特丹商館

（1634 年 10 月 28 日，熱蘭遮城）

致最英勇、謹慎、睿智的荷蘭聯合東印度公司阿姆斯特丹商館諸位評議員：

……感謝神，新港的信教者越來越多，干治士和尤羅伯說，不只全村不久都會擁抱基督教，所有新港的居民，除了少數之外，也都會受洗，那些達到懂事年齡的人也會受到教導。

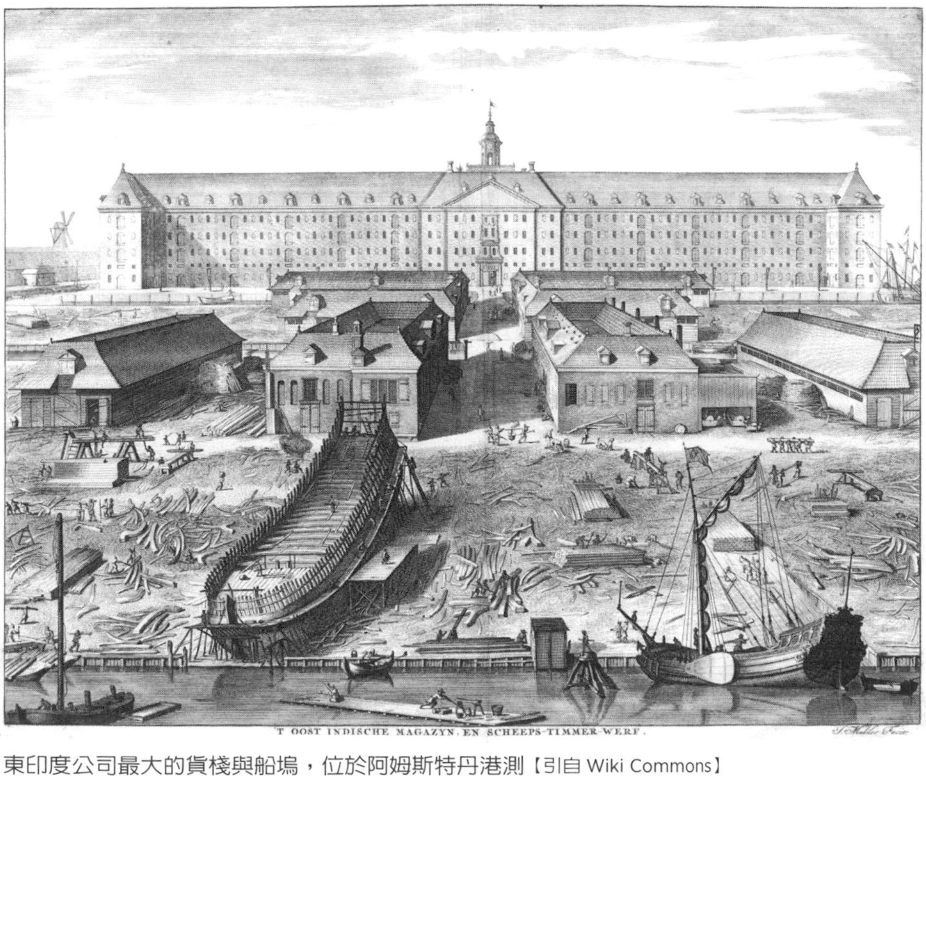

東印度公司最大的貨棧與船塢，位於阿姆斯特丹港測【引自 Wiki Commons】

爲了進一步擴展教會，牧師們迫切請求我們能送四、五位新港年輕人到荷蘭，讓他們在一位福爾摩沙牧師的監督下，進入我們的學校和大學學習，成爲有能力的教師和牧師。我們相信，這是推進此地傳教事工最好的方法，使我們周圍所有的異教徒皆能擁有眞誠的基督教信仰，逐漸順從諸位的統治與權威。

您謙卑的僕人　普特曼斯

21. 長官普特曼斯致總督布勞沃爾

（1635 年 3 月 9 日，熱蘭遮城）

干治士和尤羅伯不斷向我們請求幾件事：第一，他們要求我們不必等待您的忠告或命令，就允許他們之中的一位，陪同四、五位年輕土著一起到荷蘭。這件事我在去年 9 月 28 日的信中已提及。第二，他們要求免除在新港的行政事務（political matters）。第三，他們宣稱不再於星期日到台灣的荷蘭人教會主持禮拜。

這些牧師堅稱，他們的良知讓他們無法從事行政事務。不過，不久前我們已決定，至少短期內，他們的行政工作不能全免，他們還是要指導所有的工作，由村裡的長老或議員來負責執行。因此我們決定，在您有新命令抵達前，爲避免牧師因執行懲罰而引來土著咒罵，讓他們不用再爲此事受到村落長老們的誤解，此後的罰款將改由在場的士官收取。此項安排已開始實行。

關於星期日在台灣荷蘭教會繼續主持禮拜的事，起初無法達成協議。牧師們宣稱，巴達維亞宗教議會 ❶ 指派他們服務新港教會，而不

❶ 【甘為霖原註】關於荷蘭早期教會傳教組織，以下記載顯示他們遵守新教（1517 年宗教改革後產生的基督教）的方法，同時也因地制宜產生若干重要的修改。例如，會衆（congregations）的長老（elders）和執事（deacons）都是被指派的，文中並常常提到台灣宗教議會（Tayouan Consistory），而這些又都由更高的教會法院（Ecclesiastical Court）或阿姆斯特丹教區議會（Classis of Amsterdam）所掌控。從福爾摩沙荷蘭牧師被賦予的地位及工作，更能看出這種宗教組織的特性。他們的傳教業務未曾達到可以任命土著為聖職的地步。當然，那時荷蘭東印度公司主要的目標，是從所建立的殖民地獲取經濟利益。但由於缺乏資金和人才，他們無法找到熟悉土語的商務代表、收稅的行政官或警察。所以，被派到福爾摩沙

是服務台灣教會。後來，他們說他們的來函並非請願信，而是通知信，用以告知他們不會再到台灣主持禮拜，而且他們的信件結尾是“By doing which, etc.,”，和一般信件的形式不同。為了自抬身分，他們還以口頭宣稱，他們並非請求我們免除這項工作，因為我們的評議會無權干涉此事，所以他們不必這麼做。他們繼續堅持他們是被派到新港的，所以必須留在那裡；他們為了配合這項宣稱，便連續兩、三個星期日未到台灣講道。最後我們叫尤羅伯來——他似乎比干治士好商量——重新討論此事。雙方經憤怒爭辯後，尤羅伯最後說，如果干治士還是不願到台灣講道，他願意來；尤羅伯至今仍遵守此承諾。我們相信很快就能收到您適當的指示，使我們未來在處理這類事務時有所遵循，不致犯錯。

之後，這兩位牧師前來，要求將他們寄給我們的信件轉寄給您。您從信中可發現，他們對福爾摩沙當局懷有何種高明見解，他們認為這裡似乎沒有像印度那樣的正義（justice），所有事務——根據他們的看法——都是憑藉一時衝動而草率決定的。當他們被追問何出此言時，他們回答說並不是在抱怨目前的統治當局，而是惶恐不知未來會

的神職人員，自然就承擔起三項任務：第一，擔任駐福爾摩沙的荷蘭行政官、士兵及家眷們的牧師；第二，擔任翻譯、收稅或賣獵照的政府業務，並有購買鹿皮和其他物產等的商業活動；第三，負責在福爾摩沙建立基督教會的傳教工作。另一項值得注意的事，是台灣的主要宗教議會或教會法院，甚至在許多傳教工作的細節上也不是獨立的，其決議還需送交福爾摩沙評議會核准、修正或甚至批駁。因此評議會有權指派牧師至某地服務，決定教會學校的教學性質，對不適任牧師予以停聘或解聘等；但停聘或解聘牧師，通常要由巴達維亞的評議會裁決，有時還要送到荷蘭的十七董事會最高評議會。由此可看出這些早期的牧師在執行任務時所受到的限制，一方面他們不斷受行政官員（這些官員可能不認同傳教事務）的干涉，另一方面他們還負起許多俗世業務，以致無法全力投入傳教工作。他們不斷抗議這些阻擾羈絆。

怎樣。

前封信中，我們已對送一位牧師及四、五位年輕土著到荷蘭之事發表過意見。尤羅伯也一直利用閒暇時間，教導三位荷蘭青年新港語，希望他們往後能派上用場，減輕牧師的負擔。

我們亟需第三位牧師或牧師候補，來替荷蘭人服務。其首要工作，如同尤羅伯所做的那樣，就是學會新港語，如此，光榮的傳教工作，才不致因牧師病逝或遭遇不幸而中斷。爲預防起見，另一位有資格的人須能夠立即接替，延續傳教工作。

我們深信，就異教徒改宗來說，全印度各地都找不到比此地更有前途的地方了。如果這裡能有更多的教師，一定會有更多的改宗者。新港附近的三個小村落，可以清楚證明此點。這些居民很渴望有人教導他們，拯救他們免受麻豆人和蕭壠人的經常騷擾。這裡沒有頭人會爲了政治因素或私人利益而反對我們的宗教。這些土著很溫和，他們完全傾向我們，依我們所教導的基督教義去做；但如果我們要求他們做額外的工作，他們也會反彈，就像其他民族那樣。目前我們將靜待閣下的指令，將來才能有所依循。

您謙卑的僕人　普特曼斯

22. 長官普特曼斯致總督布勞沃爾

（1635 年 9 月 19 日，熱蘭遮城）

……昨天有三個新港人被捕且監禁於此。據牧師言，他們計謀要殺牧師，如果可能的話，還要殺光所有駐紮當地的士兵。不知全村是否都涉入這樁陰謀，今天或明天將會進一步審問。❶

附註：從 1634 年 9 月 28 日至 1635 年 10 月 20 日的福爾摩沙日誌看來，台灣商館的長官及其評議會經深思熟慮後決定，不要摧毀過去七、八年來費盡辛勞所建立起的神聖事工，命令當地所有駐軍繼續留守，直到土著們安靜下來。這期間，要採取溫和但不損及荷蘭人權威的方式，除非萬不得已，不要以暴制暴。

❶ 由頁 228 可知，荷蘭人已於 1635 年 8 月增強兵力，準備懲罰麻豆。

23. 長官普特曼斯致總督布勞沃爾

（1636 年 2 月 21 日，熱蘭遮城）

……在上帝的賜福下，我們已完全征服敵人，包括在塔加里揚（Takareiang，今屏東市）❶ 的公開敵人，以及在麻豆、蕭壠的壞朋友。爲了向這些未開化的異教徒表示我們的友善、仁慈和愛好和平，評議會決定挑選士兵組成遠征隊，前往山上的大武壠（Tevorang）。這麼做的理由是：當新港人有所不滿或有困難，他們常向牧師宣稱，如果他們不想待在新港，就會逃到大武壠，他們相信荷人無法到那裡。爲了證明他們的想法錯誤，我們的確可以到達那裡——雖然有些困難——我們在 1 月 11 日清晨朝大武壠出發了。

我們穿過幾條大河，其中一條涉過數次，也遇見很陡的山，有一座很高，我們千辛萬苦通過這座高山後，在中午以前到達大武壠，村民以當地方式來接待我們。我們在前一天已派幾位新港人來通告我們即將來訪。

我們發現此村很大，座落在美麗的山谷裡，離高山約有一天的路程。村裡人口眾多，崇拜的偶像似乎比其他村落少，居民也不像沿海村落的居民那般健壯（robust）。他們有很長的耳朵，耳垂穿有大耳洞。已婚的男人與妻、子同住，和我們習俗相同，和其他族群不同。

尤羅伯認爲，大武壠的居民可能比新港及其附近的居民更易傳教，而我們知道，新港地區的傳教工作相當興旺，當地居民可望成爲最依順、負責的子民……

❶ 根據《熱蘭遮城日誌》，Takareiang 後來更名為 Ackau（阿猴），地點在今屏東市。

24. 摘自台灣評議會日誌

（1636 年 3-5 月）

3 月 29-31 日：……長官及其評議會經審慎考量後決定：1. 召回魍港的 Traudenius，派 van Sanen 代之，以確保該地嚴格的秩序。2. 今天或明天，長官將帶領三、四十位士兵到新港，與尤羅伯牧師和幾位長老商談該村事務，並和 Dolatok（今屏東東港）派來的數位代表會面，因為他們要求與我們和平相處，並接受他們領土的主權。Dolatok 在南方，包括五個村落。下午，長官前往赤崁，第二天破曉要前往新港。

4 月 1 日：早上長官赴新港，近午到達，身體很好。下午，Dolatok 代表讓渡其主權，尤羅伯對他們唸出和平條款，我們也和塔加里揚、放索仔（Pangsoia，今屏東林邊）和其他南方村落訂立同樣的條款。代表們誠懇地接受這些條款，答應要好好遵守。他們被賞賜旗子 ❶ 和長袍。盛宴後，他們很高興地離開了，答應回去後會告知村民這裡所發生的一切。

4 月 2 日、3 日：這兩天忙著盤問幾個土著，他們涉嫌殺死數位荷蘭人，但還查不出確切的結果。長官和在場的評議員們決定，由尤羅伯繼續盤問其他嫌犯，已盤問過的則暫時監禁起來，直到獲得進一步證據為止。尤羅伯向評議會所提有關新港的提議，也加以檢視和討論，以便返回台灣後，評議會能進一步研究。

4 月 5 日：在放索仔及其他南部村落的請求下，長官及其評議會

❶ 即荷蘭國旗，又稱親王旗、三色旗。

決定，盡快派遣尤羅伯協同中尉及十五、六位士兵去放索仔，加強和他們的關係，並公佈和平條款，協助其居民完全了解條款的內容與目的。

4月7日：尤羅伯在中尉及士兵的陪同下，前往淡水（Tamsuy）❷和放索仔。願全能的神保佑他們成功。

4月11日：今晚尤羅伯和中尉從放索仔回來了，尤羅伯在放索仔及在 Dolatok 的五個村落都受到首領及全部村民的熱烈招待，但因爲幾個原因，他沒有拜訪南部的其他部落。對方很滿意尤羅伯等人的出現，雙方的關係一定可以強化。尤羅伯沒有公佈先前起草的和平條款，因爲當中的第一條，要求將其主權讓渡給荷蘭，可能在日後遭漢人惡意扭曲，引來大規模的反抗。所以尤羅伯只對著聚集的群眾宣讀條款，他們聽完後完全贊同，承諾願意遵從……放索仔人高大強壯，身材匀稱，裸體外出而不覺羞恥。他們的耳垂有大耳洞，大到可以穿過拳頭❸，那是他們用木環撐大的。婦女身材沒有男人那麼匀稱，她們比較笨重、粗壯，用一小塊布遮住身體。他們的房屋和住所與塔加里揚人相類似，低矮，接近地面，構造相當差，像 Dolatok 那樣。Dolatok 人的服飾、習慣、住屋，以及盾、矛、弓箭（只有一些男人持有）、刀等武器，都和放索仔人非常相似。男人雖然不怎麼高大，但都很活躍、堅定。

4月14日：最近去過放索仔的尤羅伯寄來報告，指出：只要能派出幹練的教師，放索仔人終將接受基督教。因此長官及其評議會決議，派遣受到此地異教徒愛戴的士官斯伯曼（Warnaert Spoelmans）至放

❷ 指屏東一帶的下淡水。

❸ 此處對放索仔人的形容，和江樹生之《熱蘭遮城日誌》第一冊頁 229 第 4 段完全一樣，甘為霖原文說耳洞可以穿過一隻魚（fish），應是 fist 之誤。茲依江樹生譯。

索仔學習語言，以後再派一位有能力的年輕人去協助他，這樣就能充分掌握那裡的狀況。尤羅伯反對公告我們與放索仔所訂的條約，認為某些心懷惡意的漢人，可能會藉機胡亂解釋第一條：要承認荷蘭擁有主權，唆弄放索仔人起身反抗我們。但長官及其評議會還是決定遵守決議，公告這份條約，因為壞蛋永遠會想方設法挑撥輕信的人，而且該條約是公正的好條約，最能保證公司的利益。

最後他們決定，與漢人就燒製大量磚塊（用以興建熱蘭遮碉堡）之事達成協議後，要即刻繼續興建該碉堡，因為此碉堡的完成相當重要。

4月15、16日：長官及其評議會決定，要盡快征伐小琉球，以中尉為指揮官，尤羅伯和一位評議員隨行協助。❹

4月17日：幾天前，尤羅伯起草一份促進新港教會的報告，這份報告先私下請每位評議員細讀數次，希望得到他們的忠告。接著正式討論該份報告，評議會的決定已充分記載於決議錄中。

4月22日：今天接到新港尤羅伯的來信，寫道：不久前住在放索仔的Lampak❺，被派去送禮給瑯嶠（Longkiau）人❻，昨晚已回到新港。Lampak回報說，瑯嶠的頭目熱烈招待他，頭目聽完詳盡的解釋並接過禮物後，說道：「如果荷蘭人要和我們和平相處，很好；如果不要，也很好。」❼他的漢人顧問們強力勸告他和我們保持和平，否

❹【甘為霖原註】小琉球島民犯下謀殺金獅號水手的罪行，因此遭到嚴厲懲罰；此一懲罰在稍後進行，但太過嚴厲。

❺ 住新港的漢人，曾住放索仔，與瑯嶠人有往來。

❻【甘為霖原註】要確定此地的位置並不難。它屬於極南的恆春地區，也是1874年日本遠征軍懲罰牡丹社（牡丹社事件）的登陸地。日本遠征軍離開後，該地及其附近就被納入中國統治範圍，設立縣治。此地在早期記錄中有各種不同拼法：Loncjou、Lonckjau、Lonckiau、Lonkiauw、Lonckjouw、Lonckquiouw。

❼ 關於荷人與瑯嶠的來往，江樹生譯註的資料相同而較豐富。參見江樹生，《熱蘭遮城日誌》第一冊，頁231-239。

則將來必得擔心我們的武力。頭目回答：荷人無法爬這麼高的山，就算荷人能夠，而且眞的武力很龐大，他們可以逃到更高的山裡。然而，聽完 Lampak 替荷蘭人所說的一番好話後，他似乎傾向於接納我們，表示如果他看到荷蘭人（他和他的祖先都未見過荷蘭人），他就會接受禮物，並派人來跟荷蘭人訂立長久和約。

5 月 1 日：長官普特曼斯及其評議會決議，派遣柏根（Joost von Bergen）譯員、下士華納（Cristoffel Warnaer）❽ 和一位士兵前去瑯嶠，因爲該地區的十六個村落願意派人來訂和約，但要求我們留一兩個人當人質，直到代表團回來，以減輕他們的疑慮。

5 月 15 日：今天華納下士陪同頭目的兄弟和另外十五人回來。華納下士在 5 月 1 日跟柏根譯員和一名士兵前往瑯嶠。

這些人看起來比附近村落的居民文明得多，膚色較白，個子不太高，頭目擁有很高的權威。Lamlok 的兄弟，即頭目，統治著十六個村落，每個村落的首領都由他指定。頭目身旁有許多僕人服侍。他們像其他黑人那樣，並不裸體，有穿衣服，婦女甚至遮住胸部。他們認爲私通、通姦是可恥的，行一夫一妻制。頭目死，由長子繼承，受同等尊重。

如果此地有値得公司前來貿易的東西（主要是鹿皮），此地的傳教事業是可以期待的。願我們爲榮耀神的名及改宗異教徒所做的微薄努力，也能同時有利於公司。

5 月 19 日：長官及其評議會決定和瑯嶠訂立和平協定的主要理由是：（1）他們與漢人關係友善，（2）他們正和北方約一、二天路程的卑南人作戰，卑南人因領域內發現大量黃金，也與其他族戰爭。

---

❽ 華納，下士，1638 年在新港任翻譯員與傳道師，1645 年被派往淡水，並奉命沿途訪問所有村莊，1646 年離職。

必須進一步了解此事，並使我們的名傳佈於這些未開化的部族之間，讓他們越來越文明，並在全能上帝的祝福下，讓他們最終接受基督教。❾

❾ 參考江樹生譯註之《熱蘭遮城日誌》第一冊，頁238-239。

25. 尤羅伯致東印度公司阿姆斯特丹商館評議員

（1636 年 9 月 5 日）

致自由尼德蘭特許東印度公司在阿姆斯特丹的諸位最尊貴、公正、睿智、慎重的評議員閣下：

希臘格言說：「美好之物難以企及（ta kala duscola）。」說的雖是科學，但指異教徒的改教更恰當。傳教，減少撒旦的領域，擴大神的國度，是很榮耀的事。努力傳教的人，其光輝正如蒼天星辰般永遠明亮。從過往的歷史及我們多年的經驗可知，要讓世俗的人具有信仰、讓異端成爲基督徒，需要經歷多少困難、危險及險境。我們眞正的經驗是：在眾多困難後，會有成功之時；度過許多危險黑暗的日子後，將擁有平靜與喜樂。

我想以過去十二個月所發生的事，向諸位證明上述說法的眞實性。爲了讓您們直接了當地知道前後始末，我們拋棄一切修辭，採用日誌的寫法，所以我們所呈上的，較似列出種種事件的日誌，不似通常的書信。如果諸位閣下能夠滿意，我將備感欣慰。

諸位都知道，數年前麻豆人可恥地殘殺了六十名公司的僕人。他們是如此狡猾，以致於我們的人全部被殺，而他們甚至沒有一人受傷。這件事被他們視作無上的勝利，極爲驕傲。不僅是麻豆，連其他村落，如蕭壠和目加溜灣等，也開始反抗我們，情況變得很嚴重，我們幾乎不敢涉足福爾摩沙。他們甚至暗示要把我們逐出台灣。長官被此事弄得相當窘迫，甚至不敢晚上離開城堡。

麻豆人屠殺荷人之後十二天，長官普特曼斯到任（1629 年 7 月），我們最初收到的就是這則傷心消息。長官不願貿然行事，便先調查情況。當長官了解這些土著的反抗精神，特別是目加溜灣人（他們一直偷襲牲口，剪漢人的辮子，甚至殺了一個荷人），並發現這種反抗精神日益增強時，就決定立即攻擊那村莊。這個行動相當成功，他們的反抗精神幾乎被撲滅了，和平一直持續到 1635 年。這段期間，整體事態還算不錯。

我們只能說「還算不錯」，因爲只要麻豆沒被懲罰，他們就會肆無忌憚，認爲我們沒有力量可以報復他們所犯的可怕罪行，不敢攻擊他們的村落。因此，土著們相當看不起我們，特別是麻豆人，常常表現出根本不怕我們的樣子，不僅虐待持有我們執照的漢人，甚至撕破並侮辱諸位閣下所發的執照。長官普特曼斯看到他們如此傲慢無禮，忍無可忍，便迫切請求總督布勞沃爾派遣足夠兵力前來，制伏這些土著，保衛這塊殖民地。對居住在此的漢人來說，維持法律和秩序也很重要。從漢人對我們所提出的諸多抱怨可知，其蔗田的安全和繁榮，需要我們保護，才能免受土著經常的騷擾。從事新港傳教的我們也可預見，如果麻豆人沒有受到懲罰，有一天新港村落可能會被麻豆人燒毀，新港人會被他們自古以來的仇敵麻豆人所驅逐，那麼我們就變成失去羊群的牧者。爲了讓我們未來的根基更堅實，我們也請求總督派遣充足兵力至此。幸好，軍隊於 1635 年 8 月抵達。

稍加考量後，長官決定先進攻麻豆 ❶，因爲他們傷害我們最深，且攻擊較近的村落比攻擊較遠的容易成功。1635 年 11 月 22 日，長官通知我們帶一些新港人同去磋商。我們決定明早啓程。我們也告訴新港人這項計畫，催促他們參加，這樣我們的關係就會更緊密。新港人同意了。

我們出發不久，以傳統方式武裝的新港人就前來加入，證明其忠

❶ 指揮官為 Adriaen Anthonius 少校，見頁 393。

誠。他們說捉到一個麻豆頭人，正關在新港。不久，我們接近目加溜灣，因為目加溜灣很靠近通往麻豆的道路❷，為了避免目加溜灣的居民驚恐逃亡，我們設法安撫他們的情緒，保證絕不會傷害他們。離開目加溜灣沒多遠，我們接到新港人砍下一個人頭的消息，他們還向我們展示這顆還在流血的頭顱。

我們到達麻豆附近的河時，太陽開始西沉，由於地點不熟，為謹慎起見，許多人認為應該在此過夜。但長官之後接獲情報，又從新港人得知麻豆人正準備逃亡，明晨那裡將變為一座空村，便決定當晚進攻麻豆，以取得更大的勝利。於是我們鼓起最大的勇氣，無視任何障礙，突然出現在麻豆，村民大感意外，完全不敢抵抗。我們走過幾條街，找到適合過夜的地點，就讓部隊休息。新港人則安置在我們之中。第二天，我們放火燒掉全村，有二十六人被殺。

火燒麻豆後，我們回到目加溜灣，長官決定在此過夜。長官召集該村長老，斥責他們過去的惡行，並說如果他們現在受到和麻豆一樣的懲罰，也是罪有應得；但自從他們上次被攻擊以來，已變得較順從，所以長官願意原諒他們，要他們不必害怕。他們願意獻上豬和烈酒，但我們拒絕，只要水，他們很樂意地帶水來。

1635 年 11 月 25 日，我們離開目加溜灣，及時抵達新港。我們再度召集頭人，再次告誡他們要服從和行為檢點；他們都同意了。士兵們稍事休息和進食後，我們離開新港，前往赤崁。在此之前，那位被新港人捉到並關起來的麻豆頭人 Sambdau 遭砍頭，頭顱被掛於竹竿上。

11 月 26 日，長官和大隊長（captain-major）離開了，他們原本昨天就要出發，但受阻於惡劣天氣而作罷。他們一離開，一位長期住在麻

❷ 目加溜灣即今善化。其旁之路，乃由新港（今新市）通向麻豆的必經之路。

豆的老漢人就來到新港，麻豆人派他來談和平條件。因爲長官已交代我們要如何對待麻豆人，所以我們聽完老漢人的說法後，就給他滿意的答覆。天黑前，又有兩個蕭壠人來，也是麻豆人派來的，他們帶來一矛和一日本手斧，表示承認我們是他們的主人，將武器獻給我們。我們接過矛斧後，他們問，如果麻豆派代表來，能否保證安全？我們回答當然安全，於是他們說明天會再來。

11 月 27 日，我們從 Tapegi 處聽到：大武壠人（三個座落在山區的村落）得知我們打敗麻豆人後，很高興；他們很討厭麻豆，很願意加入我們的遠征部隊。他們也送我們一支矛，以示他們願意和我們軍事聯合，並渴望獲得我們的友誼。

當天黃昏，兩位麻豆頭人由我方盟友新港人陪同到來，請求與我們見面。在兩矛遠之處，他們就跪下來磕頭三次，表示他們的順服。新港人看到這一場景，相當高興。高山變爲深谷，高傲的麻豆人變得如此低聲下氣，讓他們覺得很新奇。

麻豆代表被帶到教堂，我們問其來意，其中一人尷尬發抖地回答：他們是麻豆人推派而來的，懇求我們不要再殺害他們。他們承認先前的錯誤，答應要改過自新，並請我們代向長官求情，以便雙方能再次和平相處。我們答覆說，他們必須親自去會見長官，我們會寫一封信讓他們帶去，但他們必須先回村裡，帶更多頭人一起來見長官。他們不反對最後一個條件，但擔心面見長官會有危險，除非我們能保證安全無虞。最後他們要求我們之中的一些人要陪他們去。我們同意後，他們就回去了。

11 月 28 日，四個麻豆人來到，我們帶他們去見當時住在台灣的長官，商討我們與麻豆人之間的和平條款。

11 月 29 日，近午時，長官接見麻豆代表，向他們提出和平條件。長官說，如果他們接受這些條件，答應忠實遵守，他就願與他們保持和平。他們則說，要先將這些條件提交麻豆長老們討論，才能回來答覆。

條款的內容如下：

1. 麻豆人持有的一切受害荷人遺物，不管是唸珠或衣服，都應歸還。

2. 麻豆人必須獻上豬和米做爲貢物。

3. 每兩年的謀殺日，麻豆人必須送兩隻豬到城堡。

4. 麻豆人的主權要讓渡給荷人，並將若干檳榔和椰子樹種於裝有麻豆泥土的陶罐裡，送到長官腳下，以爲標記。❸

5. 麻豆人必須發誓永不以武力對付荷人。

6. 麻豆人不得再騷擾漢人。

7. 如果荷人和別村作戰，麻豆人要加入荷人這邊。❹

除了第二條外，他們全都接受。最後第二條被刪除，因爲他們認爲負擔太重，而我們也渴望與他們保持和平。他們接受這些條款後，和我們一起回新港，然後道別回家，表示將很快再來。

1635 年 12 月 2 日，一大群麻豆人來到新港，帶來檳榔和種在他們泥土之中的椰子樹，準備要送給長官，表示將其主權讓渡給荷蘭。因天色已晚，他們在新港過夜。

12 月 3 日，我們和麻豆人一起到台灣。他們放下小樹後，再度被問及他們對條約有沒有任何反對意見，他們答曰沒有。於是命令他們擇日再帶著雙倍的頭人前來，我們要從中挑選一半爲長老。他們同意了。

❸ 荷蘭人帶來主權觀念，包括保護、課稅、施政等。

❹ 武力確保主權，以便貿易，而改信則不包括在條約裡，多少有一點宗教自由。

此時，我們決定懲罰塔加里揚 ❺，那是位在新港南方約兩天路程的村落。他們殺了若干荷人，且時常找機會再犯。他們也是我方盟友新港人的敵人，占去新港人許多土地，也殺了幾位新港人。

12 月 6 日，我們和新港人花費很長時間來討論此事，決定他們要在手臂上綁標記做爲辨識之用，同時要爲即將來臨的戰爭做必要準備。我們也派兩位新港頭人到麻豆，要他們的長老做我們的發言人，並轉告他們，如果他們願意加入我們攻打塔加里揚的行列，我們將很樂意。

我們不僅從新港人，也從某位蕭壠人得知，蕭壠人很害怕我們攻打他們，已經帶著他們的財物、器皿、米等，小心翼翼藏匿在村外的樹叢裡，每天都擔心我們會突然出現，因爲他們很清楚，他們要爲先前對我們所做的罪行受懲。蕭壠人不只殺了一些麻豆人，也殺了荷人，還厚顏無恥地偷我們的貨物，並不斷惹惱漢人，因此很擔心我們會突然包圍他們。他們猜想，我們可能假裝要打塔加里揚，實際上是要打他們。我們的土著線民也說，他們已備好幾頭豬要送給長官，以安撫取悅長官。

我們派一位長老到南部三村，通報我們要攻打塔加里揚的消息，表示期望他們的加入，稍後會告訴他們在何處集合。我們也派一位蕭壠人回村，讓他的族人瞭解我方意向。

12 月 7 日，我們派往上述小村的長老回來說，當地村民全都渴望參加，甚至樂於從事，並希望這行動能確保他們的土地不受侵犯。晚上，派往麻豆的新港人回來，帶來六位最老的麻豆人，我們與這些麻豆長老商議許多事項。

❺ 程紹剛譯註之《荷蘭人在福爾摩莎》（聯經，2000，頁 173），以為懲罰塔加里揚的日期在 11 月 5 日，與此不同。

12月8日，我們得知若干蕭壠人乘船至長官處，帶十七頭豬當禮物，希望長官能取消攻擊計畫。基於許多理由，長官沒接受他們的獻物。

一些麻豆人也來了，說自從我們打敗他們以後，諸羅山（Tirosen）人❻就對他們充滿惡意，還聽說虎尾壠（Favorlang）人❼要驅逐麻豆人，就像先前荷蘭人所做的那樣。

我前往台灣講道途中，遇到蕭壠的頭人提拉（Tilagh），他說先前帶豬到台灣要送給長官，但長官不接受，故要請求我協助。我講了許多有關蕭壠的話。他求我透露我們對蕭壠的計劃，並說他將告訴我蕭

❻ 【甘為霖原註】諸羅山（Tirosen）是最常見的拼法，但荷蘭文獻裡有時也出現其他拼法：Tirassen、Tirozen、Tilocen、Tilossen、Tilocen 和 Thilocen。諸羅山位在麻豆之北、虎尾壠之南，目前仍存在，即中部著名的嘉義市（Kagi）。這城市早期的漢字地名是「諸羅山」（Tsu-lo-sen），即原住民地名 Tirosen 的漢字音譯。它被改為今名，肇因於福爾摩沙的一次大叛亂（即1786年的林爽文事件）。在該叛亂裡，諸羅山的居民支持清朝軍隊，這個消息讓清帝很高興，於是諭令諸羅山改名為「嘉義」，嘉勉其義行。在先前的敘述中，哆囉嘓（Dorko）和諸羅山經常同時出現，顯示這兩地使用相同的方言，因為荷蘭人總是根據語言來分類各村落。

❼ 【甘為霖原註】這個名字經常被提到，所以要做個說明。原始手稿通常會在字尾加上 h 字母，有時甚至寫成 Vovorollang。它位於諸羅山之北（參看「諸羅山」條）。虎尾壠河必定是現在的虎尾溪（Haw-boe-khe）。進駐虎尾壠的牧師必須學習當地的語言，那和新港語及南部各村語言都很不相同。虎尾壠的語言結構可從哈伯特的〈虎尾壠字彙集〉看出來。在這個北部區域至少還有另一種虎尾壠方言，其樣本保留在1896年出版的〈維爾崔希1650年手稿集〉裡。參見 London: Kegan Paul, Trench, Trubner and Co. 出版的《虎尾壠語、荷語和英語對照的基督教教材》（*The Articles of Christian Instruction in Favorlang-Formosa, Dutch and English, from Vertrecht's MS. of 1650; with Psalmanazar's Dialogue between a Japanese and a Formosan, and Happart's Favorland Vocabulary*）。值得補述的是，根據前英國領事瓦特（Watters, T.）記載，最近有位旅行者在彰化東北發現一村，還有懂得虎尾壠語的人，見1897年1月的 *Journal of the Royal Asiatic Society*。

壠的一切秘密，如果我願立即陪他回村落，他就會向我一一指出謀殺荷蘭士兵的凶手。

12 月 9 日，星期日，我待在長官那裡較久，結果那位蕭壠人不知是害怕，或是另有要事，已經不告而別了。我只好當天回新港，並留下「該名蕭壠人要再回來」的命令。

12月11日，提拉回來，我陪他到台灣，向長官報告我和他之間所討論出的計劃，即：如果暫時延後攻擊塔加里揚，先攻擊蕭壠，那麼不該懲罰蕭壠全村，僅須懲罰這位蕭壠人所指出的壞蛋，這樣大家就會知道我們公正對待好人，只對付做壞事的人。但基於許多理由，長官並沒採納這一提議，他表示要先攻打塔加里揚，之後再來懲罰蕭壠。

此時我們也聽說麻豆人和目加溜灣人都很害怕沮喪，因爲新港人傳出了一些謠言，但我們很快就安撫了他們的恐慌。

12 月 18 日傍晚，麻豆人、蕭壠人、哆囉嘓人(有兩社)及 Magkinam、目加溜灣人❽和長官的代表一起出現，見證我們和麻豆人之間的和平聲明。

第二天，我們在教會之前，當著上述村落的代表面前，做成此項聲明。我們以荷語、漢語、新港話宣讀其中條款，向他們充分解釋，讓他們將來不能假裝不知道內容。我特別請他們注意那條將其主權讓渡給荷蘭合眾國、親王殿下及諸位評議員的條文。我們再問一次他們是否已全盤了解條文，他們回答 “Tavouris”，意即「是，我們懂」。我們繼續說：「你們這些來自其他村落的代表，現在都聽到麻豆人所說的了，他們已向我們投降，現在我們把他們視爲朋友，忘卻我們先前對他們一切的不滿。」

❽ 荷蘭時代哆囉嘓已有兩社，清初的方志亦云哆囉嘓有新舊兩社。至於 Magkinam，屬於台南善化目加溜灣社之一小社。

在此儀式之後，我們指定其中四人爲他們在任何場合下的發言人。這四人名叫 Tavouris、Fonksui、Tidaros、Luluch，對族人的影響力很大，是勇敢的戰士，受到高度尊敬。他們答應完全服從我們後，我們賜給他們每人一件天鵝絨袍、一親王旗及一權杖，權杖是象徵指揮者的權威。我們向他們詳細說明這些東西所象徵的權威意義。

就這樣，蔴豆人在一個月間順服了，平定了。感謝神無限的恩賜！

近午，住在山上的大武壠人來了。他們在半路上被漢人拖延，漢人騙他們，使他們很怕荷蘭人。我們極力安撫這些大武壠人，依他們的方式和習俗來對待他們，對他們相當友善，使漢人的謊言——這些謊言對他們造成很壞的影響——不攻自破。這個代表團也帶來兩支箭，那是也住在山上的大路關人（Taraquang）請他們帶來的。大路關人被住更深山的人所驅逐，所以到大武壠躲避。大路關人請求我們帶給他們和平與安全，並說很樂意親自前來，但因忙於搬運財物，不克前來。

12 月 21 日，攻打塔加里揚的日子將屆，附近的村落都收到通告，我們出發前往台灣。近午，很多人在赤崁集合。我們命令新港人圍著我們，其他人則站在外圍。我們告誡眾人，想要獲得祝福、擊敗敵人，就要服從唯一眞神，丟棄偶像。我們全體跪下，呼求唯一眞神協助我們，爲我們而戰。之後，他們各自解散，回到自己的位置。我們決定循海路進攻，赤崁人花了半天的時間，全部上船；但因風吹起，決定延至第二天才出發。

12 月 22 日，我們很早就上船，但天氣變得很壞，我們擔心會遇上暴風雨，決定改由陸路出征。中午，我們再次抵達赤崁，繼續前進，最後在一處稱爲「謀殺之洞」（Den of Murder）的地方過夜。

12 月 23 日，星期日，我們一早就繼續前進。我們走得不遠，來到一處很好的休息地點，長官吩咐我唸祈禱文。我唸〈撒母耳記下篇〉22章31節，然後眾人一起呼叫神，請求祂賜給我們勝利。之後，我走向坐在一塊的土著，也向他們講道。我們同樣在出發前一起呼叫神的名。

不久，我們看到新港人突然放下擔子，往南衝去。長官決定獨自追上去看個究竟，原來新港人看到幾個正在打獵的塔加里揚人，但他們在新港人接近時立刻逃跑了。我們繼續向前走，最後抵達一處森林，找到新鮮的水，決定在此過夜。我們也決定送回一些生病者，請大唪人（Teopangian）帶他們回去。

12月24日，我們繼續前進，到了晚上，已相當接近敵人村落，只要爬到樹上就可看到。眾人大受鼓舞。

12月25日，我們很靠近村落，渡過河後，敵人出現了。我們的新港盟友先以傳統矛槍與敵人進行小規模戰鬥，接著我們的先鋒出現，用步槍射擊敵人，敵人逃走了，通往敵村的路就此打通。我們進入村裡，看不到任何人，決定火燒全村，但我們先在村外找一處火燒不到的地方。由於黑夜將至，我們在採取必要的警戒措施後，就地休息。

12月26日，我們一早就出發，經過該村，北上返家。

敵人有許多戰士，卻整晚都沒來襲擊，使我們甚感意外。後來才知道，敵人很怕我們的馬和狗，也不喜歡鼓。他們本來要在早上攻擊我們，但一聽到我們的起床號，又怯而止步。

我們到達河旁的平原時，看到幾位持盾與矛的敵人，但他們害怕我們的步槍手，不敢靠近。爲了徹底擊敗敵人，長官下令展開攻擊。這些人拔腿逃逸，不見蹤影。在完全勝利下，我們離開塔加里揚。無疑地，這個地區的人都很害怕，不久將向我們乞求原諒。

12月27日，我們回到新港，得知我們不在的這幾天，有些人死於天花。

1636年1月1日、2日，颳起強烈北風，使我們無法出航，直到

1 月 3 日，天氣才平靜許多，我們帶著一名叫 Vedanga 的蕭壠人前往台灣。我們抵達後，要求他去找提拉，第二天他帶著提拉回來。

1 月 7 日，長官派商務官凱撒（Caesar）和提拉去捉漢人 Houvong，但他的船很快，被他逃走。不過我們捉到另一人，其重要性不下於那位逃走的漢人。他是蕭壠的頭目，名 Tanghol，曾經參與殺害荷人的惡行，並隨時找機會傷害我們。捉到 Tanghol 後，長官決定排除萬難，在次日出征蕭壠，使其馴服。

我們此行的目的是懲罰壞人，保護好人。這些壞蛋相當厚顏放肆，我們一定要讓他們說不出這種話：「荷蘭人不敢來，懼怕我們，否則他們早就來了，因爲他們知道我們和麻豆人一樣有罪。」這些壞蛋一有機會，就破壞我們及漢人的財產。另一方面，全島居民若得知我們進攻並奪下該村後，竟然將無辜者與犯罪者一起處罰，必會大損我們的美名。

1 月 8 日，我們找不到足夠的舢板，決定走陸路，黃昏時到達該村，以朋友之姿進入村莊。我們本可在行進時輕易射殺很多人，但我們選擇不要傷害任何人。休息時，一位據說曾犯罪的人主動現身，我們立即捉住他。夜間，一位蕭壠人偷偷潛近步哨，傷到步哨的肩。這是我們多次出征中，唯一被矛所刺傷者。這件意外讓我們全都驚醒。

1 月 9 日，提拉送來六個人，這些人犯下許多罪，我們決定監禁他們，同時決定不再捉罪犯。

我們要求友善的蕭壠人都到平時聚集的場所集合，該處離我們休息之地不遠。他們抵達後，我們詳細說明來此的原因：雖然我們可以輕易毀壞全村，但我們不想這麼做，我們此行只是來逮捕壞人，他們謀殺我們的人，特別是殘酷地折磨我們的傳道師及其僕人，再將之殺死。我們還提到他們和麻豆人一起在河中對我們所犯的罪行。因此，他們理應受罰，長官將宣判他們八人死刑，其他人當引以爲戒。至於那些逃走的人，其住宅必須被燒毀，現在要請大家指出他們的家，並親手焚毀。沒有犯罪的人不必擔心，我們將視他們爲朋友，以朋友之道相待。

我們說完後，一位老土著站起來，說他贊同我們所說的，指責這些罪行，並說他不只要指出這些人的住宅，還要協助焚燒它們。他說：「走吧！照著我做。」於是下令擊鼓進入村裡。

這些罪犯的房子被燒毀後，我們就返回新港。只有一部分軍隊於當晚到達，其餘的則在半路過夜。先頭部隊包括長官和管理囚犯的人，我們抵達新港時，將囚犯監禁起來。

1 月 10 日，所有軍力再度集結於新港，七個蕭壠囚犯在我們的教堂之前被斬首。行刑者不是我們的非洲黑人，而是選自新港人。長官之所以這樣做，是爲了讓新港人與我們關係更緊密，更遠離蕭壠人。

爲了使軍隊休息，我們在新港過夜。這樣做是有目的的。因爲每當我們和新港人或其他土著有不愉快時，他們總是說：「我們要去大武壠了，荷蘭人不能也不敢去那裡。」此一念頭讓他們有恃無恐。爲了讓他們知道這種威脅無效，長官決定以朋友之姿，拜訪大武壠。長官先派新港人前去通告，以免他們不知道我們的拜訪，誤把我們當作敵人。

大武壠離新港一天的路程，位在山上，我們當天到達。途中我們經過 Magkinam，他們給我們飲料，表示友善。經過此村後，我們直接上山，當晚在大武壠附近停留並過夜。

1 月 12 日晨，我們進入大武壠，村落頗大，男人很多。當地的頭人歡迎我們，並給我們飲料。不久，我們集合全村人，宣告我們此行的目的（如前所述），我們是來做朋友的，請他們不要害怕。

說完，他們邀請我們入屋，要以他們的方式招待我們。但長官發現我們的士兵企圖行竊，便謝絕他們的好意，命令全員立即離開該村，長官不想激怒他們，使朋友變成敵人。長官請求村人帶酒到我們先前過夜的地方，我們決定再次在該處休息。長官也請求頭人們前來，以便能招待他們，做為回敬。他們欣然同意，帶來約二十三罐當地飲料。賓主盡歡後，我們踏上歸程。當晚我們在 Magkinam 附近的小森林過夜。

1 月 13 日，我們一大早就到 Magkinam，一位名 Ti Caseia 的長老帶酒來看我們，想招待長官，村裡還準備許多酒，但長官命令他們把酒拿走，因為我們昨晚才醉倒很多人。9 點左右，前頭部隊抵達新港，其餘部隊中午才到。用過點心後，長官搭船回台灣，軍隊則走陸路回赤崁。

此次出征，圓滿結束，沒有人被殺，只有一人染病。那位病人因無法再走，我們命令土著帶他到安全之處，但他們卻把他帶到其他地方，此後我們未再見到他，聽說被一位蕭壠人殺了。

1 月 14 日，我們發現許多蕭壠人和諸羅山人在等我們。蕭壠人想獲得我們的友誼，我們則回覆，如果他們能驅逐心懷惡意的村人，沒收其財產，並燒毀其房屋的話，我們也希望做朋友。他們承諾這麼做，要求我們派一、兩位新港人陪他們回蕭壠。三天後，他們回來了，回報說已燒掉四間房子。

1 月 17 日，這些蕭壠人再度回去。我們接待一些諸羅山人，諸羅山位在我們北方，有兩天的路程。我們盡量安撫他們的恐懼，然後帶他們到台灣。長官也希望與他們保持和平，所以送他們一點小禮物。我們大受鼓舞，再度回新港。

這時，我們錄取了四位年輕土著，希望他們有一天能成為當地人的好老師。我們給他們所有新港文的作品，每天用新港語教他們。

1 月 19 日，蕭壠人提拉再來，帶來兩個被謀殺者的頭顱和三頂帽子，並說他不知道失蹤水手的任何訊息。

1 月 24 日，我們派兩位荷人到哆囉嘓（由兩村組成）。因為從未有荷人拜訪過該地，聽說他們很擔憂我們會去進攻。哆囉嘓人熱烈歡迎這兩位荷蘭代表，並由九位族人陪著回來，我們也熱誠接待他們。

1 月 26 日，長官派往塔加里揚的漢人四哥（Siko）回報說，當地居民很願意與我們和平相處，他們已送五頭豬到台灣，當作給長官的獻禮。另有一個漢人，代表二林（Tarokei）人來請求和平，該村比諸羅山更北。在他們的請求下，我們送給他們一支權杖，由同位使者帶回，代表他們無須再害怕。我們也送一支權杖給蕭壠頭目 Sinding，使他能召回流散各地的族人。

1 月 27 日，幾位住在塔加里揚的漢人前來，代表該村來和我們訂和約。他們說，南部各村都很恐懼，塔加里揚人有十三人被殺，其中九位被斬首，另有八人受傷。這些漢人瞭解其習性，自信只要派幾個人和他們回去，就可以帶幾位塔加里揚人到台灣；如果能有兩、三個知母義人（Tivalukangians）陪同前往更好，因為知母義人與塔加里揚人友好，聽得懂他們的話。因此，我們派新港人里加（Dika）❾和一個漢人前往知母義商議此事。晚上，我們得知這些村人都很樂意見長官。

1 月 29 日，我告知長官此事，長官立即許可這項計畫，因此派遣六位新港人及四位知母義人前往塔加里揚，並派四位荷蘭人隨行。這群人於隔天搭乘三艘舢板出發，事情可望順利進行。

1 月 31 日，蕭壠人帶來種在其泥土的小檳榔樹和椰子樹，放在全體評議員面前，承認我們擁有他們的村子和土地的主權。他們同意和麻豆一樣的和平條款，但不願在每年屠殺日送兩頭豬來；我們同意讓步，因為他們的罪行較麻豆人輕。

黃昏時，我們再度回到新港，見到一些二林人，他們住在比諸羅

❾ 應該是 1629 年里加事件的主角。

山更北的地方，從未看過荷人。如前所述，他們請求能與我們和平相處，並誠摯地帶來四頭豬。爲了讓他們覺得光榮，並滿足他們的要求，我們當晚在漢人 Lampak 的家招待他們。

1636年2月1日，我們招待完二林人後，就送客，並向他們保證，如果他們在各村代表集會的日子出現，我們就視他們爲盟友。他們承諾說，只要我們及時通知，他們一定會來。

2月2日，麻豆長老來，他們說，村民們充滿疑慮⑩，自從村莊被燒毀後，沒有人敢回到原地。長老們請求我們派兩、三位荷人前去，平息村民們的疑慮。因爲他們主張這樣做會有好結果，所以我們派了三、四位荷人前往。

2月3日，我們派去麻豆的人回來，說他們受到隆重招待，該地人民已不那麼恐慌。傍晚，兩位派往塔加里揚尋求和平的新港人回來，回報與塔加里揚人的協議情形。他們認爲，塔加里揚人願意與我們和平相處；有七個塔加里揚人搭上我們的船，可能已到達台灣，而三個新港人和一個荷人已前往他們的村莊。

2月4日，我奉命前往台灣，主要是處理與塔加里揚人的和談。我們進入城堡，約在中午談出結果。長官起草以下的簡短和約：

1. 塔加里揚人將其土地及所有物讓渡給荷蘭合眾國，並將種於其土的小檳榔樹和椰子樹送到城堡，做爲讓渡的象徵。

⑩ 原住民甚至以殺人、通姦、殺嬰為傲，不管殺的是自己人或別族人。他們應該是相信荷人可能人數不多，所以雖然有槍，但還敢和荷人作對。荷蘭人由巴達維亞補充軍隊，一下子出現許多軍隊，讓他們不得不臣服。他們的世界觀被迫改變：相信很遠的地方會有「荷蘭」這樣的國家。改變他們的風俗習慣，對土著的啓迪，遠比傳教還重要。荷蘭人攻麻豆時，也是用突襲的欺詐法，使蕭壠人一直擔心荷蘭人會突然攻擊他們。荷人強調只殺壞人，這也是改變他們心智的重要做法，因為他們獵人頭是不計較好壞人的。獵人頭以顯武勇，不一定是為了祭神。仇恨外族被仇恨壞人所取代，惡有惡報的觀念開始在人心萌芽。

2. 塔加里揚人絕不可以武力對付我們。

3. 在我們所有的朋友和同盟者集會時，塔加里揚人也要出席。

4. 塔加里揚人不可以干擾漢人。

5. 如果我們要求，塔加里揚人必須參與作戰。

6. 荷蘭政府若派代表前去訪問，塔加里揚人必須派人到我們這裡。

塔加里揚人接受這些條件後，和我們一起回到新港。他們和新港人原來是敵人，彼此之間的仇恨，就像我們荷蘭人與西班牙人那般。雖然新港人友善招待他們，但他們還是寧願待在我們身邊，因爲他們較信任我們。對塔加里揚人來說，前往新港並受到友善招待，眞是再怪異不過的事了。

2 月 6 日早上，塔加里揚人離開，我方出席人員也回家了。和平已完成，只剩下正式宣告和公佈。

2 月 10 日，我們選定日子，屆時所有與我們保持和平的村落都要派代表前來。

我們對塔加里揚人的勝利，效應極大，不只附近村落，連更南的村落都學會要害怕我們荷蘭人。塔加里揚以南有七個村落，合稱放索仔，人口眾多，離海岸不遠。雖然放索仔人沒有做不利我們的事，但聽到塔加里揚的命運後，就派一位長期住那裡的漢人來，希望能與我們和平相處。我們欣然接受其請求，但因爲此事還需與長官商議，所以我們陪同幾位新港人和 Lampak 的兄弟到台灣，衷心希望我們的使命能成功。長官聽完我們的請求後，相當高興，並派船送請願者回去。他們在 11 日離開。19 日，新港人帶回三個放索仔的頭人。這些新港人說，他們在放索仔受到熱烈的歡迎與接待，送上的酒多到喝不完。荷蘭代表的出現，似乎最讓放索仔人高興。他們唯一的要求就是與荷蘭人和平相處。他們也承諾要送小椰子樹來，代表讓渡他們的村子和土地給荷人。後來他們眞的照做了。

漢人告訴我們，放索仔的頭人對其人民有很大的權力，甚至可以判處死刑。事實上，他們的政府似乎和他族有極大的差異，別處的首領不能因謀殺或殺人而判人死刑，只能以沒收部分財物來解決；沒收財物是對殺人者唯一可能的懲罰。

放索仔人就這樣歸順我們，這對我們的統治極爲有利，因爲我們的貿易範圍可以安全地遠達金獅島了，即使遇暴風雨而發生船難——願上帝不讓此事發生——我們的財物也能安全，生命也沒有危險。長官對這個地方相當了解，相信他會呈上更詳細的報告。

長話短說，我們接著談 2 月 20 日，那天我們要求所有村落的首領都要來（新港）集會。在新港以北兩天路程及從山區出來需一天以上路程的村落中，有二林、諸羅山、哆囉嘓（有兩村）派代表來參加。再來有大武壠、Taiouwang、Tusigit 三村，然後有大村落麻豆，蕭壠、目加溜灣、Magkinam、大唪、知母義、Tivakang 等也派代表來。南部地區，離我們所居村落兩天路程的代表，有塔加里揚、大木連（Tapuliang）⓫、萬丹（Pandel）、Calivong、塔樓（Sotanau）、Tourioriot。位於更南方，離塔樓一天路程的村落代表，有大、小放索仔、Kesangang、Tararahei、Jamich、Sangwang、Flatla 等。最後還有新港代表，一共有二十八個村落。

他們第一次相見時，我們很高興看到他們之間的友善，看到他們互相親吻，互相凝視。這在福爾摩沙是從未有過的事，過去他們幾乎都在相互戰爭。例如，放索仔人與塔加里揚人、塔加里揚人與新港人、大武壠人與諸羅山人、諸羅山人與蕭壠人等等。現在，他們不只服從我們，而且相互友善。若不是我們介入，他們無法統一。在此之前，他們不敢和另一族人說話，大家互不信任，儘可能欺騙對方。

⓫ 在今屏東縣萬丹鄉附近。

所有代表都來了，等待長官蒞臨，以批准條約。2 月 21 日夜晚，長官在一隊步兵護送下抵達。各村代表本來都已到休息處過夜，但一聽到長官到來，就立即前往我們的住處迎接長官。當晚，長官相當友善地接待他們，使他們賓至如歸。長官說，他很重視目前的和平狀態，並說荷蘭人的戰爭和他們的戰爭不一樣，我們是被迫而戰的戰爭，他們則是爭相砍頭的戰爭。

2 月 22 日早上，舉行和平條約的批准儀式。代表各村的長老們排成一列，我們非常詳細地告訴他們和平已降臨，說明和平的價值，告誡他們應該致力於和平，不要再像過去一樣相互殘殺。向他們解說長袍、權杖和荷蘭國旗的眞義後，我們折斷一些稻草，這就像是西方人的宣誓儀式。在長官的命令下，他們一一被唱名，走到長官面前，每個人都被授予一份長袍、權杖和國旗，然後歸位。如此進行下去，直到每一個人都出列過。看著這些長老穿著黑袍行進，眞是賞心悅目，遠遠看，必會以爲是一隊天主教神父的行列。

目加溜灣、塔加里揚、放索仔等村的人帶小檳榔樹、椰子樹置於長官的腳下，表示將其土地和獵場讓渡給公司。在此儀式後，我們再告誡他們要保持和平，不只要與荷人和平，他們之間也要相互和平；如果他們這樣做，長官一定會讓他們滿意。

下午，長官接待這些賓客，殷勤款待他們，使他們極爲滿足。

有些代表離家已久，要求回家。當天下午，他們向長官告辭，每個人都與長官握手，感謝這幾天來的招待。在諸羅山代表的請求下，長官派二、三名荷人陪他們回家，因爲其村民已很久沒有見過荷蘭人。諸羅山人對他們很好，他們在那裡住了幾天就回來了。⑫

我們根據長官的吩咐，在各村代表離去前，告訴他們：我們最近

⑫ 此後，北自今之雲林，南至屏東林邊，皆順從荷蘭人的領導。

會到各村，親自向全體村民講解這次在新港的大集會所說之事，說明長袍、權杖的意義，以及如何使用國旗。我們還特別命令他們，特別是塔加里揚和放索仔人，往後有任何荷蘭船隻出現在他們的海域或村落附近，就要出示國旗。他們答應照辦。我們在長官的命令下，立刻啓程拜訪與我們聯合的各村，沒有絲毫遲延。

2月24日下午，我們離開新港，準備先拜訪蕭壠，並先派人通知。半路上，一位蕭壠人展示親王旗，走過來歡迎我們。不久，其他人也帶著他們自製的酒來款待我們。我們黃昏左右抵達村子，立即被引導到最大的房子，受到最親切的招待。他們端出豬肉、熟飯、酒（*massichau*），非常豐盛，好像他們是最富有的人。

我們喚來那位被我們斬首的頭目之妻，很友善地告訴她不用害怕，因爲我們的習俗和她們的不一樣，並不會只因家中一人違犯，便懲罰全家。

2月25日，全村人被召喚到我們指定的集合地點。我們前往該處之前，得再次享用他們帶來的食物和飲料，同樣很豐盛。村民到齊後，我們開始演說，重述各村代表集會於新港時所說的話，說明長袍、親王旗、權杖的意義，告誡他們要尊敬長官所任命的長老、服從長老們公正的命令、不可破壞與我們的和平，最後要他們了解自己蒙受多大的寬容，因爲他們犯下謀殺之罪，卻只有極少數人被懲罰。我們也提到他們以前曾侮辱、毆打、搶奪村裡的漢人，這些漢人是長官派去與他們同住的⓭。我們警告他們，不可再犯此類暴行，否則必受懲罰。簡言之，我們勸告他們要行爲良好，如此便可得到我們的恩惠和恩典。

我們說完後，一位新任命的領導者接著上場。他用強而有力的言

⓭ 荷蘭人派漢人協助他們農耕，多獲利以提高稅收。

辭重述我剛才所說的話：「壞人們，停止爲惡，否則我們就會捉住你，把你綁起來，送給荷蘭人處理。」

此一儀式結束後，他們再度邀請我們到屋裡，要進一步招待我們。但我們不想再浪費時間，而且我們已向麻豆人告知造訪的意願，因此我們在若干蕭壠人陪伴下，繼續我們的旅程。我們走了約半小時，來到河邊，看到親王旗揮舞。我們繼續向前，遇到一些麻豆人，其中有村裡的長老。他們已等了我們一個多小時，還帶許多飲料要讓我們享用。

兩個蕭壠頭人陪我們到麻豆。接近村子時，有幾位漢人來歡迎我們，要我們接受他們的款待。蕭壠人對我們很友善，但麻豆人更加殷勤接待，如果我們當時有更多人同行，同樣會感到滿意。他們殺豬，拿出最好的酒，將我們從一家帶到另一家。簡言之，他們盡其所能來取悅我們。我們對麻豆人所說的，跟在蕭壠所說無異：告誡他們不要做惡；我們的憤怒已經平息；長官將與他們和平相處；他們有尊敬長老的義務。

麻豆有許多漢人，我們指定一個地方把他們集合起來。他們大多住在麻豆多年，所以很了解我們。我們斥責這些漢人對我們做過許多惡行，害我們被麻豆人屠殺。我們還責備他們一直煽動麻豆人反抗我們，並在荷人拜訪麻豆時做出不禮貌的舉止。最後我們讓他們知道，如果他們要與我們爲友，就必須做臣民，而不是當敵人；如果他們不聽，就會被我們趕出麻豆。他們承諾會改正，懇切地請我們接受他們的招待。爲此，他們準備一大桌的食物，友善禮貌地請我們一起享用。

時間過得很快，我們之中有些人開始感到醉意，於是我們向主人告辭，準備當晚返回新港。他們聽到後，馬上懇求我們再多待一會兒，我們同意了。但因爲該地的長老沒來，我們決定出發，不再拖延。我們正要離開村子時，看到許多頭人及其妻子帶著酒罐前來，在我們離開前做最後的招待。最後我們出發了，他們保證要做服從的臣民。

我們黃昏時到達目加溜灣。這裡的人也想宴請我們，但我們拒絕了。他們村子有很多人不在，所以我們沒有像先前在蕭壠及麻豆那樣，對他們發表談話。我們說我們很快會再回來，並會事先通知他們，這樣他們全村人在我們回來時都會在家。我們很晚才抵達新港。

2 月 26 日，我們拜訪南部三村。我們告訴村民們，不要讓新港人住在村子裡，逃散的村民也應該回來。我們問他們，要不要像新港人那樣，拋棄偶像，敬拜唯一眞神？難道他們沒有看到，新港人自從拋棄偶像後，不管在世俗利益上或精神上，都很繁榮嗎？有些人說將依循我們的忠告行事，有些人則稍有遲疑。因爲這三村有不少人死了，我們建議他們合併成一村，我們將派一位教師來教導他們。他們同意此建議，但說要等東北季風過後才合併。

我們接著對住那裡的漢人講話，嚴厲斥責他們總是想欺騙這些村民。

然後我們請求他們的頭人陪同我們到一個地方，我們認爲他們可以在此建立漂亮的村子，我們很高興他們贊同這項選擇。我們認爲，合成一村比分爲三村好，這樣他們就可以由一人來教導，並上同一教堂。願我們的計劃不久能實現。

2 月 27 日，我們前往哆囉嘓，有兩村，在目加溜灣之北，麻豆與諸羅山之間。下午，我們再度出發，晚上抵達目加溜灣，在那裡一直待到半夜。第二天很早啓程，我們再向北走。日出時，我們到達靠南的那村，停留了一會兒，忙著調查靠北那村的消息。途中，我們遇到兩位從諸羅山、二林回來的荷蘭人，他們說受到相當好的接待，並說這些居民很友善，不斷詢問荷蘭代表團何時會到。爲此，我們決定繼續前進。

我們用完點心後立即出發，傍晚到達，一頭人出來迎接我們。我們經過一片豐饒的土地，看到成群的鹿四處奔跑。我們一進入村子（諸羅山），就被引導到 Dalis 的屋子，他提供我們一些食物。此地的居民，不管男女，都很好看，是本島所見最漂亮的。婦女的皮膚很白皙，她們大都留在家裡織布。我們與他們談了一些話後就離開了。

我們原本想拜訪二林，但爲雨所阻。31 日晚【原文如此】，我們再度回到哆囉嘓，受到熱誠的招待。

1636 年 3 月 1 日，大清早，我們啓程到靠南那村。他們爲我們準備兩堆營火，有許多豬肉和飲料供我們享用暢飲。我們與他們談話後，前往目加溜灣。

途中遇到幾個 Magkinam 人，問我們是否要到他們那裡，何時去。我們抵達目加溜灣後，受到村民盡情招待。他們在三個不同地方放了三張桌子，擺出來的酒多到讓我們吃驚。我們與他們講完話後，回到新港。

我們聽說某些大唪社人曾在塔加里揚受到慷慨招待，我們的新港人也曾在他們的狩獵場與他們碰面，雙方還互相親吻⓮。

3 月 3 日，我們乘船到台灣，向長官報告此番探訪的見聞，及如何告誡這三村居民拋棄偶像、敬拜唯一眞神，並說明這些居民亟需派人前去教導。

幾天後，我們聽說有三位塔加里揚的婦女來附近小村拜訪朋友，其中兩位亦來新港，我們送她們一些小禮物。這是我們初次見到的婦

⓮ 狩獵場是各族的勢力範圍，在別人的勢力範圍見面，也不衝突，並互相親吻，可見已真正和好。如果他們之間真的不戰爭，死亡率可望減少，又不殺嬰，嬰兒增加，也需要更多的糧食，則會更需要農耕以養活更多人口。於是漢人勢必更具重要性。

女 ⓯。

3 月 19 日，我們拜訪 Magkinam，其村民經常邀請我們來訪。我們談了許多事，特別是拋棄偶像、敬拜眞神。我們有充分理由勸他們這樣做，因爲鄰近各村都目睹了五年前拋棄偶像的新港人的繁榮，他們也想享受同樣的繁榮，宣稱只要我們能派教師去，就將追隨新港人的範例。大門已爲我們敞開，但遺憾的是，教導他們的人是如此稀少。

3 月 26 日，住台灣的大武壠人來此，熱切請求我們陪同他們返回其村，因爲他們的村民沒有見過荷蘭人。他們希望宴請我們。我們以工作太忙來婉拒，改派其他人前往，他們受到最熱烈的招待。

1636 年 4 月 4 日，我們決定拜訪南部村落，特別是放索仔，看能否在該處傳教，並強化我們與他們之間的和平。4 月 6 日，我們離開新港，及時抵達台灣，並於第二天中午啓航。船上有二十名荷人，包括長官指派的朱利安生（Johan Juriansen）中尉，以及 Pieter Jansen Bottelier，一起去探查情勢；另有六名新港人。我們晚上抵達打狗，在該處過夜。

第二天一大早，我們再度啓航，近中午時到達放索仔。我們看到很多村民在海邊奔跑，離我們很近，可以協助我們上岸。我們在船上等頭目 Takumei，他很快就拿著親王旗出現，到我們船上來。我們上岸後，發現放索仔非常狹長，人口眾多，小孩很多。

4 月 8 日，我們拜訪附近不遠的幾個村落。這些居民很野蠻，全裸四處走，但婦女身上還有些衣物遮蓋。我們與他們談了以下事項：

1. 關於敬拜唯一眞神。他們說，只要我們能派一位教師來教他

⓯ 初次見到什麼，未說明清楚，可能初次見到遠離本村的婦女、初次見到會拜訪別村朋友的婦女等等。

們，他們就願意服事祂。我再次表示，遺憾得很，我們只有極少的教師，無法教導所有願意接納我們宗教的居民。

2. 關於金獅島。我們想知道放索仔人與金獅島民的關係：他們是否有來往？是敵人或朋友？

3. 從漢人處獲得更多關於黃金的可靠消息。據報，在瑯嶠的敵對村落附近山上，發現了黃金。聽說那裡有條河盛產沙金，河水很冷，我們認爲這有可能成爲公司巨大的財富來源。所以我們派一位和我們相處很久的漢人前去瑯嶠，他可以代表我們和他們談和平條件，並詳細調查黃金之事。長官普特曼斯很喜歡這類調查，我們經常談論這項主題，我相信他會就此事向您們做完整的報告。

我們到放索仔還爲了一事，就是去張貼中文寫的和平協定或條約，這七個村落的名稱前已述及。

4 月 12 日，我們回到新港。

4 月 14 日，我們寫信給長官，懇切請求他派一個荷蘭人到放索仔學語言，並爲傳教工作做準備。這個請求被批准了，由斯伯曼（Warnaert Spoelmans）前去。我們給他最近旅行收集到的三百個放索仔語詞彙。4 月 16 日，斯伯曼與放索仔頭目一起離去。

4 月 18 日，一些大路關人（Taraguang）到新港，想求和平。他們原本住在高山，但現在既然與大武壠人住在一起，我們就把他們視爲該地的人。

4 月 21 日，漢人 Lampak 回來了。他離開十四天，我們在放索仔時派他送禮物到瑯嶠，該地大約在放索仔以南兩天路程。Lampak 說，瑯嶠有十五個村子，只服從一位頭目；瑯嶠是放索仔的敵人；瑯嶠人是他所見過最文明的人，穿得很好，婦女的衣服長到腳踝；瑯嶠頭目願意和我們和平相處，但希望我們先派人去那裡。他肯定地說，黃金就在瑯嶠的敵人那裡。我們亟需和他們保持和平，這樣不只可以得知更多沙金的消息，還能夠控制更長的海岸，並向其居民傳教。

哆囉嘓（Tarokei）⑯之北還有另外五個村子，離新港約兩天路程，名叫他里霧（Dalivo，今雲林斗南）、Jarissang、Valaula、Tossavang、打猫（Dovoha，今嘉義民雄）。這些村民好幾次表示要和我們和平相處，因此送我們許多箭，並請求我們派人去訪問他們。我們同意了。他們離哆囉嘓約一天路程。他們說當我們派去的代表團返回新港時，就會順道派人過來看我們。4 月 22 日，我們派兩位荷人前往，希望這些居民能成爲我們的盟友，這樣一來，我們就能控制福爾摩沙的西海岸了。

4 月 26 日，我們前去與長官商量瑯嶠之事，他立即同意派代表去，因爲他很希望與這些人保持和平，理由前已述及。

4 月 29 日，因爲大目降（Tavakan，今台南新化）人⑰決定要改信基督教，我們開始尋找適當的住所，提供將派往那裡的傳道師居住。此外，我們告訴他們，他們目前還在崇拜的乃是想像的假神，並說明改信基督教的唯一眞神後，將會得到何等祝福。說完，我們問他們何時要拋棄偶像，何時全體村民都會在村裡。我們得到滿意答案後，親切地跟他們道別。讚美上帝，一扇大門爲我們開啓，收穫是如此大，神工卻很稀少。

我們傍晚回到新港，發現尤斯特（Joost）回來了。他已拜訪新港以北三天路程的五個村子，回報說當地村民和善接待他，並承諾一旦

⑯ 此處的 Tarokei，是指 Dorocko（哆囉嘓），即目前台南的白河、東山一帶，不是彰化二林的 Tarckeij（=Tackey）。這牽涉到當時沒好好校訂，荷文本來就有問題，再翻成英文，錯誤更多。像英譯本裡面的 Tarokei，通常指二林，這裡卻指哆囉嘓。有心人應該好好研究一下。

⑰ 【甘為霖原註】大目降，福爾摩沙的一村，人口約一千人，受洗者超過兩百人。依荷蘭記錄，此地名亦拼作 Taffacan、Tavocan、Tavacang 和 Davocan。資料顯示它在新港附近，是今日的大目降（Twa-bak-kang），在新港東南 2 哩。

天氣變好，就會來拜訪我們。這些居民有點像諸羅山人，武器也是弓和箭，只有少數的矛。

1636 年 5 月 1 日，尤斯特去台灣，準備前往瑯嶠；傳道師阿利可樂（Carolus Agricola）則到大目降。阿利可樂到大目降有兩個目的：1. 讓自己更熟悉當地方言；2. 在當地居民拋棄偶像後，對他們傳授基督教的基本教義。我們也設法爲新港人開設一間學校，選擇七十位可塑性大的小孩來教。

5 月 5 日，我們到大目降。當地居民將所有的偶像及神壇集於一處，親自放火燒掉。我們熱誠告誡他們現在要改信唯一眞神，之後返回新港。願神協助，讓我們的教導能使他們改信。特別是他們之中的年輕人，顯現出強烈的學習意願。我們立即規定星期日爲安息日，給傳道師一些文書，使他能用方言來做禮拜。5 月 18 日，我們第一次遵守安息日，幾乎所有村民都參與。

前天（5 月 15 日），十六名瑯嶠人到新港，即瑯嶠首領的兄弟和十五位隨員。他們來新港之前，已到台灣見過長官，長官相當友善地招待他們，令他們極爲滿意。在新港宴客後，我們一起到台灣，和長官共同討論訂和約之事⓲，最後達成部分（雖不是全部）協議。此外，我們也趁機向他們說起敬拜唯一眞神之事，這個提議他們沒有完全拒絕。

恰好此時放索仔的頭目 Takumei 來台灣，我們把握這個機會，使原爲敵人的放索仔與瑯嶠握手言和。

5 月 26 日，我們的學校開學了⓳。因爲書本尚未準備好，我們給

⓲ 他們雖然見過長官，但訂和約之事還是要先經過尤羅伯才可以。尤羅伯的角色需加研究。

⓳ 1636 年 5 月 26 日，台灣史上第一所學校開學，位於新港。

每個小孩一張紙，上頭分別寫有子音和母音。我們相信這種教學將有益於年輕村民，也相信這間學校將能順利運作，一如往常。

1636 年 6 月 1 日，塔樓來了一位使者，代表塔樓東邊三村的人民來向我們請求和平。這三村屬於附近名為 Dal 的八村集團。我們接受他們的矛，但要求那三村的居民必須自己前來，屆時我們會陪伴他們到台灣見長官，長官一定會與他們保持和平。這三村名叫 Pororei、Sovageiageiang、Sakasakei。

6 月 10 日，塔樓人再次出現，並帶著知母義的頭目前來。這頭目說他受到上述八村居民的友善招待，他們都渴望和平。

我們也拜訪目加溜灣，再次和他們談及拋棄偶像、敬拜眞神之事。因為長老尚未集會，他們不能給我們任何答覆，但他們說隔天會

日本畫家所繪的「荷蘭人的蕃人教化」【引自《台灣歷史畫帖》】

來新港。他們隔天果眞來了。他們的村子有九百一十人，一百七十六間房屋。關於拋棄偶像的提議，希望他們很快能給我們答覆。我告訴他們，他們的偶像是魔鬼，如果他們拒絕魔鬼，就該拒絕這些偶像，若不這樣做，就無法擺脫撒旦的束縛。

6 月 21 日，目加溜灣人接受我們的提議，決定棄絕偶像崇拜，拋棄他們的偶像，但他們說要等到稻子收割後才這麼做。他們同意讓我們辦學校給目加溜灣少年，聲稱只要我們派一位教師去，他們就願爲此蓋一間房子。我們希望很快能派人前往。願這裡能有充足的人手！

7 月 25 日，山上三村之一的大武壠的頭目前來，他說很多村民死於天花，包括我們與他共同指定的兩頭目。他也帶給我們一支鐵矛，那是他們高度珍視的東西，請求我們收下。同時他希望更新條約，將彼此合成一體。

我們回答說，我們只希望和平相處，但除非他們拋棄偶像，否則我們無法眞正的合一；如果他們能拋棄偶像，和我們共同敬拜唯一眞神，那麼我們就是眞正的朋友。我們趁此良機告訴他，宇宙之主在最近的戰爭中爲我們光榮地戰鬥，並賜給我們豐富的塵世利益。頭目回答說，如果能有人去教他們，他們願意敬拜神。我說這不是我能決定的，我必須報告長官，如果有適合的人選，長官一定會派去。大武壠是山上各村中最大的。這些可憐的靈魂未能改信基督教，是我們的錯。天啊！神工太少了。

1636 年 7 月 26 日，一位住在 Magkinam 的漢人前來。他說他很希望住在那裡，並娶當地女子爲妻，如果我們能教導他們夫妻，他們將改信，變成基督徒。不久前，一位住新港的漢人也講過類似的話，他說他已決定要放棄他自己的國家，接受我們的宗教。還有其他諸如此類的例子，我們相信所有這類人都會享受福音的榮光。

麻豆與蕭壠這兩大村子親眼目睹新港的繁榮後，我們相信可以輕易說服他們放棄偶像崇拜。新港人多年前開始信仰眞神，之後他們的稻子年年豐收，今年的收成也當不遜於往年。這項實驗成果對福爾摩沙居民具有相當重要的意義。因爲新港許多老人，特別是以前的尪姨，在新港人改信基督教時預言，如果忽視傳統的偶像，改信荷蘭人的神，土地將無稻子可收成。然而，實際的情況不只相反，且改信後的收成更遠勝於改信之前。這一事實已嚴重打擊傳統信仰，以致現在村民開始嘲笑尪姨，在以往，她們的話被視爲神諭，其權威性有如我們的福音。

如所已述，我們建了一間學校給新港的孩子。我們不只教他們基督教的基本教義，還教他們讀、寫[20]。因爲他們還年輕，不太需要做戶外工作，所以比較能夠來上學。我們也開了另一間學校，供 12、14 歲或更年輕的女孩就讀，每天早上教她們（約有六十位女孩）兩小時的基督教基本教義，效果很好。我們不必花什麼費用，因爲她們來學校並沒獲得任何禮物。同樣地，男孩學校也不用什麼花費。如果將來需要經費的話，也不會太多，最多一百里耳而已。我們希望其他各村的學校可以比照這種模式。

1636 年 8 月 31 日，塔樓的那位使者又來了，他先前曾代表 Dal 八村中的東方三村來過。這次他又帶來許多矛，代表另五村來談和平，我們的答覆和稍早前給那三村的一樣。使者說，雨季結束後，他們就會親自來訪，我們也答應屆時帶他們去見長官，長官也會與他們商議和平之道。

這八村，加上住在山上的瑯嶠村落，一共十五村。再加上北方五

[20] 讀寫的內容都只限於宗教；中國的讀寫大多限於科舉，無法累積其他知識，在增進人類知識上無法有大貢獻。原住民若能以所學到的文字來記載宗教事務以外的內容，就會有極大的進展。

村，我們曾訪問過他們，不久前他們還送來許多矛。還有那些屬於麻里麻崙和塔加里揚的村落，他們已派來代表，但未接受親王旗。以上共二十九村，再加上原有的二十八村，合計五十七村。

由此可見戰爭的成效有多大呀！麻豆和塔加里揚因其惡行而遭燒毀是多麼好的事呀！我們所獲得的領土有多大呀！眼前的傳教之門有多麼寬闊呀！您們從不吝於協助我們，此地已有這麼好的開始，您們絕對會再堅持下去。誠然，神將台灣及其土地的統治權交給我們，不光只是爲了貿易和價值數十萬的出口貨品，還爲了要帶給這些土著無法形容、永恆的精神財富。

以你所擁有的來榮耀神，神就會榮耀你。「當將你的糧食撒在水面，因爲日久必能得著。」雲層佈滿時就會下雨。因此，如果神賜給您們的祝福已經滿了，就讓您們善意的雨下到這片荒瘠的土地吧！不要認爲造福這些迷失羔羊是無益的浪費㉑，因爲這些都是借給上帝的，而祂已經回報您們，往後也會天天賜福給您們。閣下們每年能從這塊土地賺進數以千計、甚至數十萬的利潤，這難道不是那統治和引導萬事萬物的神所做的嗎？如果您們希望神的賜福能繼續，就應該慷慨付出，派遣熱誠的人來此傳教。不管是爲了神、爲了您們自身，或是爲了您們的鄰人，都有許多理由使您們這麼做。

1. 請看看上帝，並以祂爲模範。請依循祂的作爲。天上的父是慈悲的，請像祂一樣慈悲，善待人和畜生。

2. 請遵循神的命令，祂吩咐我們將罪人帶回正途。

3. 請想想回報吧！如果您們能證明自己對傳教工作的熱誠，回報

㉑ 西班牙人到中南美洲，結果印加帝國滅亡；英國人到非洲，結果捉他們的人來當奴隸；荷蘭人來到台灣，雖有剝削，但也花錢解救台灣人的靈魂。從歷史的眼光來看，台灣人何其幸運！

是多麼豐盛呀！榮耀的皇冠已爲您們準備！

4. 請想想神對不慈悲者的懲罰吧！想想神對那些有能力使人改信，卻不願去做的人的懲罰吧！

還有許多理由。想想塵世的財富，甚至生命，是多麼不確定。想想您們所得到的利益，特別是經由與福爾摩沙貿易所得到的利益，讓那些利益感動您們的心。不要因爲成本考量而對行善卻步。不要讓此地缺乏教師，請盡力而爲，送更多、更熱誠、更虔誠的神的使者前來。如此一來，神必會更加賜福給公司，閣下們爲傳教所做、所付出的，必會獲致更多的回報。

諸位評議員，我們並不是說，到現在爲止，您們沒有給我們協助。事實上，我們感謝您們對我們所做的，我們也感謝長官普特曼斯忠於職守地協助我們。我們只是想說，這裡的土地已經變得如此遼闊，我們需要更多的神工來耕耘，以便有更豐富的收穫。

我們已向諸位評議員報告了 1635 年 11 月至 1636 年 9 月間此地所發生的一些事，也特別提到與某些村落戰爭的原因和其後的締和情形。這份報告，和我們想在適當的時間寄給您們的其他重要公文相比，只是個摘要而已。因爲我們掌管的事務，不光是教會方面，還必須負責司法業務㉒，這些事務非常繁雜，不只包括新港每天發生的事，那些接受我們保護的鄰近村落，也需要我們去處理司法業務。

我們是被召喚來從事聖職的，但司法業務卻占掉我們更多的時間，帶給我們更多的麻煩。我們常常要求能夠免除這些工作，但至今尚未成功。即使我們的請求立即被批准，根據閣下們所言，到我們能眞正放下這份工作，也得歷經兩年的時間㉓。無疑的，我們不能依

㉒ 包括一般行政業務。

㉓ 新手必須花費兩年來學習語言和習俗。

我們的法律來判決，我們必須用他們的語言，考慮他們的習俗和生活習慣，如果不那樣做，他們便會設法驅逐我們。所以我認爲，必須派個願意留在此地八至十年的人，而他在二至三年間就有能力處理這些事務。我們相信長官終將同意這種建議，因爲他深知此事的必要性，否則，這裡的工作將會大受損害。我們希望在此地服務十年期滿後，能回到荷蘭；也希望能免除司法業務，純粹只負責教會工作。

不久前，在考慮如何促進我們的工作時，我們曾請求長官允許，送四或六個最有希望的福爾摩沙青年到荷蘭受教，以便將來能回來教他們自己的同胞。我們指出這個計劃有許多好處，像是他們由荷蘭回來後，不會再想離開福爾摩沙（因爲這裡是他們的故鄉）；他們的土語說得比我們好，也比我們更能吸引他們的同胞。但我們的建議當時未被接受，現在更難以實現，原因不是長官反對送這些人到荷蘭，而是反對讓我們離職回荷蘭。

我們相信，一個土著牧師的影響力，將會超過我們所有荷蘭牧師的總和。所以我請求您們，爲了基督的愛，爲了這些可憐人的得救，允許我們回國照顧這四或六個年輕土著。我願意負責教他們，讓他們住我家，直到他們完成學業。我向諸位保證，這樣做是對的。我知道您們會提出安汶（Amboinese）小孩的例子，但做大事的人豈能嘗試一次就放棄，爲什麼不再多試幾次呢？想攻擊一座城市的人，如果第一次攻擊失敗，他是否立刻絕望呢？如果一種方式失敗，爲什麼不再嘗試第二種呢？諸位評議員，拿出同樣的態度吧！把撒旦占爲己有的搶回來，盡可能地摧毀邪惡王國，不要拒絕我們所建議的絕佳方案。即使安汶小孩沒成功，也請試試新港的小孩吧！我們幾乎敢保證這麼做一定會成功。這些小孩不會被當作王室的孩子對待，而是視爲窮苦人家的孩子。費用不必像安汶小孩那麼多，因爲我們知道新港小孩的脾氣和習慣，我們可以在家裡教育他們。我們相信他們有學習的能力，有健全的理解力和良好的記憶力。如果諸位接受這個提議，您們必定會對新港做出前所未有的貢獻。願我主感動諸位閣下的心。

布勞沃爾總督允許我們教導一些年輕土著成為牧師，但出於許多理由，我們不認為在他們現在的生活情境下，我們能將之訓練為牧師。

目前為止，新港人表現得很服從。最困難的部分都已克服了；他們已放棄偶像崇拜的慶典，嚴格遵守安息日，通常有五、六百位聽眾。教會婚禮現在已普及化，超過五十對新人由我們主持婚禮，受洗的有八百六十二人。

諸位評議員，此刻就是您們為異教徒做點事的絕佳時機了。我們希望並相信，這裡一定不會是另一個安汶，或另一個班達（Banda）。我們發現老土著學習緩慢，但年輕土著很熱心學習。眞的，這裡有許多人能以正統的方式即席祈禱，聽他們祈禱是一大享受。從他們外在的行為判斷，我們充分確信那是受聖靈感動的結果。我們約在六年前開始工作，未來若能再持續二十或三十年，毫無疑問的，這裡將建立一個榮耀的社區。

前述是我們認為現在應該告訴您們的事，這些敘述是從我們的日誌中摘錄出來的。那些需特別考慮或我們認為很重要的，我們都先與長官討論過，再依他的指示行事。

諸位最尊榮、公平、高貴的評議員們，我們請求上帝保護您們，願祂充分祝福公司。

尤羅伯敬上

26. 尤羅伯致巴達維亞評議會

（沒記日期）

最尊貴、睿智、公正的閣下們：

我們堅信並主張，如果讓一些新港小孩從小就接受適當的教導，他們將可成爲其同胞的教師（土著教師），甚至牧師。此舉將對傳教工作大有裨益，將相當有利於在此地建立神的教會，或許也是永久維繫此地教會的唯一方法。但我們想說的是，只要小孩子留在島上，訓練他們的計劃就會遇到極大的阻礙，最後必然要放棄。因此，若要達成任何良好結果，這些年輕人就必須被帶往荷蘭，成爲一所優良、虔誠的學校的學生。完成此計劃很容易，並不困難 ❶。

至於在此地教導他們的其他方法，即使像長官所建議的，讓這些孩童和我們生活在一起 ❷，我們也不認爲可行的。理由如下：

1. 被選來訓練成爲牧師的小孩，不只要學習字母、祈禱、信條、十誡，還有另一件極重要（即使不是最重要）的事必須學習。我們必須努力形塑這些孩子，讓他們符合我們的要求，如所羅門王（Solomon）所告誡的：「教養孩童，使他走當行的道，就是到老他也不偏離。」（箴言 22:6）因此，我們必須盡力使這些學生敬畏神，教他們眞正的虔敬，引導他們過誠實的基督徒生活。請看箴言 17 和箴言 11:10【原文如此】。如果這些小孩天天和不文明的人相處在一起，這些訓練如何

❶ 1643 年 4 月尤羅伯第一次回國，只在巴達維亞停留一個月又急著回來服務。那時他帶兩位土著青少年同去，他或許仍寄望他的計劃能遂行。這兩名青少年後來仍回到福爾摩沙，擔任地方學校的教師。

❷ 這時的長官是普特曼斯。

能進行？即使他們與我們同住，他們也不可能天天躲在家裡，必會偶而到他們自己的村子或其他村落遊憩。在這種情形下，我們教他們的敬畏上帝之心，恐怕會毀於一旦，因爲他們的本性是邪惡的，而且他們也將暴露在撒旦的誘惑之中。因此，把他們送到沒有這類污染的地方，並用嚴厲的方法使他們敬畏上帝，難道不是很要緊的事嗎？

2. 這些孩子也應被訓練成遵守日常生活的禮儀，因爲他們自己的習慣（不只吃喝的方式，穿著也是）還很不文明、很野蠻。我們要教導他們服從、禮貌、仁慈、友善。如果他們留在這裡，必然很難教導，因爲他們的行爲只要稍微偏離當地的習俗，就會招來其他村民的訕笑❸。因此，我們強烈請求讓他們離開此地。

3. 爲了使他們成爲講述聖經的牧師，他們不只要能正確地讀和寫，也要懂一些荷蘭文、拉丁文、希臘文、希伯來文。如果他們住在這裡，要學會這些知識非常困難；如果住在荷蘭，就相對簡單。但即使在荷蘭，他們也需要學習八、九甚至十年都不中斷，我們的努力才能成功。我們可以把這些青年比喻成有破洞的器皿，必須要不斷倒水進去才行。我們認爲，如果教學經常中斷，他們就無法從中獲益；他們應該每天和他們的教師共處數個小時，數年如一日。簡言之，教育這些年輕心靈，努力灌輸他們良善、優秀的戒律，這工作有如母鷄孵蛋，如果蛋常常從羽翼下取出，必定很快就臭掉。同樣的，以目前福爾摩沙的條件，難望能有良好的教育效果。因爲，如果我們任性的學生不想再待在我們身邊，如何確保他們繼續學習呢？所以，如果教會往後想從他們身上獲得任何利益或好處，就必須把他們送到別處去。

4. 又，爲了嫁接這些野樹，使其變成好樹，在神的園子裡結出大量果子，必須先加以修剪、整枝，從野外移到適合的園子，將彎曲的

❸ 他們知道環境的教育功效。

樹枝弄直，避免樹枝再度彎曲或野化。這樣的過程，少不了教鞭；教鞭就像鉋子，具有鉋平磨光的功能。他們如果行爲不檢，就必須被鞭打，否則不能有好結果。但我們卻不能在此地這麼做。如果我們鞭打學生，即使那是應得的，我們學校的學生也會立即走光；但這些年輕人，或任何年輕人，如果沒有懲罰鞭打，就不可能學會藝術、科學或神學。因此，他們必須移居荷蘭，在那裡，他們會受到適當的懲罰。

5. 還有另一個危險。如果他們留在島上，雖然我們會盡力灌輸他們正統的優良教義，但因其父母的鼓勵或挑激，他們將不會完全放棄他們以前的偶像崇拜。另一個更大的威脅是，此地有許多行爲不檢的婦女，即使我們的學生不找她們，她們也會來找學生❹；這將是很大的罪過，對於要獻身於神的人也有很大的傷害。凡此都顯示他們必須離開此地，避免這些污染的危害。

6. 我們也擔心，當我們付出所有辛勞和代價後，他們可能因爲我們偶然的冒犯，或因爲無法瞭解我們所教導的，特別是他們的族人鼓勵他們離開我們，突然放棄學習。這樣要怎麼辦呢？

因此，如果這些年輕人繼續住在村裡，要灌輸他們良好的教育必定困難，事實上也不可能。相反地，如果把他們帶到荷蘭，並由我們之中的一位來監督他們的行爲和學習，那麼這件工作將變得較有利也較容易。因爲他們住在荷蘭時，可以眞正呼吸我們的空氣，採行我們的習慣和禮節，簡言之，將會在各方面都變成荷蘭人。長官與我們意見一致，認爲這種安排能獲致許多好處。這些青年的父母與親戚也會與我們關係更密切。他們從荷蘭回來後，會願意終生服務本地的教會，因爲他們是住在自己的故鄉。他們也會滿意於比當前的荷蘭神職

❹ 荷蘭人反對墮胎，如果不可墮胎，生下小孩就必須有人負責養育，不可雜交的行為律就變得更重要。

人員還少的薪水。此外，他們必定比我們更會講新港語，更能清楚宣講神的偉大事工，不會像我們那般呑呑吐吐。他們的同胞對他們也會較友善，較喜歡他們，較願意從他們（而非陌生人）處接受神的訊息。

西班牙人在一百年前就已瞭解這個道理，我們在此所提議的做法，他們百年前就已在日本施行了，所以他們可以欣喜慶祝數以千計的人改信。日本人受到很好的教導，並甘願爲基督承受各種痛苦、折磨與拷問。如果他們的教師在其他事務上能更加謹愼的話 ❺，此時全日本可能都已變成天主教徒了。

葡萄牙人也在中國以同樣的方式傳教。他們選擇最聰明的孩子，送他們到別國，在他們的直接教導和控制下學習，過程並沒有多大的困難。等那些學生成年後，就適合在中國的任何地方傳教，最近的消息指出，有些人已深入明朝的朝廷，開始向有影響力的朝臣傳教。即使他們是我們的敵人，我們也不得不稱讚這種無私的熱誠。

由此可知，上述提案是使一個民族改信的最確定、最好的方法，能夠獲致眾多成效，不僅能改革新港，還能將基督救贖的知識傳到所有鄰近地區。

至於代價，當光榮的結果可以預見時，請不要讓金錢成爲阻礙。我們也不認爲代價很高，因爲除了確實需要者外，無須其他非必要的開銷。如果還有疑慮的話，請記住，此舉將對教會和人民產生很大利益，減少公司在其他方面的開銷。我們也可以讓土著牧師領取跟荷蘭牧師一樣的薪水，但每月扣除二、三十盾，幾年之內，就可以回收最

❺ 1596年西班牙船隻聖菲力浦號由菲律賓駛往墨西哥，不幸遭風而漂流至土佐（今四國高知縣）。豐臣秀吉的部下增田長盛（1545-1615）檢查該船，有船員誇口西班牙領土廣大，說西班牙之所以能有那麼廣大的領土，首先都是派遣傳教師將住民馴服，然後再派軍隊占領其土地。秀吉於是下令逮捕傳教師及天主教信徒二十六名，殺之於長崎，是為「二十六聖人大殉教」。

初的花費。

　　願掌管萬物的主，使諸位了解並批准我們的請求。願祂使您們下定決心，拯救生活於錯誤中的人。最後，願神賜福於全東印度公司的航運與貿易。

尤羅伯

27. 新長官范得堡致總督及其評議會的首封信函之摘要

（1636 年 10 月 5 日，台灣）

致尊榮、公正、睿智、高貴的迪門總督及諸位東印度評議員們：

……再來是福爾摩沙上的新港及其附近各村。如所已知，我們最近用武力使某些村落臣服，別的村落亦來請求和平。不論從前長官普特曼斯或尤羅伯牧師的來信都可知道，目前在這些村落的傳教很成功，已有數千人改信，並贏得許多民心。

東印度總督迪門【引自 Wiki Commons】

8 月 25 日，我們陪同前長官普特曼斯前往新港，看到尤羅伯教導土著健全的基本信仰。我們很高興地發現，該地建立的學校已有很好的開始。尤羅伯每天對七十位 10 至 13 歲及年紀更大的孩子進行基督教教學。他用新港語講課，以拉丁字母寫他們的語言。學生越來越多，也都很熱衷上學。上課時間到了，父母都會催促孩子上學。

約六十位女孩每天學習祈禱和其他科目。安息日被適當地遵守，超過七百人來聆聽講道。講道前後，學生們在尤羅伯和其他荷人引導下，以新港語依大衛詩篇一百篇的旋律來唱聖歌，極具教化作用。願主賜福此地的工作，讓它越來越擴張。

傳道師阿利可樂已被指派到大目降，該村離新港半荷里路。聽說他很努力學習當地語言，非常熱誠地向村民解釋基督教基本原理，希望爲他們開啓光明之門，村民也很熱切地聽道。

另兩村在新港南方，而目加溜灣、Magkinam 則在新港北方。在山上的大武壠和其鄰近兩村都已決定要接受❶神的信仰，放棄他們的迷信儀式。放索仔的七村也一樣要改信，放索仔人口眾多，特別是小孩很多❷。

前長官說——尤羅伯牧師也充分證實這點——麻豆、蕭壠，與塔加里揚（Takrian）七村及瑯嶠十五村，以及塔加里揚以東的八村，都很想改信基督教。

所以我們完全同意尤羅伯所說的，對此地的土著（他們沒有文字記載與書籍）傳教，必將遠比對摩爾人（他們堅信穆罕默德及可蘭經）傳教成功。除了在神的葡萄園裡辛勤勞動的工人外，此地不缺其他東西。

自從來到台灣，我們有很多機會認識尤羅伯牧師。他是一個極熱誠、充滿基督之愛、奮力擴大神之國的人，他使我們相信他的期望會實現。如果能免除行政或司法的工作，他似乎願意在十年任滿後留在這裡更久些。他不斷抱怨做這些事，說這不符合他的神職，他無法心甘情願地做下去。我們考量後，發覺他的反對似乎有理，因此我們點出這點，希望能免除尤羅伯的司法責任。然而，我們目前沒有人可做尤羅伯的工作，無法換人。……

您們最服從的僕人　范得堡

❶ 要不要接受，他們是有選擇權的。

❷ 可能他們沒有殺嬰的習俗。

28. 前長官普特曼斯致總督及其評議會之摘要

（1636 年 10 月 7 日，熱蘭遮城）

……感謝上帝，此地的傳教工作很成功，充滿希望。除了虎尾壠外，以下各村都很服從、馴良：新港、蕭壠、麻豆、諸羅山及其附近村落，以及塔加里揚、大木連、Dolatok、放索仔及其附屬村落，加上瑯嶠的十六村，一共有五十七村。我們已提過，這裡只欠缺從事神工的教師。

關於新港，我們可以有把握的說，異教徒的改信及基督知識的傳播，每天都有進展。依閣下們的命令，年輕小孩在我們的學校學習讀寫，進步很快。誠然，他們的父母較喜歡子女到田裡工作，因此，通常需要給很認眞的小孩一些米和衣服，以鼓勵他們認眞學習；經費來源爲發給漢人捕鹿執照的收費 ❶，該執照允許他們用陷阱或其他方法捕鹿。

目前沒有提供大額補助給土著，所有小額補助都由村民犯法的罰鍰支付。總督認爲我們可以向這些貧窮的土著收稅，這點我們絕不考慮，因爲那只會激怒他們，使他們遠離我們而已，有如在雞籠所發生的那樣。

我們原希望荷根斯坦（Assuerus Hogensteyn）進駐上述各村之一，學習其語言並傳教，但因干治士即將離去，所以必須請荷根斯坦到台灣的荷蘭社區，直到有其他安排爲止。依諸位的命令，我們已記入其借方帳戶 ƒ.580:2:12。……

您們最服從的僕人　普特斯曼

❶ 頁 295 前 5 項和頁 310 第 3 項的支出便是依此命令用來獎勵學生的。

29. 尤羅伯、荷根斯坦致巴達維亞宗教議會

（1636 年 10 月 27 日）

最尊敬、敬愛、博學的巴達維亞宗教議會弟兄們：

很高興接到諸位 5 月 29 日的來信及附件，以及致評議員和教區議會（Classen）的若干信函。我們也收到兩封分別給羅伊（de Roy）和霍騰斯（Holtenus）兩牧師的私人信。

這些來函讓我們知道教會在印度的進步情形。感謝您們的來信，願您們繼續支持我們。

我們的意見和您們的相同，因此我們以未封口的信封寄去附件，這樣您們就可以詳細閱讀，如果願意的話，也可以抄寫複本。我們很想製作一份複本給您們，但我們的秘書挪不出時間，相信您們會原諒我們這一過錯。

我們將這些附件交付給您們，請您們讀完後封好，再安全寄回荷蘭。這些附件包括三份公文，內容都一樣，但寄到荷蘭國內不同的教區議會。您們讀完後將發現，此地的大門已對我們打得多開，多麼需要送更多的牧師來福爾摩沙。

此外，還有兩封要給公司評議員的信函，其中一封已呈給前長官普特曼斯，是以日記體寫的，關於我們在福爾摩沙成功征伐的詳細報告。相信您們會將之連同其他信件一起寄送。

我們也寄給您們一本入門書，裡面的字寫得很工整、清楚。我們希望這本書能夠付印，因爲此地缺乏小書來教導年輕小孩閱讀。我們誠摯相信您們會運用影響力 ❶，解決我們這一困難。

我們亦附上一份字彙書的手稿，可供學習本地語言的人使用。因

爲排字工人可能排錯字，所以最好等我回荷蘭後再付印。我現在寄回這份手稿，是爲了讓弟兄們瞭解我在這裡的工作大概。

我們相信，如果您們把這些文件整理成包裹交給前長官普特曼斯，他會負責將之安全寄回荷蘭。我們也相信，前長官見到公司評議員時，會盡力說服他們來達成我們的要求。普特曼斯非常瞭解這些文件的內容，他是公司勤奮的僕人，對基督也很盡力，願主平安引導他。

從這些文件，您們可發現教會在這裡的進步和成功。只要有教師，就不缺願意受教的學生。收穫眞的很大，但神工太少了。我們相信您們將會盡可能地派來熱心且虔誠的神工，不管是牧師或牧師候補，讀經員或教師，只要是依循信仰生活且願意來傳教的人皆可。

關於行政事務，一直是我們沉重的負擔。但至少我們的提議已獲得政府同意，中尉朱利安生（Johann Jurieansen）不久將來此地學習語言，以便能替代我們❷。我們相信他是很適合行政工作的人。他打算搭最快的一班船到巴達維亞，親自向您們提出此要求，並找一位願住在福爾摩沙幾年的太太。他的任命將大大減輕此地神職人員的負擔。

我們認爲朱利安生的請求合理。他願意五年間都不提高薪水，只要求能擁有隊長（Captain）的頭銜，並被稱爲主席（President）。雖然普特曼斯長官認爲這些條件對公司很有利，但他並沒做決定，也沒向評議會提案請求討論，所以朱利安生決定親自到巴達維亞，希望能獲得總督的批准。

如果宗教議會的弟兄們能協助促其實現，對這裡的教會必有甚大利益，因爲這樣一來，牧師就不必受行政事務的干擾。

❶ 宗教議會只能「運用影響力」而已，不能做決定。

❷ 他 1636 年 4 月 4 日已在福爾摩沙，頁 249。

干治士是第一位同意接下這項額外工作的人，結果我們被迫依循往例，接辦行政業務。做行政工作必須很謹慎，可能會有危險，並嚴重阻礙我們的神職工作。長官及其評議員知道我們多麼想免除行政工作。事實上，我們幾乎是喋喋不休地要求，最後甚至說，如果我們的請求不被允許，那麼我們十年期滿後將永不再回來。這樣說大概有些效果，因此那位中尉——至少是暫時地——被賦予此項職務。

我們在此地的工作量不會立即減輕，因爲朱利安生尚不懂新港語，不了解這裡的風俗習慣，也不知道要如何對待這裡的居民。他在這裡住一陣子後，就能學會這一切，只要他有能力接下這些職務，我們就會交棒。這大約得兩年，因此我可以有把握地說，我的繼任者將能從這一新安排得到比我更多的好處。

荷根斯坦一直與我們住新港，協助我們服務此地的荷蘭教會。現在他致力於學語言，將來可望帶領許多人歸向基督。

您們最順從、親切的弟兄與同工　尤羅伯、荷根斯坦

30. 長官范得堡致總督及其評議會

（1636 年 11 月 14 日，熱蘭遮城）

……我們拜訪過魍港，視察當地興建中的碉堡後，於 10 月 24 日一大早啓程回新港，當天到達。

我們請尤羅伯牧師下令十三村長老於 10 月 25 日在新港集合。他們都來了。前長官普特斯曼在適當的時刻向各村長老告辭，感謝他們在他治理時期嚴格服從，並祈禱神在未來賜福給大家，以便他離開後，他們能在我們的統治下享有和平與寧靜。接著每個長老和前長官握手，也表達他們的謝意，並祝福前長官旅途順利。

前長官告訴他們，新長官（我）是代替他的人，同樣要視之爲父，對之效忠，有如在他統治下那般。他們都答應了。然後，長老們一個一個走向我，表達他們的祝福，和我握手，表示他們會尊重前長官的期望，證明他們自己是忠誠、服從的子民。爲此，我也誠摯感謝他們，承諾以同樣的慈父態度統治他們。

儀式後舉行宴會，所有長老都出席。餐後，前長官和我向他們告別，繼續我們的旅程，我們於 10 月 25 日當晚抵達台灣。

我無法不稱讚這些人民的忠順。他們很容易統治，非常樂意接受我們指定的公正人士的仲裁，隨時準備爲我們而戰，並相當願意接受尤羅伯所教導的基督教義，特別是那些已從教導中受益的人。至於那些尚未接受這類教導的人，當尤羅伯問他們是否要拋棄偶像，轉而敬拜眞神時 ❶，也顯得很溫順。這一切實在令人吃驚，甚至有許多善良人士覺得難以置信。如果不知道這些人所處的野蠻情況，就不能眞正體會其令人吃驚的程度。

爲了讓此地事務運作良好，尤羅伯令人滿意地接管了所有行政或司法業務，但他堅持要盡快免除這些職務。雖然在總督的誠摯勸告下，我們很願意同意他的請求，找另一個人來接替他，但很難找到令人完全滿意的接替者。這個人必須過著審慎、平靜、虔誠的生活，必須有禮貌、公正、謙遜、忠實，以做爲異教徒們的典範。他必須樂意、仁慈、無私地統治，依照健全的判斷來合理對待每個人。此外，他至少還得待在這裡七、八年，這樣才能更熱誠、有效率地工作。我們認爲，不符合這些條件就無法勝任這項任務，我們的目的就無法達成。要熟悉當地語言，需三年的學習和練習……

您服從的僕人　范得堡

❶ 荷蘭人才剛剛掙脫西班牙的高壓統治，崇尚宗教自由，成為當時歐洲許多受宗教迫害人士的避難所。而西班牙人創建宗教裁判所，消滅印加帝國。台灣人運氣好，不是被西班牙人統治，要不要改信，還保有一些自主權。

31. 摘錄自普特曼斯前往巴達維亞前交給范得堡長官的文件

……此地人民好戰，不只爲了榮譽，還爲了戰利品（即人頭），雖然那種戰利品在我們看來根本沒有意義。他們對於戰利品是如此渴求，當我們稍微暗示要攻打某村，他們就立即準備好要一起出發（撿便宜），或者進攻他們的鄰村（趁火打劫），就像他們對付麻豆與蕭壠那樣。因此有必要詳細調查他們所提出的各種主張和要求。當然，只要我們需要幫忙時他們不拒絕，此種貪婪也有可能增進公司的利益。

我們堅信，如果這些人每天都接受我們學校的教導或參加宗教集會，並看到我們所過的聖潔生活，他們就會變得文明，很多人能成爲眞正的基督徒。然而，爲達此目標，我們需要虔誠、有能力的牧師，我們也需要把土著教成教師、讀經員和譯員。最後，我們還要維持軍人的秩序，不管是在新港及其他村落的駐軍，或是時常往來各地的士兵皆然。

目加溜灣、大武壠、新港以西的三小村和放索仔人，似乎都很樂意採用我們的習俗和宗教。我們也不懷疑，麻豆與蕭壠人經告誡後，也將以上述村子爲榜樣。因此，我們再度強調，要完成神聖的傳教使命，目前只欠缺一樣東西，那就是更多熱心和虔誠的牧師。

如果可能的話，應根據東印度總督、評議會及巴達維亞宗教議會的善意，免除尤羅伯的司法業務，讓他專心於教會工作，如此將會有很大的收穫。但是，鑒於很少人像尤羅伯那樣擁有行政執行力，又精通本地語言，並過著審愼有德行的生活，所以他還是要順從我們的希望，並遵從您本月 6 日的決議，繼續目前的工作。關於此事的處理，應盡快免除牧師們這類職務，派遣一位有能力者來學習，以早日接替他們的行政工作。在行政與教會事務相互糾纏的惱人問題上，宗教應取得優位權，而上帝的事業在此地又如此繁盛，牧師們的工作比以往更加艱鉅……

32. 前長官普特曼斯致總督迪門及其評議會

（1637年1月6日，巴達維亞城）

……關於福爾摩沙的殖民地，我們只再補充一點。可憐的異教徒之改信，將使基督的教會越來越繁榮。無疑的，施善者（指神）幫助您們的事業，使他們（原住民）能榮耀祂的名，增加對聖經的知識，並擴大教會。我們祈禱神更加賜福他們，使他們繁榮。

您們最順從的僕人　普特曼斯

33. 福爾摩沙日誌摘要

（1636 年 11 月 1 日至 1637 年 10 月 17 日）

1636 年 12 月 6 日，尤羅伯和中尉朱利安生被派去訪問蕭壠、目加溜灣和麻豆。爲鄭重其事，由六、七位騎兵和十五、六位步兵陪同前往。此行的目的，在於確定居民態度和他們想接受基督教的程度，因爲我們不時聽聞他們有這方面的意願；最後則是告誡他們要拋棄偶像。

12 月 10 日，尤羅伯和中尉回來。他們報告說於 12 月 7 日啓程，訪問北方的蕭壠、目加溜灣和麻豆三村，勸告當地居民放棄偶像。他們首先拜訪蕭壠，當晚抵達。村民依當地習俗熱烈接待他們。

第二天（12 月 8 日），他們處理好蕭壠人和漢人之間的紛爭，讓雙方都滿意後，繼續前往麻豆。麻豆一切都很好，他們受到最熱摯的接待。他們與麻豆人友善道別後，繼續前往目加溜灣，當晚到達。

此行的主要目的，就是查看當地居民放棄偶像、擁抱眞神、張眼看見永生之光的可能性。居民帶著喜悅之心，樂意聆聽講道，沒多久，他們全村（共一百六十户）都將偶像及有關偶像崇拜的東西交給訪問團。結果很令人滿意。訪問團也承諾居民，不久將教導他們更多基督教信仰。

在尤羅伯的強烈請求下，長官及其評議會派荷根斯坦來協助他，以促進傳教工作，教導人民，使之能了解、欣賞傳給他們的福音。荷根斯坦將一直留在目加溜灣學習，直到能獨立傳教爲止。當他能自立時，就會被派在該地工作，開始爲增加基督的信徒而努力。爲此目的，尤羅伯被允許以公司的經費（希望經費不多）建一間竹屋。尤羅伯可以親自監工，以便能及時爲他的同事提供一間合適的住所。

12 月 20 日，山上七村的頭目來訪。他們在自由意志下，將其主權讓渡給荷蘭東印度公司，每村各送一棵小椰子樹爲憑，表示願依前長官普特曼斯所訂的條款和條件，接受荷蘭長官的統治，就像其他各村那樣。每位代表都收到一份小禮物，並於隔天返家。

這些村子位在塔加里揚以東的山上，其村名是：大路關、Honavahey、Hovongoron、Goroy、Dedakiang、Hosakasakey、Houagejagejang、Hopourourey。

1637 年 1 月 12 日，尤羅伯從目加溜灣寄來一信，略謂教堂和牧師宿舍（依先前計畫，係以竹子建造）現已完工。由於目加溜灣居民自願幫忙，所以除了草蓆花費約三十里耳外，沒有動用到公司經費。

尤羅伯又說，本月 4 日已在目加溜灣舉行第一次安息日，用他們的語言宣講聖經。他們熱心而單純地聽尤羅伯講道。他們在學習基督教基本原理和日禱時，也是相同的態度。願神賜福他們。

信中，尤羅伯也提到在福爾摩沙種稻子的計劃，以及若干影響居民生活情況的事項。

1 月 16 日，目加溜灣傳來壞消息，荷根斯坦牧師經歷長期疾病後，今天逝於當地。

1 月 31 日，長官及其評議會決議，朱利安生中尉可以設法鼓勵種稻，也同意尤羅伯的請求，先預支現金四百里耳，將之分配給居住在新港及鄰近各村的漢人，他們似乎有意願種稻。

4 月 10 日，昨天長官范得堡、特勞德（Paulus Traudenius）和秘書費得（Corn. Fedder）前往新港，訪視附近村落。他們訪問完新港、目加溜灣、大目降後，於今日回來。他們報告說，異教徒的改信相當有進展；學校在尤羅伯的視導及傳道師的負責下，繁榮興旺；命令與秩序都被遵守。他們又報告道，等待受洗的人數持續增加，村民都喜歡學習基督教信仰原理，他們可望睜開眼睛，獲得渴望的福音賜福。這是個好開始，我們非常喜樂。願神繼續賜福這一事工。

4月22日，尤羅伯從新港來。他在和長官及其評議會討論時，說道：鑑於我們在新港、大目降、目加溜灣、蕭壠、麻豆等北方村落傳教的巨大成功，我們有責任將傳教工作向南發展，先從放索仔及其鄰近村落開始，使教會能撫慰當地居民的心靈。爲此目的，尤羅伯指出能夠擔任當地教師的若干人選：傳道師麥可（Jan Michiels）、士兵湯馬斯（Marcus Thomas of Bergen-op-Zoom）、士兵傕必利（Huybert Trebbelij of Gorcom），以及已在放索仔住了一年半、大致會說其語言的下士斯普洛門（Warnar Sprossman）。

因此，長官及其評議會決定派尤羅伯到南部一趟，並由三、四位士兵隨行護衛。今天，他們乘一艘中國小船出發，受命到放索仔、Dolatok、麻里麻崙建學校，任命前述諸位爲學校教師，並採取必要措施，讓這一工作能有良好開始。願神大量賜福這工作。

4月30日，尤羅伯從本島南部回來，他說已遵照長官及其評議會的指示，到南部去視察人口眾多的放索仔、Dolatok、麻里麻崙。尤羅伯告訴那裡的居民，要放棄偶像崇拜，學習敬拜眞神；也告訴他們，什麼是靈魂得救的必要條件，以及睜開雙眼、接受唯一眞神的話語是多麼要緊。村民樂意、喜悅地聆聽尤羅伯的講話。當他們得知，我們每個村子都將派一位荷蘭人來教導上學的年輕學生，並將基督教知識教給較年長者時，他們都顯得異常興奮。

爲此，必須建一所學校和一間教師的房屋，村民立即熱心地動手興建。兩間房子都已蓋好，不費公司一毛錢。

我們希望這工作能持續進展，其困難不在於贏得人心，而在於缺乏充足的神工，因爲許多村落都要求能有老師來教導他們永生之事。

5月7日，尤羅伯請專人從新港送信給長官，略謂：他（尤羅伯）

從南部回來後，得知 Tossavang（位於北方，諸羅山五村之一）的首領曾經來訪，想確認荷蘭人與這五村之間的和平，但因尤羅伯剛好不在，故未達目的而回。

來信還說，幾位大武壠的代表來新港停留幾天，很高興地見到尤羅伯，要求他能一同回去訪問大武壠，他們會熱切招待。尤羅伯婉拒此邀請，但答應派兩位荷人去。他們獲得這項保證後，就回大武壠了。

塔加里揚稍南的大木連和萬丹（Panendal）也送來最迫切的請求，要求派一位適合的荷人去教導他們，讓他們擺脫盲目的信仰，開啓他們的眼，使其看見眞光。爲此目的，他們會負責建房子和學校。

東方山上各村也請求和平，並事先送來矛和箭爲信物 ❶。

最後尤羅伯要求，請派一些有能力、實在的人，在他的監督下學習新港語，以便將來能派到上述各村去爲神工作。

❶ 原住民和平的信物是武器，荷人的信物是契約，並讓渡形式上的主權。

34. 前長官普特曼斯致阿姆斯特丹商館評議員

（1637 年 8 月 2 日，在 *Banda* 號船上）

……與該村的兩位頭目談及放棄偶像、服事唯一眞神後，他們宣稱，只要我們能派一人到他們的村子教導，他們就會那樣做，但他們同時也要求我們協助他們抵抗高山上的敵人。我們承諾，只要他們維持過往那般服從，我們必要時就會給予協助……

前述的出征，不只提高我們荷蘭的聲望，也帶給新港人更廣更好的名聲。目前新港人行為持重，非常勤奮，棄偶像，廢慶典，並守安息日。他們也有一所教導年輕土著的學校。除少數年長者外，所有村民都已受洗成基督徒，每天都接受基督教信仰的教學。

尤羅伯對傳教極為熱心。他在新港的同事干治士明年想回荷蘭，而且本地的基督徒越來越多（前已述及），每天都在增加，因此很需要派遣一些聰明、年輕的神職人員前來，他們應過著道德的生活，不要太頑固，也不能太放蕩。

不久前，從巴達維亞派來兩位年輕牧師，荷根斯坦和林德堡（Johannes Lindeborn），兩人都愛喝酒，而且就我們所知，那位較年輕的還很固執。我們很擔心這兩人最後都沒什麼用處，希望這種預感不會實現。要教導這些無知的異教徒認識基督教的教義與知識，持重、道德的榜樣比博學來得重要。因此我請求諸位，任命此職位時務必謹慎❶，以便美好光榮的傳教工作不致受阻，能有長足的進步。

❶ 這裡清楚顯示出阿姆斯特丹商館（Amsterdam Chamber）是挑選來福爾摩沙服務的牧師的負責單位。

在福爾摩沙，我們沒有遇到狡猾的摩爾人或回教徒❷，或是為了利欲而阻撓妨礙傳教工作的國君或統治者。相反地，這裡的土著很熱切地學習、求知眞理。他們看見新港如何變得繁榮，知道新港人是我們最摯愛的子民。

很久以前，我們非常盡力於安汶、Uliasse群島、班達、瑟蘭（Ceram）海岸❸及其他印度地區的傳教，但由於摩爾人的狡猾，這些努力很不幸地只有些微成效。但在福爾摩沙，經由您們的慈善之舉，可以開啓一道大門。請不要冷淡或忽視，願諸位的心充滿赤紅的熱誠，使神賜給您們的智慧得以增長，諸位所統治的福爾摩沙及全印度各地能越來越昌盛。

我們相信，全能的上帝、一切好事的施予者，為了擴展祂的聖名，讓無知的異教徒改宗，必將賜福給諸位閣下。

您們最順從的僕人　普特曼斯

❷ 摩爾人即印尼的回教土著。

❸ 印尼瑟蘭海與班達海之間的島嶼。

35. 長官范得堡致總督及其評議員

（1637 年 10 月 17 日，台灣）

……尤羅伯一直努力於傳教工作，毫不懈怠。4 月間，他訪視南部村落。目前放索仔已建一屋給傳道師麥可（Michiels, J.），Dolatok 有一屋給教師湯馬斯（Thomas, M.），麻里麻崙也有一屋給教師催必利（C. Huyberts）。這些房子都是當地村民自願建造的，因爲他們相當渴望他們的孩子能上學，學習眞正的基督教義。

前述的麥可，因病被迫離去，我們也發現他的傳教熱誠不夠。因此，我們把他送上阿姆斯特丹號（*Amsterdam*），並以該船的傳道師取代之。這位新的傳道師很熱心，所以南部的傳教工作改善很多，我們相信不久會有令人滿意的進展。

在我們的批准下，尤羅伯命令散居在大崒、知母義、Tagupta、Ritbe 的居民移居大目降❶，在此建一所學校，有學生五十名，由傳道師阿利可樂教以基督教條。

阿利可樂認爲，除了先前指派給他的大目降的學校外，現在又須照料這所學校，工作負擔實在太大，因此做出了尤羅伯向我們投訴的魯莽行爲。同時，還有另一項對阿利可樂的嚴厲指控，使我們不得不讓他停職一段時間，並停止支付給他薪水和配給。一段時間後，阿利可樂爲自己的莽撞表示懺悔，嚴肅地承諾改過。在尤羅伯的說情下，阿利可樂被復職，並得到寬恕。目前他表現得很熱忱，尤羅伯相當滿意。

❶ 【甘為霖原註】第 58 篇開頭有提到新大目降（New-Tavakan）。

這個侏儒全然被自傲所驅使，他以爲自己不必聽從尤羅伯的指導，並厚顏地要求我們許可他住在台灣；這是另一個嚴厲教訓他的理由，如此一來，他或能瞭解自己的眞正身分。

揚（Jan）和麥金尼（Merkinius）兩教師在蔴豆、目加溜灣、蕭壠做得很不錯。尤羅伯報告說，有些小孩對基督教基本教義的瞭解程度，會使許多基督徒自歎不如。不久前，我訪視目加溜灣，尤羅伯曾要求小孩解釋其信仰，聽到他們所做的即席回答，眞令人滿意。讚美神，豐厚地賜福這項工作，許多異教徒將被帶往眞正的信仰。

尤羅伯每天都在努力勸誘 Magkinam 人來目加溜灣或新港，這樣尤羅伯才有機會教他們。由於缺乏牧師，只得讓大武壠人處於異教的影響下，但我們希望，尤羅伯準備訓練成神職人員的年輕土著中，有些會適合派去那裡傳教。

我們陪同李必斯（Livius）牧師訪視新港。詳察過該地教會後，我們非常鄭重地詢問他對這些年輕教徒的看法。李必斯告訴我，他在安汶遇過若干自稱爲基督徒的大人和小孩，但從未在那些異教徒中見過如此馴服、熱中學習的人。他們表現得相當熱誠，讓李必斯主動提出申請，希望在台灣工作之餘，能不時來拜訪新港，以進一步熟悉新港語，並了解居民的風俗習慣，這樣才有資格擔任這項工作。爲了不阻礙此善工，我答應他的請求。

我要求尤羅伯能再爲公司服務久些，但他不置可否，只說目前的任期還有一年半。他再次要求能免除司法工作。但評議會認爲他的工作極端重要，所以同意每年加薪一百二十里耳，說服他繼續負責該工作。這筆錢不能由公司帳下支出，需由狩獵執照收入抵付 ❷。尤羅伯實在是熱心傳教的神工，給土著們最佳的模範。他個性正直，値得信

❷ 頁 310 給尤羅伯行政兼差的支出，便是依據此命令。

賴。我們認爲，當他十年任滿後，只要薪水能提高，他應該會願意服務更久些。

在弟兄們的要求下，我們同意再給傳道師林德堡一次機會，雖然我們擔心他無法改過。不久，他又再酗酒、打老婆，結果牧師們向我抱怨，說他不只是阻礙傳教，還拒絕學新港語。林德堡積習難改，我們只好送走他。我們已不需要他，他無法爲我們增光。我們呈上一份公文，說明他爲何被解除神職，您們將看到這個人實在沒什麼好話可說。由於同情他的太太和子女，我們並沒有說出全部事實，讓別人去發現他眞正的性格吧。

這裡需要像蘇坦納這樣的牧師，因爲當李必斯牧師完全學會新港語之後，他就會住在新港，這時蘇坦納就要接替李必斯，留在台灣的荷蘭教會。我們需要更多的神工，請不時派遣年輕虔誠的傳道師前來。

您們最忠實服從的僕人　范得堡

36. 台灣日誌摘錄[1]

（1637 年 10 月 18 日至 1638 年 12 月 14 日）

……今天長官及尤羅伯在七十五位士兵護衛下，經新港和目加溜灣，由陸路前往名叫麻豆的大村。麻豆人屢次要求長官前往訪視，今天他要去那裡摧毀偶像。當地居民以這種方式表示願意接受眞正信仰，以慰藉迷途的心靈。這裡也要建立一間學校和一間教堂。願神賜福他們。

1638 年 2 月 7 日。以下是商務官費得（Cornelis Fedder）給長官的報告。費得在尤羅伯、李必斯兩牧師陪同下，負責訪視蕭壠和麻豆兩大村，檢視當地工作的進展，並報告基督徒人數在新港、目加溜灣、大目降增加的情形。

> 1638 年 2 月 4 日。我們告辭長官後，與尤羅伯一起由台灣前往新港。到達新港後，一位名叫 Sabuko 的漢人來見我們，他想向尤羅伯控訴長官離開放索仔後所發生的醜聞，該事已直接違反當時長官所下達的命令，希望尤羅伯能將之轉告長官。Sabuko 宣稱，住放索仔的下士斯普洛門（Sprosman, W.）違法縱容這件事。他結論道：當長官在那裡時，他們都因害怕處罰而逃走；之後聽說長官宣佈大赦，他們便想親自來向長官表達感謝，並承諾改過，但斯普洛門以各種虛假說詞阻止他們；因此，如果長官不展

[1] 【甘為霖原註】由於荷蘭文原始資料受損，若干段落無法辨識，必須省略，但應不致影響對主要內容的了解。

現權威的話，難免會發生暴動。

2月5日，我們參觀新港的學校，有四十五位男學生，每天上課並學唱歌。他們學習神的教條、早晚禱、讀書，並以新港語搭配詩篇一百篇的旋律唱主禱文及使徒信條。他們書籍不足，無法學習更廣泛的主題。每天有五、六十位女孩和少婦接受教義問答❷的教學。新港的人口大約一千人，他們在適當的信仰告解後，都已受洗而被視為基督徒。

當天，我們和李必斯牧師一起前往目加溜灣，告訴村民明天一早將舉行集會。我們也傳話給蕭壠人，說我們在幾天內會到，和他們一同守安息日。

2月6日，我們檢視傳道師麥金尼（Andreas Merkinius）❸的幾位年輕學生，他們接受過基督教基本原理的教導。我們分別測驗

❷ 【甘為霖原註】簡述荷蘭傳教士如何看待教育及基督教書籍在傳教工作的角色時，必須先注意的是，他們當時所面對的語言難題，遠甚於目前在福爾摩沙西半部的傳教士所面對的。現有超過兩百萬漢人居住在福爾摩沙西部，對這些人來說，中國大陸歷史較久的傳教站所發行的基督教文獻即可派上用場。但當初荷蘭傳教士只針對原住民傳教，這些原住民所屬的馬來—波利尼西亞語，已在本島演變成眾多分歧的方言，甚至連鄰村都需要翻譯才能溝通。證據顯示，其中不下於五種方言，已經由干治士、尤羅伯、哈伯特（Happart）、倪但理（Gravius）、范布廉（van Breen）、維爾崔希（Vertrecht）及其同僚們的努力而文字化。但這項辛苦工作，也只是大規模學校教育（這種對大人及小孩的教育，在傳教的一開始就已推動）的準備工作而已。尤羅伯的 *Reading-book* 於 1645 年在德夫特（Delft）出版，但在此之前，似乎就有許多書籍流通著，包括康美紐斯（Commenius）的《語言之門》（*Door to Language*）和 Aldegonde 的《教義問答》（*Catechism*）。那時也有準備講道手稿的習慣，以便牧師或土著教師不在時可以朗讀。另一個與此有關的重要事項是，島上最近發現許多用羅馬拼音寫成的原住民語手稿（即新港文書），當中有些日期在西元 1800 年初期，這證明了福爾摩沙原住民將荷蘭人所教導的讀寫技藝代代傳承下來。

❸ 與牧師麥金尼（Merkinius, N.）不同人。

他們，結果非常理想。當步槍響起——這是召集人們到教堂的信號——村民便集會聆聽尤羅伯講道。他們很有秩序，很端莊。講道結束前，有三位女孩經信仰告白後受洗。

目加溜灣的人口有九百一十人，加上鄰村九十八人（Magkinam 有六十八人，Amamoliang 有三十人）來教堂參與安息日，當日計有一千零八位聽眾。其中一百五十位已受洗，八十四位是學生，這些學生不只學基本教義，也學讀寫、早晚禱。其他村落也是如此進行。

我們送四件黑絨袍給目加溜灣的四位頭目，酬謝他們熱心支持教會與學校，並鼓勵他們繼續支持。四頭目名 Takavier、Tirasou、Gavail、Tavadingh。

我們離開目加溜灣後，來到蕭壠。該村有一座長 165 呎、寬 36 呎的教堂，也有一間教導年輕土著的很好的學校，以及一間 85 呎寬……的宿舍，供愛伯次（Willem Elberts）和歐霍福（Hans Olhoff）兩傳道師使用。這些建築位在村落的中央，是村民自建的，完全沒有花費公司一毛錢。

我們探視蕭壠，將村民仍擺在神壇上的偶像取下摧毀。我們也與頭目們商量，要他們熱心勸告村民，明天都到教堂來，不准有例外，要帶著順從的心，第一次聆聽安息日的宣佈及聖經裡的教訓。

2 月 7 日，我們訪視學校，有一百四十五位學生到校，學生們在背誦祈禱文及教義問答上很有進展。接著，宣告村民們上教堂的槍聲響了，有一千三百人前來。安息日被宣佈為休息日，並由尤羅伯牧師講解真正的、活著的神。村民們很守秩序，順從地聆聽尤羅伯講道。

講道後，他們的頭目在我們面前宣佈❹：今後戒除一切淫蕩、通姦行為；婦女懷孕後不再墮胎；最可恥的一夫多妻或一妻多夫，予以廢止；男子不得裸體，要像基督徒，不要像野獸❺。所有人都尊敬謙卑地傾聽這些話。

蕭壠有六個頭目：Daveya、Aravang、Tikaropo、Tilach、Didingh、Valongey。他們都相當熱心教會及相關的事。【接著來到麻豆】有個人誠懇邀請我們到他家作客，我們到達後，很驚訝地發現，所有食物都以荷蘭的方式準備❻。餐後我們離開麻豆，經過目加溜灣，那裡有位名 Tirassou 的頭目病得厲害。我們抵達【新港】時，某位住在塔加里揚的漢人前來告知，一位從赤崁逃走的公司奴隸跑到上述村落，被某位村民發現並殺害，頭目現在要請示公司，是否以同樣方式（死刑）處罰這位村民？

最後，尤羅伯和李必斯建議以下諸位都應升級或加薪：蕭壠的歐霍福（現每月二十六盾）、麻豆的彼得松（Jan Pieterzoon，現每月十六盾）、新港的溫梭頓（Caesar van Winschoten，現每月十盾）、目加溜灣的西門生（Lambert Simons，現每月十盾）。這些人都是品格優良的教師。他們也提議要援助巴達維亞來的孤兒 Jan Wesevelt、Pieter Muldert、Abthony Criecq。

在麻豆和目加溜灣，各需一門小砲代替鐘聲，召集村民星期日到教堂。

大目降有四百人……這裡的男孩上學。尤羅伯說，神的事業在那裡大有進展。他也說阿利可樂做得比以前熱心許多，令人滿

❹ 蕭壠村改變其四大陋習。

❺ 基督徒已和野獸成對立名詞，和野獸對立的，不是人，而是基督徒，可見基督徒已成為人的代名詞。

❻ 生活開始荷蘭化。

意。尤羅伯同意下個安息日在此地及新港講道。

2月8日，我由新港回台灣。

費得

1638年2月24日，尤羅伯從新港到此地，說……他又說放索仔人並未熱心鼓勵年輕人上學，反而漠不關心。另一方面，大木連迫切請求能派一位荷蘭人去當老師，他們願意在村裡蓋一間合適的學校。尤羅伯也提到，最近有大武壠人來新港，熱切請求派一兩位荷蘭人去教他們基督眞義。

3月10日，長官命令尤羅伯、李必斯兩牧師和商務官所羅門（Coenraet Salomons）前往大木連視察，因爲那裡的村民殷切期盼我們去設學校。3月13日，他們回來了，報告說他們到大木連時，村民提議要蓋一間學校和一間供傳道師住的宿舍，很快即可完工。這個村子人口很多，比麻豆和蕭壠多更多……父母說要送其子女上學……大木連並沒有北方村落以往盛行的墮胎情形。爲了有好開始，我們請傳道師愛伯次留在那裡設學校。

3月23日，長官范得堡和公司幾位評議員，在四十位士兵護衛下，經由陸路前往大木連，它是塔加里揚諸村中的一村，這些南部村落最近才跟我們結盟。我們在那裡建立學校，看能不能像北部各村一樣成功。長官此行不僅視察學校，還要觀察該村落，包括其地理位置、村民習性、稻植情形及將來統治所需採取的措施等。

3月27日，長官一行人回來，覺得大木連的學校運作良好。

4月12日，長官從北方的麻豆和蕭壠回來。本月10日，長官經尤羅伯請求，在四十位隨從保護下訪視這兩村，他親自檢視教會在這些異端間的神聖開端。集會聆聽尤羅伯講道的人數，在蕭壠有一千三百人，在麻豆更超過兩千人，他們都以尊敬、謙卑、服從的心來傾聽。長官發現一切事務都很好。

5 月 3 日，長官接到傳道師愛伯次從大木連寄來的信，他說上學的學生和剛開學時差不多，但老年人愛酗酒，對於學校福利及教會擴張，並未表現出當初所承諾的熱忱，因此得嚴厲譴責他們，督促他們履行承諾。

愛伯次又說，不久前，大木連人和受到 Calivolivong 人支持的麻里麻崙人 ❼ 之間，差點爆發流血衝突。當他接到訊息時，雙方人馬都已武裝起來，準備開戰。他立即趕往現場，站在雙方中間，幸運地阻止他們開打 ❽。他要求他們停止敵對，否則將招來長官的憤怒，因爲對同盟不忠、破壞和平，都會遭受懲罰。他們擔心這種後果，便放下武器。這次爭執起因於很小的誤解。

最後愛伯次告訴我們，幾天前，一些位在山上的村落或小村，名叫 Talkavus、Cabiangan、Caborongan、Vangasou、Rarukduk、Takumub，其頭目們向愛伯次請求能和公司和平相處，成爲公司的盟友。如果我們同意這項請求，希望能和其他聯盟的村子一樣，送給每位頭目一件絨袍和親王旗以爲證明。

5 月 29 日，重申普特曼斯長官所公佈的安息日注意事項。講道時，任何人，荷蘭人、漢人都不例外，都不可以做手工，更不可賣中國米酒，否則予以沒收充公。詳情記載在前述公告裡。

❼ 英譯本作 Favorlang（虎尾壠），有誤，應是 Veroverong（麻里麻崙）。

❽ 這是位勇敢的傳道師，以生命改變土著的世界觀。

37. 長官范得堡致總督及其評議會

（1637 年 12 月 12 日，台灣）

……在台灣評議會的批准下，11 月 17 日，我們由尤羅伯及李必斯兩牧師陪同，帶著七十五位護衛士兵，前往蕭壠和麻豆；因爲這些村民急迫地、不斷地請求我們前去見證他們拋棄偶像、改信唯一眞神。我們在 11 月 19 日見證蕭壠拋棄偶像，麻豆則在 11 月 20 日見證。在這種場合，長老代表全體村民對在場的人宣佈：「此刻長官親自蒞臨，留給我們子孫永遠的記憶。今天我們在長官面前拋棄偶像，象徵我們發誓拋棄我們的神，樂意接受可敬的牧師教導的基督眞義。我們承諾將規律地送我們的孩子上學，讓這些教義深植他們心靈。我們在長官面前，誠摯不虛地承諾要實踐這些事項。」

「藉此，我們也要嚴肅地重申我們對荷蘭國的忠誠誓約，如果我們證明自己是服從的子民，我們將被允許在荷蘭國父親的保護下，收成我們的稻子，繼續我們的工作。」

接著尤羅伯用新港話講道❶。他說，此後大家不應再想到所拋棄的偶像，應心向天國，那是一切善的來源。他所說的，帶給我們許多啓發，也榮耀神。

講道結束後，我們回台灣，11 月 21 日到達。公司一切的事務都很好。

您們最謙卑的僕人　范得堡

❶ 尤羅伯在蕭壠或麻豆的聚會上，可以用新港語講話，可見其語言相近互通的情形。

38. 長官范得堡致總督及其評議會

（1638 年 10 月 17 日，台灣）

……接著我們要談牧師的職責。我們非常感謝您們能派蘇坦納（Joannes Schotanus）來，當他搭乘熱蘭遮號（*Zeelandia*）抵達時，我們滿懷愛心地前往歡迎。

我們請求弟兄們提供建議，看看蘇坦納最適合派到何處服務。爲此，尤羅伯、李必斯、蘇坦納等出席評議會，他們希望蘇坦納能留在新港協助尤羅伯，這樣他可以學習新港語，也可以傳教，日後若尤羅伯離去或有其他事情，他就能有經驗來取代之。我們和評議員們認爲，李必斯擔任本社區的牧師，蘇坦納不必在這裡，所以我們決定派他到新港，向尤羅伯學習語言及傳教的方法。諸位閣下很公正地觀察到，他只是個青年，很喜歡同伴和與之有關的一切。相信我們的告誡，加上他在新港缺少同伴，應該對他有好處，使他放棄尋歡作樂的生活。但我們擔心這需要時間，希望一切會越來越好。

我們也決定讓巴比安（Josephus Balbiaen）去幫助尤羅伯。如此一來，透過他的良好行爲及生活的榜樣，將能爲傳教工作提供傑出的服務。

我們也決定讓來自 Swol 的楊斯（Pieter Janss）到蕭壠協助歐霍福，又派 *Broncoort* 號上的巴士梯生（Adriaen Bastiaens）到大木連。

我們相信這些牧師和傳道師已足以負擔此地的教會和傳教工作，如果您們再多派人來，也沒什麼事可做。感謝您們如慈父般的照顧，不斷祈禱偉大的造物者賜福此事工，使教會工作進步繁榮，榮耀祂的名，並改宗這些可憐的異教徒，使神及其牧者耶穌欣喜迷途者被帶向祂……

尤羅伯沒料到我們會寫這封信，雖然我們事先已善意警告過他，由此可知人要到爲時已晚，才能看見自己的錯誤。他最近承受很大的痛苦，半年多來受間日熱（tertian fever）折磨，讓他覺得相當虛弱。等他復原後，我們會勸他多留兩年。尤羅伯眞的是最有用的傳教人才。

至於我們領土的情況，大致看來繁榮，每天都有許多村子，透過我們南北各地的居民，歸入我們的統治。次要的問題可以透過適當、明智的手段來解決，這樣重大的問題就不會發生，無須訴諸武力。

您們最謙卑的僕人　范得堡

39. 摘自台灣帳簿

（1638 年 11 月至 1639 年 10 月）

以下爲尤羅伯牧師所報告的狩獵執照收入及支出情形，地點包括蕭壠、麻豆、目加溜灣、大武壠、大目降，尤其是新港，時間自 1638 年 11 月至 1639 年 10 月，登載於台灣帳簿 ❶。閱讀這些記載時必須記住，因爲我們無法取得棉布，所以用米替代，補助蕭壠、麻豆、目加溜灣、大目降、新港等村的就學孩童 ❷。這些小孩家境貧窮，故我們每人每三個月提供 5/8 里耳 ❸，希望這點禮物能使家長願意送孩子來上學（而不用到田裡幫忙），並鼓勵學童準時上學、勤奮學習。所以每位

❶ 【甘為霖原註】此處的里耳（real-of-eight），值 8 荷先令（1 荷先令＝ 6 便士），有必要解說一下。荷人到東印度時，發現西班牙和葡萄牙幣在當地很盛行，而且大家都喜歡銀鑄的里耳，願意用較高的價格來取得，因為它所含的銀在印度的價格高於在西班牙或荷蘭。Jan Huygen van Linschoten 教導我們的船員，可藉由買賣西班牙里耳賺取四成的利潤，當時在印度的人都知道這點；Houtman 訪問萬丹（Batam）時，引進大量銀幣；而 Van Neck、Heemskerk 及其他人則偏好引進西班牙里耳。然而，由於荷蘭與西班牙間爆發八十年戰爭，使得前往印度的交通變得困難，里耳的供給也相對減少。為此，阿姆斯特丹的遠方公司（Compagnie van Verre）於 1600 年向荷蘭聯邦提出請求，希望能獲准鑄造印度幣，以彌補西班牙里耳之不足。荷蘭聯邦批准該請求，並與該公司協定這些錢幣的含銀量，然有但書，即遠方公司所鑄的錢幣不得在荷蘭國內流通。這些錢幣價值 8 荷先令（即英國的 4 先令），被稱做里耳；因為印度人對「里耳」很熟悉，故保留這個名稱。1601 年，它們首度在阿姆斯特丹鑄造，同時也鑄造了 1/2 里耳、1/4 里耳、1/8 里耳、1/16 里耳、1/32 里耳等較小價值的錢幣。

❷ 依頁 267 的命令。

❸ 英譯原文是「每人每月可以得到 1/8 里耳」，這樣 130 人 3 個月總計 48.75 里耳，與底下帳簿 81.25 里耳不同。依帳簿之計算改正之。

學生自去年 10 月起，三個月期間可獲得半擔（*picul*）的米。如下：

	項目	費用（里耳）
1	蕭壠學校，學生130人，共65擔，以1擔米＝1.25里耳計算。	81.25
2	麻豆學校，學生 141 人，70.5 擔米，3 個月。	88.125
3	目加溜灣學校，學生 87 人，43.5 擔米，3 個月。	54.375
4	大目降學校，學生 43 人，21.5 擔米 ❹，3 個月。	26.875
5	新港學校，學生 70 人，1638 年 10 月到 1639 年 4 月，計 6 個月，每人 1 擔米。	87.5
6	1638 年 11 月 16 日，租舢板，載傳道師巴士梯生及其行李自大木連來，長官經李必斯牧師轉令付帳。	6
7	10、11 月期間，傳道師麥金尼（Merkinius）支付運送西門生（Lambert Simonsen）和剃阿克（Jochem Tialks）的行李費用；買一匹棉布給 Lulug，並買酒和蠟燭。	3.75
8	10、11 月期間，彼得松（Jan Pitersen）在麻豆買酒、菸、燭，計 2.75 里耳；500 束穀餵在虎尾壠過夜的馬；買米、鹹魚、兩頭小豬給照顧這些馬匹的荷蘭人和黑奴。依彼得松手寫帳目。	11.5
9	歐霍福租舢板運揚生的行李，買酒、燭，提供公司數次派到他那邊的士兵的糧食，買穀餵馬。	3.25
10	長官給我每月10里耳的獎金，從11月到隔年1月，共3個月。	30
11	歐霍福支付運巴比安財物的運費，11、12 月的各種雜支。	3.5
12	付給阿利可樂酒錢及做窗戶。	1.375
13	1639 年 1 月 1 日，嘉獎尼爾（Willem Neer）勤於照顧馬。	6
14	1 月 3 日，中士史崔（Struis）買一罈燒酒獎賞屬下。	0.75
15	隨同地方官員（magistrate）前來懲罰 Rupeling 的士兵的糧食。	0.5
16	舢板水手的糧食。	0.25
17	付士兵從赤崁到虎尾壠的舢板錢。	0.25
18	長官來此時，中士殺一隻豬給士兵。	3.5
19	付運送士兵 1 月份薪水的舢板費。	1
20	依 1 月 6 日大武壠的布蘭克特（Jan Blankert）的帳簿，他買四罈劣酒、兩斤菸、四根藤杖給當地頭目。	2.25

❹ 原英譯文作 28.5 擔，茲改正之。

21	1月8日和 Lampak 結帳。他的支出如下：兩匹棉布買細竹，用來做帆船的帆；兩匹棉布給土著，回報他們將 Lambert 的行李從目加溜灣運到大目降。計四匹棉布 ❺。	1.5
22	給維大多（Vedado）、塔利拉（Tarila）各一匹棉布，酬兩人前往虎尾壠的服務，及向醫生購買藥膏。	1.125
23	付運送 11、12 月份所需金錢到此的兩艘舢板費。	2
24	我因商務搭乘舢板去見評議員的費用，另一艘舢板送巴比安的行李去蕭壠，第三艘舢板依長官指示運稻穀到台灣。	2.25
25	載虎尾壠人來訂和約的兩艘舢板費用。	0.5
26	前往虎尾壠（Vovorolla）的馬匹所食用的稻子，以及 11 月以來多次任務所需要的稻子，共 300 束。	3
27	支付長官訪視此地及其他場合所用的中國米酒。	2.5
28	通譯四哥（Siko）為公司前往虎尾壠，也曾為公司到過放索仔。這是尚未支付的費用。	6
29	一條黑絲頭巾給大武壠人 Lapis，慰其服務。	0.25
30	11 月以來使用的四罈燒酒。	0.5
31	1月7日，送 81 匹棉布到大武壠給學生，理由已述，每匹 0.375 里耳。	30.375
32	付給漢人的工資：將李必斯以前的屋子加深地窖、拆除廚房、造若干長椅。	1.5
33	1月8日支付霍蘇生（Jan Holthuisen），因為 7 個月來，他在長官的批准下，義務參與學校的工作。	8
34	2、3、4 月給我的特別獎金。	30
35	麻豆的彼得松在 11、12 月的花費，3 里耳用於酒、菸、燭等，0.5 里耳支付我們到那裡講道時隨侍的士兵的糧食。	3.5
36	2月9日與 Lampak 結帳。他的支出如下：❻	0
37	20 匹棉布，用於購買建教會所需的土地。	8
38	載士兵 2 月份糧食的舢板費用。	1
39	贈送哆囉嘓頭目一件長袍，感謝他招待我們，並常替我們跑腿。	1
40	餵馬穀。	1.5

❺ 4 匹棉布＝ 1.5 里耳，故 1 匹棉布＝ 0.375 里耳。

❻ 所包括的部分由 37 到 44 項。

41	加深士兵用的井，4 天工資。	0.5
42	運士官的行李離開此地的兩艘舢板運費。	1.5
43	250 支蠟燭。	1
44	漢人木匠修理小屋，2 天工資。	0.5
45	3 月，淡德（Jan Tambder）交出帳目表，他兩年來為我們支出多筆帳款，付給村民及與我們一起來士兵。	23
46	依長官令，尤斯特在台灣買二袍、一旗、二藤杖給求和平的 Takuvong 代表。	4.5
47	買五支藤杖：一支給虎尾壠頭目，一支給諸羅山頭目，另三支自留。	2
48	給幾位新港人四匹棉布，感謝他們所做的雜役，並鼓勵他們將來能繼續為我們服務。	1.5
49	諸羅山頭目 Davalak 夫婦來訪，給一袍及酒費。	1.5
50	殺一頭豬給隨同長官來此的士兵。	1
51	載士兵 3 月份糧食的舢板費用。	1
52	給拆除老屋的新港人兩罈劣酒和菸。	0.75
53	載我們與長官渡過大河，再送我們回新港的兩艘舢板費用。	0.25
54	給久未來訪的八位虎尾壠頭目，每人一條絲頭巾和一匹棉布，並殺一頭豬及酒招待。	7
55	給陪同長官來此的士兵的中國米酒。	2.5
56	給尤斯特十罈劣酒，祝賀他新屋落成，並酬謝他為我們提供的優異服務。他以這些酒來招待土著。	2.5
57	長官上次來此所取出的七大罈酒。	0.75
58	餵來此數次的馬的飼料費用。	2
59	300 支蠟燭。	1
60	歐霍福 1-3 月的支出：菸、酒、燭、馬飼料、陪伴我的士兵、拖船過沙洲，給頭目的四罈酒，以及給頭目 Kalei 的一匹棉布。	6.5
61	給蕭壠頭目四支藤杖。	1.5
62	西門生 4 月 2 日交出的帳目：他在 12、1、2、3 等月份，上夜課所用的蠟燭。	1
63	4 月 11 日，清償 Lampak 的支出：他在 3 月和 4 月的 12 天，用掉蠟燭 300 支。	1
64	因數種理由，給上次來訪的瑯嶠人一匹優良的棉布，給 Lamlok 的僕人四匹普通的棉布及一斤的菸。	2.5

65	支付頭目 Kalei，割教堂屋頂用的草。	0.5
66	殺一頭豬招待陪長官來的士兵。	2
67	上述場合所飲用的烈酒。	2.25
68	三艘舢板的費用：一艘運來 4 月份所需的錢，一艘載蘇坦納的財物離開新港，另一艘則載李必斯離開，他到麻豆聽我們講道時生病了。	3
69	餵馬多次。	1.5
70	麥金尼（Merkinius）12、1、2 月的帳目：買酒、菸、夜校用的蠟燭、一張學校用桌、四門新窗戶。	5
71	5 月初，麻豆的彼得松交出 2、3、4 月的帳目：買酒、燭、菸，招待頭目的兩頭豬、房屋的六門窗。	8.75
72	5 月 10 日給里加（Dika），酬謝他在本村及他村所提供的傑出服務。	3
73	5 月 18 日，支付大武壠的布蘭克特 1-6 月每月 1 里耳的費用，及額外開銷 1.5 里耳。	6.5 ❼
74	同日，清償 Lampak 的支出：他預支給尼爾一筆照顧馬匹的額外費。	4
75	給某位 Tossavang 人一支藤杖。	0.5
76	支出四匹棉布：一匹給被派到麻豆的新港人，一匹給又盲又窮的 Tapitas，一匹給軍醫，一匹買竹做柵欄。	1.5
77	長官來這裡時殺一頭豬。	1.5
78	三十四罈燒酒分送給士兵。	4
79	4、5 月使用的 300 支蠟燭。	1
80	載來 5 月份錢的舢板費用。	1
81	我面見長官時僱用的一艘舢板。	0.75
82	運送病患的一艘舢板。	0.75
83	三艘舢板費用：一艘運送檢察官（Fiscal），一艘帶羅賓（Robijn）過河，一艘送長官過河。	1
84	馬飼料。	2
85	送給上學的學生衣服，他們自 1638 年 10 月以來未曾有過禮物：新港 70 件，目加溜灣 87 件，大目降 43 件，麻豆 146 件，蕭壠 130 件，計 476 件，每件值 0.375 里耳。	195.5
86	5、6、7 月給我的特別獎金，每月 10 里耳。	30

❼ 應該 7.5 里耳。

87	6月替貧窮的法其奧（Vagiau）支付米錢0.375里耳，並送1匹棉布給某位送信來此的虎尾壠人。	0.75
88	阿利可樂於復活節往返台灣講道的舢板費用。	1.5
89	1擔紙，在學校使用。	6
90	蠟燭。	1
91	我兩次前去和長官講商業事務的舢板費；一艘舢板載6月所需的錢，一艘舢板載泥瓦匠來回。	4
92	依長官令，支付房子落成時護衛他來的士兵8里耳；一棵樹3里耳。	11
93	馬飼料80束穀。	0.75
94	6月29日，請漢人木匠做四條長凳，供學生練習寫字用。	0.75
95	一艘舢板運來7月份的錢。	1
96	雇一艘舢板載我去見長官，談到我要離開本島，並指出應盡快讓李必斯學土語。	1
97	7月10日支付Lampak，他買棉布給里加，酬其服務。	2
98	雇一艘舢板載我去見長官，談及目加溜灣的縱火犯。	1
99	蠟燭。	1.5
100	本地用的燒酒，但尤斯特到塔樓（Sotenau）賣執照時帶走了一些。	1
101	7月12日，雇一艘舢板運一病兵。	1
102	7月25日，雇兩艘舢板載兩罈酒，以備此地不時之需。	1
103	提供糧食給來此的虎尾壠人。	0.25
104	8月，雇一艘舢板載8月份錢；另一艘舢板載我去迎接長官，告知房屋遭暴風毀損之事。	2
105	8、9月給我的獎金。	20
106	8月9日，分給新港有上學的學生，68件衣服。	25.5
107	酬謝Takarei在學校教導其他人的服務。	2
108	雇一艘舢板從台灣載運一個士兵和他的財物。	0.75
109	支付廚師卡雷（Charel）預先提供給虎尾壠人的東西。	1
110	雇一艘舢板送特勞德（Traudenius）的佃農離開，並載一個士兵回來。	1
111	8月23日，付給下士糧食費（士兵們食用的米、肉、培根等），他們陪同長官從台灣來此多次。	3
112	支付議長（president）2月28日到此的同款花費。	0.5

113	支付漢人鐵匠酒、菸、米的費用，他用這些食物來款待送布蘭克特的行李來此的大武壠人。	0.75
114	支付新港人建廁所的費用。	0.75
115	雇一艘舢板載生病的傳道師康內利（Cornelis）離開此地。	0.75
116	8 月 22 日，雇用一艘舢板載我見長官，談許多事情。	1
117	雇一艘舢板載阿利可樂由此地回大目降。	0.75
118	8 月 29 日，尤斯特分配 25 包米救濟貧窮的新港人，他們為我們做些雜務。	30
119	8 月 29 日，給住大武壠的凱撒 6、7、8 月份每月 1 里耳，及在 Taglemei 的必要支出 0.5 里耳。	3.5
120	9 月 9 日，雇一艘舢板載 9 月份所需的錢。	1
121	同日，雇一艘舢板載我去找蘇坦納牧師談，他被停職。	1
122	隔天，分送衣服給大目降的學生，共 34 件。	12.75
123	9 月 18 日，雇一艘舢板載我去拜會特使。	1
124	二罈劣酒給土著，酬謝他們砍下家門前的竹子。	0.5
	總計	1004.75

尤羅伯

40. 尤羅伯賣狩獵執照的收入

（1638 年 10 月至 1639 年 3 月）

羅網法❶捕鹿執照，每張每月 1 里耳，自 1638 年 10 月至 1639 年 3 月。

	項目	收入（里耳）
1	漢人 Songo 帶 30 人在諸羅山獵場狩獵，自 10 月 8 日至 11 月 8 日。但他被虎尾壠人趕走，他再買 35 張執照，自 12 月 22 日至 1 月 22 日。	65
2	Theiting 購 30 張執照在諸羅山獵場狩獵，自 10 月 8 日至 11 月8日。他也被趕走，但從12月22日起繼續狩獵至2月8日，賣給他的執照共 45 里耳，合計 75 里耳。他之後退回 12 張，其餘 18 張繼續用到 2 月 18 日，再交 6 里耳。	81
3	Jan Soetekau 在諸羅山獵場狩獵，買了 20 張執照，自 10 月 8 日至 1 月 18 日，計 3 個月 10 天，67 里耳。他又在 10 月 15 日另買 6 張執照，持有 3 個月，計 18 里耳。	85
4	Sapsiko 買 20 張執照在諸羅山獵場狩獵，從 10 月 8 日至 11 月 8 日。他被土著趕走，但從 12 月 12 日至 2 月 19 日又再狩獵，計 2 個月 7 天，45 里耳。	65
5	Schitko 買 20 張執照在諸羅山獵場狩獵，從 10 月 11 日至 11 月 11 日，計 20 里耳。他也遭土著驅趕，但從 12 月 22 日至 2 月 8 日又再狩獵，計 1 個半月，30 里耳。他支付 50 里耳，得 8 張執照，但保留 12 張於 2 月 8 日生效的執照至 3 月 26 日，合計 10 里耳。❷總計支付 60 里耳。	60

❶ 當時許可證的出售，以羅網法（snare，台語稱「吊仔」）捕鹿者，每人每月繳納一里耳，以陷阱法（pitfall）捕鹿者，每一陷阱每月繳納十五里耳。狩獵隊的組織，從四、五人到四十人不等，平均為二十人一隊，共同捕鹿，由一人出名代表全體向牧師申購捕鹿許可證。參見江樹生，〈梅花鹿與台灣早期歷史關係之研究〉，頁 43。

❷ 此處有誤。

6	Gwitsick 買 10 張在諸羅山狩獵執照，從 10 月 11 日至 3 月 11 日。他又買了 8 張，從 12 月 12 日至 1 月 12 日。	58
7	Kokong 買 20 張執照，從 10 月 14 日至 1 月 14 日，計 3 個月。	60
8	Kokong 買 10 張執照，從 12 月 13 日開始生效，計 3 個半月，允許他在蕭壠獵場狩獵。	35
9	Kokong 又買 1 張執照，從 1 月 14 日至 3 月 31 日，計 2 個半月。	2.5
10	Jauchijm 買 25 張執照，從 10 月 21 日至 2 月 21 日，計 100 里耳。他在 2 月 14 日退還 14 張，保留 11 張，從 2 月 22 日至 4 月 22 日，計 22 里耳。	122
11	Jauchijm 替 Theiting 買 10 張執照，從 1 月 22 日開始，為期 3 個半月。	35
12	Thetia 買 25 張在諸羅山狩獵的執照，從 10 月 21 日至 1 月 21 日，計 3 個月。	75
13	Zinkik 買 25 張在諸羅山狩獵的執照，從 10 月 25 日至 1 月 25 日。他之後退回 10 張，保留 15 張，從 1 月 25 日至 3 月 25 日，計 2 個月，30 里耳。	105
14	Suia 買執照 4 張，1 個月。	4
15	Watbang 買 14 張在諸羅山狩獵的執照，從 11 月 11 日至 1 月 26 日，計 2 個半月。	35
16	Tongo 買執照 5 張，從 12 月 22 日至 4 月 22 日。	20
17	Tinsik 買 13 張在諸羅山狩獵的執照，從 12 月 14 日至 4 月 14 日，計 4 個月。	52
18	Watbang 買執照 12 張，從 12 月 25 日至 1 月 25 日。他之後退還 4 張，保留 8 張，有效期間從 1 月 25 日至 2 月 5 日。	15
19	Lakko 買 10 張在諸羅山狩獵的執照，從 1 月 3 日至 1 月 18 日，計半個月。	5
20	Sinco 買 12 張在塔加里揚狩獵的執照，從 2 月 13 日至 3 月 2 日，計半個月。他之後退還 8 張，保留 4 張，從 3 月 2 日至 5 月 2 日。	14
21	Kastvat 買 5 張在蕭壠狩獵的執照，從 3 月 19 日至 4 月 19 日。	5
	以下諸位在虎尾壠獵場狩獵：	
22	Saptia 買執照 25 張，從 10 月 25 日至 11 月 10 日。他被土著驅趕，但從 12 月 22 日至 2 月 22 日又再狩獵。他另又保留 2 張執照，為期 2 個多月。	67.5
23	Swantai 買執照 10 張，從 10 月 25 日開始，為期半個月，但遭驅趕。他從 12 月 22 日至 1 月 22 日又再狩獵。他再買 2 張，從 1 月 22 日至 2 月 22 日。	17

24	Simkoi 買執照 40 張，從 10 月 26 日至 11 月 10 日，計半個月。他之後被迫逃走，但從 12 月 22 日至 1 月 22 日，再買 34 張執照。	54
25	賣給 Simsiang 執照 20 張，從 10 月 26 日至 11 月 10 日，計半個月。他也被迫逃走，但從 12 月 22 日至 1 月 22 日再次狩獵，計 20 里耳。然後從 1 月 22 日至 2 月 5 日又再狩獵，為期半個月。他接著再買 3 張，從 2 月 5 日至 2 月 22 日。	41.5
26	Scheiang 買 20 張執照，從 10 月 26 日起，為期半個月，然後被迫逃走。他接著再買 20 張執照，從 12 月 12 日起，為期 1 個半月。	55
27	Sina 買執照 25 張，從 12 月 22 日至 1 月 22 日。	25
28	Bauwia 買執照 10 張，從 12 月 22 日至 2 月 22 日，計兩個月。	20
29	總計 1638 年 10 月至 1639 年 3 月，販售羅網捕鹿執照收入。	1278.5
30	長官亦深知，在兩個月的捕鹿期，只能使用 24 個陷阱（pitfall），如果陷阱太多，鹿群將很快耗竭；尤其是捉到的小鹿會隨著母鹿一起死。每個陷阱每月 15 里耳，24 個陷阱每月售 360 里耳，狩獵期不可超過 2 個月，故 360 里耳乘以 2。	720
	這些數目再加上羅網捕鹿執照收入，從 1638 年 10 月至 1639 年 3 月總計。	1998.5

41. 摘自台灣日誌

（1639 年 10 月 6-10 日）

10 月 6 日，長官范得堡和特使庫庫巴卡（Couckebacker）乘漢人舢板到本島的赤崁，計畫經由陸路訪視新港、目加溜灣、蕭壠、麻豆，並由七十位士兵護送，以示此行的重要性。

他們近午到達赤崁，稍事用餐後，騎馬前往新港。尤羅伯和長老們在村外一段距離處迎接，陪他們入村，到尤羅伯住所。雨下得很大，所以那天沒做多少事。

10 月 7 日，在新港，約 8 點，所有的人，無論男女老少，都集合到教堂。我們用三聲槍響代替鐘聲，呼喚村民們集合。當著諸位貴賓的面，尤羅伯以新港語講道，村民虔誠傾聽。

講道後，尤羅伯集合所有村民和居住在那裡的小琉球人（Lameyers），到他的住處之前。尤羅伯以長官之名，告訴村民說：長官很高興看到他們的熱誠和願意接受唯一眞神；長官告誡他們要努力精進，不要鬆懈，因爲信仰不只能帶給他們此生的和平，還有死後永恆的喜悅；藉由特使的轉達，總督閣下必會滿意他們的努力。除此之外，尤羅伯還說了許多勸告的話。

村裡的長老或首領接著對村民講話。他熱心告誡村民要眞心服從長官，因爲大家都很清楚，自從改信基督之後，上帝如何賜福大家。所以大家應該堅持不懈，莫偏離正道，如此就能越來越感受到神的恩典。

村民離開後，長老、頭人和他們的妻子都被請進來，每人都得到特使送的一個巴黎戒指（Paris ring）。他們隨即心滿意足的回家。

下午，長官等人騎馬前往目加溜灣，幾位長老拿著親王旗，在離村莊 1/4 荷里處迎接，並呈上檳榔（sirih Pinang）。他們在日落前兩小時抵達目加溜灣，到傳道師麥金尼（Andreas Merkinius）的住宅，其餘的長老立即現身，表達歡迎。

日落時，約九十位村民集合在傳道師麥金尼的家門前，要讓他親自檢驗兩位土著教師（他們表現得相當適任）❶ 的教學成果。尤羅伯說，每晚土著們都爲此自願集合。他們迅速回答所提出的基督教原理的問題，並展現閱讀祈禱文的才能。檢視完後，他們就回家了。

10 月 8 日一大早，許多村民集合在同一地方，要求尤羅伯測試他們是否適合受洗。尤羅伯測試他們，發現他們能夠非常熟練地回答所有問題，所以記下一些人的名字，承諾講道結束後，立即替他們洗禮。其他人的洗禮，要等到下一次。

不久，發射三槍，召集大家到教堂。他們很快集合完畢。尤羅伯講完道後，施洗五十八名男女，使他們獻身於耶穌基督。

此地工作完成後，中尉黎必爾（Riviere）奉派先帶領士兵到蕭壠，長官和特使則在傳道師麥金尼的家中用餐，然後再騎馬出發。太陽非常炎熱，先遣部隊有許多人因太熱而倒在路旁。他們立即被移到陰影下，等待復原。

長官等人在離蕭壠約一小時路程的樹下休息。這時，該村的傳道師、長老等前來迎接，陪他們進村。天色已暗，除了派人去找回落後的士兵，做不了其他工作。

10 月 9 日一大早，昨天被派去找士兵的蕭壠人回來通報說，有兩位士兵昨晚死了，通報的人昨夜一直陪伴他們。他們大概死於太渴而猛喝太多水的關係。我們立即派一隊士兵去埋葬他們，免得屍體被

❶ 本書最早出現的執業土著教師，1639 年 10 月 7 日。

野獸吃掉。

尤羅伯在此講道，大約有一千四百或一千五百名男女集合聽講。講道完畢，有二十六人受洗，因爲他們能正確回答尤羅伯關於教義的提問。

此一莊嚴儀式結束後，長老集合大家，告誡他們現在應該想到自己的得救，要銘記尤羅伯所說的教誨，要成爲眞正的基督徒，切不可忘記神帶領他們脫離黑暗和偶像的恩典，一切行爲都不可辜負神的善意。

做完所有需做的事後，長官等人繼續前往麻豆。他們走到半路時，遇到很寬的麻豆溪（即急水溪），一直在旁相陪的新港、目加溜灣、蕭壠的長老們，此時與長官等人道別，各自回家。

長官等人乘數艘舢板過河，馬也渡過河後，有幾個麻豆人帶著親王旗和檳榔，前來歡迎長官一行。他們騎馬前進，大約中午到達麻豆，受到長老的歡迎。

舉行聖禮後，有八位居民接受洗禮，他們通過基督教義的問答測驗，程序就像在其他村落所行的那樣。

飯後，長官告誡麻豆的主要頭目要繼續服從荷蘭國，特使則送給他們每人一隻小戒指。長官等人道別麻豆後，騎馬前往魍港河，傍晚才到。那裡有一些漢人舢板，他們及士兵便搭乘舢板，順河而下。

10 月 10 日，長官和特使花了一個早上，檢視名爲 Flushing❷ 的碉堡。他們黃昏時搭乘舢板返回台灣。途中，遇到一處沙洲，舢板必須抬過去，這時隊長林納（Joan van Linga）告知長官等人，李必斯牧師已安息主懷 ❸。

❷ 即魍港的 Vlissingen 碉堡，建於 1636 年。

❸ 1639 年 10 月 10 日，頁 310。

10 月 11 日，大約破曉前三小時，讚美神，長官一行安全抵達熱蘭遮城。

42. 長官范得堡致總督及其評議會

（1639 年 11 月 4 日，台灣）

……我從南部回來後，就在特使庫庫巴卡陪同下，前往新港、目加溜灣、蕭壠、麻豆等地，親自檢視實際狀況。

我們發現，尤羅伯牧師和傳道師們的傳教工作進步很快，相當令人滿意。尤羅伯不管在那裡講道，總有爲數眾多的居民熱切聆聽上帝的話語，父母也要求子女要認眞學習基督教教導。他們每週兩次在學校接受宗教教學，其他日子則學讀、寫。有些學生能很熟練地背早晚禱、十誡、主禱文和信條。他們的信仰告解相當虔誠，讓許多基督徒自嘆不如。他們嚴守安息日，不允許任何人在安息日下田工作。他們許多人很會祈禱，不管什麼場合、什麼主題，都能即席地大聲祈禱。他們狩獵時，會先跪下，由當中最會祈禱的人大聲向神禱告，祈求狩獵成功。他們的信仰已很虔誠，以致於相信，若沒有祈禱，狩獵就不會成功。同樣地，他們也跪在田地裡，熱切祈禱豐收。

各村人口的可靠資料如下：

新港有一千零四十七位男人、女人及孩童受洗，其中一百五十四人可武裝戰鬥，一百一十九對夫妻行基督教婚禮。傳道師尤斯特娶新港婦女，也住那裡。尤羅伯很滿意他的工作表現。

目加溜灣有一千人，其中一百五十人可武裝戰鬥，二百六十人受洗，有八十七位學童，其中十二位正在學習寫字，以便成爲土著教師。傳道師麥金尼（Merkinius）駐守那裡，他娶荷蘭婦女，對教會非常熱心。

蕭壠有兩千六百人，其中五百人可武裝戰鬥，兩百八十二人受洗，四位土著教師在此教他們自己的人民。一百三十位小孩入學，有些會讀寫。

麻豆有三千人，其中兩百一十五人受洗，一百四十名孩童上學，兩位傳道師揚和西曼茲（Jan Symonsz）在那裡，他們的表現很令人滿意。

大目降有一千人，合 Tavalikan、大唪、Tagupta 三村而成，其中有三十八位學生在傳道師阿利可樂的指導下學習。

以上共有八千六百四十七人。

做完必要的安排後，我們要求尤羅伯告訴他們：總督派特使來觀察他們的行爲，發現大家都很熱心地履行宗教職責，希望往後能繼續保持，特別是要繼續效忠荷蘭。對後面這項要求，他們承諾說，只要特使能向總督報告他們的良好行爲，他們就會繼續忠心服從。特使承諾將轉告總督，他們似乎很滿意。他們準備用傳統方式來宴請我們，但我們以必須離開爲由婉拒了。從這些情況看來，他們顯然願意提供我們往後所需的服務。獲得這種保證，我們感到很滿意。

因爲路不通，我們沒有訪視大武壠，那裡有間很大的學校，據說那裡的村民行爲良好。虎尾壠也一樣，自從上次我們攻打、懲罰他們以來，就一直對荷蘭順服。

除此之外，特使還會向您報告幾個村落的名字，它們座落在北方的山區，與我們和平相處……

我們已要求將 paccan（北港，指台灣本島）的狩獵帳目（由尤羅伯所記載）記入公司帳簿裡，從 9 月底開始。

1	陷阱狩獵執照，核准漢人和此地的其他居民共 24 個陷阱，自 1639 年 2 月至 1639 年 4 月，為期 2 個月，每個每月收 15 里耳。	720 里耳
2	羅網狩獵執照，核准 1 個月的有 1278 人 ❶，半個月的有 1 人，每人每月 1 里耳。	1278.5 里耳
以上收入計		1998.5 里耳

3	上述金額必須扣除以下支出：尤羅伯獎賞新港、目加溜灣、蕭壠、麻豆及其他地方的學生，270 擔米和 659 匹棉布 ❷；付給尤羅伯 11 個月兼行政職的薪水 ❸；付舢板、運費等。	1004.75 里耳
結餘：依總督之命令，結餘款存於尤羅伯的帳戶，列為台灣商館的收入，詳情請見尤羅伯簽名的帳簿。		993.75 里耳

關於牧師，閣下將會欣慰地得知，尤羅伯是非常熱心的神的僕人，他全心全意爲傳教而努力，我們很希望他能再多待幾年。尤羅伯想請求閣下允許他明年離職，但我認爲他不會這樣離開他的羊群，至少還會再留兩年。

李必斯牧師花費相當時間學習新港語，根據尤羅伯的報告，他對新港語已頗爲熟練，他的講道也對此地教會提供良好服務。但令人惋惜的是，他在 1639 年 10 月 10 日過世了。因此尤羅伯必須每星期到此地來主持禮拜。至於蘇坦納，依弟兄們的建議，因其放蕩生活已冒犯了社區，沾汙了教會，故被評議會處以留職停薪查辦。詳情請閱評議會 1639 年 9 月 7 日的決議。

蘇坦納這時被關在自己的房子裡。他請朋友代爲說情，並寫信給特使，請求能夠重審。他承諾將來一定會做個虔誠的牧師，並眞誠懺悔過去的錯誤。尤羅伯也替他說情，說此地的服務，外加新港的工作，對單一牧師來說太沉重了。因此評議會重新討論此事。

但蘇坦納被監禁後，關於他的報告卻很壞，因此評議會決定不再討論此案，直接攞脫他，將他留職停薪地送回總督您那邊。評議會判

❶ 這是指人次，而非實際人數。實際人數只有 494 人。參見江樹生，〈梅花鹿與台灣早期歷史關係之研究〉，頁 45。

❷ 1 擔米＝ 1.25 里耳；1 匹棉布＝ 0.375 里耳。

❸ 其法令依據在頁 283。

斷，此人犯了如此嚴重的過失，已無法再服務此地的教會和社區。閣下曾經下令，如果蘇坦納對傳教工作無所助益，就應以最近的船班送回，因此評議會迅速做出此決定，以除掉教會的汙點，辭退公司無用的僕人。

尤羅伯承諾忠心服務福爾摩沙教會，但要求傳道師麥金尼（Merkinius）能接受進一步的教導，以做爲尤羅伯的助手。我們很希望這位傳道師能受到尤羅伯的精神感召，步上尤羅伯的後塵。他在荷蘭受過良好教育，熟悉語言，過虔誠的生活，已故的李必斯牧師也曾這樣說過。我們認爲虔誠的人，比自以爲懂得多卻沒有宗教情懷的牧師，更適合爲神服務。

我們對阿利可樂的期望，沒有像對麻豆的揚那麼高，揚是個傳道師，從小就受到尤羅伯的教導。另一位傳道師巴比安，曾搭乘班達號（*Banda*）迷失方向而漂流過澎湖，他也過著很虔誠的生活。所以我們相信這裡將不會缺少適合的神工，可以不必再派人來。不過我們希望干治士從荷蘭抵達東印度時，總督能立即派他前來，減輕尤羅伯的負擔。我們知道這位可敬的傳教先鋒以前在此表現得很好。其他事項請參考特使的報告。……

您順從的僕人　范得堡

43. 特使庫庫巴卡考察東京❶和福爾摩沙報告摘錄

（1639 年 12 月 8 日，*De Rijp* 號船上）

……先前我已詳述壯丁的人數，現在我要列舉出不只是拋棄偶像，更受洗爲基督徒的村子，並進一步解釋我們採用何種方法來推展這一光榮事工。

但首先我想說，訪視新港、目加溜灣、蕭壠、麻豆等村，實在是件很令人欣慰的事。自從我在 1633❷ 年離開台灣前往日本後，此地的歸信變得很普遍，土著們日以繼夜學習眞信仰，熱忱的程度，連我們都自慚形穢。這些都是尤羅伯的貢獻，他精通新港語，該語在鄰近三村也通行 ❸。

村民嚴格遵守安息日，不論是牧師的講道或傳道師的聖經閱讀，他們都未曾缺席。他們每星期兩次參加學校的教義問答聚會，其他日子則背誦祈禱文，用荷蘭字母來讀寫。他們對祈禱文的內容非常熟練，可以即席地大聲重複，並就任何主題禱告，我們常聽到他們那樣做。

他們很虔誠，每天工作前，總會先呼喚神之名。他們出獵時，都會跪下，由最會禱告的人祈禱他們狩獵成功。他們耕田時，也會祈禱神的賜福，並以其他方式表現內心的虔敬。

在新港，有一百一十九對新人依我們的儀式結婚，並過虔誠的生

❶ 東京（Tonking），在今越南。

❷ 英譯原文為 1663 年，有誤。

❸ 新港語應該通行於鄰近至少八村，頁 29。

活。年輕婦女不再墮胎。尪姨現在被輕視的情況，就像以前被崇拜那般。他們現在已經知道，尪姨過往總是藉奉獻偶像的名義，詐取村民的財富。

下列數據得自最近的調查：

新港：有一千零四十七名男女小孩受洗，尤羅伯和一位傳道師在那裡。

目加溜灣：一千位村民中，有兩百六十一人受洗。八十七個小孩入學，其中有些在學寫字。村民信教熱忱，每天約有九十至一百人集合在神職人員家前，聆聽基督教義的教導。當地有一位傳道師負責教導，該傳道師身旁有位荷蘭男孩；還有三位土著助手能教祈禱，他們是傳道師的好助手。

蕭壠：兩千六百位村民中，有兩百八十二人受洗，接受基督教信仰。一百三十個小孩入學。每天有五十至七十人到傳道師家受教。除了四位土著教師外，有一位傳道師、一位教師和一位男孩在那裡。

麻豆：三千位居民中，有兩百一十五位受洗，一百四十個小孩上學，兩位傳道師負責教導。

大目降:一千位居民中，有兩百零九位受洗，三十八位小孩上學。本村原爲分散的三小村：Tavalikan、大唪、Tagupta，現已合爲一村。那裡有一位傳道師和一位教師。

以上共有兩千零一十四位基督徒。讚美神，藉著福音之光，祂掃除了異教徒的黑暗，一直賜福這項工作。願主永遠與我們同在！

大武壠也有一間大學校，有些人已受洗，由一位教師和一位年輕助手負責教導。

這些村落遵守安息日的情形，就跟新港一樣。

大木連也建有教室，每天有八十六位小孩接受教師指導。

塔加里揚、麻里麻崙、放索仔、茄藤（Katya）❹、塔樓（Sotanaya）

等村都是大村，其村民都表示要拋棄偶像，但因無適當的教師，傳教工作尚未開始，必須延到日後。麻豆和諸羅山之間還有兩村落，即哆囉嘓，其村民亦已棄絕偶像，但就像其他地方那樣，因傳道人員不足，目前還沒有人派駐在那裡。……

庫庫巴卡

❹ 【甘為霖原註】314 頁處拼成 Kattia。茄藤是南部村落（按：在屏東），在安平以南幾哩處，現在還有一個小漁村叫茄藤（按：這在高雄），居民全都是漢人。

44. 特勞德議長❶致總督及其評議會

（1640 年 3 月 20 日，台灣）

……我們告訴尤羅伯，已故長官❷曾在 11 月 3 日的信中提到，他（尤羅伯）願意至少在福爾摩沙多留兩年，我們要求他就這點給予明確答覆，以便我們能向總督報告。尤羅伯說，他很驚訝前長官對總督這麼說，因爲他本人從未表達如此意願；相反的，如果上帝允許，長官也批准的話，他希望能免除此地的責任，盡快返回荷蘭。

尤羅伯經常生病，是導致他想離開的主要理由。此外，他相信傳道師麥金尼（Merkinius）能勝任此處的工作。過去幾個月，麥金尼在此地荷蘭社區的服務很令人滿意，對新港語也很熟練。所以，尤羅伯要求我們建議閣下，將這位傳道師提升爲牧師候補❸，前長官也贊同此一升遷，麥金尼本人也急切地請求我們替他寫推薦信，我們無法拒絕，只好答應。請閣下以一貫的慎重態度來處理此事。

關於麥金尼，我們不能否認他過著誠實虔敬的生活，能夠適當地延續尤羅伯的工作。但如果閣下批准尤羅伯離開，最好再派另一位牧師來服務荷蘭社區，否則屆時福爾摩沙與台灣都得由麥金尼一人負責了。……

您謙卑尊敬的僕人　特勞德（Paulus Traudenius）

❶ 特勞德於 3 月 14 日繼任議長兼長官（江樹生之《熱蘭遮城日誌》第一冊，頁 468），甘為霖把他的頭銜譯為 President，本譯文將 President 譯為議長。

❷ 【甘為霖原註】前長官范得堡死於 1640 年 3 月 11 日，3 月 13 日根據基督教儀式及其官階榮譽，葬於熱蘭遮城，其墓在前長官宋克旁。

❸ 傳道師之上是牧師候補。

45. 尤羅伯致總督迪門

（1640 年 10 月 23 日，台灣）

致最尊貴、睿智、公正的總督閣下：

您 7 月 23 日的信，巴必斯（Bavius）牧師已經轉交給我了，我們很高興上次的信您已收到。

從我的上封信，閣下就能知道我是多麼想立刻回國，因爲我的任期已屆滿很久了，而且我不斷爲病所苦，我是如此的虛弱，好幾個月來都不能到我們的村落做必要的訪視；這點也讓我急於離開此地。閣下現在答應讓我返國，但條件是，要再留一陣子來教導巴必斯，以便日後我不在時，此地的工作能夠持續進行。雖然我很想回荷蘭看望我母親，但我不願也不能拒絕閣下這一和善請求，因此我改變了立即離開的計劃。

此外，長官特勞德也不斷力促我再留一段時間。過去幾個月，我的身體還算健康，感謝主，體力又恢復了。無疑的，這份神聖的工作需要更加審慎以對。希望我留下來是有用的，在北季風期間，我將盡力工作，相信基督的事業會大有斬獲。

巴必斯牧師正在我的指導下學習當地語言，我相信不用多久，他就有能力自行判斷：傳道師是否用最好的方法忠實地工作，居民是否被教以足夠的知識而能夠接受洗禮。我相信無須多久，他在語言上將進步很多，且將認識這些居民的獨特個性。那麼我離開後，他就能夠取代我了。

爲了使巴必斯更快了解這裡的人民及語言，我們決定他到達後❶，至少要待在新港一段時間。到目前爲止，他仍住在新港，工作得很好。

麥金尼（Merkinius）尚未被升級，但一有機會，長官就會處理這件事。在台灣佈道的阿利可樂，直到他能用土語講道之前，都不會被升級，因爲他主要的工作對象，就是講土語的當地居民。

閣下派來的達米安（Gerrit Damiaen）教師，目前派駐在麻豆，那裡有最大的學校，我們希望他能有好表現。

必貝斯（Jacobus Viverius）現在仍住在台灣，他是個好醫生，認眞研究神學，希望成爲牧師。我們曾教導他一段期間，我們有理由相信，他在幾個月後就能在荷蘭教會主持禮拜。他屆時可以提供兩種服務：一是傳教，一是醫病；醫療方面將會令長官很滿意，巴必斯也可以不必每星期日都到台灣來。

不久前我們訪視新港、大目降、目加溜灣、麻豆、蕭壠等地，向村民講道，並爲許多已聽道一段時間的村民洗禮。他們都很熱心，每天定時到教師家前接受教導，直到能夠正確無誤地複誦祈禱文等爲止。

蕭壠受洗的人數最多，達一百二十人。其中有位成年人，據傳道師說，從未受過教導，但非常期望能受洗，他說：「給我考試，我很想受洗。」結果，他回答得相當好，令所有聽眾都感到高興。第二天，他受洗了 ❷。

我希望蕭壠、麻豆、目加溜灣、大目降、大武壠等地，所有具備受洗資格的候選人，很快都能受洗。到現在爲止，蕭壠已有一千零七十人受洗，其他村子也有差不多的比率。

新港值得特別稱讚。這是個信仰最堅定、影響力最大的村子，村

❶ 1640 年 7 月 17 日到台灣。

❷ 在家自修的受洗者，表示村民主動地喜歡基督教。

民敬拜我們的神已很久，是其他地方的典範。令我們吃驚的是，我們天天看見新港的年輕人，不只依基督教方式結婚，一起到田裡工作，一起生育小孩，甚至還住在一起，這些是他們以前寧死也不願做的事。即使在干治士的時代，也很難料想會有這種成果。他們以前的風俗習慣正日漸消逝，逐漸採行我們的生活方式。由此可見，要改變異教徒，同時需要時間與適當的教導。

新港人是基督徒的好典範，希望其他村落可以見賢思齊。新港村民全部受洗，而且大部分都依基督教儀式結婚。他們也依荷蘭基督教的方式，調整各方面的行爲，而且在安息日很準時上教堂，早上認眞聽講，晚上則認眞復習，牢記在心。

在北季風期間，我希望基督教能有更大的成功，希望各村即使在知識上比不上新港，至少也能差不多。他們今年收成很好，令他們滿意，這也有助於基督教的發展。

尪姨原先是我們傳教的一大障礙，但現在她們已喪失全部權力，並因過去散佈許多錯誤而受到村民歧視。她們除了自己的家外，不得進入其他人的家，因此再也無法施行先前的偶像崇拜。

學校不斷興盛，許多人能流暢地閱讀，也相當能寫。

雖然肚猫螺人（Dovale）❸在上次的狩獵季一直嚴重地騷擾我們，趕走許多領有狩獵執照的漢人，但我們仍收到 1941.875 里耳的執照費，支出只有 627.25 里耳（請參考附上的帳簿），所以淨收入有 1315.625 里耳，這項收入已記入我的帳戶的借方。

現在漢人狩獵的季節又開始了，一些漢人已來申請執照。但我以爲，今年最好不要核發任何執照，我已告訴長官這種想法，希望長官能同意。我的理由如下：

❸ 肚猫螺，包括東螺、西螺，但主要是指雲林的西螺。

第一，如果我的消息正確的話，我們此地尚有幾千張鹿皮，因為缺少船隻，還未送往日本。

第二，由於不斷捕捉，鹿群數量已銳減。如果能夠禁獵十二個月，鹿群很快就能大量增加，這塊獵場（漢人每年都在其間狩獵）的主人也會很高興。

第三，這是最重要的理由：如果允許漢人狩獵，我們的影響力和聲望將會受損，因為肚猫螺人（也許還有虎尾壠人）會不斷跑出來驅趕、搶劫、殺害狩獵的漢人。我們很難防止這種攻擊，因為那裡離台灣很遠。

許多漢人因太窮而交不起執照費，請求我先借錢給他們，承諾狩獵季節結束後，會將鹿皮賣給我們，不論大小，每一百張賣十里耳。前長官允許我們這樣做，但前提是，萬一這些漢人逃走或無力償還，我們必須自行承擔其間的損失。長官同意這種做法的理由是，這樣一來，先前秘密走私到中國的鹿皮，就會全部流向公司。還另加一項規定：我們要自行預支這些事項所需的資金。長官批准這項計劃，因為我們提出的帳簿將會精確地顯示販賣執照的利潤，而且這些利潤也能用來支付福爾摩沙的傳教人員及拓展教育事工所需的經費。

漢人很喜歡向我們借錢，要不然他們就得向無情的漢人同胞借錢，每月利息高達百分之四至五。如果今年再賣狩獵執照的話，我們將依前述條件先借錢給他們，並堅持他們需付的 1/4 里耳❹，不要像先前那樣付現金，要改用鹿皮支付。這樣一來，狩獵所得每年將可達八百至一千里耳，福爾摩沙每年就會增加四千里耳收入。這必會使閣下甚感滿意。

住在村落裡的漢人都很窮，也許無法每月交出 1/4 里耳。如果閣

❹ 指人頭稅。

下同意將所收取的一千里耳留在我們手中，這些漢人必然較願意支付。如果漢人被迫每月繳交 1/4 里耳，他們必定會藉著欺騙我們較貧窮的人民，以求得補償。他們經常如此詐騙，以致這些窮人的處境難以改善。

長官特勞德不會違逆閣下的命令。他已下令徵收半里耳的稅，支應我們在新港建新屋的費用。長官估計，我們在兩個月內已收到三百里耳，這樣台灣等地的漢人幾乎就不必再繳交閣下指示裡所提到的 1/4 里耳。時間將會證明，這種稅很難收取。

我們一直與南方的盟友塔加里揚和平相處。雖然駐大木連的郭佛（Joseph Kover）死後，一直沒有荷人在那裡，但他們常來大目降、新港，我們的人也常去拜訪。

住更南部、位在塔加里揚與瑯嶠之間的放索仔人，也一直與我們保持友好。不久前，放索仔人曾來此控訴 Takumei（放索仔的頭目），說 Takumei 那伙人煽動放索仔其他頭目起身反抗我們。但我們最近未再聽聞過這種控訴，大概他們已自行解決了吧！如果能派傳教人員前往該處，將發現那裡有很多使異教徒改宗的機會，因爲當地居民很久以前就決定要放棄偶像。然而，因爲該地不健康的風土和空氣，使我們的人不願定居在那裡。願神憐憫這些沒有牧者的羊群。

大武壠山區的事務，也一直依我們期望發展。道路難行，加上本人健康因素，我有一段時間不能去訪視大武壠。等到來日河流變得較易渡過，我將會再訪。我所知無誤的話，那裡有超過兩百人正等著告解信仰，接受洗禮。

哆囉嘓、諸羅山和其他地方的居民依然順服我們。只有虎尾壠人不願遵守和平，他們被我們在肚猫螺的敵人所煽動，殺死若干屬於我們村落的漢人。然而，虎尾壠人最近一陣子已再度平靜。如果明年肚猫螺人能受到應得的懲罰，位在我們遙遠北方的各村落，就會向我們臣服。

一如以往，各村長老和頭目自行解決較小的問題，這樣的安排很好。如果有任何重要事項要決定，他們會請求長官特勞德的協助，長官永遠願意協助他們，因爲長官是教會的朋友，過聖潔虔誠的生活。無疑地，神賜給他如此高位，他也將繼續榮耀祂。這也是我願再留久些的另一個理由。

上述是現在所能告訴閣下的，願下次船班出發時，我能告知閣下更多消息。

願神賜福給高貴、睿智、公平的閣下。

尤羅伯

漢譯者：以下少了兩年的資料（1640 年 10 月 23 日到 1642 年 9 月 4 日）

46. 哈羅斯司令[1]致長官特勞德

（1642 年 9 月 4 日，聖三位一體城）

……此外，麥金尼（Merkinius）對我們很無禮，而且想離開。但我們不允許他離開。他說：「我就是要離開，並會向教區議會（Classis）[2]說明，我只對他們負責而已」等話，那當然是無法忍受的。

[1] 攻克雞籠，將西班牙人逐出福爾摩沙的荷軍司令哈羅斯（H. Harouse）。

[2] 指阿姆斯特丹教區議會。

47. 長官及其評議會致總督及其評議會

（1642 年 10 月 5 日，熱蘭遮城）

……我們已完整答覆閣下來函所提的問題，接下來要講些教會的事。根據尤羅伯牧師的報告，一切都在進步當中，我們看到的也是如此。年輕人定期接受基督教基本信仰和書寫的教導，他們也容易領受。但教導較年長者就比較困難，他們似乎無法放棄與生俱來的本性，還秘密保留古老的迷信，難於根除邪惡的傾向。但老年人逐漸凋零死去，能接受我們教導的年輕人則不斷長大，我們將希望寄託在後者身上。

7 月 26 日，我們下令絞死三個蕭壠人，因爲他們殺了若干小孩。這三人的屍體被綁在村子入口的柱子上。這個懲罰引起人民很大的恐慌，因此一些較年長者和其他住在麻豆、目加溜灣、大武壠的人，利用這案子和若干流傳的荒謬謠言，設法誘使村民反對我們，說荷蘭人除了會把人帶走賣爲奴隸❶之外，還會殺更多的人。結果有些家庭逃亡了，但後來他們都被尤羅伯勸回來。主要的煽動者已被逮捕，他們將受到應得的處罰。

閣下們，依我們的淺見，傳教工作仍籠罩著許多烏雲。這些人是如此脆弱，需要更多的琢磨，才能使他們粗糙的表面變得光滑。因此，急需派遣虔誠聖潔的牧師、牧師候補（candidates of Divinity）和助手前來。尤羅伯抱怨說，麥金尼（Merkinius）和阿利可樂兩位牧師候補經

❶ 他們發現荷蘭人也有奴隸，是由別地方捉來的，所以懷疑荷蘭人根本不是基督教所說的那麼善良的人。

常犯大錯，無法提供什麼幫助。如果他們依然故我，我們將採取必要步驟，不要再把公司的錢浪費在他們身上。

巴必斯牧師正在學習土語，就我們所知，他進步得很快。不久，巴必斯將前往這些村子，以便更精通土語。但台灣的禮拜仍由尤羅伯、巴必斯和兩位牧師候補負責。……

長官特勞德、梅爾（M. Le Maire）、
哈欽克（Carl Hartsincq）、凱撒（Cornelis Caesar）、
范得堡（Adriaen van Der Burg）、佩斯（Ian Barentz. Pels）

48. 長官及其評議會致阿姆斯特丹商館評議員

（1642 年 11 月 3 日，熱蘭遮城）

……如果我們注意福爾摩沙的精神領域，將發現那裡尚有許多雜草。老一輩的土著，本性難改，還秘密施行早期的偶像信仰，並以盲目的熱情鼓動他人效法。相反的，年輕人的改宗則很有進展。尤羅伯這樣告訴我們，我們自己也看到這些年輕人在基督信仰的基本教義及讀寫上有顯著進展，值得稱讚。值得一提的是，尤羅伯表現得極爲熱忱。無疑的，年老有毒的雜草開始枯萎後，年輕的百合就將盛開，神的賜福也會像新鮮的露珠般灌溉他們。我們也希望，目前不完美的工作，屆時將變得完美無缺。爲此目的，我們急需虔誠的神工。

尤羅伯離開後，他的工作應由適合的人來擔任，如此一來，這項已投入眾多心力的工作才不致前功盡棄。此外，派來的人必須能獲得此地荷蘭社區的尊敬。教化土著固然重要，但此地的荷蘭人也應受到關照，本地荷蘭社區有權這樣要求。

長官特勞德、梅爾、凱撒、范得堡、佩斯

49. 長官特勞德對梅爾議長的指示[1]

（1643 年 2 月 25 日，熱蘭遮城）

……第三，關於精神領域。依尤羅伯的報告，以及我們自己對福爾摩沙人民改信的觀察，此地播下的種子正迅速地發芽成長，只要具備熱忱的神工，必定能有令人滿意的收穫。

巴必斯牧師來到福爾摩沙後，除了偶爾主持禮拜外，就是在學習語言。他進步很快，不久將被派去新港，以便更精通語言，但每星期還是要回台灣主持禮拜。

尤羅伯堅持在北風季節時要前往巴達維亞，然後再返回荷蘭。由於巴必斯尚未精通土語，我們認爲他無法勝任尤羅伯在教會事務外所負責的行政工作。此外，尤羅伯和干治士一再要求免除行政工作，理由是它與教會工作相牴觸，並讓他們受到輕蔑。事實上，尤羅伯要求我們現在就解除他的行政工作，並在巴達維亞有更進一步的命令前，先派一位評議員來解決土著間的小爭執，才不用事事都得叨擾熱蘭遮城。我們暫時同意他的請求，決議不久將派波生（Polsen）商務官及其家庭去蕭壠，我們已下令爲他蓋一間合適的屋子。

我們希望你在可能的範圍內，忠實協助弟兄關於教會的工作，支持他們抵抗難以駕馭的土著。但要小心，不要讓他們做超過權限的事，也不要讓他們挑戰行政權威，他們有些人有時會因政治或世俗的野心而這樣做。在各方面，我們希望你能依正義和公平行事。……

特勞德

[1] 長官特勞德不在福爾摩沙而由梅爾議長代理時，後者應遵循的指示。

50. 熱蘭遮城評議會議事錄

（1643 年 4-9 月）

……1643 年 4 月 16 日，星期五，梅爾議長召開熱蘭遮城評議會會議，告知出席者下列事項：尤羅伯和巴必斯兩牧師特地從新港和蕭壠來此，控告駐南部各村的杜森（Abraham van der Dussen）、慕蘭（Nicolaes van der Meulen）、米納斯（Sameul Minnes）等教師，說他們非但沒有教導敬畏神和親身示範聖潔的生活，反而酗酒、通姦、虐待土著，讓這些脆弱的基督徒大爲惹惱，因而向牧師候補麥金尼（Merkinius）抱怨此事。爲此，議長詢問評議會，在兩位牧師的請求及防止醜聞繼續發生的情況下，是否要召回上述三位教師，依其惡行給予適當懲罰。經討論後，全體無異議決定，下星期一派檢察官及幾位督察（commissioner）去調查此事，逮捕行爲不檢者，帶回熱蘭遮城。

1643 年 9 月 11 日，星期五，在宗教議會緊急且不斷的請求下，已授予歐霍福每月十里耳的生活津貼，他最近通過宗教議會的檢查，提升爲牧師候補。至於他申請該階級的薪水及確認其職位之事項，我們已轉呈巴達維亞裁定。

在牧師們的迫切請求下，已確定要任命兩位年輕教師，在一定的條件下，他們的薪水也增加了。這兩位年輕教師，一位是鹿特丹的漢德利克（Daniel Hendricksz）❶，他在 1635 年以 *Maestricht* 號的侍者身分到此，每月 6.5 盾；1641 年 1 月 30 日晉升爲助理教師，月薪 10 盾；

❶ 他在福爾摩沙計二十四年（頁 524，包括後來留下的一年），1661 年 11 月 20 日在福爾摩沙被殺（頁 527）。

1642 年 7 月 24 日獲得每月 3 里耳的膳宿費。過去兩年間，他的教學表現令尤羅伯完全滿意，也提供公司良好的服務，因此議長及其評議會決定提升他為教師，以鼓勵他的熱心服務。他的薪水每月 20 盾，膳宿金 5 里耳，和其他教師 ❷ 的待遇相同。升薪自今年 5 月 1 日起有效——他已領取部分金額——條件是，他必須在侍者的十年契約期滿後，再替公司服務三年。……

1643 年 9 月 25 日，星期五，在本地牧師們的提議和迫切請求下，我們給予五十位土著教師每人每月一里耳的生活費 ❸，以鼓勵其熱忱。根據牧師們的說法，這些土著教師已完全學會基督教基本原理，幾乎都能讀寫。他們分別住在以下村落：蕭壠十二人，麻豆十人，新港七人，目加溜灣十二人，大目降五人，大武壠四人，共計五十人。

❷ 這是當時教師的薪水。

❸ 這是暫時性的膳宿補助費，頁 336。

51. 福爾摩沙宗教議會致阿姆斯特丹教區議會

（1643 年 10 月 7 日，台灣）

可敬、博學、非常虔誠的弟兄們：

無疑的，您們應早已收到我們 10 月 1 日的信及尤羅伯、巴必斯兩牧師所寫的附件，那是經由哈辛克（Karel Hartsinck）船長寄去的。

由那封信，諸位當可瞭解全部的情況和本地教會進步的情形，那是我們敬愛的弟兄和同事尤羅伯一直以來致力推動的，過程歷經諸多麻煩與困難。

這裡所發生的事，由於尤羅伯即將回國，將能當面說明，您們也可以從他斷斷續續寫給總督的信得知詳情，他會將那些信的副本帶回荷蘭，所以我們無須再冗長說明。關於那些事情，沒有人能比尤羅伯說得更清楚。他過去十二年在此地的工作，實有如推動巨石般艱辛。

書寫此信期間，一切進展都令人滿意，主每天都帶給我們許多即將被拯救的人。

學校很繁榮，在這六村裡約有六百個學生，有些學生能寫很不錯的拉丁字母。尤羅伯會帶一些樣本回去，您們將可以看到他們所寫的。但，天啊！本地的收穫如此大，神工卻這麼少！我們很欠缺熱忱、虔誠且有經驗的教師，來教導這些有希望、易教、非常聰敏的孩子。願神能多派些教師前來！

每天的教學都規律地進行，進步很大。教學工作的重擔落在土著教師身上，他們令人欽佩地執行任務，所以我們已請長官批准每人每月一里耳的生活費。我們相信，尤羅伯到達巴達維亞後，將能替他們爭取加薪。在六個村子裡，共有土著教師五十人，他們都學會基督信仰的基本原理，能以傑出的方法教導土著同胞救贖的知識，比許多傳道師教得更好。

荷蘭籍的教師不太能信任，有些還嚴重冒犯了土著基督徒。不久前有位荷蘭籍教師因行爲惡劣而被砍頭，但其他人並沒有得到教訓，行爲依舊如故，因此我們最近被迫送另一名行爲不檢的惡棍到行政當局手中。

我們的弟兄尤羅伯，爲這六個村落中超過五千四百人洗禮。這些受洗者中還活著的，除了小孩之外，都能流利背誦神的律法、信條、主禱文、早晚禱、餐前餐後感恩禱，以及我們的教義問答。尤羅伯將會帶一份教義問答回去給您們看。

尤羅伯爲超過一千對新人證婚，就我們所知，他們都遵照結婚誓言生活。這在異教徒社會是很罕見的事。

幾個月前，我們摯愛的同事爲蕭壠的頭目及超過六十個新港人主持聖餐禮，他們都以崇敬的心分享主的麵包，從祂的杯子喝飲料。從他們莊嚴的舉止，我們確信，他們都已獲得聖餐所傳遞的主的賜福。

我們不僅在哆囉嘓開設一間學校，從麻豆派一位教師去駐在那裡，而且諸羅山人也已放棄其偶像。因爲沒有荷蘭人可用，我們只好起用一位土著教師，他負責照料學校，早晚教導教義問答，並在安息日閱讀牧師挑選出來的聖經片斷。

我們認爲，關於尤羅伯在 1642 年 11、12 月期間對南方二十三村落所做的工作，包括他如何引導他們放棄偶像、採行我們的宗教、謹守我們所訂下的行爲律等，我們無須在此報告，因爲他一定會親自告訴您們所有詳情細節。

儘管尤羅伯身邊僅有極少數來自本國的忠實助手，但對於熱忱、獻身的僕人所做的工作，神給予大量的賜福，讓我們感激不盡。尤羅伯不倦的工作態度和重要的服務內容，深受我們喜愛，所有人都希望他能再多留久些。但他生病了，渴望回到祖國，再見到年老的母親，並親自向諸位報告本地的傳教工作。這些念頭是如此強烈，讓他不願再留下來。願神指引他，天使保護他，願他對本地可憐人民所做的善行，能獲得應有的報酬。

牧師候補阿利可樂並未忠誠地服務教會，他的邪惡行爲使他被解聘，並受嚴厲懲罰。

牧師麥金尼（Merkinius）表現得好些了，南部各村的監督工作就委託給他。

傳道師歐霍福獲得尤羅伯的指導，在神學方面進步很多，所以通過宗教議會及評議會代表的檢驗，被接受爲牧師候補。他土語很熟練，講道很有啓發性；這也是尤羅伯決定離開的原因之一。

我們也決定讓巴必斯住在蕭壠，專心致力於當地的工作，因爲他已住新港一段時間，並常和尤羅伯訪視附近村落，已很了解福爾摩沙人民的個性和特質。他的土語進步很快，再過幾天，他就要開始用土語講道了。巴必斯肯定會盡其所能爲教會服務，我們相信他將會非常成功。

今年度，范布廉（Simon van Breen）牧師從巴達維亞被派來此。他將住在新港，以便土語能學得快些，並監督新港、目加溜灣、大目降等三村。但他也要到台灣主持荷人教會的禮拜。

由於許多理由，不只台灣，蕭壠也組成了宗教議會。其長老選自荷人及土著，這樣才能讓他們習慣於領導教會。無疑的，這將會有很好的結果。

我們確信，當您們透過這封信，特別是經由尤羅伯的親身描述，來認識此地的教會事務後，一定會很樂意伸出援手，派遣適當的、熱心的神工來繼續此地的事工。

本地急需再派些人來，因爲一些助手的任期快要屆滿，如果他們堅持離開，我們無法挽留。爲了基督的緣故，願我們在荷蘭的弟兄能愼重考慮此事。

若能將一些虔敬熱心的人，交由在荷蘭的尤羅伯牧師負責訓練，讓他們學習本地居民的語言及風俗民情，那就太好了。因爲他們將來派來福爾摩沙後，必然可以很快進入狀況，因而改善本地的教會事務。我們堅信尤羅伯會樂意花時間教他們。

可敬、飽學、虔誠的同仁們，願神恩賜您們，使諸位的服務能解救許多靈魂。

1643 年 10 月 7 日，在台灣召開的宗教議會。您們忠實的弟兄、台灣和蕭壠宗教議會的成員。

台灣熱蘭遮城、新港等村的福音僕人，臨時主席：范布廉

蕭壠等村的福音僕人，臨時秘書：巴必斯

台灣長老：布恩（Pieter Boon）

蕭壠長老：傑利斯（Joost Jielis）

52. 凱撒、胡荷兩代表訪視諸村落的報告❶

（1643 年 9-10 月）

……1643 年 9 月 29 日，在大目降：這裡約有四十位 10 到 18 歲的學童，他們能快速複誦早晚禱、主禱文、信條、十誡、餐前後禱，並回答聖餐的意義。他們能正確回答教義問答中關於宗教原理的提問。其中有七位學童正在學習寫字，進步很快。有四位土著被聘爲土著教師，和荷蘭教師一起工作。其中一位名叫 Tarihe 的土著充滿熱忱，可以流暢地在不同場合就不同主題祈禱，讓我們特別佩服。即使是不會天天到學校的老人和已婚者，也能很快地重複祈禱文，並回答關於聖禮（聖餐及洗禮）儀式的問題。

10 月 1 日，在新港和目加溜灣：我們看到八十位學生和二十四個寫字班（writing-school）的學生，其中八至十個已經很會寫。大多數村民都能很快地回答關於基督教教條的問題，就像大目降人那樣。下午，我們前去檢視目加溜灣人，那裡大約有九十位學生，其中八位能寫；八位土著教師能夠快速回答我們的問題。

10 月 2 日，在麻豆和蕭壠：這裡的學生、老人、已婚者和其他村落的土著一樣，能夠很快地背誦祈禱文和回答基督教義的問題。十四位在蕭壠及數位在麻豆的土著教師，都勤勉學習尤羅伯所編的三百六十個問題的教義問答。

我們還測驗兩位學寫字的人，看他們能否將自己的想法寫下來，並將我們所唸的字正確拼出來。他們表現得很好，閣下可以從尤羅伯

❶ 依時間順序，本篇報告應在第 51 篇之前。

帶回去的樣本看出來。

願神以聖靈強化這些人，祂的名將因他們的得救而益發榮耀。阿門。

凱撒、胡荷（Nicasius De Hooghe）

53. 長官及其評議會致總督及其評議會

（1643年10月15日，熱蘭遮城）

……計劃中的教堂，將建在要塞裡最合適的地點，須注意，其旁的牧師館不能花費太大，或許藉由朋友們的貢獻，公司就無需介入此事。這項建築今年還不能完工，因爲尙欠缺木頭，需由暹羅進口，但大部分的磚石工程將會完成。……我們須考慮牧師房子的維護問題，因此必須建得適當、強固，才不必常常修理。這樣比隨便建間簡陋的屋子，對公司更有利。

我們認爲，沒有必要在人口眾多處，建立堅固的建築物來維持公司的權威，並在特殊時期當碉堡用。因爲我們一直都能以一百五十至兩百名有經驗士兵，擊敗島上任何武力，在每一次戰役中展現我們的優勢。……

尤羅伯離開時，我們有機會購買他的藏書來做爲圖書館。他賣得很便宜，只要一百二十四里耳。爲了促成此一光榮工作，牧師們熱切請求公司補助若干經費。經熟慮後，我們決定由公司補助七十四里耳——直接存進尤羅伯的帳戶——並由教會負擔剩餘的五十里耳。

尤羅伯到各村去道別，並向留下來的牧師們說明，自從他來之後土著們的進步情形。我們也派代表陪同他去，以便能向閣下提供獨立的、更可信的報告。代表們回報說，他們所看到的情形，甚至比想像中的更樂觀、更有希望，閣下可以從附上的報告得知。

福爾摩沙沒有共通的語言，幾乎每個村子都有他們自己的土語，因此我們同意閣下的想法，應該教土著們荷語，就像葡萄牙人在其殖民地所做那般。爲讓閣下滿意，弟兄們將試著教導幾位年輕土著，結

果會再向您報告 ❶。……

在牧師們強烈要求下，我們已暫時批准補助五十位土著教師每人每月一里耳膳宿費，以鼓勵他們熱心服務。他們大部分都能讀能寫，基本教義也學得很好。我們將尊候您對此事的進一步指示。在尤羅伯的建議下，您對這些教師或許會有其他決定。

因爲尤羅伯決定不再繼續留下來服務，急著要回祖國，我們已允許他同家人乘 *Salamander* 號回巴達維亞，以便他能請求您批准他返回荷蘭。

在此地將錢存入公司帳目而到荷蘭才領出的人有：尤羅伯 14,600 里耳 ❷，必須付給他本人，因爲他自 8 月底以來已存入該筆錢。……

您服從的僕人　梅爾、凱撒、范得堡、艾登（J. v. Eynden）、

胡荷（Nicatius de Hooghe）

……………………

❶ 首次提到荷語教學，而且是總督主動的想法。

❷ 尤羅伯在 1643 年 12 月 14 日回到巴達維亞，隨即回國（頁 160），帶回鉅款。14.5 年淨儲蓄 14,600 里耳，平均每天 2.76 里耳。頁 297 第 50 條，殺一隻豬只需 1 里耳。

54. 台灣評議會致總督及其評議會

（1643年12月9日，熱蘭遮城）

……鑒於教會人士經常很不情願、無效率地充當我們的翻譯者，我們決定指定一位特定的翻譯者，賦予他「代理人」（deputy）的頭銜。爲此，選擇某位精通語言的教會人士，讓他協助我們處理蕭壠的一切行政或司法業務。

爲配合此決議，我們選定與土著婦女結婚的傳道師柏根（Joost van Bergen）當翻譯員。公司相信，他將會提供良好的服務，不只做爲翻譯員，且能協助島上的行政或司法事務。

梅爾、歐佛華德（P. A. Overtwater）、

范得堡、艾登、胡荷

55. 熱蘭遮城議事錄

（1644 年 3 月 29 日至 11 月 14 日）

3 月 29 日，星期二。牧師候補麥金尼（A. Merkinius）❶ 已提出正式請願，要求解除教會職務，指派他負責行政業務。他比任何人都熟悉南部的土語，所以我們沒有答應他的前項要求（解除他的教會任務），但試著聘請他爲南部的行政官員。我們不得不同意他的後項要求，因爲麥金尼宣稱，我們若不同意，他將於十年任滿後返回荷蘭，屆時他的工作就須由兩個人來做。

8 日 25 月，星期三。評議會開會。宗教議會送來報告，是關於本島牧師的配置。報告中提到，總督認爲熱蘭遮城只要一個牧師就足夠，但范布廉和哈伯特（Happart）❷ 兩牧師現在都住在城堡內;故建議，因爲范布廉牧師在此已一年，遠比剛抵達的哈伯特更了解土著的風俗民情，所以應該將范布廉牧師派往北部的他里霧諸村傳教。宗教議會又認爲，應派臨時牧師候補（provisional clerk in the Holy Orders）歐霍福到大木連傳教。

長官聽取並充分考慮這份報告後，決定署名者應就此事寫一份較完整的報告，以便在評議會中進一步討論。

❶ 麥金尼有兩位，一位 A. Merkinius 是牧師候補，一位 N. Merkinius 是牧師。英譯大都沒將他們的名字寫出，此處為 Andreas Merkinius。

❷ Happart 牧師一共有兩位：J. Happart，1644-1646 年在福爾摩沙；G. Happart，1649-52 年在福爾摩沙，曾兼秘書，1653 年重來，但旋病死。又 Happart 有時也被拼成 Happartius。本譯文嚴格將前者譯為哈伯特，後者譯為哈巴特，以識別之。

8月27日，星期六。依上次決議，我們請求宗教議會提出重新配置本島牧師的書面資料。這份報告現已交給評議會，經適當檢視後，發現其中有很多理由充分的論點。報告內容如下：

鑒於現在有兩位牧師住台灣，而其中一位可以且應該到本島其他地方工作，故依宗教議會的意見，必須考慮下列兩點：第一，何處是最適合的派駐地；第二，何者是最適切的人選。

關於第一點，宗教議會的意見是，本島可望成功傳教的兩個部分，即我們以北和我們以南兩部分，以北部的虎尾壠及其附近諸村，為上述兩牧師之一合適的派駐地。

理由如下：

1. 這樣一來，南北兩部分都可以受到照料。因為臨時牧師候補歐霍福目前駐於新港，可以派往南部，宗教議會相信他擁有足夠的能力。因此投票結果，全員一致選定歐霍福。

2. 眾所周知，南部各村非常不宜人居，不只荷人，即使是土著，離開他們自己的村落到南部去住一小段時間，通常亦是不死也病。因此宗教議會認為不宜派牧師到南部，使其面臨死亡的威脅。牧師的人數很少，本地無法輕易、快速補充新的牧師。

3. 到異地傳教，必須充滿勇氣並下定決心，而牧師們本身的意願，就是較想要派駐本島北部。

4. 附帶一提的是，透過這種安排，至今仍不太順從我們的北部各村，將會和公司變得更緊密，因為要將這個民族統一到我們之下，宗教是唯一的力量。

關於第二點，即誰較適合被派往北部工作的問題，宗教議會認為范布廉牧師最適合，理由如下：

1. 范布廉已在本島住過一年，較熟悉土著的風土人情，而哈伯特才剛來，沒有經驗。

2. 范布廉較健康，較能忍受長途跋涉之苦，這是被派到本島的牧師們必須面對的。

3. 范布廉是單身，被派去較方便，而哈伯特已婚，且其太太即將臨盆。

評議會考量這份報告的建議，加上前述理由，最後批准其提議，但加了個但書，即除了臨時牧師候補歐霍福，往後還要派另一個人到南部，執行行政工作。

此外，新港、目加溜灣、大目降等村，到目前為止都受城堡牧師的監督，所以評議會決議，這三村應該繼續由城堡牧師負責，因為駐蕭壠的牧師忙於照料附近各村，已無暇他顧。而且這樣一來，城堡牧師也才有機會了解各村和土著的習性，不會對此完全無知。另外，當蕭壠的牧師來此講道，履行牧師權責時，本地居民就必須視他為牧師。上席商務官凱撒和商務官胡荷被指定去向宗教議會報告本評議會的決定❸。

8月31日，星期三。根據上次的會議紀錄，我們討論宗教議會的書面提議，要派現駐大木連的臨時牧師候補歐霍福到南部，使該處的教會工作不致遲延；條件是每年三次，每次派一、兩位牧師造訪南部，以牧師的職責替希望接受聖禮的人施洗，這樣就可以堅定南部人的信仰。

由於前述的臨時牧師候補尚無替人洗禮的資格，而且想不到更好的方法，因此我們決議採用宗教議會的建議，並批准牧師每年訪視南部地區，直到情況允許我們能有更好的方案為止。

❸ 評議會有決定權，宗教議會只有建議權。

我們的長老與執事，已在任超過一年，宗教議會請求我們指定其他人來替代。依照慣例，我們每年從被提名的弟兄中進行挑選。我們已通知宗教議會提出兩份名單，我們想從中選出最適合者。

9 月 6 日，星期二。長官及其評議會要求宗教議會對下列問題提供書面意見：關於受派執行行政工作者、教師、與學校有關的教會成員之權限，及這些人在特定情況下應如何做爲；以及必要時，誰可以譴責或懲罰由神職人員兼任的教師。我們想知道宗教議會對這些問題的意見。

評議會已討論過此事，我們的結論和牧師們的意見相同，也和1619 年在荷蘭多得勒支（Dordrecht）❹ 舉行的全國宗教大會（National Synod）的決定完全一致。我們做如下決定 ❺：

第一，宗教議會應有權依所犯罪行的性質，來解聘、停職或譴責所有神職人員，並附上應該如何懲罰的意見，將此人移交法院處理，使俗世的法官能夠依自己的斟酌和判斷來處罰他 ❻。

第二，任何人一入學，就無條件地在傳道師或被任命爲本島學校教師的居民的管制之下，行政當局不可指使他們做別的事，除非情況非常急迫，並經前述居民的認知及許可。大家必須清楚了解，學生們只有在未上學的時段才能被徵用；這也符合下列規則，即所有人在不

❹ 多得勒支，簡稱多特（Dort），荷蘭鹿特丹南部一城市，尚在。此宗教大會召開於 1618 年 11 月 13 日至 1619 年 3 月 9 日，將荷蘭神學家阿米尼（J. Arminius）反喀爾文教派的教義判為異端，免除其信徒的傳道與教育的職位。見 1986 年版大英百科全書 Dort, Synod of 條。

❺ 由此可知宗教議會（Consistory）是由台灣評議會（Council）決定的。

❻ 這本來就是宗教議會的權利。但福爾摩沙的宗教活動，經費來源為東印度公司，宗教政策一向由東印度公司裁決。此處決議，將懲處神職人員的權力歸還宗教議會。

上學的時段，就歸行政官管轄。

第三，依宗教議會的意見，土著頭目沒有權力允許任何人可以不上學。許多土著頭目本身仍是異教徒，並不關心教會的進展。但因爲新港人和我們最親密，也最虔誠，所以在接到新命令之前，他們可以例外，以便更詳細地討論此事。

本日，宗教議會交給評議會兩組名單，是他們認爲適合當長老和執事的繼任人選。他們是：

檢察官：范得堡

下級商務官：布雷必（Eduard Aux Brebis）

當執事的有：

下級商務官：古森（Salomon Goosens）

次商務官：陸格（Wynand Rutgers）

最後，同意以下兩人擔任長老和執事：

長老：布雷必

執事：陸格

之所以選擇這兩位，是因爲當他們被召喚去履行教會職務時，我們相對地較不需要他們的服務。

在宗教議會的要求下，評議會進一步決定派范布廉到北部，由他親自挑選兩位傳道師和六位士兵陪同前往，他們可以學習語言，協助他建立教會。爲此，宗教議會雇用穆林（Dirck ter Meulen）八至十年，條件是：聘期結束後可要求加薪 ❼。

宗教議會的另一個提案也被批准了，就是，除了臨時牧師候補歐霍福已依宗教議會的意見派往南部外，維爾（Hendrick Veer）應前往大木連，服務該地的學校。我們也同意將傳道師哈格林（Gerrit Jansen

❼ 加薪的要求記載於契約上。

Hartgringh）從大木連移到麻豆，教師溫梭頓由大木連移到阿猴（Akou，今屏東市）❽，傳道師吉利斯（Joost Gillesz）由目加溜灣移到新港。

9月9日，星期五。有位漢人名 Tiotouwa，住大目降很久，和一位土著基督教婦女同居好幾年了。他表示願學基督教信仰，以便接受洗禮。長官及評議會在聽取宗教議會的意見，並充分思考後決定，如果他做信仰告解並合法地娶該名婦女，她便可以和他住一起。爲此，這位漢人需受宗教議會管制，特別是受駐大目降的牧師的管制，以教導他眞正宗教的基本原理。

評議會也決議，所有與原住民基督教婦女同居的漢人，如同目前這一個案，都要在今年底或明年初以前，向宗教議會做令人滿意的信仰告白。若不這樣做，就要與同居的婦女分開，萬一他們已有兒女，還須負責提供生活所需

目前有許多同居的異教徒老年人，他們很難再學基督教信仰。宗教議會決定，他們可以繼續居住在同一屋簷下，但必須由司法官替他們主持婚禮，司法官必須盡力讓他們知道婚姻的意義。宗教議會同時決定，往後若有任何異教徒申請此種結合，就以同樣方式來許可。

鑒於本島土著教師相當多，且薪水很少，每月才一里耳，不足以維生，導致他們之中許多人忽略學校工作，忙於狩獵和農耕。因此決定，將土著教師人數由五十四人減到十七人，且每月付薪四里耳現金。這些錢，尙不包括村民因感謝其教導而自動贈送的米。如此一

❽ 【甘為霖原註】此處拼作 Akou，後頁拼作 Akau，赫勞特（Grothe）的《檔案》（*Archief*）拼成 Acouw 和 Akauw，它是南部地區的一村，即今（指 1903 年）之市鎮阿猴，位於鳳山縣首府埤頭（Pi-thau）東北東方 12 哩處。這裡找不到早期荷蘭人之傳教工作的蛛絲馬跡。阿猴曾經是原住民完全掌控的土地，如今已由漢人占有。值得一提的是，經過英格蘭長老教會三十年來的努力，阿猴現已有超過三百位基督徒。

來，這十七位教師將能輕鬆維持生計，更用心於學校事務。他們將來要全心投注教學工作，不得再做其他事。

兩位傳道師和六位士兵，明天將和范布廉一起到北部，他們將去學習當地語言，並協助教會的工作。他們要求帶兩頭獵犬去，也被批准了。這些狗可以幫他們打獵，因爲北部地方非常荒蕪，不易生產。

由於前述理由，以及這些士兵必須從事教會工作，所以決定每個月特別給他們三里耳，但不增加他們的一般薪水。

9 月 10 日，星期六。今天接到宗教議會來信，說荷人和土著教師同時負責教會和行政兩種業務，導致學校遭受忽略。例如，教師以要做行政業務爲藉口，將學校暫時關閉，只要一小時的工作，結果一去就是一整天。所以有時會發生行政當局與教會當局不同調的情況，一方要求教師去別處，另一方卻要他留在原處，結果連公司基本的工作都沒辦好，更遑論教育事工了。顯然，一個人很難同時侍奉兩位老闆，讓他們都感到滿意。

因此，在宗教議會的要求下，我們決定指派每個人應做的職務，試著排除引起衝突的因素，以免阻礙工作的進展。在這種安排下，不論荷蘭教師或土著教師，都只做教會工作，只能爲學校所用；條件是，八位荷蘭教師中的三位，被指定爲行政或司法官員的翻譯員，此後不再到學校去，以免與學校或教師混在一起。

如果有行政官員被長官指派到各村視察，且身旁沒有任何協助者——這情形每年都會發生一、二甚至三次——這時，傳道師、教師，甚至牧師本人，在宗教議會的書面請求下，必須親自提供協助。

56. 長官卡隆及其評議會致總督迪門

（1644年10月25日，熱蘭遮城）

……經仔細考慮重新配置牧師以擴展教會領域及與教會有關的其他事項後，我們在宗教議會的認知下，決定以下列方式來分配牧師（議事錄裡有更完整的記載）：

由哈伯特取代范布廉，負責熱蘭遮城的教會工作。哈伯特也須像范布廉那樣，熟悉本島的事務，並關照新港、大目降、目加溜灣等鄰近三村。

巴必斯已非常熟練新港語，能爲我們在該地提供重要服務，所以留在蕭壠，並監督大武壠、麻豆、哆囉嘓、諸羅山等四村。此外，他還必須在新港、大目降、目加溜灣主持有關儀式，直到哈伯特能夠獨立主持爲止。

范布廉對本島事務已有些經驗，他和兩位傳道師、六位準備訓練爲教師的士兵一起到虎尾壠，已上路了。等他熟悉當地的二林語（Terrokesian，即虎尾壠語）後，就要努力向所有使用這種語言的村子（大約有十四、五個）傳佈基督教。

我們很想遵照閣下的建議，將淡水與雞籠包括在這個計劃裡，但此事不得不另待良機了。那個地方的情勢還非常混亂，居民未開化，我們決定接受宗教議會的意見，先由南部開始，再逐漸向北擴展。爲了不使宗教議會失望，先從我們的鄰近地區開始改革，我們同意不將那兩個遙遠的村子納入計畫之中。

歐霍福目前在新港，土語說得很好，現已奉命移駐大木連，負責監督該村及南部所有基督教化的村落。弟兄們認爲，他非常適任這項工作。

爲了促進教學事工，我們已同意宗教議會的提議，減少土著教師的人數。這些土著教師原來有五十位❶，每人每月從公司獲得一里耳，我們已從中選出最好的十七人，每人每月可獲得四里耳，以及村民自動奉獻的米。到目前爲止，這些教師花太多時間在耕種自己的田，透過這項新安排，他們將能夠全力投入教會工作，並使他們越來越有能力解決所遇到的問題。

爲了進一步鼓勵教育工作，我們設法去除所有的阻礙因素，特別是去除與教師本職無關的額外工作。我們以實驗的方式，讓牧師們擁有指揮調派學校教師及傳教助手的全權，因此今後除了緊急事故或收稅外，行政官不得再指派他們做行政業務。

爲了新規定能完全成功，並讓所有教會人士越來越能履行自己的責任，牧師們同意每年三次巡訪那些接受教導、其居民已適合受洗爲基督徒的村子。

我們相信，透過這樣的改正及其他採取的措施，上述工作將會有良好的基礎，全能的神將賜福於我們的努力。

已故司令哈羅斯（Harouse）和商務官梭頓（Dirk Schoutens）在呈給您的報告裡曾指出，當他們在雞籠時，有好幾位土著來到雞籠的城堡，要求讓子女受洗。然而，上述那兩位先生來到本地時，卻沒有向議長或評議會提及此事，所以我們無法就施洗之事採取進一步行動。但我們會把此事放在心上，希望布恩（Boon）上尉能很快開通從馬芝遴（Dorenap）到雞籠的路，使我們能由陸路到達那裡。范布廉比其他牧師更適合處理這些事。

本島神職人員增多，花費也越來越重，您將樂於看到這些花費全

❶ 頁343：土著教師原有五十四位。

由本島的收入來支應。爲此，我們已做了備忘錄❷，計算一年中不可少的支出及可能的收入。您可看出，光是四項收入就足夠抵銷那些支出。可以再加入其他收益，但目前似乎沒有必要，所以我們沒有這樣做。我們希望您的想法能夠實行，也希望您會認可我們的做法。

長官卡隆、梅爾和其他評議員

❷ 【甘為霖原註】找不到此份備忘錄。

57. 福爾摩沙評議會致總督迪門

（1644 年 12 月 27 日，熱蘭遮城）

……范布廉牧師在此地臥病近兩個月，嚴重發燒，幾乎快病亡了。現在他已康復，正依我們的決議（此決議已向您報告過），前往北部傳教，教導那裡的異教徒有關耶穌基督的拯救眞理。我們相信神會賜福他的工作。從所附的複本❶，閣下可看到我們給他的指令。

那些地方的居民似乎還很野蠻、無人性，所以范布廉的工作很不容易。他將住在虎尾壠。

政務官波伊（Antony Boey）和牧師候補歐霍福已因相似任務前往南部，住在大木連；前者要去收稅，後者要管照學校並處理教會事務。從所附的備忘錄❷，閣下將可了解。……

❶ 【甘為霖原註】找不到這份文件。

❷ 【甘為霖原註】找不到這份備忘錄。

58. 福爾摩沙彙報❶

（1644 年 12 月 2 日至 1645 年 12 月 1 日，巴達維亞城）

1644 年 12 月……在前長官特勞德時代，新大目降（New Tavakan）有好幾個家庭，人數超過六十人，請求學習基督教信仰，我們准許他們住在新港。之後，他們不斷說要離開新港，返回原先住所。雖然我們不同意，但他們還是擅自離開，且自行蓋新房，還準備種稻。現在，爲了殺雞儆猴，給他們一點教訓，我們拆毀其屋，夷平其地，將他們強行帶回新港❷，兩位主事者還受到戴枷鎖的懲罰。

自從地方會議（the meeting of the delegates）以來，一切都很和平，牧師們也令人滿意地完成了巡迴訪視。……

由於本島牧師增多，使公司的支出不斷增加，因此必須思考如何減少開銷。長官已做一備忘，顯示一年內的支出和可能的收入，以及一旦發生緊急事故，該如何增加收入。……

爲了擴張本島的基督教信仰，及更合理地處理教會事務，我們重新做教區劃分❸。現在牧師們只需做教會工作和管理下面的助手即可。牧師的分派如下：

哈伯特牧師留在台灣，取代范布廉牧師。哈伯特牧師還要負責照顧附近的三村落：新港、大目降、目加溜灣。

---

❶ 上席商務官 Johan Verpoorten 摘錄自福爾摩沙寄給巴達維亞的信函。

❷ 他們所犯的罪，說明並不清楚，所受的處罰太重。

❸ 若以牧師駐地為名，可稱此四區為台灣區（在今台南市、新市、善化、新化）、蕭壠區（約在今佳里、麻豆及其以北到嘉義市）、虎尾壠區（約在嘉義市以北）、大木連區（在台南新化以南的屏東平原）。

巴必斯牧師精通新港語，留在蕭壠，同時照顧其他四村：大武壠、麻豆、哆囉嘓、諸羅山。他還需要負責新港、大目降和目加溜灣的講道，直到哈伯特牧師可以講道爲止。

范布廉牧師已有一些經驗，在兩位傳道師及六位士兵協助下，被派到虎尾壠。他要到那裡學二林語（Tarrocaysian）。當他學會後，將爲所有講那種語言的村子（約十四、五村）引進基督教。

長官說，他很想順從總督的意願，將范布廉的教區擴延到包括淡水和雞籠，但因當地情況尙屬非常野蠻、動盪，所以不得不暫緩實行。宗教議會也持另一想法，認爲從南部開始較好。長官爲尊重宗教議會，決定採取其計劃。

臨時牧師候補歐霍福住在新港，很會講該地語言，他被派到大木連，負責監督已接受基督教的南部各村。依牧師們的看法，他能夠勝任這一工作。

1645 年 3 月。依長官卡隆 ❹ 之見解，很難向土著教授荷語，最可行的辦法是選定兩、三種較通行的土語，盡力推行到全島。……

對於即將舉行的地方會議，北部各村已訂於 3 月 8 日，南部各村訂於 4 月 4 日。長官說這種會議很有必要，可教導未開化的本島人對我們更忠心，更願意順從我們合理的要求。他認爲，用「看」的比用「聽」的，更能達到這個目標，亦即，直接溝通比間接溝通有效。

莊稼是如此豐富，備感神工之不足。爲此，長官向總督建議，多派一、兩位牧師和若干傳道師前來，推展這件有價值的工作。牧師可派到淡水、雞籠及噶瑪蘭灣（the bay of Kabalan）❺ 等北部地區，傳道師

❹ 1644-1646 年任長官。

❺ 【甘為霖原註】噶瑪蘭（Kabalan）位在福爾摩沙東北岸，當地的平原據說有四十七村，其東邊的開放停泊處就是這裡所指的噶瑪蘭灣。這個地區先前又稱 Komolan，後來稱做 Kap-tsu-lan（蛤仔難），現在叫做宜蘭（Gi-lan，日語是 Giran）廳。約在噶瑪蘭灣的中央，離岸約十哩處，就是龜山島（Steep island）。

則可代替大批染病或死亡者的位置。關於這些替代者，我們希望從最近幾艘前來的船隻的傳道師中挑選。我們必須有完全的挑選自由，不一定要接受那些被特地派至福爾摩沙的人，因為並非每個人都適合從事這項工作。

另一項請求是，如果可能的話，每年從巴達維亞的駐軍中挑選一些會寫字的基督徒士兵，將之送來本島，訓練成教師。我們已試著訓練駐在此地的士兵，但他們大致上都不適任這種工作❻。

宗教議會對卡隆說，牧師候補歐霍福有適當的能力，福爾摩沙需要他，他有權獲得與他的服務相稱的薪水。這項請求若能獲准，歐霍福將會報效教會和公司。……

由於要讓較年長的人學習福爾摩沙語言是非常難的，所以我們選了五個已會寫一些字的孩子（10、13、14歲，先前已向總督報告過），把他們安排到各村去學不同的語言。我們想把人數增加到十二或十四人，除非長官有不同的意見。……

巴必斯牧師的十年聘期已服務五年了❼，月薪九十盾。他在一封3月14日的私人信件中要求加薪，希望總督能同意。……

1645年4月。依長官的意見，每年在教會業務上花費兩萬盾，但基督教的進展卻如此緩慢，此事很值得注意，尤其是這工作在過去曾獲得很高的讚揚。

事實上，這裡的人，特別是南部人，完全沒有基督教的知識，僅徒具基督徒的空名。這種情況最主要得歸咎於學校教師，他們大部分

❻ 大部分的荷蘭士兵都不識字，而土著只要信基督教就可學習讀寫。可以猜想，土著識字率可能超過或很快就會超過荷蘭士兵的識字率。

❼ 他死於1646年12月23日，十年聘期未滿。

是士兵出身 ❽。有些教師突然死亡，有些任期到了就解約回國，有些則重新過著不道德的生活（最近就有三個例子），所以少數留下來的教師，很難勝任這項工作。因此，這項值得讚許的工作遇到了極大的阻礙，甚至倒退了。

蕭壠、麻豆、新港、大目降、目加溜灣等五村，不斷進步，令我們滿意。

哈伯特牧師繼續留在熱蘭遮城，因爲他生病，他太太也快生產了。後來他太太死了。哈伯特牧師身體越來越虛弱，可能不久會步上他太太的後塵。

范布廉牧師看來強健許多。他不只執行教會工作，還把虎尾壠的警察工作做得有聲有色。他以溫和的手法將幾位反叛者趕出村外，現在還以戴枷鎖的方式來懲罰他們的錯誤行爲。

他將遵守有關指令，來處理教會的人、事及歐佛華德（Overtwater）牧師之事。他也說，他不是不知道尤羅伯的不當行爲，他也想了解總督看過歐佛華德的信之後的想法。

❽ 1645 年以前已經起用士兵為教師，1645 年 3 月更想請總督挑選識字的士兵來當老師（頁 351），才一個月後便埋怨教師素質低。

59. 台灣評議會致總督迪門

（1645 年 2 月 15 日，熱蘭遮城）

……隨著公司領地的擴大（預計每年都會擴大），我們發現莊稼之豐富，超過有限的神工所能收割的，因爲工作分散在很廣大的地區，而且有很多事必須做。請閣下考慮，是否要再多派一、二位牧師和傳道師來。牧師可派到北部地區，如淡水、雞籠、噶瑪蘭灣及許多鄰近村落。最好也派傳道師來補充…… ❶

我們進一步請求一兩匹馬，最好是波斯馬。這裡很需要馬，因爲我們常需長途跋涉，有時也必須親自訪視各村落，並派特使由陸路隨行。行政官、牧師、傳道師，每天都在各村落間往來，或調查、解決問題，或傳教。簡言之，在這裡和荷蘭一樣，每天都有工作。……

卡隆、梅爾、范得堡、

彭達納（Bocatius Pontanus）、謝林曼（Philips Schillemans）

❶ 【甘為霖原註】手稿有缺字。

60. 熱蘭遮城決議錄

（1645 年 3 月 24 日至 11 月 16 日）

4 月 29 日，星期六。鑒於范布廉牧師在教會工作之餘，長期自願負責虎尾壠地區的司法工作（執行這些工作是相當困難的），使我們很滿意。因此我們決定，范布廉牧師可以獲得該地區漢人所有罰鍰的三分之一，以及在此地宣判的案件之罰金的四分之一。我們認爲這項決定應該合理。

我們也決定，士兵逮捕違法的漢人，將可獲得些許酬勞。此事在虎尾壠由范布廉牧師決定，在台灣此地則是根據長官的指示。

爲了減輕台灣不必要的麻煩，我們決定，除了死刑和其他很重要的案件外，范布廉牧師有權處置他的轄區（從諸羅山原野以北，延伸到新收服的村落）內所有的案件。

5 月 17 日，星期三。令我們傷心的是，在本地這個小社區裡，有些婦女公然過著丟臉、可恥、不潔的生活（有三位已經被捕），以致男人和年輕人受其誘惑，做出邪惡的事。基督徒的名字遭異端公然侮辱，如果不予以補救，將引起上主的正義之怒，招致懲罰，因爲這位主是神聖的，是所有不潔的敵人。因此，今日評議會決定，在台灣之南、公司醫院之旁、法院的對面，爲這些女人建一間「感化院」（House of Correction），如同在巴達維亞可見的那種令人稱讚的機構。

這三位婦女，以及很多可能遭逮捕者，將被監禁在感化院裡，受到嚴格的監視及嚴厲的懲罰。此外，犯人必須靠己力維生，並被課稅，稅額及詳情將會適時決定。

值此經營慘澹時期，如果可以避免的話，公司不願再有新的負擔。因此感化院的建築材料和建築費，將由公司先預支，稍後再由犯法者的罰金償還，若罪犯已婚，還可從其財產償還。用那一種方法，由我們決定，或寫信與巴達維亞當局討論。

1645 年 9 月 4 日，星期一。巴必斯和哈伯特兩牧師及牧師候補歐霍福，均被賦予他們各管村落的行政或司法工作，權限和范布廉牧師一樣。

61. 摘自台灣日誌

（1645 年 3 月 15 日至 10 月 18 日）

……一個大木連人被控與依異教儀式結婚的兩位女人及另兩位未婚女人通姦，他不便到城堡內的台灣法庭接受審判。爲此，由歐霍福連同長老們來負責此案件，除了鞭打他四、五十下外，還依所犯惡行，對他罰款，同時強迫他離開上述三位女人，與最先結婚者同居，永遠不可分離，否則處以最嚴厲的懲罰。

62. 福爾摩沙評議會致東印度評議會議長及評議員

（1645 年 10 月 25 日，熱蘭遮城）

……不斷煽動土著的漢人莠民，已被我們平定而逃亡了 ❶，現在整個西部平原，從台灣到淡水、雞籠，都已安全，人們可以單獨來往，沒有危險。

這是范布廉的功勞。他具有敏銳的判斷力，能夠看出危機所在。自從他駐守北部後，就逐漸探知漢人的巢穴及藏身處，追查他們的秘密途徑，也發現好幾條到目前爲止連我們的水手都不知道的河流及其支流。

范布廉發現，漢人似乎在漲潮時裝作漁夫，持著我們的捕魚執照進入這些河流。他們在村落裡相當自由，煽動土著來反抗公司，爲所欲爲。

當他們看到砲火接近（亦即惹麻煩了），有些立刻逃到山裡，有些逃到淡水，有的則乘自己的船逃走。

但不是每個人都逃得了，有四個人被捉到。他們受到嚴厲的盤問，甚至被嚴刑拷打，他們承認已秘密住在那裡多年，和土著很熟，也和他們貿易 ❷。

❶ 處死一百二十六人，捉獲十六名兒童，押往城堡。見程紹剛，《荷蘭人在福爾摩莎》，頁 269。

❷ 其實他們沒有做出什麼大不了的事，最多只和濱田彌兵衛相同而已，他們一向在那裡謀生，不知從現在開始要向荷人納稅，或不願向荷人納稅而已。濱田劫持荷人回日本，日本行政官會處理，給濱田一個合理的交代。如果是漢人劫持荷人回福建，福建官吏絕對不會處理，反而會附和荷蘭人，指稱這些人是追逐私利的細

其中有一位長得很健壯，名叫 Twakan，他是去年我們所平定的海盜❸的副將。他被處以和其前任首領一樣的刑罰，於舉行南部地方會議時，把身體綁在車輪上，當眾敲碎其骨頭。其他三人沒處死，放其自由，逐出本島。

有些逃走的惡徒，還厚顏地以荷蘭人的名義，向土著索取貢物，裝進他們的小船，沿著我們未知的支流成功逃逸。現在這些河流出口都已被關閉，今後也將不再發通行證或捕魚執照給任何住在北方的人。……

我們知道，最尊貴的議長及評議員們很驚訝，教會事務每年支出高達兩萬盾。這種吃驚不是沒道理，尤其是當我們發現，所有努力只產生少數幾位名符其實的基督徒。誠如諸位所言，這裡的改信者只是徒具「基督徒」之名罷了。特別是南部地區，居民們只學會用自己的語言記住基督教的基本原理，但如果稍加詢問這些原理的意義，他們就不懂了，無法解釋其涵意❹。換言之，他們只會說而不懂其義，像

民莠民，不會協助他們。因濱田有團體、有國家，所以能反抗，漢人沒有團體，一個個被欺負。漢人沒團體觀念，漢官亦沒有，全國都沒有，所以遇強敵則垮：既然平時漢官漢帝不保護我們，不顧我們生死，有事時自然不容易想到要替他們死。日本人有團體觀念，所以受到外人欺侮時，激起他們做團體性的反抗，這就是明治維新會成功的文化基礎。傳統的中華文化好嗎？只會講大道理，只把人民一個一個與皇帝拉在一起，但皇帝太遠了，沒有經驗，沒有感情，人民沒有感受到皇帝的保護。當人民被外國人嚴刑拷打時，皇帝、行政官都不能幫助你，而且連行政官都被收買。所以不是漢人不勇敢、不團結，而是漢官漢政府不能成為人民的靠山。國家或團體有難時，幕府時代的日本人會想：藩主需要我們什麼？戰前的日本人會想：國家需要我們怎樣？現在的日本人會想：我們的公司需要我們怎樣？而，中國人會怎樣想呢？台灣人會怎樣想呢？

❸ 即 1644 年脅取台灣安平的劉香。

❹ 頁 333 提到，他們測驗學生的方法，要看他們能否將自己的想法寫下來。所以他們的教學應該也注意到理解的層次。

鵲鳥一樣，僅僅是口頭的重複而已❺。

如果我們仔細檢查這種情形，就會有一些發現。首先，我們對過去的虛誇之言感到很驚訝，因爲以前總是相當自負地報導，此地的基督教信仰很成功。事實上，這些報告過於渲染誇大了，否則該如何解釋呢？試想，憑著少數幾個懂土語的教師，在這麼短的時間內，要使這麼多土著改信基督教，難道是件容易的事嗎？有可能嗎？如果這些教師是使徒（apostles），此種擴張很可能發生，情況很可能眞如報告所述的那樣。然而，我們所見聞的，剛好相反。

爲了表達對諸位可敬紳士的尊敬，以下將報告我們對於此事的看法，如實陳述眞正出現在我們面前的事，以減輕我們的心理負擔。❻

此地大部分教師都是出身行伍，被挑選出來學習語言，再去教導土著。但他們在學好語言之前，不是死亡，就是聘期已結束，希望由別人來取代。他們大多犯了酗酒、偷情、通姦等罪，事實上過著糜爛的生活。事態相當嚴重，幾乎不到四分之一的人能達到我們的期望。不久前，有三位語言最流利的荷籍教師犯下這類可恥罪行，被帶離他們的村莊，與目擊證人一同被帶到此。還有許多類似的案子，爲了不使諸位困煩，我們不再提起。

我們也不是說這裡的情況絕望，或此地的工作全屬徒勞。不，那絕非我們的意思。我們只是要帶著敬意告訴諸位，我們的工作並非如某些教會人士所說，一帆風順地進行著。但我們必須承認：本島教會

❺ 他們已發現教學不應該只是記誦，但不知道如何教。在他們的荷蘭，也許也一樣只教記誦，但因為他們身處於根深蒂固的基督教生活文化情境，所以教義問答只是其信仰的補充而已。可是換成土著，則只有記誦而已，沒有真正的基督教生活，一切都是外來的，當然就只能像鵲鳥一樣，做無意義的模仿了。

❻ 由此以後，政教分離，並開始衝突。行政官以教會上司的角色，開始批判教會工作、神職人員，並逐漸對準尤羅伯做人身攻擊。

的僕人，於我們在本島期間，都負起了他們的責任；落在他們肩上的任務非常沉重，能用的手段則非常有限、不足。如所已述，懲罰也做了，警告也說了，已知的方法都採用了，目的就是要使工作更有成果。

我們很高興地看到，基督教信仰在蕭壠和麻豆很有進展，已被他們接納了。至於新港❼、大目降和目加溜灣，雖然沒那麼好，但也充滿希望。但我們必須知道，這五個村落最靠近公司的總部。其他距離較遠的村落，前景較黯淡，需要花費好幾年，並憑藉上帝的祝福，才能帶領他們進入福音的神聖光芒。

對於我們讓范布廉（他的太太最近死了）到北部、讓哈伯特留在台灣的安排，諸位閣下似乎無法贊同。哈伯特一直生病，體力不斷衰弱，現在幾乎只剩皮包骨。他的太太當時也懷孕，並在長期痛苦後死亡。而且，哈伯特對本島毫無所知，難以期待他能做出什麼好成績。他和范布廉一樣天賦都很高，但身體太弱，無法長途跋涉。長期生病使他相當虛弱，無論再怎樣努力，也很難完成所負的責任。我們擔心不久就要悲弔他的離世。

相反地，范布廉非常健壯，天生活躍、聰慧。除了教會工作，他還在少數幾人的協助下，負責司法工作。對於虎尾壠的反叛，他處理得很好，該地又恢復了良好秩序。他憑藉計謀和溫和的手法，逮捕一些反叛者，送到此地監禁。他首先掃蕩北部村落的苦力漢人❽，接著又肅清那裡的農民，大家都承認他的工作很成功。簡言之，范布廉對

❼ 新港與荷蘭關係最密切，信教也最積極，報告中居然說新港的信仰沒那麼好。由這個錯誤可以證明，台灣評議會根本不太了解教會事務，在政教衝突中，純粹做情緒性的批判而已。

❽ 應該是沒交稅的走私漢人。

公司提供非常重要的服務，讓我們能有直達北部的安全道路，省去指派司法人員的費用，並排除土著間許多萌生爭端的因素。

上席商務官凱撒原本率領十六位士兵在蕭壠執行司法業務。我們已命令凱撒及其隨從一同回到台灣，經辦這裡的日常業務，因爲蕭壠現在事情很少。然而，所有村民仍在他的司法管轄下，只要有需要，他就要前去處理。當然不是現在，因爲他目前正好前往日本。

我們向諸位閣下保證，我們秉持良心來處理公司的一切事務，絕不會讓神職人員做出任何不當或傷害公司利益的行爲。

我們不是不知道尤羅伯的做法，我們只能說，如果現在發生這樣的事，我很懷疑我們會像別人那麼有耐心，特別是想到我們的前輩爲了保持和平、避免種種麻煩和抱怨所忍受的痛苦。❾

然而，教會人員的行爲無可指責，牧師及其助手也對我們懷有適當的尊敬，令我們感到滿意。感謝他們提供良好的服務。閣下就此主題所下達的規定和命令，我們必將遵循。……

卡隆、胡荷、謝林曼

❾ 評議會認為，尤羅伯以前的做法不佳，前輩們（指行政人員）為顧全大局，忍受尤羅伯的迫害，如果是現在，他們就不會乖乖忍受了。此為與尤羅伯衝突的開端。

63. 福爾摩沙評議會致東印度評議會議長及評議員

（1646 年 1 月 31 日，熱蘭遮城）

……福爾摩沙宗教議會強烈請求我們向諸位閣下提出懇求，再派一位牧師來本島，協助建立基督教會。其請求的理由如下：

第一，范布廉的聘期快屆滿，目前又長期染病，他很可能準備要請求離職。

第二，哈伯特也病得很重，可能會病故或殘廢，結果還是必須離職。

巴必斯是唯一會留下來的牧師，但他的工作繁重，我們和宗教議會都認爲，爲了保住目前的成果（這是我們付出很多辛勞與犧牲才取得的），需要再派一位牧師來協助他。請求諸位閣下，如果環境許可，巴達維亞又有足夠的牧師，請妥善考慮宗教議會的請求。

卡隆、歐佛華德、凱撒、范得堡、胡黑、
謝林曼、秘書哈巴爾特（Happart, G.）

64. 熱蘭遮城日誌

（1646 年 2 月 27 日至 11 月 10 日）

……2 月，據報有些地方的居民，在我們不知情的情況下，違反我們的指令，擅自移居他村。我們現在發佈命令，禁止這種行爲，要求他們移居前必須申請許可；如果他們有好理由，我們會同意。

我們也進一步通知接受基督教教導並懂得新港語的諸村落的長老們，應該適當地尊敬牧師，特別是尊敬派駐其村的傳道師和教師；他們要常到學校和教堂，讓小孩和青年也習慣上學、上教堂。因爲有些教會人士抱怨說，這些基督徒沒有盡到上教堂和上學的責任。

我們也通知，體恤政策可望延續，爲此，一般罰鍰（我們認爲最好繼續徵收）將和過去一樣，用來建學校和教堂。

另一項通知是，在收完稅後，每個村落應提供其土著教師一定數量的米。這種做法大致已成常態了。……

4 月 5 日，評議會開會，宗教議會代表交來一份南部各村的教會和學校概況。那是歐霍福先前向宗教議會提出的報告，他受宗教議會的命令，訪視接受基督教教育的所有村子；但由於某些無法預料的阻礙，他未能訪視本島最南端的地區。

從這份報告可知，過去一年來，上學的兒童和成人逐漸增多，特別是在麻里麻崙、大木連、阿猴（Akau）、塔樓（Swatanau）等地。茄藤（Kattia）、力力（Netne）、放索仔等村，學校的出席率不佳，但他們承諾要改進。

至於教會，麻里麻崙和茄藤人有良好地遵守安息日，但在其他村落，安息日遭可恥地玷污，居民竟大肆酗酒。必須以適當的懲罰來改正這種情形。

爲了讓一切事務更有秩序，達到更令人滿意的成果，宗教議會認爲有必要在修改若干教會與學校規則後，發給歐霍福一份書面指令，使其能確切遵守。

6 月 10 日，我們接到歐霍福於本月 9 日從麻里麻崙寄來的信，主要內容是他剛巡視完南部各區，發現各村及其學校的情況都相當好。

本月 4 日，歐霍福在塔樓時，有幾位 Kinitavan 人來看他，說 Sapounouk 人想前來和荷人訂和約；Sapounouk 位在山上，與 Kinitavan 距離半日路程。歐霍福誠摯邀請他們前來。

山上各村，因乾旱發生嚴重饑荒，因此居民一反常態，從山上下來，和居住在山谷的人貿易。歐霍福懷著希望，相信我們對那些居民的努力，不久將會成功。

8 月 14 日至 16 日，評議會開會，宗教議會主席范布廉牧師提出該會的兩份會議摘要，以及一份哈伯特以問答法編成的〈關於實踐基督教生活的教學〉。

這些摘要主要在說明，目前所使用的教義問答（他們帶來一份抄本），經常誤導人民。在基督徒熱誠的指引下，宗教議會爲了促進福爾摩沙教會的福利，認爲這份教義問答的第三部分——討論感激的部分——需重新修訂編纂，並經我們同意後，供各學校使用。此外，宗教議會認爲，尤羅伯所編關於基督教信仰的問答書，並不合適。主席已指定可敬的弟兄編另一更長的版本，但需先經我們核可。

我們很仔細地思考、詳讀呈給我們的問題及文件後，驚覺福爾摩沙居民並沒有獲得良好的教導。同時，我們衷心支持編輯新的、更合適的教材來教導人民。因此對於宗教議會送來的決議，我們無異議地批准，並讚許他們在這方面所表現的熱誠。

65. 卡隆長官致總督及其評議會的報告

（1646 年 12 月 ❶，在 *Joncker* 號船上）

……被派往南部的牧師候補歐霍福，經不斷努力，在去年冬天大大復興了原已陷入衰敗的事工。他重開學校，讓我們及宗教議會大爲振奮，使我們抱著極大的希望，相信此工作將良好地發展下去。但令我們遺憾的是，事與願違，今年夏天，所有熟悉土語的教師都犯了熱症（yearly summer disease），學校似乎再度荒廢，情況極爲悲慘。但在我們能支配的範圍內，我們又重新展開工作，在我離開之前，事態已有改善。

范布廉責任區內的許多村子，其教會工作，特別是學校，遭遇許多困難，部分可歸咎於當地以前的惡名聲，且教師們也染上與南部教師同樣的疾病，許多人死了。范布廉本人也長期患重病，他要求回到台灣。感謝神，他在台灣時病情好轉許多。雖然遭遇重重阻礙，但范布廉在他的責任區內的工作很有成效，閣下可從他教導十八個月的學生的作業簿來研判。

在巴必斯的責任區內，工作也很順利，雖然尚未達到我們所期望的。巴必斯有段時間在蕭壠生病了。他有幾位教師病死。爲恢復體力，他回到城堡住了兩個月。

這兩位牧師在台灣的時間並非白白渡過。他們全盤修訂基督教的傳教方法，尤羅伯所編的教義問答，也因被認爲不適合，遭到廢止，並以新編本來取代。宗教議會認爲，爲了促進神國的發展，這麼做是

❶ 第 65 篇的英譯本時間順序應在第 67 篇之後。

必要且可取的。這些文件的複本，請見附件。❷

在接受公司權威的福爾摩沙人民之上，有行政或世俗政府負責統轄。但世俗政府不必然要依目前的區域劃分，指派一批相應的行政或司法官員。此事能從兩點來評斷，且就我的經驗，司法職務只是徒具形式。總的來說，被授予此職的官員沒什麼事可做。日常發生的案件都不甚重要，牧師們就能解決，而重大的案件和懲罰都送到台灣處理。

維持這類民事或司法機構，也是受派官員的一大負擔。因爲不管在那裡，我們發現其支出只能用他們的工作收入才能相抵。

但另有兩個更重要的考量。第一是行政人員（至少要三人）對公司造成的經濟負擔，這負擔往往是不必要的。

第二，更需擔心的，是神職人員和行政官之間的不和。因爲他們爭論的地點遠離長官及其評議會的所在地，因此要讓這些衝突者維持和平，共同致力於公司利益，是很困難的事。雙方的衝突往往越演越烈，以致他們不僅無法相互提供適當、必要的協助，反而爭相侮辱、傷害對方。此種情況眞是可悲至極。

衝突的主要原因在於：被任命爲行政官的，不論是上席商務官、商務官或下級商務官，他們或者不了解自己的工作，或者誤解和不服從相關規定，總是與教會人士對不上，又堅持他們對牧師具有絕對權威，堅稱牧師必須像臣民一樣聽命於他們，有時他們的命令甚至像暴君。

這種武斷、不合理的對待，讓牧師們備感挫折，覺得在福爾摩沙的傳教工作難以忍受。學生也跟著受害了，雖然花費越來越高，學校卻遭忽視。

❷ 【甘為霖原註】沒有發現附件。

司法官員要求每一個人，無論是大人或小孩，都要尊重他們，服從他們的最高權威。但另方面，教師和牧師們堅持，如果要將聖靈的真知傳授給土著，他們必須有權力命令土著來聽講。這種衝突使土著非常吃驚，不曉得要聽從誰的要求。土著的理智很薄弱，本性愚昧，很難理解所學的三分之一，更不用說能加以消化了。

這種情況就像癌症一樣，造成嚴重傷害。但我在福爾摩沙時，對此問題做了修正，廢除了行政或司法機構，此事已向您報告過。❸

以下是我一貫的意見，請總督指正。值此關鍵時刻，如果事情像這樣繼續下去，我們不可能成功。事實上，在這些可憐、愚昧的土著受到宗教和世俗教導的啓迪之前，並不需要行政人員。

您們最服從的僕人　卡隆

❸ 他們於 1644 年 10 月 25 日免兼行政（頁 346），但才半年後，范布廉在 1645 年 4 月 29 日又兼行政工作（頁 354），巴必斯和哈伯特也在同年 9 月 4 日兼行政（頁 355）。兩年多後的 1646 年 12 月，又見神職人員與行政人員的衝突。

66. 台灣評議會及宗教議會議事錄

（1646 年 8 月 16 日，星期四，熱蘭遮城）

主席范布廉牧師以福爾摩沙宗教議會的名義，呈給我們一份尤羅伯爲福爾摩沙居民所編的短篇教義問答，和一份哈伯特所編的關於實踐基督徒生活的問答書，以及兩份宗教議會記錄的摘要，內容如下：

1646 年 3 月 2 日。論及土著受到何種糟糕的教導時，大家進一步討論該採取何種方法，才能使土著增加基督教的知識與實踐。爲達此目的，大家同意針對尤羅伯所編的短篇教義問答（它用於全島的大部分村落），在段落間加入註解來加以解釋；教師首先要用這種註解版自修，然後在牧師的引導下，用它來教導土著。范布廉牧師負責執行此決議。

此外，我們同意教義問答中有關感激的部分，需要加以補充說明，這樣知識與德行才能相結合，土著才會變得虔誠。秘書負責執行這項決議。

8 月 8 日。秘書奉命編纂的〈基督徒生活答客問〉在宗教議會上宣讀。弟兄們被要求表示意見時，大家都說這些條文寫得很好，很適合用來教聖經。同時，他們認爲在告知長官及其評議會這項決議後，應將這些條文當作本島所有學校的教材。

關於尤羅伯所編的基督教教義問答，原本指派范布廉負責撰寫解釋性註腳，但宗教議會主席宣稱，該教義問答的內容不好，順序不佳，無法用解釋性註解來改善；它目前的形式，不適合當作基督教問答書來教土著。

幾位宗教議會弟兄仔細研究該教義問答，並表達和主席一致的意見後，大家決定重編一本適合教學的教義問答。

大家亦認爲，應盡量保留尤羅伯的教義問答的字句，其缺點可以用尤羅伯離去前所編的長篇教義問答來補充，這樣才不會讓習慣於該教義問答的人覺得改變太多，甚至感覺改得不好。

宗教議會同意將這些決議通知長官及其評議會。

在宗教議會的請求下，全體評議員仔細檢視上述文件，才驚覺這麼多年來，福爾摩沙土著所接受的教導，竟然沒有超出尤羅伯短篇教義問答的內容，而宗教議會表示這份教義問答並不適合教學使用。

評議員們進一步宣稱，哈伯特重編的上述教義問答的第三部分，他們已大略檢視過，覺得很欣慰，也很滿意。

評議員們認爲，宗教議會促進福爾摩沙學校及教會的福利的熱心，值得讚賞，因而向他們表示感謝。評議員們審慎思考宗教議會的基督徒熱忱，最後一致批准和確認其決議。評議員們也同意，上述哈伯特編的新條文，應該當作學校的教材，范布廉也應被授權在宗教議會監督下，編輯另一篇教義問答或教學條文，用以代替尤羅伯先前所編的，成爲各地學校的教材。

爲讓宗教議會完全了解我們的決議，我們下令秘書準備一份會議記錄副本，由我們選定的代表送去給宗教議會。

卡隆、歐佛華德、范得堡、謝林曼、
哈巴爾特、秘書謝德（Frederick Schedel）

67. 卡隆長官給歐佛華德議長及福爾摩沙評議會的指示

（1646 年 11 月 5 日，台灣）

……大武壠人應立刻脫離尪姨的控制，她們散布異端、殘酷的迷信，對我們尚未開化的改信者，產生最致命的影響。尪姨危害甚大，嚴重阻礙我們的人民接受救贖眞理，不能再坐視此等邪惡。這些女巫對人民所造成的毒害，壓過了基督教老師們盡全力所帶來的良好影響。

由於許多閣下深諳的理由，這種情形至今一直被默許。但這些想法已經過時了，現在不必再考慮。大家對這些婦女的抱怨也不斷增加，要求我們得對她們採取最嚴厲的行動，無須任何憐憫，也不必在意任何抗議或悲悼。

我們同意閣下的命令（巴達維亞不只一次來這命令），下個冬季將採取強力的手段，將這些有害的毒蟲逐出大武壠和我們的人民所居住的其他村子，限制她們只能在我們所指定的地區內活動……

關於福爾摩沙的行政工作，到目前爲止都由牧師負責，令人滿意❶。我離開後，閣下要維持現狀，不要改變。閣下與牧師往來、通信時，要保持友好、和平的氣氛；要以和藹的方式鼓勵他們完成任務；要以善意對待他們。閣下已看過我如何以這種方式對待他們，也看到他們如何回報我令人滿意的結果。這樣，教會工作必會進步，閣下必會享受心中的和平，閣下的聲名也會越來越好。任何人在職業生涯中，當別人給他道德支持，以愛與善意鼓勵他時，他必會感受到力

❶ 兩個月後就產生行政官干涉牧師的問題，可見行政工作的獨立約在 1646 年底。

量與支持。我們只有少數牧師，只有少數基督教組織的神工，所以我們有許多理由尊重他們，好好對待他們，讓他們能夠熱心、善意地執行他們的任務，而非做得不甘不願。

歐霍福是很熱心的牧師候補，他願意在此停留更久些，是目前我們唯一能派到南部的人，所以要努力協助他繼續目前的工作，並協助所有在教會和學校方面提供良好服務的人……

卡隆

68. 福爾摩沙議長[1]及其評議會致東印度評議員

（1647 年 1 月 18 日，台灣）

……目前福爾摩沙全島只有兩位牧師，而其中之一的范布廉牧師，很希望明年能解職，已經要求我們寫信向您們請示。南部有一位牧師候補歐霍福，以及五位傳道師和二十九位教師。巴必斯牧師去年 12 月 23 日安息主懷。教會工作面臨極大困難。幸好哈伯特牧師自告奮勇，自願視察學校，維持學校正常運作，否則我們的情況可能會更糟。

巴必斯死了，范布廉又想求去，加上目前這麼廣大的土地只有很少的神工來服務，我們實在很希望在最近的季風季節到來前，能有幾位牧師加入我們的行列。

在這個節骨眼上，蕭壠牧師之死，讓教會和行政職務出現空缺。我們已經派一位非常幹練、虔誠、平和的人，即商務官布雷必（Eduard aux Brebis），前往那裡，相信他的表現將讓我們滿意。此種做法乃依據特勞德長官（1640-43）和梅爾議長（1643-44）時代的決議，這兩位長官都派行政官到村子去，因爲牧師們不斷抱怨做行政工作對他們造成極大的困擾，也不利於他們的神聖職責。當時的決議文寫得很清楚，我們也很仔細地研讀過。

我們要特別強調布雷必的適任資格。我們知道，先前有幾位行政官對牧師們造成了困擾，我們很想避免這種情況。我們不擔心布雷必會引起任何爭端。他當教會的長老很久，現在也還是。他被選上長老

[1] 議長歐佛華德於 1647 年起以議長身分兼任長官職位。

時，哈伯特牧師說他非常滿意這個選擇，因爲他很了解布雷必的爲人。簡言之，哈伯特很欣慰評議會這項決定。

就我們所知，布雷必很滿意這項新任命，他完全了解司法工作與教會工作並不相同。

沒有任何決議說要裁撤地方的行政官，相反的，我們從東印度總督及其評議會收到的信件，都高度讚賞這類任命。因此，根據這個因素，加上很多其他原因（簡短起見，不再逐一提及），我們決議在這個最適宜的時機，任命行政官到巴必斯牧師先前監督的轄區，至於其他轄區和村落則不變動，依舊由牧師們監督。

我們毫不懷疑，總督及評議員們看完這些文件、報告和其他次要資料後，將會批准我們爲了公司利益所開始的工作，並同意將目前的安排變成永久性的。

69. 日誌記載的地方會議

（1647 年 3 月 14 日，台灣）

天氣晴朗舒適。一大早，約天亮前兩小時，維爾斯（Ridsaar Weils）少尉和八十位士兵先被派往赤崁。上席商務官和助手們、歐佛華德議長和評議員們、蕭壠的行政官等一行人，也在天亮前迅速抵達赤崁。

北部村落的諸位長老及所有住在赤崁的荷蘭人，都到岸邊迎接議長❶。一行人由岸邊走到公司的房屋。一切迅速就緒後，隨即下令，母語相同的長老坐同一桌，這樣翻譯比較方便。

某位東印度公司高層的素描，很可能是歐佛華德【引自 Wiki Commons】

入座完畢後，議長、會議秘書和哈伯特牧師（他很早就由蕭壠前來參加會議）等走到房屋的庭院，會議通常在此舉行。

議長立即向福爾摩沙人民講話。他要求大家用心聆聽，開始提出若干重要事項，大致上和去年的一樣。翻譯者逐字逐句翻譯議長的話。

❶ 此時議長兼長官。

柏根（Joost van Bergen），一個自由市民兼行政官，被聘爲翻譯。他的新港語很溜，對許多村社的村民和長老也很熟悉。虎尾壠的教師負責替該地代表翻譯。同時也聘請了懂得甘仔轄語（Camachat）❷ 和山上各村方言的翻譯者。

演講內容如下：

竭誠歡迎在我們的命令下前來集會的所有長老，感謝他們按時出席。

感謝他們繳納的貢金。此等感謝並非出自這些貢金本身的價值，因爲它對公司而言微不足道（公司每年爲這地區的福利及學校與教會的維護所花的費用，是這些貢金的好多倍），而是因爲它證明了他們願意承擔自己的責任，心向著我們。他們的忠心也表現在過去一年對公司及荷蘭人所提供的良好服務。

這種代表會議已經舉辦第四次 ❸，目的和先前相同，在於告知他們關於維持和平及其他影響公共福利的事務。

同時要根據荷蘭的習俗，辦理長老的年度改選。很多任期結束的人可能會再繼續留任。每年都要重新選舉（election）❹ 長老的規則，乃荷蘭人所固有，在福爾摩沙和台灣也將遵循之。任何人都不要因爲實施這種規則而感到憤怒或羞恥。選舉的目的，不在使沒選上的人感覺受輕視或受辱，而是要讓表現良好的人能夠獲得應有的報酬。即使今年沒選上，明年還是有希望，只要他們能表現出服從、平和、勤奮，長官必會再選上他。

❷ 當時台灣中部所使用的語言，即大肚社所使用的語言。

❸ 1641 年曾有一次村社集會，1644 年開始每年都有。此次 1647 年的村社代表會議如果算為第四次，表示從 1644 年開始算起。

❹ 其實是長官指派，而不是選舉。

地方會議【翁佳音老師提供】

新港、大目降、目加溜灣等鄰近各村的代表忘了出席，沒有和以往一樣來重新宣誓他們的忠誠，現在召喚他們已太遲了。議長接著依下列順序接見出席的代表，感謝他們過去的服務。

大多數人都再度被選上，落選的不多，有幾位新當選者。他們都被要求盡到各自的責任，即……❺

我們向全體代表說明，經個別調查後，只有少數的長老改選，大部分都予以留任。

我們繼續解釋道：雖然他們當中有些人任職超過二至三年，但讓一個人留任公職超過一年，並非荷蘭的習慣。所以他們不應該把留任當作理所當然。尊嚴的象徵——權杖，也只給他們一年。他們不可以將此權杖交給任何人使用，更不可給別人濫用。他們有責任在任期結

❺ 【甘為霖原註】原稿遺失。

權杖【翁佳音老師提供】

束的下次會議時，親自將權杖交還給我們。

如果有人在任期內死亡或任期結束卻無法參加會議，就必須設法將權杖送回我們手中。若無法開會，請一個人送到會場；若死了，要有可靠的證物。權杖本身並沒有什麼價值，它只是權威的象徵，是我們贈給長老的，只有長老能使用，不能被其他人使用。

任何長老都不可以隱瞞衝突或爭論，更不得動用私刑。相反地，他們應該通知荷人所有發生的事情……

有些人或家庭，未經我們的同意而搬到其他村子去，我們命令他們，以後不可以這樣。要搬到別處去，都必須先向我們申請，如果有必要，我們就會批准。

還有，所有到本島村落或野外貿易卻沒有我們執照的走私漢人，代表們在通知荷蘭人後，應該予以逮捕，移送到台灣的城堡，逮捕他們的人將獲得五匹棉布。

和先前一樣，那些已引進基督教並懂得新港語的村落的長老們，被要求對牧師、傳道師或教師應有適當的尊敬。長老們不但自己要上教堂，也要鼓勵其子女和其他年輕人上教堂，並要規律地上學，牧師們常抱怨他們在這方面很不熱心，所以必須繼續對缺席者罰款，所得的款項可用來建學校和辦聖餐禮。

進一步下令，駐有本地教師的村子（現在幾乎到處都有），每年在交稅時都要增收定量的米 ❻，供應教師的生活……

中午過後不久，所有事務辦完後，議長和所有人都起身，在庭院稍微活動筋骨。桌子隨即擺滿食物，長老們依序回座，享用午餐。這一天月圓 ❼，大部分人都留到晚上才告辭回家。

若干評議員及我們的士兵和荷蘭人也回到台灣，但議長留在赤崁，打算參加明天的南部地方會議 ❽，並檢視附近的漢人土地……

❻ 這就是地方的教育稅。

❼ 1647年西曆3月14日換算農曆為2月9日，尚未月圓，疑日期有誤。程紹剛（《荷蘭人在福爾摩莎》，頁294）以為北部代表會議於3月19日召開，換算農曆為2月14日，星期二，較接近滿月。

❽ 程紹剛（《荷蘭人在福爾摩莎》，頁294）以為南部會議於3月22日召開。

70. 福爾摩沙議長及其評議會致總督及其評議會

（1647 年 9 月 24 日，熱蘭遮城）

……哈伯特牧師覺得冬季時身體相對強健，所以工作很認眞，但在船到達前染上熱病。之後他病情惡化，臥病兩個月，日漸消瘦，終於在 1647 年 8 月 20 日安息主懷。

范布廉和維爾崔希（J. Vertrecht）兩牧師出發到虎尾壠，將在那裡停留三、四星期。

倪但理（Daniel Gravius）牧師住在蕭壠，在此期間負責台灣的禮拜。范布廉牧師再到虎尾壠訪視一、兩次後，就會派駐在熱蘭遮城。

維爾崔希全家一起離開。他非常希望有一間磚仔厝，而不是竹屋……

71. 台灣日誌摘要

（1647 年 11 月 11 日至 1648 年 1 月 9 日）

宗教議會挑選赴北部村落視察的代表：范布廉牧師、達姆（Cornelis van Dam）執事和維爾梯根（Willem Verstegen），於 12 月 2 日出發，對該地區的教會及學校進行年度訪視。

12 月 5 日，上述訪視團回到熱蘭遮城，遞交書面報告如下：

在新港、目加溜灣、大目降等地，我們發現有三種日間學校。第一種是男孩學校，學生是男孩，也雜有很多青年及若干成人，教拼字、讀、寫、祈禱，以及關於感恩的新教義問答。第二種是男人學校，學生是成年男子，年約 20 至 35 歲。第三種是婦女學校，學生是成年婦女，年紀和第二種學校的男人差不多，但其中也有相當多的小女孩。後兩種學校只教祈禱和教義問答。

新港：男孩學校約有一百一十個學生，除了最小的四十七人外，他們的閱讀和拼字都很好，但書寫則不行。他們都很熟悉祈禱文及新教義問答。最大的男孩能回答到第十八題。成年男子學校有學生五十八人，他們對祈禱文及教義問答的認識跟前述少年相當。婦女學校學生一百六十四人 ❶，有些學生不太會祈禱文，但其他方面則和男人不相上下。教堂禮拜時，使用尤羅伯、哈伯特、歐霍福所寫的八篇講道文。

大目降：男孩學校有學生七十八人，幾位新入學者還沒學到什

❶ 男孩和男人學校加起來，也才一百六十八人，和婦女學校一百六十四人差不多，可是就分兩類，反映了荷蘭人重男輕女的現象。

麼，其餘較進步的學生能讀、寫、拼字，但都很平庸。他們很會祈禱文，在教義問答方面，最優秀的能答到第十五和十六題。成年男子學校有學生四十二人，婦女學校有一百人。大致上，這兩種學校的學生都了解祈禱文，但教義問答尚未答到第十題❷。做禮拜時，只用尤羅伯和歐霍福寫的兩篇講道文。

目加溜灣：男孩學校有一百零三人，他們拼字、閱讀都很普通，但書寫、祈禱很不錯。他們在教義問答方面很有進展，最好的已答到第五十和六十題，有一位甚至能答到第七十五題。成年男子學校有六十人，婦女學校有一百一十人（其中包含女孩，就像新港、大目降那樣），他們大抵完全熟悉祈禱文和教義問答，男子中最好的已學到第三十、四十題，婦女最好的到第二十、二十五題。除了新港、大目降與目加溜灣所共有的這三種學校之外，目加溜灣其他的村民，每六星期必須上學一星期，以便學祈禱文和〈長篇教義問答〉。哈伯特牧師死後，由罕頓（Hanton）傳道師接手教導。星期日的禮拜，只用一篇哈伯特寫的關於第一誡的講道文和尤羅伯的另一篇講道文。

蕭壠和麻豆：安息日的講道文，有尤羅伯的三篇和哈伯特、歐霍福的十篇。男孩學校的學生（包括青年和成人男子），蕭壠有一百四十一人，麻豆有一百四十五人。他們拼字、讀、寫都還不錯，並很熟悉祈禱文。在蕭壠，除了上述學校及倪但理最近創立的幼童學校（有兩百五十三個幼童入學）外，沒有其他的教學了。這間幼童學校開辦不久，成果頗佳，將來很值得期待。

在麻豆，除了上男孩學校者外，其餘村民被分成七組，每組七個星期來一次，以便學習祈禱文。

❷ 教義問答還是用「學到第幾題」的方式，可見還是填鴨式的死背。

72. 阿姆斯特丹教區議會東印度事務委員會致福爾摩沙宗教議會

（不記地點、日期❶）

自從上次接到你們報告福爾摩沙教會情況的信函後，已經很久沒有你們的消息了。我們很期待能再收到類似信函，但除了一些私人信件外，一無所獲。我們要告訴你們，當我們聽到你們的莊稼很豐富，但神工卻非常少時，我們感到很難過，因此我們將盡全力派兩位牧師到你們那裡。

這件工作由阿姆斯特丹商館（the Amsterdam Chamber）負責。感謝主，我們終於找到兩位有能力的人，願意到東印度教會當牧師。一位是美特（Balthasar Obie de Meter），他在 Amelandt 島服務教會多年，表現令人讚賞，是位很受喜愛、虔敬、溫和的人，有太太相伴。另一位是華美盧（Johannes a Warmeloo），這個年輕人在 Deventer 通過預備考試，因為生活虔敬、學習勤奮，被誠摯地推薦給我們。他目前已通過按手禮，取得從事聖職的資格。

我們真誠地相信，主——祂是羊群的牧長——將陪伴這兩位僕人，以聖靈來豐富他們，使他們的傳教事業成功，在東印度教會做出一番成果。

我們希望本國其他的商館（chambers）能再派四位牧師，乘不久將啓航的艦隊前去支援你們。

我們也熱切請求巴達維亞宗教議會的弟兄們，能利用這次派遣的牧師來擴充你們那裡少數的神工，盡量使你們獲得適當的補充。

❶ 由於此信寫於荷蘭與西班牙在敏斯特商訂和約期間，故必寫於 1648 年 1 月。

主能提供福爾摩沙的年輕教區這麼飽學、審慎的神工，眞令我們喜悅。他們盡最大的努力，用勤勉和熱忱來彌補福爾摩沙上神工不足的問題。願主賜給我們親愛的弟兄更多精力與健康，最終派給他們幹練、有力的助手，來推動讓眾多無知者改信的重要工作。

親愛的弟兄，我們不斷向主祈禱，願祂的王國能降臨這些可憐的人，使他們睜開眼睛，看到耶穌基督的救贖眞理，脫離撒旦的束縛，走向眞神。

我們很想和你們保持更深入的通信。現在這封短信，是想鼓勵你們更明確說明福爾摩沙人民接受基督教的情況，並告知我們該如何協助、支援你們的熱誠努力。

得知你們感到人手不足後，我們將非常願意協助並支持你們。巴達維亞的教會很少轉達你們教區的消息，甚至可說完全沒有轉達。上次北荷蘭宗教大會（North-Holland Synod）召開時，來自南荷蘭（即今比利時）的弟兄們大聲疾呼福爾摩沙教會的慘狀，好像這一切都只是因爲神工不足，並暗示我們太疏忽了。因此，親愛的弟兄們，如果你們將來能告知我們福爾摩沙教會的情況，我們一定盡力來提升愚昧的福爾摩沙人民之福利，擴大基督王國在他們之中的領域。

沒有什麼重要消息可以告訴你們，只有一件事：敏斯特（Munster）正式和平協商❷已展開。目前流傳著幾則重要報導：第一，我們與西

❷ 1618 年開始三十年戰爭，直到 1648 年訂西發里亞和約為止。神聖羅馬帝國、丹麥、瑞典、法國、西班牙等相繼參戰，戰事非常慘烈，和約不易簽訂。西班牙為全力對付法國，願意放棄荷蘭。荷蘭又急於獨立，答應不和法國單獨訂約。於是 1648 年 1 月 30 日西班牙和荷蘭於 Munster 訂定和約，荷蘭正式獨立。法國與西班牙遲至 1659 年才訂庇里牛斯和約，其他各國的和約訂定於 1648 年 10 月 24 日。荷蘭、瑞士、葡萄牙從此獨立，法國波旁王朝取代日耳曼哈布士堡王朝稱霸歐洲。此信必寫於 1648 年初，阿姆斯特丹教區議會擔心，如果西班牙不相信荷蘭不會和法國單獨訂約的話，荷西和約可能訂不成。

班牙將會訂和平條約；第二，如果西班牙不守信用，將會影響我們與法國之間的關係。荷蘭聯合省之間的意見也尚未一致，所以我們正面臨嚴重的危機。願神保佑，讓我們不會在法、西兩強之間被壓扁，願神憐憫，讓和平能夠繼續維持。

我們寫此信的目的，是為了恢復和平與寧靜。末了，我們附上虔誠的祈禱，將你們委託給神，願神保佑你們及你們的工作，讓祂全能的名能在愚昧的人民之間發揚光大。我們以阿姆斯特丹教區議會委員之名來寫此信。

Petrus Wittenwrongel、Johannes Mourcourtius

73. 熱蘭遮城日誌摘要

（1648 年 2-10 月，台灣）

1648 年 2 月 25 日，今天我們收到虎尾壠的維爾崔希牧師寄來的短信，說幾個樸仔離（Poeali）人從斗尾龍岸（Tarrangen）回來時，砍了三個 Kalikan Parowan 人的頭顱。他不知道他們爲什麼要殺人，只聽說樸仔離人去年也殺了 Kalikan Parowan 人。

3 月 1 日，我們回封短信給維爾崔希牧師，建議他盡量終止雙方的衝突，如果受害者同意的話，就依當地方式使其和解。如果他們不同意和解，立即通知我們，我們會做考量。

我們也寫了一封短信給牧師候補歐霍福，內容是說，由於對士文（Suffungh）人的戰爭已熱烈展開，瑯嶠與其他村社的人也準備好要攻擊力里（Tarrikidik）人、Quaber 人及其附庸，因此在目前的情況下，應鼓勵那些原住民繼續作戰，並使這些村社的頭目盡量出席下次的地方會議。

3 月 11 日，今天接到維爾崔希牧師 2 月 5 日 ❶ 的來信，他說已訪視過管區內各村，發現一切都很好。他正忙著向虎尾壠及幾個其他村社的年輕人教授基礎荷蘭語，他堅信他的努力有朝一日必有成果……

3 月 27 日，今天接到維爾崔希 3 月 24 日的來信，說上述兩村的人已循當地習俗和解了。2 月 25 日所記載的樸仔離人殺了三個 Kalikan Parowan 人，其實是誤殺到 Warrawara 人，所以需要三村人一起和談。這次謀殺的眞正原因是，范布廉牧師在去年曾協調樸仔離

❶ 應該是 3 月 5 日。

人和 Parowan 人和解，但他們只有口頭和解而已，受害的樸仔離人並沒有收到罰款，所以一直憤恨不平，最終才自行報復。

3 月 29 日，晚上關起城門後，一位縱火主嫌犯（蕭壠人）被戒護移送來此，並附有倪但理牧師寄自蕭壠敘述該名嫌犯的信函，以及指控他的相關文件。

3 月 31 日，和前天一樣，接到倪但理牧師的來信，提到兩位縱火幫凶及對他們不利的指控。信中提及蕭壠的一間大房子，十六天前才蓋好，已被燒毀。

4 月 1 日，接到歐霍福牧師候補從麻里麻崙的來信，提到與我方友好的各村居民約兩百人，在 3 月 24 日攻擊 Tuakan，將該村掠奪一空，並放火燒毀。他們還想突擊士文人，但因其防守嚴密，用木柵阻塞各路口，只好撤退。通往該村的道路，還設下大量的陷阱和圈套。

4 月 29 日，接到駐虎尾壠維爾崔希牧師的信，說不久前水沙連（Serriammian）人獵得三顆大武郡（Tabocol）人的頭顱；水沙連人住在 Thausa-Calachey 河附近的峽谷，有十個不為我們所知的村社。

5 月 9 日，下午接到歐霍福牧師候補的短信，說 5 月 5 日南方各村居民第四次進攻敵對的士文社，經過長時間打鬥，終於成功奪下，先將其掠奪一空，再燒成平地。他們也將田裡所見的穀物全部燒毀，因此這些敵人一定會因饑荒而向我們投降。

戰鬥結束後，敵村力里的一位頭人來麻里麻崙找歐霍福，請求再次接納他的人民為公司的朋友。這位頭人或領袖非常害怕，幾乎無法說話。歐霍福保證說，只要公司同意，他們一定能被視為朋友。

7 月 2 日，接到維爾崔希牧師從虎尾壠寄來的短信，說熱症正在北部地區肆虐，大部分教師及他本人都生病了。

7 月 10 日，維爾崔希牧師抱病回到台灣。

8 月 29 日，我們不久前曾以口頭和書面通知倪但理和漢布洛克

（Antonius Hambroek）兩牧師，請他們調查該管各村是否儲備有足夠的糧食，能否用錢或棉布購買一些糧食給荷人社區使用。他們的答案令人滿意，所以我們本日送去一千西班牙里耳和一批棉布到蕭壠，用以購買穀物。

9 月 20 日，接到從麻豆送來的許多包未去殼的稻子，是漢布洛克牧師在該地蒐集的。總共有五十三或五十四包，每包一千六百束稻子，去殼後，可得十六包五十斤的米❷。目前這些穀子很受歡迎，我們會將之分售給台灣的荷蘭社區。

10 月 9 日，接到維爾崔希牧師從虎尾壠的來信，得知該區所有事務都很好，爲建牧師公館而進行的石灰燒製工作很順利。但學生學習荷蘭文並無進展，因爲他們常缺席，而且和本地一樣爲相同的疾病所苦。

---

❷ 本島土著既已有耕種技術，為什麼還是不能發展出像春秋時代「陳相，與其弟辛，負耒耜而自宋之滕」（《孟子》5-4）的高度農業文化社會，這點值得深入了解。稻米耕作技術，荷人介紹不力，因荷人所需要的不是產生很多稻米，將之運回吃小麥的荷蘭，而是稻米以外的奇珍異物。與土著雜居的漢人已發展出高度的農業技術了，他們大可好好學習，可見其缺乏學習動機，福爾摩沙物產豐饒，沒耕種也有野外的食物可維生，如瑯嶠頭目所說，敵人來了，只要躲入深山即可（頁 225），完全沒缺乏食物的苦惱，所以缺乏學習動機。

74. 歐佛華德議長致總督及其評議會❶

（1648 年 11 月 2 日，熱蘭遮城）

……牧師間的教區劃分，將依總督的指示進行。……在枋仔岸（Wangh）❷這個小村，至今尚無學校，也沒聽說那位牧師有意去創校，該村很小……座落在山間……

既然乾季已開始，將準備建造牧師們的磚仔厝，除了適當的木材之外，沒缺任何建材。很高興政府允許我們做此種工程。不太可能有很多牧師要來福爾摩沙。

自從總督及其評議會從巴達維亞來信，指示我們要派一位牧師到北部的雞籠或淡水，至今已過了四年，但到現在為止，我們甚至連派一位傳道師到那裡都有困難。所以，我們再次提出此事，相信總督能記住本島北部的處境。該地區已有兩村改信，不過是透過天主教神父的帶領。土著有時會半認眞半戲謔地問：荷蘭人眞的是基督徒嗎？因為我們沒有禮拜儀式，也沒有設法要他們改信或為小孩洗禮，他們常鄭重要求我們施行洗禮。這個問題有許多話可講。許多北部土著會讀西班牙文，能使用羅馬天主教關於宗教和其他主題的傳教書，所以可以派幾個教師到那裡，如同這裡所做的那樣。

更詳細地說，有些淡水人不止一次要求我們，替那裡的荷人或基督徒（他們並非當地居民）的三、四個子女洗禮。我們曾與幾位牧師商量此事，但發現做不到。我們也獲報漢人已在那裡墾荒耕種了。他們

❶ 【甘為霖原註】本節的荷文原稿多處為蛀蟲所蛀蝕。

❷ 枋仔岸社，今嘉義縣番路鄉一帶。

「獵首」的淡水原住民【引自 Wiki Commons】

「打魚」的雞籠原住民【引自 Wiki Commons】

帶來幾頭牛協助犁地，可見他們已全心全意投入開墾……

我們依舊熱心教授荷語，小本的荷語教科書證明很有效……

諸位閣下也命令我們要列出尤羅伯牧師離開本島之際，順服荷人統治的村社總名單，並將名單寄送給您們。就我們所知，尤羅伯在本島時，或歷任長官時代，都沒有列出這樣的名單來。

第一次列出各村落名單，是在梅爾擔任長官時期，亦即在 1644 年春。那時歐佛華德是本島政府的第二號人物，他記得他製作這表時，是長官授權的。這項工作有點麻煩，特別是對那些負責描述各村落的人。但目前沒留下任何這類資料，爲什麼呢？這要歸咎於歐佛華德的疏忽，他在接到其他新資料時，就把舊的毀掉了。第二張名單製作於 1646 年，包含各村稍後的描述。那時，卡隆長官要求歐佛華德……同一名單上有淡水和噶瑪蘭（Kabalan，今宜蘭）兩村的描述。歐佛華德也加上一些他所不知道的村社的名稱，那是在他前往日本期間平定的。就歐佛華德所知，1645 年並沒有製作村社名單，如果有的話，該資料必定在卡隆長官手中。茲附上 1647 年和 1648 年在台灣所做的村社名單的副本。

爲了盡量配合諸位閣下的要求，我們將設法指出哪些村社是尤羅伯時代平定的。

首先，卡隆長官離任時，依其報告，已知的村社有兩百一十七個，大部分都已歸順，與我們保持友好。但其中十二村的居民移居到他村，大部分在南部，小部分在北部。扣除這十二村，則剩兩百零五村。但還要再加上二十八個卑南（Pimanian）或南部的村子，故總數是兩百三十三村，這是卡隆長官時代我們所知道的全部村社，大部分——雖然不是全部——都已歸順，與我們友好，就像現在的情況。

最近臣服的村社都座落在山區，早先臣服的村社則位在谷地或西部海濱。在這兩地區❸，從北部到最南方，居民都很友善，甚至東海岸及西海岸的人民也都承認我們的統治。所以目前已知村落數目有……❹，長官離任時有半數歸順……❺，合計兩百九十三村……❻被平定了，我們希望北風開始時，能有更多村社歸順，並拜訪其他村社。

當然，我們不會太躁進，要平服各村，需要時間。我們也知道無法立刻獲得土著的心，不能很快就灌入較好的靈魂。但是，當我們在某些村子的良好聲望能夠廣泛傳開，特別是新港（雖然尤羅伯牧師曾嚴厲

❸ 依後文所述，可能指谷地和海濱，而不是指先臣服的和後臣服的。

❹ 【甘為霖原註】荷文原稿文字不清。

❺ 【甘為霖原註】荷文原稿文字不清。

❻ 【甘為霖原註】荷文原稿文字不清。

抱怨過這個村子，擔心有一天會發生暴動），此事將可望能推進。

順道一提，尤羅伯的想法並無根據。最近許多新港人向教師要求一系列的荷蘭名字，他們希望將來能用之來命名，放棄他們原有的名字，改採我們的。此外，他們也決定今後在星期日時要穿荷蘭衣服，沒有做到的人，每次都自願被罰兩便士 ❼。他們這樣做，完全是自發自動，沒有我們的干涉、指示或誘導。還有，年輕土著愉快地學習我們的語言（荷語）。因此我們不得不推論，那些土著很滿意我們的統治，特別是當他們採用了我們的語言、衣飾和名字。

回到主題。尤羅伯沒有資格說他平服了淡水、雞籠 ❽、噶瑪蘭附近的村社，以及卑南 ❾（Pimaba）鄰近的東部地區。他本人未曾到過那裡，這些地方的居民從未跟他或跟我們統治的其他村子有過來往。他們都是有事直接前來城堡，尤羅伯只是偶然間聽過那些村落的名稱。

這些村社的數目總計一百三十三村，即卑南三十六村 ❿，噶瑪蘭四十七村，淡水五十村。

此外還要再加上瑯嶠，有二十村。那是在特勞德時代以武力平服的，但真正的歸順則在梅爾時代，是尤羅伯離開之後的事了。

我們也以武力臣服——這同樣在尤羅伯離開後——位於 Pagawan、Tidakian、Kinitavan、Siroda 等山谷的各村，其村數：

---

❼ 程紹剛認為實際並非如此，理由是 1648 年 3 月 10 日北部村社集會時，還要求他們尊敬神職人員。（程紹剛，《荷蘭人在福爾摩莎》，頁 304）

❽ 西班牙人 1626-1642 年間占領雞籠，尤羅伯 1643 年離開福爾摩沙，尤羅伯應該知道北部各村，但有可能未曾去過。

❾ 台東卑南族。江樹生的《熱蘭遮城日誌》第一冊：第一批征東軍於 1638 年 1 月 22 日出發，1 月 30 日平服太麻里（頁 377），2 月 1 日與卑南訂和約（頁 380），卑南約三千人，戰士一千人，武器為長矛，位在平坦農地上（頁 381）。

❿ 應是卑南王轄下的三十六村。

Pagussan 有十二村、Siroda 有十四村、Tidakian 有兩村、Kinitavan 有十村，計三十八村。

假定尤羅伯離開時就已知 Toetsikadan 和 Dalissikan 兩山谷裡的半數村落——這種假定很有可能——則在全部的二十村中，有半數（即十村）是我們新收編的。

這樣看來，我們所知並臣服於我們，且尤羅伯完全不能吹噓其功勞的村數，共有兩百零一村。若由前述的兩百九十三村減去這個數字，便剩下九十二村。

因此要評估尤羅伯的功績，只需提這九十二村。其中有三十四村，即阿束（Asok）⑪、Bobarien 及寄去的名單中最後面那些村社，屬於北方部落，是在尤羅伯離開後才歸順我們。此外還有麻里麻崙附近的三個南方小村，其居民是從山上移居到平原定居的。由前述九十二村扣除這三十七村，就只剩餘五十五村，尤羅伯的服務可能有助於降服這些村社，但其餘兩百三十八村之歸順，與他的服務絲毫無關。

事實上，虎尾壠、貓兒干（Batsikan）、Abasje、肚猫螺（Dobale，又作 Dovale）、東肚猫螺（Dobale-bayan）、眉裡（Ballabais）、二林（Takkais）、Saribolo、大突（Turchara）、大武郡（Tavokol）、鹿港（Taurinak）等村社臣服於我們，是因爲害怕我們的武力，有的確實有過衝突，有的純粹出於害怕。這發生在特勞德時代，之後由拉莫提斯少校（major Lamotius）指揮攻擊，尤羅伯並無參與這項平定工作。從上述的五十五村中再刪去這十一村，只剩下四十四村。

但這些剩下的村子，我們也不是用溫和的方式降服的，不能斷言

⑪ 【甘為霖原註】現在（1903 年）彰化地區有個山地小村還叫這名字，但此處所指的村社很可能在其很遠的西邊。當時很普遍的情形是，村民被迫遠離西海岸原居地時，會因珍惜原來的地名，繼續以舊名稱呼在山丘地區的新移居地。

是尤羅伯使他們臣服，或沒有使用武力或其他激烈手段就平服他們。難道不是安東尼少校（major Adriaen Anthonius）率領我們的部隊，以大砲攻打麻豆，使其他村社的人民充滿恐懼，他們才在形勢逼迫下相繼臣服的嗎？難道不是上述少校以同樣方式進攻塔加里揚，才使他們敬畏我們的嗎？尤羅伯與此何干？如果這些都要歸功於尤羅伯，那麼顯然歷任長官都沒有值得稱頌的政績，他們的指導、建議與用心全都不值分文了⓬。

1641 年 11 月的情況也一樣。那是在尤羅伯離台前兩年，我們對虎尾壠發動戰爭，只有新港、大目降、蕭壠、大武壠、麻豆、目加溜灣、哆囉嘓、諸羅山、Takabulang 等九村出兵協助，其他各村如不是有敵意，便是不確定的朋友。

更難反駁的證據是，在他離開後……在特勞德長官的 1641 年 4 月，就我所知，當時尤羅伯已在福爾摩沙住了十二年（他一共住十四年），即使長官很鄭重地召集代表會議，但眾多村社中只有十四個代表出席，即北部的新港、大目降、蕭壠、大武壠、麻豆、目加溜灣和南部的大木連、萬丹（Pandandange）、麻里麻崙、放索仔、塔加里揚、茄藤（Katia）、Sorrian、力力等村。

如果情況如我們上述所言——事實上正是如此——無疑的，那些到目前爲止負責指揮管理的人，憑著他們的智慮、關心及技巧，再加上神的賜福，當可使事務一如往常地發展下去，一點也不需要尤羅伯的干涉，何況那也不在尤羅伯的工作範圍內……

牧師候補歐霍福，月薪爲六十盾，要求增加到八十盾，他宣稱若少於此，就不願在南部爲公司服務，如果不能加薪，他寧願回國。他

⓬ 原來整篇文章最重要的目的在證明尤羅伯貢獻很少。由其語氣可知，衝突已浮出檯面。

的另一個條件是，他在南部的宿舍不願與別人同住，就算牧師也不行，雖然我們相信不會有牧師派到那裡。

雖然我們很清楚，通常不會給牧師候補那麼高的薪水，但我們立即同意讓他升薪，因爲他服務的地區，比島內任何牧師還廣，而且他還很令人滿意地執行超過七十個村子的行政業務。我們也沒忘記，他服務的地點是島上最不健康的地方，這是每個在台灣的人都知道的。他並不希望離開南部，雖然那裡的工作量幾乎已超過他所能負荷的。如果牧師或宗教議會將他調走，必定會對南部的工作造成嚴重傷害。

75. 台灣宗教議會致總督及其評議會

（1648 年 11 月 3 日，熱蘭遮城）

致最高貴、公正、值得尊敬、聰明、虔誠、審慎的總督萊恩（Cornelis van der Lijn）及襄助他的評議員們。最高貴、榮耀的紳士們：

依照您們的命令，我們立即——這也是我們應該做的——承擔起捍衛我們弟兄人格的工作，來辯駁尤羅伯輕率的攻擊。

東印度總督萊恩【引自 Wiki Commons】

哈伯特勤奮工作的證據，日漸顯著。他的教義問答編得相當成功，加上幾篇講道文及教化短文，特別是馬太福音的土語譯文，任何不得體的羨慕或忌妒都無法否認這些事實。雖然他的計劃有些尚未執行，但傳教事業並沒有因此而有絲毫退步，相反地，現在的情況已遠遠超過尤羅伯當時的水準。

我們已充分檢視過福爾摩沙所有學校與教會的情形，希望能完全達成諸位閣下的指示。我們不想仿效尤羅伯的例子，以自己的鐮刀收割別人的稻子。

同時，在您們的允許下，我們宣稱，如果尤羅伯能比較他所主持的某些小琉球（Lameyan）婦女的婚姻，和每天從新港請來的牧師所主持的婚姻，他必定不會抱怨新港的小琉球人被遷移到台灣是錯的❶……悲傷的經驗……告訴我們，當壞教師（有時又是誹謗者）占上風，即使最好的教學也會招致失敗。

您們給予的特殊恩惠，慷慨餽贈的酒和奶油，再加上慈父般關心我們的健康，替我們建造磚仔厝，承諾一直供我們使用，以便激發並增長我們對教會工作的熱誠，以上種種都使我們很滿意。我們滿懷敬意、感激地接受您們的禮物和好意，發誓將永遠盡力完成使命，實現您們令人讚揚的意志。

好運總是接連而來，所以我們期望您們會像過去那樣，提供學校所需的一切。現在提出一張需求表給您們。

願全能的神——憑藉著祂，國王才能統治，親王才能執法——賜給您們聖靈，引導您們完成最重要的使命，使您們的智慮和執行能爲子民帶來和平，爲我們摯愛的國家帶來持續幸福，特別是擴張我們的主及救主耶穌的精神國度。

您們最謙卑順服的僕人

臨時主席范布廉、臨時秘書倪但理、

長老漢布洛克、布雷必、黑曼（Heylman, P.）、

執事達姆、以剎克（Isacksz, L.）

❶ 此句意義不清。

【甘為霖原註】荷文原稿此處有好幾行因浸水而看不清楚。

76. 福爾摩沙宗教議會致阿姆斯特丹教區議會❶

（1648 年 11 月 3 日，台灣）

本信作者❷宣稱，他們確實在盲目的異教徒之間認眞傳教，並宣稱自己受到尤羅伯不公正的控訴。他們抱怨說，尤羅伯不只懷疑神對福爾摩沙教會的賜福，也懷疑哈伯特和巴必斯的榮譽與忠誠服務。他們指出尤羅伯對福爾摩沙人民不當教學所產生的惡果，並與他們自己的好成果相比較。他們描述福爾摩沙教會的現況，說明兒童學習荷語的成功情形。他們祈求阿姆斯特丹教區議會能夠捍衛他們的名譽。他們將於明年送上信中提及的所有資料及必要的證明文件。他們要求我們送《祈禱書》三千冊，《教義問答》兩千冊，《約瑟的故事》一千冊，《詩篇》一千冊，《福音》一千冊，《青年的鏡子》五百冊，《聖經的故事》五十冊，《虔誠的實踐》五十冊。

❶ 【甘為霖原註】這封信在回答本書的第 72 篇，赫勞特（Grothe）的《檔案》第 2 冊第 187 頁只有以下的內容摘要。

❷ 指福爾摩沙宗教議會的神職人員。

77. 台灣宗教議會致阿姆斯特丹教區議會東印度委員會[1]

（1648 年 11 月 3 日，台灣）

可敬、虔誠、睿智、謹慎、最博學的弟兄們：

好多年沒通信了，不知為何如此，並不是因為怠惰或不情願，而是我們猜想，巴達維亞的弟兄們會詳細地將我們的情形向諸位閣下報告，所以我們的信即使不會增加閣下的負擔，也是多餘的。

然而，若干特別的理由促使我們大膽地寫這封信給您們。我們已接到好幾件對於福爾摩沙教會式微的抱怨，這些抱怨令我們意外，因為它們缺乏事實根據，而這麼嚴厲的指控若真有人相信，將更令我們吃驚。

阿姆斯特丹商館評議員們在給總督及其評議會的公文中宣稱，尤羅伯牧師作證說，對福爾摩沙土著的傳教並未受到重視，早年辛苦工作的成果，已經嚴重退步。巴達維亞的弟兄通知我們，您們給他們的信中也有同樣的抱怨。

同時，我們感到很奇怪，某些人果真如此瞭解本島教會的情況，竟然敢大肆抱怨牧師的不足會毀棄過去的成果，抱怨尤羅伯離開後，已一整年沒舉行禮拜儀式，抱怨目前的神工只在意如何獲得新的事物，沒有人想保持已有的東西，抱怨如果不改變這種做法，本島的基督教將退化至荷人初來之時，沒有任何進步。

我們知道，這些抱怨信的摘要，已在今年阿姆斯特丹宗教大會（Synod at Amsterdam）上宣讀，因此，本島教會、宗教議會及我們所有

[1] 【甘為霖原註】荷文原稿多處受潮，有些文字甚難解讀。

人員的忠誠服務與宗教熱誠，都已受到質疑。我們只特別提到一點：爲服務本島教會而健康嚴重受損、最終犧牲寶貴生命的哈伯特、巴必斯兩牧師，他們的良好名聲都遭到中傷。因此我們無法保持沉默，必須爲眞理作證，不允許上述兩位這麼有天賦、令人敬重的弟兄，成爲尤羅伯謗議的犧牲品。尤羅伯應該向這兩位牧師表示感謝才對，特別是對哈伯特，因爲他們收拾了尤羅伯離開後所留下的爛攤子，並將之大幅改善。

我們要大膽地向全世界證明：尤羅伯斷言我們沒有努力向福爾摩沙盲目的居民傳教，斷言耗費我們大量心力的傳教事業已經式微，這些言論都是錯的。我們甚至要證明，直到尤羅伯離開福爾摩沙之前，基督教的傳教工作都沒有受到應有的重視。

爲證明後面一點，以下將以尤羅伯時代的教學形式與結果，來比較現在的情況。

尤羅伯當時在島上推廣基督教的教學工具，包括祈禱文集、教義問答、講道文、儀式文和字彙表。

祈禱文集包括主禱文（有使徒信條及十誡）、餐前餐後禱、早晚禱及若干短詩等。這些資料在荷蘭德夫特（Delft）❷印刷，再送到此地，書名是：《尤羅伯牧師編，部落基督教兒童教學入門書》。

當時眾所周知的短篇教義問答很短，編得很凌亂，而長篇教義問答，在尤羅伯離開前只有很少人使用，有些教師只學了那篇長篇教義問答而已。

講道文於星期日在村裡宣講，在尤羅伯離開時，只有三篇，即詩篇 1-15、詩篇 116-12 及律法的第一誡。

儀式文包括洗禮和其他較重要的儀式，如結婚等的儀式及祈禱文。

❷ 荷蘭西部城市，位於海牙與鹿特丹之間，現在以產陶器聞名，觀光客必到。

這就是尤羅伯工作十四年的成果，是他離開時留給我們的一切。但尤羅伯在他經常被提及的抗議裡，卻毫不遲疑地問道：除了承認這些是了不起的貢獻外，你們還能怎麼說呢？

尤羅伯的信容易使人誤解，以爲我們的學校還在使用他所編纂的少數作品。事實上，哈伯特能夠理由充分地說，尤羅伯編的教義問答很不適當，他所有作品都很鬆散凌亂，不能提供福爾摩沙人健康的精神食糧，反而會使他們生病、不健康。簡言之，傳教工作不可能繼續建立在這種糟糕的基礎上。

全體宗教議會仔細檢視該教義問答後，決定由范布廉與哈伯特兩牧師合編另一本教義問答，供福爾摩沙人使用。因此以荷蘭的教義問答爲範本，范布廉編第一、二部分，哈伯特編關於基督徒感恩的第三部分，全部由簡短、清楚、精要的問題組成。

這本福爾摩沙語著作就取代尤羅伯的教義問答，在學校裡使用。但鑒於年長者採用這本教材的負擔太大，尤羅伯的教義問答又絕不適合，所以去年就請倪但理再著手由長篇的編製成短篇的，以供年長者使用。

關於尤羅伯的祈禱文，有兩種來源：有的譯自荷蘭文，但大部分是尤羅伯以福爾摩沙語自編。

譯自荷蘭文的部分，已經增加主禱文、使徒信條和十誡。但尤羅伯的用字有時並不精確，有學問的人不該這樣。例如他並沒有區分禱告（prayer）和信仰告白（confession），因爲我們發現他在小本的入門書中，用「我們讚美祢的名」（We praise Thy name）來譯「願人都尊祢的名爲聖」（Hallowed be Thy name）❸。只要舉這個例子就足夠了。因此哈

❸ 指頁 603 第 328 問。「願人都尊祢的名為聖」，在〈馬太福音〉第 6 章第 9 節，是耶穌教門徒禱告的制式語句。

伯特不得不修改這些祈禱文。

其餘的祈禱文顯然是尤羅伯自著的，雖然被用到今年，但並未包含重要的內容。這期間，倪但理在幾位通曉土語者的協助下，將現今用於我們學校和教會的祈禱文譯成土語，其內容和荷蘭文的教義問答相同。

倪但理也準備了洗禮和結婚的儀典（forms），因爲目前所使用的，和荷蘭國內的儀典差異甚大，幾乎很少相同之處，而且用詞很模糊，難以理解。

再說三篇講道文。當我們想到，尤羅伯的良心竟然允許他在離開本島時，留下這麼差勁的東西來滋養他的信徒，我們就感到很羞愧。我們有很好的理由懷疑，尤羅伯是否曾寫過更好的講道文，我們不相信他會忽略這麼重要的工作，讓飢渴的福爾摩沙土著喪失精神糧食。

哈伯特新編了五篇講道文，也編了教義問答的第三部分、好幾篇祈禱文、一些歷史問答和 Aldegonde 的教義問答❹。但他主要的作品是將馬太福音譯爲新港語。那是件很浩大的工作，已經完成，非常成功，廣受使用者好評。我們可以自信地說，光是這本譯作，就足以駁斥哈伯特不熱心、不勤奮的批評了。

歐霍福牧師候補也寫了九篇講道文，主要是針對信仰教條。

關於教學方式，尤羅伯所建立的方式沿用到去年（1647），但對老人和青年的教學時間都稍加延長。男女學生的分組，依各村而有不同，新港、目加溜灣、大目降、大武壠都分成五組，蕭壠分成十組，麻豆分成七組。所有這些人都入學，每組在自己分配到的星期到學校，男人在雞鳴前就上學。

尤羅伯的安排是，男人學習祈禱文及教義問答兩沙漏時間（two

❹ 這是人名，他曾編教義問答，見頁 286 註 2。

glasses)❺，即一小時。婦女在下午 4 點上學，科目相同，時間亦一小時。小孩——目前的上課人數是以前的兩倍——在天亮後一小時上學，在學校待四沙漏時間，即兩小時。

關於尤羅伯在村社中的講道，據說其內容主要是批判異端的風俗習慣，描繪他們的獻祭犧牲等等，而沒有適當地解釋基督教的基本原理。我們相信這種說法。因為從福爾摩沙土著普遍呈現的基督教知識，看不出他們曾受過完善的教導；尤羅伯所留下來被視為很珍貴的三篇講道文，也相當顯著地反映了上述特徵。

關於禮拜的外在形式，也有若干不合規則之處。例如：當尤羅伯進到禮拜場所時，所有在場的人都要起立，並向尤羅伯鞠躬致敬；對小孩施洗時，父母與見證人都不在場；舉行婚禮之前，沒有事先提出婚姻預告。

以上所述，就是尤羅伯在本島居留期間及離開不久後，對本島改信者所做的一切。由此可知，這種教學並不會豐富他們的心靈，只會加重他們記憶的負擔。因此我們可以下結論說：關於這個議題，荷蘭本國人士所聽到的，僅僅是空洞的吹牛。

無疑的，尤羅伯在離開前不久，曾從數個村落挑選五十位年輕土著到他自己蕭壠的屋裡，以他的長篇教義問答來教他們基督教的基本教義，這事我們以前已提過。這些人後來都和荷蘭教師在許多學校裡一起工作，希望由土著來教土著，效果會好些。

無論尤羅伯多麼努力想做好此事，讓它看起來很有前途，但這項計畫徹底失敗了。幾乎所有這些教師都因酗酒、偶像崇拜、通姦、偷竊及其他惡行而被解聘，有些人甚至現在還在坐牢。

我們提到這些，不是想以別人的命運來批判尤羅伯。我們只是想

❺ 當時用沙漏計時，所以用杯為量詞。

用來反對一個厚顏無恥的人，此人竟然膽敢宣稱，這些教師是解救福爾摩沙教會免於式微的主要力量。

尤羅伯曾爲土著們主持過幾次聖餐禮，但在洗禮儀式上熱心追隨尤羅伯的巴必斯，也不願在此事上接受他的指導。這些教會新成員的道德水準，讓每個人都感到羞恥。

我們也不可能再詳查數千個受洗者是怎樣受洗的了，我們只能說，親愛的弟兄們，感謝神，這些人不是我們施洗的。尤羅伯並不否認，這些人僅在記住教義問答後就被施洗。至於受洗者的品行，他認爲只憑一位我們指派到各村生活的荷人的證言就足夠，但事實上這個人可能不認識任何土著。

住山上的土著，常受各種引誘而住到谷地或平原來。土著們混居在一起，同一地方講數種不同語言。結果之一是，這些人依照慣例，用死背的方法學習尤羅伯的教義問答，像鸚鳥學舌一樣。這些人也都受洗了，因爲倪但理告訴我們，他遇到幾位大武壠人就是這樣被洗禮的。

此外，尤羅伯似乎不太關心他的新信徒的命運。例如，曾有兩位小琉球的年輕婦女在他家受教，結果他把其中一位嫁給黑人，即他的奴隸；另一位嫁給未受洗的漢人。他也強迫一個小琉球男孩去服務一位非洲黑人。

由以上所述，閣下可輕易地對尤羅伯十四年的服務得出自己的結論。雖然這些結果並非完全卑劣，但我們可以斷言，尤羅伯如此長期的服務期滿後，他的服務成果絕對沒有我們所合理期望的那麼好。

說完這些後，可以不用再談這個主題了。我們要向您們指出，此地的教育事工不斷進步中，所有能改進的都已做了。我們要趁機向您們更清楚地說明目前本地學校和教會的情況。

首先，爲了公司的利益，必須讓野蠻、不文明的虎尾壠人屈服，但經驗告訴我們，僅用武力不能達到此目標。因此，謹記牧師使命的范布廉，在 1644 年前往虎尾壠，在兩年半的時間內，他不只成功平服那個地方，更使該地人民過著安靜友善的生活。

不只如此。那裡已建立了六所最好的學校，其學生都精通祈禱文、信仰教條、十誡和供虎尾壠人使用的短篇教義問答，也精通讀寫。如果必須坦誠以告，那我們要誠實地說，那些學校遠遠地超過本島任何學校。

此外，范布廉很努力學習虎尾壠語，想找出其基本語法。他已經編好一本字典，這是他工作勤奮的明顯證據。

雖然任何比較都令人厭惡，但爲了讚揚這位弟兄的成就，我們要再次斷言，虎尾壠十四年來紊亂的情況——多少是尤羅伯造成的——范布廉花了不到三年的時間就改變了，現在那裡已變得有希望，看得到成果。他精通土語也是很大的優點，當我們連新港語的原理都還不太清楚時，他就懂得土語了。

范布廉這麼努力，讓我們來看一下尤羅伯對范布廉做了如何輕率、殘酷的批評：他說范布廉在虎尾壠享有月薪一百盾的待遇，卻只有學語言，沒做其他事。

北部的工作可喜地展開了。現在則由勤奮的維爾崔希牧師接替，願主保佑他健康、智慧，並賜福他的工作。

其他的村子分成兩組，蕭壠、新港、目加溜灣、大目降由倪但理牧師負責，麻豆、大武壠、哆囉嘓、諸羅山由漢布洛克牧師負責。

去年（1647），兒童上學時間已全島一致化，父母被命令每天從早上到中午，下午 2 點到 4 點，送他們的孩子上學，與荷蘭本國一致。

學生們從今年（1648）2 月開始，接受荷語的基礎教學。我們正在試驗，看看這個大事業能否順行執行。至今爲止，教別國人學荷語，是前所未有的事。這個試驗一開始就很成功，我們相信，只要繼續維持熱心和勤勉，必然能獲得想要的成果。

我們的理由是，福爾摩沙人民的記性很好，而且讓我們相當驚訝的是，他們可以毫無困難、流利地發出荷蘭音。他們本身也很想學我們的語言。這樣我們就不會擔心缺乏能幹的教師了，因爲這些年輕人可透過和我們交談，輕易地學到我們的語言。

老年人每四週上學一週，每星期一也要集合複習所學的。在這些時候，男人雞叫前上學四沙漏時間（兩小時），婦女傍晚上學四沙漏時間，學祈禱文和教義問答。

講道文每週在教堂宣講一次，偶而由倪但理主講。最近他開始就全部教義問答進行一系列的分析性講道，每星期日再從這些講道中提煉出約一百個問答，在全體集會的場合，對一些人進行公開測驗。其他村子的教師也這樣做。現已完成七篇這類的講道文。

此外，約有三十個 Davokandian 男人及同樣多的女人，最近從附近的山上下來，到新港學習背誦祈禱和教義問答。這些人現在已準備受洗。

親愛的弟兄們，這就是福爾摩沙的學校和教會的現況。在牧師熱忱的努力下，我們深信不久必能結出更美好的果實，因爲他們往後將更努力教導土著們的心，而不只是教導他們背誦。

我們希望上述說明能夠斷然證明，我們並未忽略對這群盲目異教徒的傳教工作，我們先前耗費的辛勞與苦心，絕非徒勞無功。

您們同時也可以判斷尤羅伯的人格。他曾經帶給基督教世界很好的印象，但現在，他不公正地獲得的聲名開始動搖，爲了保住聲譽，他努力攻擊他的弟兄，不僅如此，他知道他的虛名都是短暫的，更是卯足全力奪取他同僚的努力成果。

對於尤羅伯在幾封信件中所展現的無恥，我們不得不在此表達我們的不滿。他不誠實、沒愛心地誹謗了他的弟兄和本島當局，這些遭中傷者，有些確實在過去及現在都對教會有所貢獻。

我們熱切請求您們，親愛的弟兄，在我們缺席的場合，請捍衛我們的聲名。我們非常希望我們的信能在宗教大會中完整宣讀，如此，就可以在我們受到控訴的同一地方，證明我們的清白。您們如能這樣做，就是給我們極大的幫助和善意。

爲了證明我們的清白，讓大家都能相信，我們決定明年將本信中所提到的公文全部寄去，並佐以必要的證據。

此外，我們請求您們相信並期待，我們將利用神賜予的力量來執行任務，盡全力擴張主和基督之國。爲此，我們熱切請求您們，祈禱時能記得我們及我們的努力。

還有一個我們認爲需要提起的問題，就是尤羅伯請求公司董事以公司的經費，（聘請他在荷蘭）教幾位牧師或牧師候補學福爾摩沙語，或者說是新港語。

雖然我們不反對這個提議，但依我們的淺見，這項計畫無法在荷蘭完成，反而在台灣成功的機會較大。尤羅伯（在荷蘭）如何能執行這項計劃呢？藉由個別交談或文法教學？大家都知道，在荷蘭是不可能進行個別交談的，而文法教學很困難、麻煩，需要很多時間。此外，我們相當確定尤羅伯不十分瞭解新港語的基本語法，否則，他爲何不引導他的弟子巴必斯在福爾摩沙嘗試這個計劃呢？另一個反對理由是，我們其實只需要一兩位懂新港語的牧師就夠了，因爲其他土著講不同的語言，這些語言和新港語大不相同。

我們不想否定尤羅伯的證言——因爲它是有事實根據的——即受聘福爾摩沙的牧師若不會講福爾摩沙語，就是無用的，無法提供服務。不過，雖然他們不能用福爾摩沙語講道，但他們對學校的服務、對道德的維持、對主持禮拜的外在形式等方面，就算不是最主要的，也還是有些重要性，甚至和熟悉福爾摩沙語的人一樣有用。虎尾壠地區的情形就是個好例子，在那裡，短時間內就取得令人滿意的結果 ❻。我們認爲這點不容否認。

最後，您們若在愼思明辨後，反對尤羅伯對董事們的提議，您們就是在服務我們的教會，絕不會損及公司的利益。

可敬、虔誠、聰明、審愼、飽學的弟兄們，願神賜予您們榮光。

您們服從的弟兄

臨時主席范布廉、臨時秘書倪但理、

漢布洛克長老、布雷必長老、黑曼長老、

達姆執事、以刹克執事

❻ 這些情緒作用很濃的信件，即使與事實完全相反的事也說得出來。台灣宗教議會的這封信寫於 1648 年 11 月 3 日，而才不到 1 個月前的 1648 年 10 月 9 日，台灣已接到維爾崔希從虎尾壠的來信，說學生學習荷蘭文已沒有什麼進展，因為他們常缺席，常生病（頁 387）。一直到 1652 年，長官更批評在虎尾壠傳教八年（1644-1652），居然沒有人受洗（頁 473）。1654 年還被批評那裡的人民粗魯未開化，很不適合學習高級知識（頁 484）。

78. 阿姆斯特丹教區議會議事錄

1649 年 8 月 30 日，阿姆斯特丹教區議會委員會被通告尤羅伯牧師已抵達。尤羅伯曾寫信告訴我們，東印度方面近期將寄來一封嚴厲指控他的信，他請求我們收到信時通知他，如此他才能在我們面前捍衛自己的清白。由於信已收到，教區議會決定通知尤羅伯，如果他想向教區議會做任何陳述，得於下一次會議上說明。

9 月 6 日，尤羅伯出席阿姆斯特丹教區議會，會中宣讀一封來自福爾摩沙教會的信。信中控訴尤羅伯先生及他向十七董事會所提出的抗議書。該信宣稱：由於福爾摩沙教會被控訴缺乏熱誠和努力，當地情況被描繪成不進反退，教會的榮譽已經受損。

該信還指控尤羅伯做錯許多事，對尤羅伯的傳教成果相當輕蔑，宣稱它們被過度誇大，並強烈辯護福爾摩沙教會的熱誠與努力，結尾處則要求此信要在宗教大會上公開宣讀。

對此指控，尤羅伯為自己提出辯護。他簡短說明自己在福爾摩沙異教徒間傳教的努力和熱忱，並抱怨上述的嚴厲指控極不公正。

由於過去只聽過對尤羅伯的讚揚，他帶回荷蘭的頌揚書（福爾摩沙各教會頒授給他的）也充分證明其傑出貢獻，現在又聽到尤羅伯的親自辯護，因此教區議會認定福爾摩沙的來信是惡意的，寫信者並非出自愛心，而是極偏頗地挑剔尤羅伯的服務成果。

為避免戰火傷及教會，教區議會決定通知尤羅伯，議會依舊認為他是優秀、虔誠、啓發人心的牧師，全體議員感謝他過去在福爾摩沙的服務；同時希望尤羅伯不要把福爾摩沙教會的控訴放在心上，應該忘卻此事，以後不要再提起。尤羅伯說他十分贊同此議，承諾要那樣做。

關於福爾摩沙的弟兄，教區議會委員會受命要寫信通知他們，他們的來信已造成很大的遺憾，因爲信中的指控與尤羅伯從福爾摩沙教會帶回來的頌揚書（它們給予尤羅伯最高的稱讚）完全牴觸；議會也擔心此信會引起眾多不幸；議會進一步要求福爾摩沙弟兄，不要再提及他們對尤羅伯的控訴，更不要再寄來相關的附件，因爲那只會徒增困擾，繼續爭論不只無益於事，而且有害。❶

❶ 阿姆斯特丹教區議會所收到的這封信，必定是1648年11月3日（第77篇）所寄的信。第一，標題一致。第二，時間合理，福爾摩沙與荷蘭一趟路約需十個月。第三，該信說要再附上有關的附件，與這裡拒絕再收到附件的說法一致。

79. 阿姆斯特丹教區議會致台灣宗教議會

（不記日期 ❶）

敬愛、虔誠、博學、謹慎的同工們：

我們已接到你們 1648 年 11 月 3 日的來信了。你們說這幾年沒寄信來，是因爲巴達維亞的弟兄不時會將福爾摩沙教會的事情告訴我們。雖然他們的確如此，但如果你們往後也能繼續與我們通信，我們將會很高興，我們相信那樣做很有益處。不論在言論或行動上，我們永遠願爲你們服務。

但我們多麼希望你們寄來的第一封信，能包含更多的愛，不要如此尖酸刻薄地批判你們的弟兄、同工尤羅伯牧師。尤羅伯幾年前回國，帶回東印度教會頒發的傑出頌揚書，讓我們和瓦赫蘭（Walcheren）❷ 教區議會十分滿意，並對他的忠實服務致上最誠摯的謝意。目前他在德夫特被尊爲最優秀的人士，享有最美好的聲譽。

我們很高興地讀到，你們在福爾摩沙以極大的熱心和值得肯定的努力在傳教，並讀到主賜福於你們的訊息。我們感謝主的善意，希望聖靈與你們同在，豐盛地賜福於你們拯救許多靈魂的工作。

但我們也很遺憾地看到，你們鄙視另一個人，貶低他的服務，忘記他是你們島上最初的傳教者之一，曾導引許多愚昧的異端從黑暗走往光明。他對服務所在地的土語也有適切的瞭解。我們相信這些是事

❶ 第 83 篇明顯是回答本篇的信，故由第 83 篇開頭得知，第 79 篇的本信於 1649 年 10 月 4 日寄出。

❷ 荷蘭西南部一島，二次大戰期間潰堤，遭到嚴重損害。

實，因爲尤羅伯在福爾摩沙待了十四年，並獲得最佳的稱讚信，可見他在那裡的生涯很值得讚揚。

你們信中也抱怨尤羅伯質疑你們的熱忱，懷疑神賜福給福爾摩沙教會。但親愛的弟兄們，你們知道你們之中也有人寫信來做自我批判嗎？尤羅伯否認曾經寫過這種信，事實也顯示，寫這些話的人不是尤羅伯，而是哈伯特和巴必斯。

1645 年 10 月 28 日，哈伯特寫給巴達維亞的某位長老說：「關於福爾摩沙教會，有許多話可以說。對我來說，尤羅伯離開（1643 年 12 月 14 日）的影響很大，我擔心剛開始的教會工作可能不進反退。因爲現在的目標似乎已轉變，著重在開創新局，而不重視守成。尤羅伯最初服務之處，如新港、目加溜灣、大目降等，好像要荒廢了。我負責監督這些地方，但我能做的十分有限，部分因爲我語言不熟，部分因爲我長期生病，還要負責熱蘭遮城的荷蘭人禮拜。去年這些村民沒有機會聽到一次講道，他們通常由學校教師教導，但這些教師卻經常行爲不檢。所以，如果不能派來更多的牧師，不能採行其他的方法，我擔心基督教將一直處於最初的狀態。『守成並不比開創容易。』（*Non minor est virtus quam quaerere parta tueri.*）」

巴必斯在 1644 年 11 月 9 日的信中，也抱怨尤羅伯所組織的蕭壠宗教議會已不再運作，長官宣稱他不認爲蕭壠宗教議會是必要的。由於有人離開福爾摩沙，使得牧師候補麥金尼（Merkinius）被迫離開他的服務地點，被調到新港協助范布廉。范布廉完全不懂新港語，卻堅持要全權管理新港、目加溜灣和大目降。

巴必斯在同信中說：「一次重大的日蝕，讓傳教之路變得昏暗。」又說：「我很擔心如果這種情況沒有得到改善，傳教的工作不只會退步，還會完全被放棄。」

親愛的弟兄們，對於這些說法，你們做何感想？你們控訴尤羅伯，認為他一直設法貶低哈伯特和巴必斯的服務，但其實這兩人也有同樣的抱怨，所以你們控訴尤羅伯，豈不是完全搞錯了對象？你們控告尤羅伯在宗教大會（Synod）上宣讀哈伯特的信，其實他並沒有宣讀，這封信是在大會要求下，由別的牧師代為宣讀的，尤羅伯對此並不知情，這一點你們可以完全相信我們。

1650 年代的尤羅伯牧師【引自 Wiki Commons】

此外，你們在信中提及尤羅伯在福爾摩沙所採用的教材與教法，抱怨說其教學結果乏善可陳。親愛的弟兄們，愛是相互抱持善意，以正面來看待事情，我們希望人家怎樣對待我們，就應該那樣對待人家，特別是對於曾努力為主作工而享有高度聲望的人。尤羅伯和干治士都是忠誠的牧師，福爾摩沙教會的墾荒者，凡事起頭難，他們必須根據這些土著的年紀、時間和能力來調整自己的作為。如此循序漸進，就能達致較完善的情況。尤羅伯的工作絕非徒勞無功。

最後，親愛的弟兄們，綜合考量以上所述，我們認為必須停止一切爭論，至於已發生的，則須以愛來弭平，雙方都不該再寫信爭論此事。否則，神的教會，特別是福爾摩沙上仍然脆弱的教會，必定會嚴重受害。

你們說要再寄來相關的證據資料，但我們認為此舉並不明智，只會惹起更多麻煩，這類的通信不只無益，反而有害。同樣的，我們也要求尤羅伯不要回應你們的指控，沉默以對。我們希望你們往後的來信不要再提到這些事，否則勢必引起更大的困難，徒留笑柄給敵人。

請接受我們的勸告，親愛的弟兄們，要和平，要團結，這樣別人才不會認爲你們愛報復、有野心、好爭辯，這是每個基督徒都必須避免的錯誤。好了，我們相信你們的熱心、忠誠、傑出服務及清白。

我們很高興看見你們的熱忱及工作成果。我們贊同你們在異教徒之間傳布基督教、擴張基督王國的教學方法。我們也很滿意地得知，福爾摩沙兒童相當成功地以荷語學到基督教信仰的基本原理。

關於你們要我們寄去的書，董事們說去年已寄送大量的各類書籍、紙、筆到巴達維亞，我們相信現在你們已收到很多了。我們此後將會不時送去你們所需物品。我們將你們及你們的工作委託給神的榮光，祝福你們。你們服從、深情的弟兄，阿姆斯特丹教區議會長老和牧師。

東印度事務主管 Eleazar Swalmius
臨時秘書 Fridericus Kesslerus

80. 熱蘭遮城決議錄

（1650 年 4 月 6 日，星期三）

不久前，倪但理牧師給我們看一個帳目，是購買一百二十一頭耕牛及其配件的支出 ❶。依照倪但理的提議，也依據去年（1649）4 月 30 日的決議，這些牛預定要給蕭壠村民使用，好讓他們習慣用牛耕作的模式。這筆帳目高達 3542.25 里耳 ❷。

這一百二十一頭牛中，已有三十頭賣給村民，其餘依前述決議，留在倪但理那裡，如果我們同意以下條件的話，就由他全權負責並使用：若倪但理日後因這項安排而有任何損失，公司必須負責，並補償他所遭遇的各項麻煩。總之，他絕不會有損失。

會議中，全體人員都認爲，因爲蕭壠人已相當熟悉犁耕技術，開始瞭解牛車 ❸ 的用途，這項計畫確實有其價值。大家也考量到，倪但理不久前預支了 3542.25 里耳，並自行承擔保存剩餘牛隻的風險，準備伺機出售，所以全體無異議決定：爲補償倪但理保管或轉售的損失及負責此事的麻煩，由公司無息貸款 4000 里耳給他十八個月。他必須簽收，在公司會計帳下開一個帳戶。

❶ 1640 年荷人從澎湖運牛至福爾摩沙，據荷人記載，當時公司與私人擁有的牛有一千兩百至一千三百頭。

❷ 每頭值 29.27 里耳。

❸ 此次引進的不只是牛而已，還有犁耕技術、牛車等。所以在此之前的稻米技術大概只有播種和收割而已，無法形成稻作的農耕社會。前面（頁 228）提到目加溜灣人常傷害漢人的牛，而不是想偷，可見土著已知牛對漢人的重要，但沒有畜養牠來幫助稻米耕作的意願。

全體亦決議：在十八個月貸款到期時，售給新港人的七頭牛，必須記作新港人的負債，總共 340 里耳 ❹。

解決這些事務後，倪但理不得再向公司做任何要求，他必須自行負責往後的工作。

評議會輕省地批准了這項貸款，因爲這筆錢若沒有這樣運用，也很可能會長期存放在公司金庫，無法產生任何利息。

此次會議裡，被指派到城堡服務的克魯夫牧師向我們請求說——此事取決於閣下的命令和決議——希望能比照在福爾摩沙服務的其他牧師，免除五年內兩百英畝耕地的什一稅（tithes）❺。如果這項要求不被批准，他表示願意接受我們決定的其他補償方式。

鑒於克魯夫從未在福爾摩沙享有任何好處，他所提供的珍貴服務也該得到某種形式的酬謝，因此評議會決定依其所請，即日起免除他未來五年兩百英畝耕地的什一稅。

決議於熱蘭遮城，1650 年 4 月 6 日。

長官富爾堡（Verburg, N.）**、揆一、**
史諾克（Snoucq, D.）**、哈巴爾特、謝德**

❹ 每頭 48.57 里耳。原價 29.27 里耳，18 個月後本利和為 48.57 里耳，年利率達 44%。倪但理無息使用 4000 里耳 18 個月，光利息便賺了 1760 里耳，當然風險可能也不小。

❺ 此為福爾摩沙牧師的特權。

81. 阿姆斯特丹教區議會致福爾摩沙宗教議會

（1650 年 10 月 3 日）

……我們已接到你們於 1649 年 11 月 14 日的來信 ❶，讀到福爾摩沙的基督教會，特別是北部的新港、蕭壠、目加溜灣等村，在你們的指導下的盛況，著實令人欣喜。我們和你們一起感謝神的賜予，感謝祂祝福你們在福爾摩沙人民之間的工作，以及居住在那裡的荷人。我們祈禱神繼續恩賜你們及你們的工作，使你們蒙受聖靈，毀滅撒旦的王國，擴張救主耶穌的王國。

感謝神，范布廉牧師現已安全回國 ❷。我們很高興能在教務會議中，聽到范布廉牧師詳細說明福爾摩沙教會的情況。

但親愛的弟兄們，我們不能不坦承表示，你們信中大部分的內容令我們極端痛心，因爲它們盡是對尤羅伯牧師在福爾摩沙之忠實工作的輕蔑，極盡所能地貶低其價值。你們去年來信的主旨也大致如此，同樣使我們心痛，因爲我們預料此將挑起許多不愉快，如果尤羅伯也提筆回應你們的話（他非常想那樣做），情況勢必更加惡化。我們盼望能停止所有爭論，因爲那只會徒增弟兄之間的衝突。

我們請求你們相信，尤羅伯——你們自己的來信也稱誦他是熱

❶ 由此可推斷福爾摩沙寄至荷蘭需十個月。此時（1649 年 11 月 14 日）阿姆斯特丹教區議會所寄給台灣宗教議會的責備信（1649 年 10 月 4 日）才寄出約四十天，尚未到達。

❷ 1648 年 11 月 3 日，范布廉當主席，召開了一次台灣宗教議會（頁 396），所以他應該 1649 或 1650 年初回去。他親身體會了阿姆斯特丹與台灣雙方關於尤羅伯事件的爭辯及態度。

心、誠摯、勤奮的福音僕人——仍繼續摯愛、關心福爾摩沙教會。雖然他只引領福爾摩沙教會的初期階段，但他真心樂見其茁壯成長，也希望看到它不斷增進智慧及對主的認識，這些都要歸功於許許多多接踵其後的傑出同工的不懈努力。

因此，尤羅伯才會不時寫信給他認識的人，想要瞭解那些位於異教徒中的脆弱社區的消息。尤羅伯從未以輕視卑劣的口氣提及他的弟兄或他們的工作，不，他還不斷努力說服我們要派更多的牧師前去。他一直盡其所能地為促進福爾摩沙人民身心的幸福而奔走。

這樣做也許會惹惱某些東印度高層，但我們相信他的目標是正當的，就是要讓那些愚昧的人民更願意接受基督教信仰。

誠然，數年前宗教大會❸曾被告知，你們教會因缺乏神工而陷入悲慘的處境，但這些抱怨並沒有超出哈伯特本人的書面抱怨，而且這些抱怨的目的，無非是想激發各地的教區議會與十七董事會合作，派遣更多的牧師前往福爾摩沙。

感謝神，那次提案很成功（相信神將繼續賜福我們），因為依照十七董事會上次會議的決議，將再派六位牧師到東印度，其中一位是布蘭克（Arnoldus Blank）牧師，他是我們教區（Classis）❹的一員，既年輕又飽學，過著虔誠的模範生活，將於近期隨艦隊出發。布蘭克在 Meurs 社區服務多年，聲望很好，為當地人民所愛戴。

我們希望下次艦隊啓航時，能再找到有能力的人選。無疑的，在董事會的批准下，熱蘭省（Zeeland）的弟兄們也會派牧師前往。

所以，親愛的弟兄們，我們善意地請求你們，在以後的信裡不要再有輕蔑尤羅伯服務的言論，以消弭爭議。讓我們這樣做，以便能和

❸ 指頁 383 所提到的北荷蘭宗教大會。

❹ Classis，即地方宗教議會議區（地理區），也是該議區的議會（權力機關）。

平相處、相互啓發。你們上次的來信顯然充滿怨恨，內容尖酸，用刻薄的用詞來形容同僚。但是弟兄們，沒有好理由，就不要對弟兄發怒，不要追求無謂的虛名，不要相互挑激、相互怨恨，應當謙卑地認爲別人比自己好，避免一切衝突與虛榮。親愛的弟兄，由於兄弟之愛及對和平共處的渴望，我們不得不補充這番話。

你們請求以兩種方式印製《基督教信條》（Formula of Christianity），一是純荷文，一是福爾摩沙語與荷語對照，我們將此請求連同我們的推薦函一起呈上給董事們。十七董事會已同意你們的請求，相信只要一印好，就會立刻寄去。

關於此地教會的情況，可以說很和平、安寧與和諧。感謝神，長期的血腥戰爭已結束，現在人人都可以過舒適的日子❺。我們要以最眞誠的心讚美主，神將使我們得救。

你們去年所要求的書籍，董事們已批准，你們很快就能收到。但有一箱特別的書，董事們並不同意直接寄給你們，而要透過巴達維亞，你們須向巴達維亞申請，由他們寄給你們。

臨時秘書：Matthias Meursius

長老：Johannes Rulitius、Otto Simons

❺ 在 Munster 和約下，荷蘭人於 1648 年 1 月 30 日獲得完全的獨立。

82. 福爾摩沙評議會致總督及評議員

（1650 年 10 月 31 日，熱蘭遮城）

……關於基督教義，在駐有牧師的村子或地區，進步很快，每位牧師都努力將基本原理、得救之道教給開始睜開眼睛的居民。

此地的工作太多，牧師過少，而且似乎不可能派來足夠的牧師，這使我們無法將羽翼伸展到全島各地。最好是仔細地教育鄰近少數村落的村民，不要將傳教範圍擴張到一大堆村落。前一種計畫比較可能成功，因爲後一種計畫的範圍太廣，我們無法雨露均霑地教導當中的每一個村落。我們認爲，如果附近幾村的村民都能充分學習基督教義，福音將能輾轉傳到其他地方。因此我們相信，藉由神的恩典，不久傳教事業將能有很好的成果。

我們所有的牧師都要向諸位閣下獻上最眞誠的感謝，因爲您們對他們的教會工作表達關切，並送來他們迫切需要的許多書籍。

他們很希望能有一台印刷機，我們保證這不會花費太多，且能大力推進眞正的宗教。我們希望您們注意此項請求，並仁慈地予以同意。

維爾崔希已在虎尾壠連續服務三年，非常希望能在此季離開。他相當不幸，太太和長子都病死了，自己也病得很重，身體相當虛弱，自覺無法再繼續服務。不只如此，他還有嚴重的疝氣。

雖然我們很同情他現在虛弱的情形，但還不能同意他離職，因爲在沒有接替者的情況下，他若突然離職，勢必嚴重影響傳教工作。最後，他決定再多留一年，條件是我們允許他下一季離開❶。

❶ 原文邏輯意義不通。

由於他還要再居留一段時間，且他已連續服務四年都沒有升薪（每月一百三十盾），因此他要求能有合理的報酬。我們在此提出這項請求，您們若能同意，我們將很高興。

我們請求您們明年能派另一位牧師來替代維爾崔希，那麼在他離職之後，神的工作才不致受阻……

簡言之，南部的居民開始顯露反叛之心。爲避免出事，應該稍微壓制他們，況且歐霍福也抱怨他們越來越不願來教會和學校……

在牧師派駐的地區，或其居住地的鄰近村社，沒有聽到任何不滿，更不用說反叛了。

我們尚未找到去年在二林村謀殺傳道師的眞正凶手。兩人涉有重嫌，都受到嚴刑拷打，有一位跛腳者已死，另一位目前被監禁。

爲找出凶手，您們指示我們要讓村裡所有 15 歲以上的男性抽籤，抽出十個人懲罰上手銬，直到找出眞正的凶手爲止。這對這十個人來說可能太過嚴厲了❷，因爲即使他們是無辜的，也要終身帶鐐銬❸。

凶手可能在晚上做案，沒有任何目擊者，若果眞如此，則想獲知眞相並不容易。無論如何，需要進行審判，但必須事先與維爾崔希和哈巴特兩牧師商量，以確定這種處置方式不會激起二林人的怨恨……

❷ 遠在巴達維亞的總督對本島土著沒有任何感情，才會有該主張；只有身處本島的荷人才會顯出同情來。此亦可見當時對於犯罪者的處罰觀。

❸ 這種不公正、不人道的觀點，17 世紀的漢人和西方人都一樣擁有，但 19 世紀末漢人還擁有，西方傳教士卻已拋棄，此由馬偕證言可知：有一次馬偕的教會被劫，告於衙門，不久英領事即獲通知已捉到該人犯。馬偕於是帶一些信徒，和領事一起到衙門，一看，確認並非實際人犯。清官承認這是代理案件，並辯稱：懲罰此人可使真犯感到恐懼，亦有充分良好的道德影響。（馬偕著，林耀南譯，《台灣遙寄》，台灣省文獻委員會，1960，頁 90）程紹剛說：該懲罰確實執行，但於 1651 年取消。（程紹剛，《荷蘭人在福爾摩莎》，頁 333）

史初一（John Struys）1650年訪問福爾摩沙報告 ❹

裝完貨後，我們奉命回到船上。我們的貨物大部分是鹿皮、檀香和 amrack（一種日本人使用的漆）。我們在 1650 年 4 月 12 日啓航，駛向台灣（Tojovan）或福爾摩沙。

大約在 Paracel Banks 處，我們看到一艘帆船全速朝我們駛來，其桅頂掛有荷蘭旗，我們懷疑可能是海盜船。所以我們的指揮官決定拋棄一些貨物來備戰。但靠近之後，發現那是一艘商船，武器配備不及我方。來到喊叫聲可及的範圍後，指揮官命令其船長到我船來出示通行證，但得到的回答是，該船的舢板會漏水，無法使用。於是指揮官命令放下小艇，以武裝人員過去檢查通行證。結果發現這艘高棉船沒有通行證，並裝滿了走私貨❺，所以我們擄之為戰利品。該船的載貨和我們一樣，主要是鹿皮、檀香和 amrack，其大部分水手都是高棉人和漢人。我們的指揮官懷爾船長（Captain Fayer）將他們全趕到舢板去——它並不像他們所説的會漏水——不給他們帆和舵，讓他們完全迷失在大海之中，那裡離海岸有 40 里格，我們之後未曾再聽到他們的消息。

5 月 10 日我們安全抵達福爾摩沙，在熱蘭遮城前停泊，當時長官是歐佛華德。海灣內有一排岩石環繞，就像東地中海的羅德斯島（Rhodes, in the Levant）。當我們駛進海灣時，一陣強風突然襲來，我們所擄得的帆船被吹撞上這些岩石，該船撞成碎片，所有人都掉入大海中，只有三個荷蘭人抱住木板而得救，其餘七個荷人、十三個漢人都死亡。

福爾摩沙幾乎正好位於北回歸線上，其中央恰好為北緯 23

❹【甘為霖原註】報告中有提到一位牧師遭殺之事。

❺ 所謂通行證、走私，都是從荷蘭人的角度來看的。

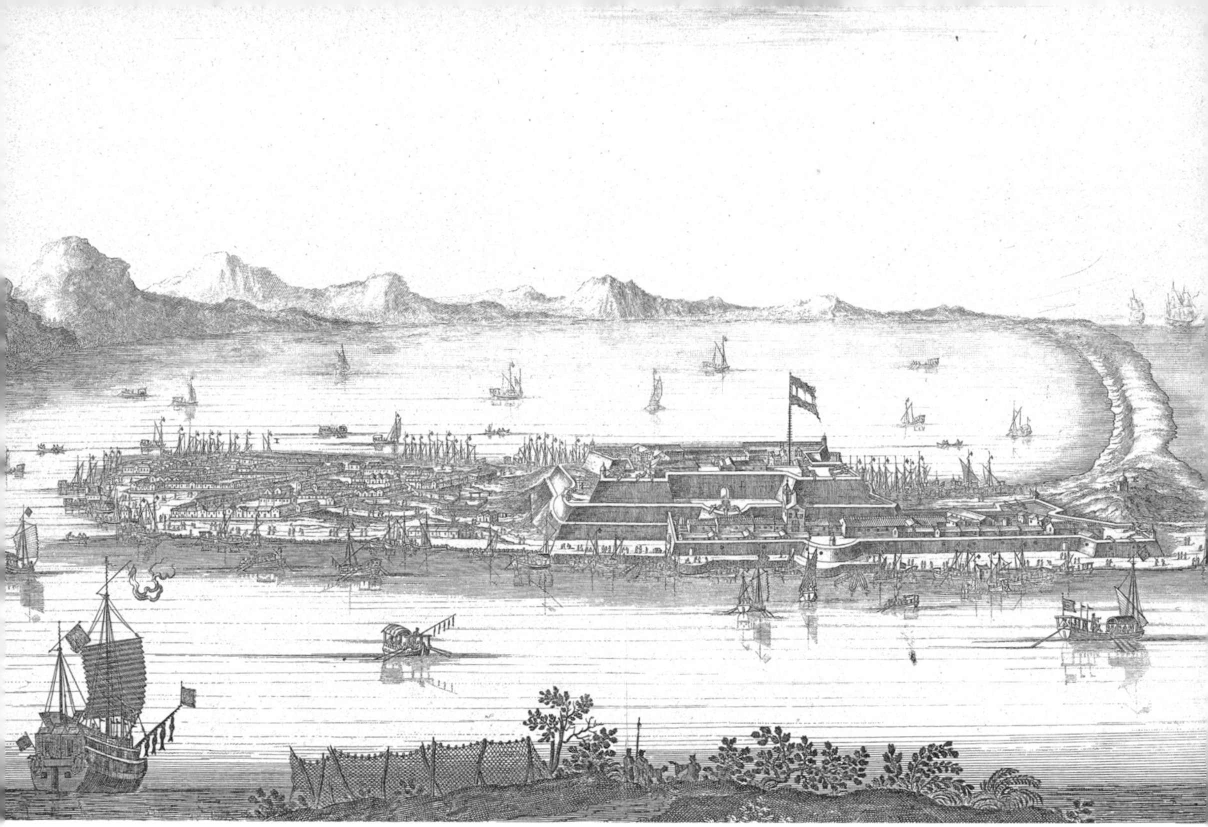

熱蘭遮城前船隻進出頻繁【引自《荷使第二及第三次出訪中國記》】

度，北端在北緯 25 度，南端的海岬在北緯 21 度，全部面對福建海岸，全島周長大約 130 荷里。

該島四周海域有豐富的漁場，特別是盛產烏魚（harders），烏魚比北大西洋的鱈魚（haddock）稍大些。居民像醃鱈魚般地醃製烏魚，再賣到中國去，很受漢人歡迎。烏魚卵醃製後，呈紅色，包覆著一層自然形成的薄膜，也被漢人視為珍饈。以前，漢人須向此地的荷蘭東印度公司繳納什一稅，才可以在附近海域捕魚。

福爾摩沙土地豐饒，但荒廢未耕，因為島上居民很懶惰，和西班牙人沒兩樣，都寧願饑餓也不願工作❻。最豐饒的地區，目

❻ 這裡可能有偏見。荷蘭當時以流血戰爭的方式剛脫離西班牙統治，所以不喜歡西班牙人，而批評西班牙人很懶惰。至於福爾摩沙土著，漢人來以後才引進牛隻，在沒有水牛、沒有運貨牛車、不懂犁耕技術之前，可能不是懶惰。

前由大肚王（the King of Midag）❼ 所統治，盛產稻米、小麥、大麥、kaylang、masquinades、薑和糖。還有許多不同種類的樹和大量的水果，像橘子、檸檬、柑（citrons）、石榴、番石榴 ❽、檳榔（perang），以及其他歐洲未知的水果，像 moupellos 和 crambrods 等。這裡的香瓜是如此多產香甜，我光看到它被切開的樣子，就覺得膩了。西瓜和南瓜也都好吃又多汁。此外，還有很多植物和藥草，像馬鈴薯、甘藍菜、薊（artichokes）。還有好幾種藥用的根和種子，像 ananasses、中國茯苓（China-root）、ubes、kadiang、fokkafocas。Kadiang 是綠色的小種子，極像香菜的子，居民們將之煮熟醃製，做為食用鮮魚的美味醬汁。Fokkafocas 形狀像西洋梨或榲桲（quince），但有三倍大，果實像南瓜一樣長在地上，上面平滑得像玻璃，下面是紫色帶白。他們將之與豬肉或牛肉一起煮，好像我們在荷蘭煮大頭菜（turnips）一樣。

福爾摩沙有羊，但不多。鹿和獐很多，有時二、三千隻成群出現。野羊和山豬常在夜間威脅沒武器的旅人，雖然牠們偶爾也會被人馴服。此地也有猴子和小型猿類。居民常為野獸所苦，因為害怕遇上虎、豹、熊，不敢太深入內陸。

有一種荷人稱做「福爾摩沙之魔」❾ 的生物，約有 2 呎長，背部有 5 吋寬，全身佈滿鱗片，四腳都有尖爪，頭尖長，臀部有

❼ 大肚王，即頁 16 所述福爾摩沙十一區之第三區。

❽ 番石榴可能原產美洲，據說為荷蘭人引進台灣，所以才名為「番」。然據此處資料，似乎是本島原產。

❾ 【甘為霖原註】史初一所描述的，無疑就是穿山甲（鯪鯉）。目前福爾摩沙還看得到牠的蹤跡，幾年前英譯者曾在內陸的內社（Lai-sia）抓到一隻活標本，送到柏林的動物收集所（Zoological Collection at Berlin）。土著們認為穿山甲的肉很鮮美。

條粗尾巴，到末端逐漸變細，好像鱷魚尾一樣。此種小動物只吃螞蟻，捕食螞蟻的方式如下：將舌頭伸長到小蟻丘或蟻巢附近，螞蟻就會跑出來吃牠嘴中分泌的黏稠物，螞蟻一吃就被黏住，無法離開，等黏到足夠的螞蟻後，牠就縮回舌頭，把螞蟻全部吞下。牠看見有人走近時，就會躲到附近地洞，或者像刺蝟般全身捲成一團，因此稱牠為惡魔似乎很不恰當。如此長篇敘述，是因為別處沒這種動物。

在東方其他島嶼發現的鳥類，除了鸚鵡外，均可在福爾摩沙看見。如果不是有許多蛇、蠍、馬陸、蜥蜴和其他害蟲的話，福爾摩沙真是個美好島嶼，它的氣候宜人，空氣最衛生。

對於土著的體格和身材，我們無法做概括性的描述，因為島上各地的差異極大。男人大都壯健，特別是居住在谷地和平原的；住在山上的則較矮小，沒那麼壯健。婦女身材不及男子，但很漂亮。她們有圓潤的臉蛋，一雙大眼睛，扁平的鼻子，長長的耳朵，以及像培根肉般掛在胸前的下垂乳房。如果不是習俗要求連根拔掉毛髮的話，他們也會有漂亮的鬍鬚。為了整齊美觀，他們在耳尖穿洞，並用特製的角片壓平。我不知道為何此島名為福爾摩沙，是認真地因為景色壯麗的緣故，或是諷刺地因為其上住有怪異的居民？

我在福爾摩沙時，常聽人說有些島民長有尾巴，但我不太在意此事，總覺得難以置信。但我現在可以很肯定地告訴讀者，這謠言是真的。因為我停留福爾摩沙期間，正好有位福爾摩沙南部人因涉嫌虐殺傳教士而被逮捕，經調查後，此人被宣判有罪，判處火刑。行刑當天，謀殺者被綁在木柱上，當他的衣服被剝除時，我們看到他的尾巴，約有一呎長，長滿了毛[10]。我的幾位朋友聽到他有尾巴，就好奇地上前詢問，那人說幾乎所有南部人都有尾巴。此話是否可信，我不知道，因為我的朋友不懂那人的語言，可能搞錯了。我只能嚴肅地為那個人長有尾巴作證。如果那不是真的，我也不願意叫讀者相信。

慶典時，福爾摩沙人民在他們的偶像前展現自己，有些人會在耳朵上懸掛彩繪大木片，其他人則在胸前懸掛多孔的貝殼。慶典以外的日子，他們的耳朵沒有任何裝飾。

福爾摩沙人民的頭髮又黑又長，有些人的髮型像歐洲人，有些人則結辮子，或盤繞在頭頂上，像漢人那樣。他們膚色暗黃，介於黃、黑之間。但是噶瑪蘭人（Kabelang）較白皙，大肚、塔樓和小琉球的婦女則為棕黃色。他們富於機智，記憶力也好，可塑性夠，能學習任何科學，並比其他東印度居民更容易接受基督教教育。

夏天時，土著只穿一塊棉布，寬及肩，像床單，兩角在胸前打結，在腰部束起，並垂到小腿。他們的鞋子是用山羊皮做的，用皮帶固定在腳上。他們很少穿鞋。他們冬天穿著用虎、熊或猿皮所做的皮衣。先前蕭壠人穿得像歐洲人，其他人則像漢人。西班牙人到來之前，土著都赤裸，像現在住在山上的人一樣，只在腰部圍一塊布。

---

⑩ 【甘為霖原註】有尾人，De Lacouperie 博士為此主題寫了一些意見（參見其 Formosa Notes，收於 1887 年 7 月的《皇家亞洲學會期刊》（*Journ. of the Royal Asiatic Society*），頁 455）。此處只想提一下英譯者約二十年前在本島內陸某村鎮的觀察。當時英譯者正坐在教堂旁的小房間閱讀，一位漢人抱著約三歲的健康小孩進來。這名訪客開始詢問並請求協助，卻一直語焉不詳，花了許多時間在自我介紹及道歉，最後英譯者受不了，請求他有話直說。於是這名漢人指著那小孩脊椎尾端長出來的小尾巴，請求我的解釋，看是否有不祥之兆，應否割除。它約有兩吋長，並有奇怪的擺動，無法確定是無意識的擺動，或小孩自主擺動的。他只得到一些模稜兩可的答覆，顯得很失望，因為朋友告訴他，外國老師一定可以解決他的疑難，讓他滿意。他很失望地離開了。

婦女的穿著和男子相同，除了一項例外：她們的長袍包到腳，而且綁得很緊。有時她們穿著及膝的外衣，用黑頭巾包頭，看起來像長了兩支角。每個婦女身旁都有一頭豬跟前跟後。

有些男人的背、胸、手臂上畫有顏色，終生不褪色。他們脖子戴有玻璃珠，手臂上有手鐲。有的從手腕到手肘都載有鐵環，鐵環的開口很小，不知道是怎樣穿進去的。他們的腳裝飾著整串的白貝殼，掛得非常整齊，遠遠看像是花邊。

Tokkadekol 的男子用兩手掌寬、二十個手掌長的絲飾帶，在腰部背後綁著一支長蘆葦，垂在頭頂上。慶典時，他們用雄鷄翎裝飾頭部，在腿部和手臂綁上熊尾。

福爾摩沙既無商人，也無工人，每個人製作自己所需要的。他們睡覺時只用兩張鹿皮，一張做墊被，一張做頂被。他們都是游泳好手，也精於射箭，但他們最厲害的是跑步，我從未見過有人跑得比他們更快，在六或八里格的距離內，連馬都跟不上他們。他們奔跑時，兩手各拿一個會叮噹作響的東西，不時用之擊打手臂上的鐵環，以激勵自己奮力向前。

土著對航海完全無知，他們捕魚的唯一工具是獨木舟，以刨空的木頭做成⓫。他們以漁撈與狩獵維生，甚少從事農耕，部分

⓫【甘為霖原註】此處指出刨空木頭做成的獨木舟，是早期唯一的水上交通工具。我們要先考量當時的情形，才能了解其意。荷蘭人統治的原住民，當初住在目前漢人移民聚落的地域，他們的村子原本坐落在本島西部茂密林地間的空地，但後來他們逐漸被趕到山上，遠離海邊，本島東部的陡峭海岸又不易形成停泊所，獨木舟的建造技藝於是失傳。唯一的例外是干治士湖（Lake Candidius，即日月潭）附近的水番，他們還一直以獨木舟捕魚。需補充的是：現在島上較實際的漢人，製造的是另一種便宜又很實用的漁船，即將六至八根長竹竿，用藤綁成一片，用一薄木板插入其間，行船時以為龍骨（舵）。這種竹筏易造且輕，絕不會有沉沒之虞。

是因懶惰成性，部分是因害怕敵人襲擊，因為他們不斷進行部落戰爭，厭惡和平。

當我們裝滿貨物後，我從黑熊號（*Black Bear*）轉到女士號（*The Lady*）快船，於1650年7月15日離開福爾摩沙，啓航前往日本。⑫

⑫ 史初一這份資料與當時荷蘭人的經驗有不一致的地方。第一，番石榴為台灣原產，與「番」之命名不符合。第二，牛才被引進福爾摩沙不久，牛肉似乎不能是居民的食物。第三，福爾摩沙傳染病嚴重，傳教士們很快病死，特別是南部地區，傳教士們更不敢前往，說福爾摩沙的空氣最衛生，似乎不合當時的情形。第四，說幾乎所有南部人都有尾巴，和南部回來的傳教士、士兵們的報告不一樣。不過，倒是真的有穿山甲這種「福爾摩沙之魔」。

83. 台灣宗教議會致阿姆斯特丹教區議會東印度委員會

（1650 年 11 月 10 日）

可敬、虔誠、聰明、飽學的弟兄們：

我們很高興於 1650 年 8 月接到您們 1649 年 10 月 4 日的來信 ❶。您們熱誠地榮耀神，努力不倦地建立我們東印度的教會，並訓誡我們應保持和平、和諧，以及友善地請求我們彼此保持通信，凡此種種，在在體現您們神聖的思想，值得我們敬愛。

我們保證將一改以往的沉默，承諾往後與福爾摩沙教會有關的事情，將會向您們詳細報告。

但我們也熱切請求您們，能夠依照其他教會值得讚賞的良好慣例，每年盡量寄給我們些許信件，以顯示您們的關愛與睿智。

我們有很多理由可以表達這種希望，因爲我們的工作負擔越來越重，我們一次又一次地以近乎失望的心大叫：「有誰能勝任這些工作啊？」雖然來信沒明言，但我們感覺到，您們認爲我們的工作不符合期望。

然而，請不要忘記這個事實：前幾年，此地的教學效果不太理想。如果您們願意以您們的智慧、知識與豐富經驗，給予我們基督教教材或教法方面的指示，將會非常有益。

❶ 由阿姆斯特丹寄信到福爾摩沙，約要十個月的時間。由此信的內容，可斷定是對第 79 篇的回信。所以本信引用第 79 篇中對台灣宗教議會的批評的文字，例如說台灣宗教議會「愛報復、有野心、好爭辯」（頁 413 和頁 434），又阿姆斯特丹教區議會要台灣方面不要再寄什麼證明文件了（頁 412），而本信則說已寄出去，來不及了（頁 435）。

現在我們想談談諸羅山以北各村的情形。約六年前，范布廉以最適切的方式，在那裡成功奠定基督教的基礎。他離開後，維爾崔希以相同的熱忱和勤勉，繼續這項工作。去年起，更有哈巴特的協助。我們預期不久後，當地就會結出最豐碩的成果，因爲此項工作始終以不減的熱忱和完美的秩序在推動著。

維爾崔希在語言上進步很多。他不只以虎尾壠語譯出基督教義的幾篇短文、幾篇講道文和一篇反駁異端偶像及其崇拜的文章，更令我們吃驚的是，他已用虎尾壠語講道好多次了。

他也開始教年長者，但我們還不敢說有什麼成果，因爲他才剛開始教而已，而且我們一直認爲年輕人和小樹一樣，比較容易移栽到神的花園。

維爾崔希正值精力旺盛，教會工作也快可以收成了，但令人遺憾的是，他有意回荷蘭。雖然年輕有爲、天賦也高的哈巴特會接續這項工作，但牧師的交接對目前仍屬脆弱的教會之衝擊，其痛苦眞是筆墨難以形容。

所以，去年我們要求巴達維亞的弟兄派牧師來這裡時，不要像過去那樣只來少數幾年，契約要盡可能訂久一點。因爲不管荷蘭弟兄對此地教會有什麼意見，我們可以確定的是，如果我們經常得面臨牧師們不斷離開的艱難困境，我們恐怕永遠不能說這裡的教會配置齊全，處於興旺的狀態。

我們很難說服上述弟兄今年再留下來繼續服務。我們這樣說，只是表達我們心中的感受，絕不是對他抱怨，只是自憐罷了。

維爾崔希已忠實服務東印度教會十七年了，不管工作負擔如何沉重，不管遇到多少困難，他都沒有考慮自己的生命或健康，所以他能夠將不同種族的許多異教徒引進神的恩典之國。但是他的健康惡化了，去年他親愛的太太死了，現在他由於健康不佳和家庭不幸，必須離開。

明年我們將再失去另一位牧師，維爾崔希離開後，接著倪但理也要離開。他以幾乎相同的理由要求離職，且已被批准。

我們相信您們將從荷蘭派來充足的牧師，以塡補各地教會的牧師缺，我們也希望巴達維亞的弟兄能特別照顧此地，派幾個牧師來補充此地的不足。

另一件非常迫切的請求是，請運用您們的恩惠、協助和智慧，說動公司的董事們送一台印刷機來福爾摩沙。

您們只要稍微瞭解此地教導新改教者的方法，就能體會我們爲何迫切需要印刷機。我們在人口眾多的部落教學時，都是採口頭複誦的方式，學生必須重複一、兩位教師先前背誦給他們聽的句子。

因爲學生很多，又怕造成他們太大的負擔，所以學生必須分組，每組每兩、三週才上課一週，實際的教學成果如何，我們無能爲力，只能抱持期待。但事實上，他們的記憶力和意願都値得懷疑，當他們下次來上課時，我們常發現他們已忘記上次所教的，主要的原因就是缺少書本。

如果不必用這麼麻煩的方法來教導他們，我們就能鼓起勇氣從事艱辛的工作，我們的工作也會進展得很快。如果有書的話，我們相信現在需要數年才能完成的工作，未來必定能在數月或甚至數週內完成。這是我們利用書籍教學所獲致的實際經驗。

現行教學方法非改不可。我們的傳教工作有了良好的開端後，不能再讓土著們以死背教義問答的方式來強化信仰，那太形式了，應該不斷提供更新鮮、更充實的食物，來滿足他們精神上的飢餓。如果我們希望他們不遺忘已獲得的知識，不消滅已有的熱誠，就應該這麼做。

難過的是，我們每天都體驗到，前輩所開啓的事工，以及我們努力建立孩童學校的工作——我們只能在此基礎上建立教會——變得日漸式微。點燃的火焰若沒有宗教小手冊來支援，未來只會更加黯淡。

是的，我們的經驗是：一些學生離校後，很快就把讀寫忘得一乾二淨。說來實在很遺憾，令人悲哀。因此，我們若不願像天主教徒那樣，認爲讓土著無知對我們西方人有好處，還壓制他們對精神知識的渴望，我們就應該提供《聖經》給土著，若不是整本，至少也要部分。

提供書籍給土著，還有另一個大優點。也就是說，要抵消牧師們離職或死亡所造成的種種不便，最有效的方法莫過於讓土著們擁有書籍。在目前的情況下，牧師離職後，不只教學法，連教材本身有時都會完全改變。但如果有了印刷機，就能事先經由深思熟慮，設計出良好的教學法，再將之印出，以垂久遠，那麼前任牧師的教學不只能被延續，所印的資料也可永遠留傳。

此外，公司的董事們也不必擔心答應我們的請求會增加支出，因爲我們幾乎可以承諾，藉由這種方法，將可減少目前的許多負擔。例如，現在每校大約有三、四個荷人及兩倍的土著教師負責監督，但如果我們有了需要的書，教師數可以減半，教學時間可以減短，教學效果卻可以更好。學生也可以節省一半的學習時間，用來做其他重要的事。

如果擔心這些額外的支出一直無法彌補，我們也可以讓土著自行買書，只要價格不要訂得太高，公司就無須負擔書款。我們覺得這個構想十分可行，因爲土著的負擔並不會太大。

請仔細想想，我們所需要的到底是什麼？只是一部小印刷機而已。不用全新的字模，也不用太好的設備，我們只需要一部供日常使用的印刷機。當然，不能完全不堪使用。我們並不是想印昂貴高價的書籍，只是要印迫切需要的小本教科書，我們就是因爲缺乏這類書籍，長期以來只能教導最初步的知識。年復一年，我們和學生們的時間和精神都被這些基礎工作占去，無法處理更重要的課題，徒勞無功。

有了印刷機後，可能會產生許多作者，但不用擔心會造成公司或教會的巨大負擔。因為我們會有效控制預算，絕不會讓財政失控。

這些書籍能否在荷蘭祖國印刷呢？即使我們送去在此地編排好的原稿，但因荷蘭少有人懂得福爾摩沙語，福爾摩沙許多方言又不相通，我們不敢奢望回國的牧師能給予多少幫助。

因此我們很懷疑在荷蘭印刷《基督教信條》的可行性，這是董事們下令執行的。我們擔心該書會錯誤百出，無法達到我們的預期。

我們相信，上述這些及您們已想到的其他因素，將會引導您們熱心協助推動此項善舉，以增進我們的教會。您們的無限恩惠及慷慨，必將受到深摯的感激。

最後，對於您們上次的賜教，我們想做點回應，因為當中對我們做了許多控訴。如果我們在乎我們的好名聲，不願我們的好名聲被侮辱，我們就無法沉默。

您們控訴我們缺乏愛心，這確實使我們非常吃驚，不知道您們用何種標準做出此種評斷。我們非常意外，我們的信竟會讓您們得出如此奇特的結論，那完全不是我們的本意，也絕非事實眞相。

我們被控訴在信裡說太多我們努力的成果。我們不得不遺憾地承認，特別在過去兩年，我們無法誇耀我們工作上的結果。

我們還被責備詆毀尤羅伯的工作，只因為我們正確地主張本島的基督教才剛起步，且尤羅伯離開時所留下的教會，不管在知識和虔信上，都未達使徒時代那麼完美。❷

❷ 這是非常典型的「稻草人論證的謬誤」。如所已述，他們說尤羅伯的時代很壞。所以，他們被責備，不是因為他們說尤羅伯的時代沒有達到使徒時代的完美，而是他們說尤羅伯很壞。誤解人家的意思，攻擊人家這種錯誤的說法，就是稻草人論證的謬誤。

我們說尤羅伯不熟悉這些福爾摩沙方言，這一點也被您們質疑。尤羅伯說他能在九個月內教出可以擔任神職的學生，我們越來越確信他做不到這點，因爲他對語言原理及文法知識的掌握都不充足。

還有一件對我們的批評，大意是：我們說過尤羅伯本人曾在荷蘭宗教大會上抱怨福爾摩沙教會的式微。我們保證從未這樣說過。眞相是這樣：尤羅伯曾在給公司董事們的抗議書中抱怨此事，董事們已抄錄一份寄給我們，並要求我們，既然這些抱怨已向宗教大會提出，我們應該寫一封信給該會，以證明我們的清白。

我們又被控訴，曾聲稱尤羅伯在福爾摩沙的工作完全沒有成果。我們一致認爲，若就尤羅伯留在福爾摩沙那麼長的時間而言，他的成果的確不及期望，這些成果遠比他自己所宣稱的少很多。我們堅信這是事實，所以願意讓其父兄來做判斷。

上述這些惱人的結論，就是那次通信的結果。這種極不公正的解讀，與您們平常展現的智慧和愛心不符，我們只好假定那是因爲您們忙於其他要務，無暇進一步了解眞相，否則我們一定會更傷心。但除了這些結論，更讓我們痛心的是，您們竟明確地指控我們違反愛的眞諦。

爲什麼這樣猜忌我們？爲什麼要懷疑這麼多無私的牧師，甚至懷疑福爾摩沙宗教議會所有成員的眞實經驗，來討好尤羅伯？只是因爲我們覺得尤羅伯的教導成效甚微，沒有重要成果嗎？但我們認爲這種評論很公正、很實在，因爲我們只能依據結果來評斷事情的原因，現在已不是依神的啓示來行事的時代。

我們提出確切的陳述，是爲了讓您們瞭解眞相，因爲您們不能親自視察我們所見的。此外，我們的判斷並非依照我們的偏見，而是依照我們的所見所聞。我們知道，在有所疑問的情況下，應該以愛爲原則，採取最樂觀的看法。但對目前這個案例，我們的愛還沒有強到可以犧牲我們的信念、知識和見聞。

因此，我們相信有理智的人不會認爲我們愛報復、有野心或好爭辯。以後如果遇到這種公正的批評者，我們只會這樣回答：我們是行爲眞誠的人，咸信虔誠之輩爲了維護眞理，定能宣稱我們的眞誠絕不遜於尤羅伯（我們知道，尤羅伯已成功地讓基督教世界留下深刻印象）。如果我們的敵人因尤羅伯的自我吹噓而嘲弄我們，他們只能爲自己的作爲負責，因爲他們認爲說出眞相的罪，大於以謊言掩飾謊言。

非常謙遜的哈伯特（I. Happart）❸以前曾對尤羅伯和他的工作表示高度肯定，並沒有什麼好意外的，因爲那是他剛到福爾摩沙不久所寫的信，當時哈伯特眼睛上的魚鱗尙未掉下來（when the scales had not as yet fallen from his eyes）❹。但從這位傑出人物向荷蘭教授們表達的不滿，可清楚看出他後來對尤羅伯的眞正意見。他說，他懷疑自己是否可以爲尤羅伯改宗的信徒的孩子洗禮。

總而言之，我們全體（特別是那位在去年及現在以福爾摩沙宗教議會之名寫信的弟兄）要鄭重宣稱：由於我們過去對尤羅伯的工作及其成果的評價過高，以致我們錯估了福爾摩沙教會的情況，而這一錯誤看法，也爲現今荷蘭祖國許多虔誠的人所接受。但我們現在已看清楚這項受到高度讚揚的工作，我們發現，尤羅伯的教材很不充分，形式很不恰當，成效相當不彰。因此我們要作證說：尤羅伯的事蹟被刻意美化，已經失眞了。無疑地，不懂福爾摩沙方言的粗心參訪者可能會被誤導，但

❸ 牧師姓 Happart 的只有兩位（頁 338），分別是 J. Happart（哈伯特）和 G. Happart（哈巴特），此處英譯原文寫為 I. Happart，為 J. Happart 之誤。

❹ 這是引用《新約全書》使徒行傳第 9 章的故事來修辭的。該故事是掃羅一直逼迫耶穌，耶穌使他三天不能看見，然後再派人來恢復其視力。「立刻，有魚鱗似的東西從掃羅的眼睛掉下來（something like scales fell from Saul's eyes），他的視覺又恢復了。」於是他成為耶穌最忠實的門徒之一。

尤羅伯的工作絕對無法承受嚴格合理的檢驗，更不可能長久維持。

我們不認爲閉眼不管此種悲慘結果就是愛的表現，因爲那是諂媚愚固。我們知道，當眞相大白後，如果我們罪有應得，我們自己也會面對控訴，就像尤羅伯遭受指控那樣。我們承認在前封信裡，我們因受挑釁，有時使用尖刻的語詞，但我們自認並未偏離正道。

揭開此地教會的假面具後，我們可以清楚道出是非黑白。我們有許多理由這樣做：爲了尤羅伯不當抨擊的已逝弟兄的名譽；爲了無價的眞理（不知道是什麼原因，也許是過於謙遜吧，我們的前輩們一直隱忍至今）；爲了避免日後所有責難都落在我們身上（這種恐懼很有根據）；爲了回應在荷蘭宗教大會及東印度公司董事會上的指控，以及寄至巴達維亞信件裡的種種抱怨；爲了不讓未來接替我們的弟兄抱怨我們的沉默；但特別是爲了東印度長官和評議員們的明確命令，迫使我們不得不執行我們應做的事。

因爲您們熱心友善的勸告，我們願意遺忘這些事實，前提是尤羅伯不得再做出任何傷害我們名譽、眞理或限縮我們自由的事情。

我們承諾要寄出最初控訴的證據，雖然您們建議不要再寄，但我們已在接到您們來信前寄出，來不及取消了。

關於此事，希望您們能了解：我們是受冒犯的一方。我們被控訴敗壞了據說曾經很興盛的教會，也被控訴吹噓自己其實一無是處的虛假成就。我們應該默默承擔別人錯誤的結果，或是將責任推給未來的繼承者呢？

如果我們基於義憤或出於追求眞理的熱誠而有所逾越，請求您們用愛來包容我們，將我們的罪歸諸於人性。此外，我們承諾永遠忘記尤羅伯對我們的批判，停止任何爭論，因爲「扭鼻子必出血」❺。

❺ 引自箴言30:33：「搖牛奶必成奶油；扭鼻子必出血。照樣，激動怒氣必起爭端。」

來信所提到的書籍和學校用品，我們都收到了。今年董事們很慷慨地大量供應我們這些東西。我們一定要對您們的關照表達眞誠感謝，也請轉告董事們我們的感激。接下來的兩年，我們應該也能獲得同樣的供應。

在此還有另一項請求，請寄給我們大量的新約全書和小本聖經，今年我們都沒收到半本……

（此信的結語和簽名已不見）

84. 福爾摩沙評議會致總督及其評議會

（1650 年 11 月 15 日，熱蘭遮城）

……前封信我們已告知同意維爾崔希牧師明年離職，也迫切希望您們能從巴達維亞派另一位牧師來接替。

現在我們要說，倪但理牧師也要求離去。我們很希望他能再留幾年，但台灣宗教議會覺得他的離職理由很充分，所以批准他的請求。我們也同意了，因爲依慣例，您們應該也會予以同意。但決議裡正式提到一個條件，這是倪但理本人友善提議的，即如果有牧師死亡，或本地的神工需要幫助，他願多留一年。

同時克魯夫牧師被派到蕭壠接替他，以便在倪但理離職前能學好語言，並獲得在那處邊遠地方工作所需的知識。目前台灣教區的禮拜由他們兩人負責。

對於這樣的安排和繼任人選的選擇，我們並不反對。

我們也同意克魯夫兼辦行政業務，因爲您們沒有反對這兩項工作由同一人負責。我們認爲這樣的結合最能爲福爾摩沙帶來和平與滿意。我們將繼續結合這兩項工作，直到您們表達反對爲止。

我們非常期望下一班的船能帶來兩位而不只是一位牧師，我們將派他們到最需要的地方。善於學習並願意留在本島十年的年輕人，最能有效地使土著改信基督。不然的話，可能才稍學會方言，就因服務時間將屆，打算回到荷蘭本國。這大大地阻礙了福音的傳播，致使多年來的傳教成果不見起色。

上述牧師要感謝您們贈送酒及奶油之情誼。長官也要爲您們送來的食物表達謝意，他很抱歉，上次的信忘了道謝。

富爾堡、揆一、史諾克、布隆克（Anthonis van Bronckhorst）、**哈巴爾特、格洛特**（Jan de Groot）

85. 熱蘭遮城決議錄

（1651 年 6 月 5 日）

長期兼負蕭壠和目加溜灣兩村行政業務的倪但理牧師，1650 年 11 月 10 日從蕭壠無恥地寄給長官一封信，控訴上席商務官史諾克（他是評議員，也是該地區的檢察官（fiscal））是最可恥的無賴。倪但理在信中嚴厲批評史諾克的人格。❶

我們不可能忽略這些誹謗，但它並沒有任何眞憑實據。依我們判斷，這些控訴純粹是出自惡意與嫉妒。控訴者（倪但理）不久以前才和被控訴者一起參加聖餐❷，控訴的目的在破壞被控訴者的好聲望，想激起我們的憤怒，完全摧毀被控訴者。

這個惡意的誹謗——由許多辱罵和罪惡構成——過於可恥、違反基督教精神，我們不願在此詳述。然而，懇請上帝幫助我們啊，這些誹謗之言已在本地社區廣爲流傳。它們最初寫在寄給我們的信件上，此信目前在我們手中，隨時可供調查。

基於職責及公正，我們審視過這件誹謗案後，就召喚——我們不想掩蓋此事——被告（指被誹謗者史諾克）前來，讓他有機會就被控告

❶ 在第 83 篇裡，台灣宗教議會致函阿姆斯特丹教區議會，表示願和尤羅伯和解，寄信的這天是 1650 年 11 月 10 日，恰好是倪但理寄信批判史諾克人格的同一天。真是一波才平一波又起。倪但理原是巴達維亞的牧師，很有天份和人緣，受到政府人員和巴達維亞會衆的敬愛。他自願降級到福爾摩沙服務，更讓巴達維亞的荷蘭人非常敬佩，總督不得不同意他到福爾摩沙。

❷ 頁 468 說明爭辯發生當時，已長達八個月之久沒有舉行聖餐，可以推斷上次聖餐在 1650 年 3 月舉行。

之事提出澄清。我們很清楚，當事人史諾克的職務就是在防止不當訴訟、懲罰誣告者，而他已受到如此批判，如果繼續讓他擔任評議員，將難以保障公司的福利。

雖然原告史諾克（史諾克改提傷害賠償案，故變爲原告）不斷要求傷害賠償，但我們一直沒有機會採取行動，這個案件就此被拖延下來。

同時，這封誹謗信已引起軒然大波——大部分是由誹謗信執筆人的盟友引起的——造成嚴重的麻煩，福爾摩沙的殖民地變成爭論衝突之地。教會與評議會公開相互責難，所有行政官都很激動，連應該促進和平、和諧的法院也被惡意中傷所影響，無法保持中立。

更糟的是，這群人占有行政單位的許多部門，天天都沉浸在惡毒中，還未檢視事實就先有定論，忘記其職責在保持公正。事態相當嚴重，法院已不適合對此事進行裁判。

爲了再度恢復和平與安靜，長官認爲不妨諮詢評議會，做爲權宜之計。但評議會只由三人組成，即：長官、原告史諾克和上席商務官揆一，因此這個方法也行不通。揆一有害於公司，因爲前長官的支持，他才能擔任現職；揆一是史諾克的死對頭，也是倪但理的忠實黨羽❸。

情況很尷尬，此時在原告的迫切請求下，倪但理於 5 月 23 日被召喚至熱蘭遮城，以便雙方進行和解，或由我們公正的權威來裁決。

倪但理 5 月 26 日來到熱蘭遮城，原告史諾克和評議會秘書謝德（Frederick Schedel）也出席。長官向倪但理解釋召喚他來的理由，並在事先給予口頭及書面的告知後，請求他爲自己所寫的誹謗信負責：或

❸ 此摘要乃長官富爾堡所寫，由內容可知，長官富爾堡與史諾克一黨，為行政派，控制評議會；揆一、倪但理、前長官為一夥，是教會派。揆一在此樹立敵人，導致日後雖英勇抵抗鄭成功大軍達八、九個月，也難逃被讒下獄的命運。

是提出確切證據，或是道歉賠償，回復被誹謗者的名譽。

倪但理反覆表示，只要史諾克向法院正式提出訴狀，並出示受到誹謗的證據，他就會做出答覆。長官回答說：「我剛讀給你聽的，就是原告所提的訴狀，你親手寫的誹謗信，就是原告的證據。」但倪但理又改變說法，說除非他被召到法院，否則他不願答覆。

目前法院的成員，除了上述的上席商務官揆一外，還有兩三位支持倪但理的人，像是上尉佩得爾（Thomas Pedel）、商務官阿芬（Pieter van Alphen）。這些人都會支持倪但理。他們或受誹謗信的影響，或因其他私人動機，在數月前成功阻止史諾克參加聖餐。

倪但理提出的其他答辯是：5 月 8 日的公告讓他感到很委屈，甚至覺得很受傷。這份公告是我們站在公司立場發佈的。在該公告裡，我們強烈譴責倪但理的傲慢、猜疑、自大，因他沒經我們的允許，就用自己的名義擅自核發某些證件（可能是狩獵證），並蓋自己的章 ❹。因爲這個理由，倪但理堅稱長官屬於敵黨（雖然在寫該封誹謗信之前，他曾誇口自己是長官的好友），所以拒絕承認他的裁判權。

第二天，5 月 21 日 ❺，倪但理向高等法院提出書面訴訟，宣稱他願在萊恩總督（Cornelis van der Lyn）面前爲自己辯護。

這時，他也宣稱該封誹謗信只是記述關於史諾克的傳聞，大部分內容他都不相信。他還搬出許多瑣碎的藉口與託辭，只爲了爭取時間，不想面對派駐在他犯罪地區的適任法官之審判。這當然不被允許，因爲此地沒有犯罪者能夠如此脫罪，否則就沒有人能免於被誹謗的命運了。

倪但理也多次拒絕面見長官，即使長官召喚亦然，除非能有兩位

---

❹ 倪但理核發證件，所以長官當局公告譴責，倪但理發函控告史諾克。

❺ 日期顯然有誤。

法院成員在場。最後，他害怕再不服從就會有嚴重的後果，終於出現在長官面前。我們請求倪但理道歉賠償，但他堅不撤回先前的任何一句話。接著，他不等任何判決，也沒請求我們同意，私自於5月30日、31日間回到蕭壠的住所。

同時，前述上席商務官史諾克也向我們提出一份書面聲明，主張他遭受的傷害應該獲得賠償。

被告提議暫時擱置此案，但不被接受，於是倪但理再度被召喚於6月2日到熱蘭遮城。爲避免他在此事解決之前再度不告而別，他不斷被命令要留在城堡區內。

這些訴訟和事件，勢必產生深遠的危害。事實上，有人誹謗鄰人卻能消遙法外，已使福爾摩沙陷入混亂。在福爾摩沙這麼孤立的地方，不容許發生這情形，特別是這番惡意誹謗又是由聖經僕人所爲，更會讓人心騷動，損及教會。身爲牧師，原本就不該做出這種事情，因此更應該受到譴責。

所以我們——即福爾摩沙長官——經過深思及禱告後，得到這樣的結論：倪但理所寫的邪惡虛妄之信，是造成本地陷入可憎爭執的最主要原因；因此我們藉著當局所賦予的權威——我們被指定爲本島長官及教會的守護者，以服務公司及促進祖國福利——認爲應該動用手上的權力來壓制此等邪惡，並捍衛被害者的人格。

所以，我們在承認總督及其評議會有最後的批准權下，做出如下決定：從現在起，倪但理暫停其從事多年的教會及行政工作，並停發薪水，直到他回到巴達維亞爲止。最後的決定權留給上級，但我們不能允許這般誹謗者在我們的轄區內爲神證道。

我們還罰他一千盾，按月由他的薪資抵扣給公司。

我們請求最高當局——我們的權力是其所賦予的——給他更多適當的懲罰，因爲他傲慢地對待本地人員與當局，完全不把後兩者放在眼裡。

我們也命令倪但理要安靜地待在台灣，等待下一班返回巴達維亞的船班；他不得在這裡或其他地方執行任何職務；不得再以口頭或書面提及此訴訟，而且，未經我們知悉和同意，不得從事任何與此相關的事。我們認爲這些禁令都是爲了他及本社區的和平。以上在台灣熱蘭遮城所寫。

1651 年 6 月 5 日　富爾堡

86. 阿姆斯特丹教區議會致福爾摩沙宗教議會

（1651 年 9 月 11 日）

可敬、虔誠、博學、聰明、審慎的紳士及弟兄們：

你們 1650 年 11 月 10 日的來函 ❶，大力稱讚我們榮耀神、建立東印度教會的熱忱，以及彼此相親相愛的善意，充分證明你們對我們懷有愛心與關懷，因爲所謂的愛，正是從所愛的人身上感受到一切仁慈之舉，無論這些舉止是多麼微不足道。

雖然我們不敢接受這種恭維，但我們確實是很眞誠地做事。當我們盡力供應所需時，神知道我們是多麼不足；祂也知道，我們絕不放過任何機會來證明愛心與關懷。

弟兄們，我們很高興聽到福音事業是如此成功，以致缺乏神工來收割主上的莊稼。我們從巴達維亞的弟兄處得知，不只六位，而是二十位，甚至二十五位牧師，都無法應付這項工作！讚美神，祂賜福給這些神工及其工作。爲了福爾摩沙龐大的工作，收穫之神一定會派遣足夠的神工前去。

我們讚揚你們辛苦的付出、自我犧牲及勤奮工作。我們將與你們一同奮鬥，爲你們禱告，你們的工作必會取悅聖徒。

我們會竭盡全力減輕你們的工作負擔。爲此，我們向十七董事會報告福爾摩沙教會實況，也請求他們派遣更多的牧師前去。對此提案，他們答應會鄭重考慮。

同時，我們也提出你們很想要有一部印刷機，並詳細轉告你們的

❶ 指第 83 篇。

理由。董事們很高興你們的請求，並會愼重考慮。

無論何時何地，只要能促進你們的幸福，我們都願意眞誠地做。

最後，我們要讚許你們以友善的言語表示願意遺忘和尤羅伯之間的爭論。我們相信你們一定會永遠忘記此事，絕不再提起那些爭辯。是的，讓我們互勉互愛，誠實說出相互間的感覺。這樣將會取悅神及天使。親愛的弟兄，心中要保持和平，也要與別人和平相處。

和平之神將使你們工作完美，保持你們身心靈的清白，以待主的到來。阿門。

87. 特使維爾梯根和福爾摩沙評議員致總督及其評議會

（1651 年 10 月 24 日，台灣）

……令人難過的是，我們不得不提到本地的分裂，一派是長官富爾堡和前檢察官史諾克，另一派是福爾摩沙評議員揆一、倪但理、哈巴特兩牧師，以及全體宗教議會。此種分裂既廣且深，任何一方的說法都難以採信。

這些爭吵已造成本社區的騷動，大家的感情都受到傷害，每個人都平靜不下來，更找不到治癒創傷的處方。聖餐禮已很久沒舉辦了，福爾摩沙評議會及司法評議會已停止召開，雙方都不願相見，愛已枯萎成頑石。雙方都一樣，不冷不熱，只是漠然，彼此不想達成諒解，堅決不做任何有助於和解的舉動。顯然，只要雙方都不願向前移動一步，誤解就會繼續下去。

大家還是會服從權威。不過，人們寧願讓事情混亂、惡化，也不敢做嶄新的改變，謀求暫時的改正。

這裡的情況令人哀傷，人們成爲情緒的俘虜，讓別人來引導自己，好像在旋風中被推來拋去。摩西和亞倫 ❶ 應各在其崗位上，爲了和平一起行動，以榮耀神並促進人們的善意。但此地的現況遠不是這種情形。

倪但理和維爾崔希兩牧師已離開本地到您們那邊，以前駐新港的寇斯馬（Copsma）牧師和駐麻里麻崙（Vorrovorong）的歐霍福牧師候補皆已死亡，結果此地只剩下三位牧師：在熱蘭遮城主持聖禮的克魯

---

❶ 亞倫為摩西之兄。

夫、駐麻豆的漢布洛克和駐二林的哈巴特。這不包括最近才來的鐵舒馬克（Rutgerus Tesschemaecker）❷，也不包括最近死在澎湖任所的盧根（I. Lutgens）❸。

我們仔細檢視此行的任務，與本地各派人士仔細會談，並考量整體情況後，決定——這是基於您們的指令及各方的建議——解除牧師們的司法及農事業務，並以最不會引起不滿的方式來執行，如此一來，牧師們就不會被荷人及土著們輕視，可以重獲信任。簡言之，他們只要執行宗教業務即可。從我們今年（1651）9月7日所做的決議可知，如果他們認眞做，光是宗教業務就夠他們忙了。

依此決議，宗教議會的督察揆一，向牧師們轉達我們的謝意，感謝他們爲公司服務，並解除他們的行政工作，因爲這些工作不符合他們的神職工作，他們過去也不斷向我抱怨此事。

牧師們對於鐵舒馬克被派到蕭壠感到很不滿。總督您在牧師們從荷蘭出發前就告訴過他們，派遣牧師之前會徵求牧師們的意見。所以當福爾摩沙評議會宣佈這項任命計劃時，牧師們都非常反對，他們表示評議會早就批准讓克魯夫駐蕭壠，而且這項新任命並沒有事先知會他們，是不適合、也不恰當的。簡言之，他們認爲，沒有比任命一個好牧師去取代另一個好牧師，更嚴重的錯誤了。他們不是反對這項任命，而是認爲，如果評議會可以不經宗教議會而隨意調動牧師，將是對教會權力的侵犯。

他們請求決議文和信的副本，但我們委婉拒絕了，因爲給他們副本只會加深他們的不滿。

他們也請求將駐二林的哈巴特（他已在本島很久，大家都熟識他，他教

❷ 1651年4月17日到，1653年5月死。

❸ 澎湖可能也在他們的勢力範圍。

導許多島民信仰基督教）調到虎尾壠，以取代即將回巴達維亞的維爾崔希。我們認為，不應該批准他們的請求，因為這麼做，只是為了能擁有虎尾壠那間磚仔厝而已。虎尾壠和二林兩地方都需要哈巴特照顧一陣子，雖然弟兄們各持己見，很難調和，但駐在哪個地方，其實各有利弊。

我們告訴他們：無論如何，長官會盡量設法讓每位牧師有好的房屋住，房屋壞了也會修理，讓牧師們都能滿意。

我們相信，他們眞正關心的是，撤除兼辦的行政業務後，他們的額外收入將會減少。雖然難以啓齒，但他們認為這些收入無論如何都不應該取消。依我們所見，這就是眞正的困難所在，他們眞正憂慮的理由。我們認為倪但理和哈巴特最應為此負責，但我們相信時間將會讓此事好轉。

關於學校，就我們訪視教會時所見……依據此次所獲得的報告，我敢說全都令人滿意。我們將送上這份報告，讓您們自行判斷。祈禱神，賜更多福給他們，使我們能看到他們不斷進步，結出許多好果子。

今年5月8日，在我們到達之前，長官恰好發佈一道公告，指責倪但理在長官不知情的情況下，傲慢無恥地擅自核發人頭稅證件，並蓋自己的章。這份公告也被譯成中文，可能是為了能夠盡量廣布週知。長官也命令在耶穌升天日的禮拜時，在蕭壠張貼此公告，讓每個人都知道此事。

長官若能稍微研究一下，就不會出現這種處理方式。因為根據以前的習慣——長官可能也不是完全不了解——當居民無法從主管機關處獲得人頭稅證書時，牧師可以用自己的名義核發證件，此筆款項記入公司帳內，之後再做解釋。台灣有許多人都熟悉這種手續。

然而，由於前檢察官史諾克的請求，長官宣判暫停倪但理已執行多年的教會和行政職務，停發薪水至他回巴達維亞為止，並罰鍰一千盾；倪但理有權向總督及其評議會上訴。

這整個程序都由長官一個人獨自裁判，因為他懷疑揆一站在倪但理那一方。他召喚倪但理並做出上述判決的理由，是倪但理從蕭壠寄出一封所謂的誹謗信，故需要賠償對方。但倪但理不同意這項要求，宣稱長官屬於他的敵黨，上述的公告就是證據，所以不承認長官是合適的法官。

此外，長官還請求最高當局傳訊倪但理，因為他對長官無禮，輕視長官及長官所代表的政府權威。同時倪但理被命令留在城堡的範圍內，以待駛往巴達維亞的船隻。他還被禁止進入城堡附近的教會。

上述程序的報告、對倪但理的判決、公告及關於整起案件的其他文件都附於此，以待明鑒。

我們手上有倪但理所提出的多份訴狀，以及要求上訴的時間。

哈巴特也寫給長官數封無禮的——他自認是勇敢的——抱怨信。長官在某次會議裡將這些信讀給大家聽（8 月 29 日）。長官正為此向哈巴特提出訴訟，希望能得到受辱的賠償。

倪但理原被判需支付漢人三官（Sakoa）若干金額。他請求延緩支付，但四、五個月前法官就判定不接受此項請求，倪但理本人也沒有再上訴。現在，評議會在倪但理的請求下，允許他進入教會處理自己的事務，但不同意延緩支付三官。

我們很希望長官富爾堡和副長官揆一、倪但理、哈巴特（更確切地說，是全體宗教議會）之間，能以友善的方式解決這些論爭，因為它像傳染病般逐漸擴散，讓情況越來越糟。

為避免引發更多不幸，我們建議雙方都銷毀手中的文件，以免情勢發展到不可控制，不只傷害相關人士的利益，也傷害公司，以及還很脆弱、不成熟的共和國。

因此，藉由閣下所賦予的權威，今天我們努力蒐集雙方的文件，希望掌握所有細節，做出最好的決定。

但長官透過其秘書，以許多理由婉拒我們的要求，他的秘書甘瑟勒（Canselaer）也給我們類似答案，表示他沒有義務把文件交給特使或任何人等等。……

盧根死後，遺留四個無助的幼兒，我們已指派其遺孀爲孤兒院舍監，以感謝其夫的服務，所以她的情況已較好些。

鐵舒馬克之妻，在五週前因分娩而死，她的小女嬰現在狀況良好。鐵舒馬克喪妻，給他的家庭帶來很大的變化，他深受打擊。……

維爾梯根、布魯格（Thomas Breugel）、丹克（Johannes Danckers）、達曼、華格納（Zacharias Wagenaer）

88. 富爾堡長官致總督雷尼斯[1]及其評議會

（1651年10月25日，熱蘭遮城）

……您們已正確地判斷，關於土地的出租，並沒有像有些人（主要是牧師們）故意宣揚的那樣，對土著甚爲不利。事實上，土著根本不覺得所課的稅有絲毫沉重之處。目前的制度並不會傷害到任何人。在此制度下的租約，使土著不僅有權將獵得的肉和皮賣給村裡的承租人，或以物易物，還可將商品賣給其他村落的承租人，這樣他們就不會被漢人欺騙或罰錢，除非他們自願如此。

東印度總督雷尼斯【引自 Wiki Commons】

如果授予的租約沒有中斷，就沒有人可以指控我們違法課稅。我們不像以前的人那樣，只顧自己的荷包，不顧公司的利益。如果把居

[1] 雷尼斯（Carel Reyniersz）於1650-53年當總督，恰和富爾堡當長官同時。在福爾摩沙此次爭執上，他先支持富爾堡（見第92篇），後來改變態度，使富爾堡丟官。繼任總督是副總督馬次科，繼任長官是凱撒，再來就是副長官揆一。馬次科先反對富爾堡（見第94及96篇），富爾堡卸任回巴達維亞後，轉而支持富爾堡，所以揆一一直無法獲得巴達維亞方面的信賴，以致鄭成功來攻時，揆一所獲得的唯一援軍卡烏、繼任長官克蘭克也敢於掉頭不顧，而且事後也沒獲得適當的懲罰（頁142至144）。

住在鄰村的承租人隔絕在外，那麼貪婪的人就有機會中飽私囊。

某些牧師運用不正當的方法，提出不合法的要求——身爲牧師，實在不該犯這種惡行——給政府帶來極大的困擾。他們不僅陰謀陷害想承租的人，而且——這可說是牧師最可恥的行爲——還想詐取土著的血汗，搶奪他們維持生計的唯一來源，即獵鹿的收入。

哪一項是較好、較人性的處置方式？是用上述方式對待土著，或者由公司課以極少的稅，使極窮的人也不覺得是負擔？

如果這些被派出爲神收割的神工曾經讀過，他們最終要報告自己畢生的作爲，也曾讀過救主所說的：「讓凱撒的歸凱撒」，爲什麼他們還要彎彎曲曲地偏離眞理的道路那麼遠？

您們早就該解除他們的行政業務。十分肯定的是，如果讓那批人繼續執行複雜的行政工作，福爾摩沙當局的政治之光必會被放在斗底下，他們將以宗教爲藉口，努力使自己成爲燈台上的光❷，僭盜權威，因爲我們有許多證據顯示他們相當反對合法的權威。設想一下，將治理一個村子、城鎮的權力交給他們，他們將不會允許有關當局糾正他們的過失，隨時準備用精神武器來捍衛自己。因此我們常常被迫忽視他們最不正當的行爲，他們剝奪窮人們僅存的財物時，我們也因宗教原因不敢干涉。

在您們決定免除牧師們的行政業務後，您們很難想像長官的生活會變得如何平順。就我來說，只有這樣，我才具有不被挑戰的統治權威，我才能統治這群習於承認適當權威、慣於尊敬上位者的土著。

如果被迫要將某些人視爲例外，必須無視他們的錯誤，不能根據

❷ 《新約全書》馬太福音 5 章 15 節：「沒有人點亮了燈去放在斗底下，一定是放在燈台上，好照亮全家的人。」這裡的意思是，傳教士們會將私利置於公司的公利之上。

法律來懲罰，那麼任何正直的基督教政府都無法履行公正執法及適當審判的任務。

我們由衷感激，您們免除牧師們的行政業務所帶給我們的自由。我們保證，不用多久，此地就能享有更大的和平與安全，傳教工作也能更進步，因爲過去牧師們在俗世業務上花了太多的時間和精神。願全能的神賜福給國家與教會。

我們目前急需牧師。維爾崔希和倪但理已離去，寇斯馬和新來的盧根已死，盧根葬在澎湖。今年 5 月，歐霍福牧師候補死於南部每年夏天流行的疾病。南部的情況眞的很糟，只有幾位教師駐在那裡。北部也一樣很缺牧師。

目前牧師們派駐情形如下：

克魯夫，被指定在熱蘭遮城爲荷人主持聖禮。

鐵舒馬克，服務蕭壠、新港、目加溜灣、大目降等村居民。

漢布洛克，服務麻豆、諸羅山、哆囉嘓和大武壠等村居民。

哈巴特，服務二林、虎尾壠，在笨港河（Ponkan river，今北港溪）之北。

因爲牧師不足，每位牧師都須負責很廣大的地區。我們請求不久能再派三、四位牧師來，使已建立的教會不致因缺乏牧師而退步，就像福爾摩沙南部那樣。在南部，因歐霍福牧師候補之死，基督教信仰——至少從外在看來——已失去大部分的基地，或許將來會完全消滅。爲了避免此事發生，我們將召募行政人員投入當地的神職工作。

歐霍福在南部教會與行政上有極大的貢獻，他死後，我們指定商務官達姆（Cornelis van Dam）接任，達姆上任一個月後，也因不健康的氣候而病死。其遺缺現由魏爾斯（Richard Weils）接替，他是第三位被指派到該區的首長。……

您們最服從的僕人　富爾堡

89. 富爾堡長官致十七董事會

（1651 年 11 月 21 日，熱蘭遮城）

……免除福爾摩沙牧師的行政或司法業務，是總督及其評議會所做最明智的決定。因爲牧師們並不是爲了這些工作而來，他們致力於世俗業務，只會阻礙他們的傳教工作。

您們很難相信，這種改革將爲本地政府帶來多大的和平。行政業務負責人和本島政府之間的關係，是世界上最不確定的，因爲前者不能也不願受到合理的限制，反而不斷挑戰合法的基督教權威，努力想掌控教會與政府，結果造成了長久的不和諧。這種情形，我們相信將不再存在，因爲牧師已被解除俗世的職務。……

您們最謙卑服從的僕人　富爾堡

90. 富爾堡長官及其評議會致總督雷尼斯及其評議會

（1651年11月21日，熱蘭遮城）

……所提的木工費用，也包括在虎尾壠建一間磚仔厝給牧師使用的六千盾在內，您們看帳目就可了解。這項工程很龐大，每年必須編一筆維修費；因爲該屋若不能保持良好狀態，不久將會成爲不適人住的廢墟，損失更大。……

行政或司法人員及牧師均住在福爾摩沙各村落間，故需要更多的住宅。但現在不能提供每個人都有一間磚仔厝，所以有些弟兄能住現有的磚仔厝，其餘的只好暫住在竹屋。現在我們提到此問題，主要是要告知您們此事，並希望獲得您們的指示，那麼一旦有牧師抱怨，我們就知道怎樣應對，避免進一步的爭端。……

維爾梯根特使到達後，非但沒有糾正被控犯法及藐視當局的倪但理和哈巴特，反而站在這兩位牧師那邊。因此，福爾摩沙長官爲了保護與此相關者的利益，並捍衛自身的名譽和權威——其權威常受到上述教會人士的挑戰——在此嚴正聲明，他（指長官）實在不該被如此對待。

爲了證明我們的控訴不是無的放矢，我們必須指出，在訴訟過程中，哈巴特絲毫不顧應有的禮儀，寄給我們一封無恥的控訴信。8月29日，原信在哈巴特出席的評議會上宣讀，其備份已呈交。但維爾梯根並未對信中的任何控訴進行調查，他似乎全被黨派偏見所支配，完全不顧我們希望恢復清白的請求，只注意那些想修補自己錯誤的人。

另一事件是，蕭壠有位育有兩個孩子的窮寡婦，曾以書面❶淒慘地向我們申訴道：不久前她的丈夫被倪但理用繩子殘酷地鞭打，幾天後就死了，理由是他被控偷了一串檳榔。

另外，某位住在蕭壠的教師，竟野蠻地用教鞭抽打一個小女孩的頸部致死。

這些控訴似乎難以置信，因此我們派兩位代表和檢察官去蕭壠，以求得可靠的資料。他們回來說，天啊！那是眞的。您們從所附的文件和正式報告，就可以了解。

維爾梯根特使把這些事實都保密起來，絲毫沒有賠償這位窮寡婦和孤兒，或是失去小女孩的雙親。

長官對這種處置方式感到害怕（實際上他也應該害怕），想提請您們注意這件瀆職案，讓您們清楚看到，您們派遣至此、理應超然公正的人，究竟做了哪些姑息行爲。我們不得不向諸位閣下申訴，並送上前述牧師許多卑鄙行爲的報告，隨函附上不同報告的資料。至於更詳細的文件，因尚在抄寫中，下次再寄上。

從這些文件，諸位閣下將可發現那些所謂傳教者的眞面目，看看這些人是不是阻礙進步的絆腳石，導致犯罪的始作俑者；看看現在是不是福爾摩沙土著該從教師的爪牙中被解救出來的時候，這些教師——不如說是獵鷹——不追求神的榮光，只謀求自己的利益。

可以確定的是，如果讓牧師們再執行行政業務，將會有最壞的結果，本地的年輕社區也將埋下混亂、不合的根源。

我們懇求諸位閣下，仔細檢視所附上的兩份資料，裡面記錄了最異常的事情。您們細讀之後，將驚覺這些人在職務外的虛榮自負，是您們從未在任何傳播福音的教師身上看過的。

富爾堡、布魯格、丹克、達曼、陸格

❶ 土著的生活中已有文字。

91. 富爾堡長官及其評議會致總督雷尼斯及其評議會

（1651 年 12 月 16 日，熱蘭遮城）

……我們在此送上各種最可信的證明文件，編號第 P 號和第 A66 號，當中包括長官對倪但理和哈巴特的指控，做為控訴他們的進一步證據。從這些文件，可知他們在福爾摩沙的目的何在。這些有毒的樹，能否為主上帶來有價值的果實？這個問題，留給審慎明辨的閣下自行判斷。

為什麼維爾梯根特使會支持這些人？因為這些人知道如何用美好的言語來掩飾錯誤，用甜言蜜語來奉承他的心，並將長官描述成最邪惡的人。

雖然這個紳士平常相當和善，很少顯露他真正的情緒，但他已有很深的偏見，以致只要長官在日常談話中提到這群人可恥的行為，他就會很生氣。

在這種情形下，長官覺得最好避開這塊危險的石頭，直接向諸位閣下報告，希望您們能適當、無私地思考這件事，相信您們不會縱容這些牧師的惡行。

富爾堡、布魯格、達曼、陸格

92. 總督及其評議會致十七董事會

（1651 年 12 月 19 日，巴達維亞）

榮耀、公平、聰明、審慎、最謙遜的諸位紳士：

……關於基督教目前的情形，蒙主保佑，我們敢說愈來愈進步。但有一件憾事，目前牧師們對傳教工作顯得意興闌珊。許多牧師在俗世財富增加後，就開始萌生回國享福的念頭，於是他們請求辭職，希望可以馬上回荷蘭。

倪但理和維爾崔希就是實例，許多證據顯示他們不熱衷於傳教。例如，他們在熟悉語言、最能發揮作用的時候，就離開他們所負責的社區，這不僅對公司很不利，也大大阻礙了傳教事工。他們離開所造成的傷害，多於他們在此地所做的貢獻，因爲我們必須再指定其他沒有經驗的人來替代他們。

倪但理的行爲特別惡劣。雖然他簽約要服務十年，但待在福爾摩沙五年就急著要解約。傷腦筋的是，他才剛開始能有較好的服務。根據長官富爾堡的證言，倪但理很有野心，自視極高，故在教會和俗世方面引起不少的混亂。因此，長官請求調動他，以使該地區能有和平和安寧。他的請求已被批准，條件是倪但理因約期未滿，應轉至別處繼續服務，繼續爲公司效力。

另一件事是，神職人員宣稱他們有權派駐牧師到各地教會，不必經由長官批准，而且有權掌管教會所有事宜，即使那些事務與政府有關，他們也不必受到譴責或反對。

然而，這和您們的命令與原則相牴觸，所以長官已命令他們不得爲所欲爲，必須遵循指令（這是他們承諾要嚴格服從的），承認您們的權威。

鑒於福爾摩沙全島的行政業務都由各地牧師負責，他們的兼職收入很高，一下子就富有起來，開始想回家。因此特使和長官奉命要透過諮詢，找出解除牧師們行政業務的最佳方法，不論是立即全部解除，或漸進伺機解除，都要使引起的騷動減到最低，須謹愼對待每個牧師，使他們在被解除業務時，沒有受辱或不被尊重的感覺。

無疑地，這種改變會使牧師們留在福爾摩沙久些，也能提供較佳的服務。我們相信諸位閣下會批准這種做法，因爲這是爲了公司及教會的利益，應該及時做的改變。……

總督雷尼斯、馬次科、丹馬（G. Demmer）、哈欽克、

奧次洪（A. van Oudtshoorn）、泰林根（Jan van Teylingen）、凱撒

93. 巴達維亞評議會決議錄

（1651 年 12 月 30 日，星期六）

在福爾摩沙被剝奪薪水及牧師職務的倪但理，本月 20 日乘 *Smient* 號船抵達此間，現在他出席評議會。

倪但理向評議會提出陳情書，提到七個月前在福爾摩沙時，長官富爾堡❶沒經任何審判，沒諮詢任何法庭，也拒絕提供任何書面論證，就停止他的教會職務及其他職務，拒發薪水，將他逐出熱蘭遮城，並罰他一千盾。所有程序，都只憑藉長官個人的權威，只有一個但書：必須經過這裡的評議會批准。

倪但理宣稱，整個訴訟過程嚴重傷害他的聲望。因此，他首先請求評議會裁定長官判決的有效性，並表示為了討回公道，絕不放棄控告長官的權利。

第二，他鄭重請求我們恢復他的聲望，他受到多少侮辱侵犯，我們就要還他多少公道。他所受的攻擊，包括長官親撰，以荷、中文對照公佈的難堪公告。全世界的人，包括撰寫公告者在內，都知道這些指控全是假的，他現在就可以提出確鑿的證據。

第三，從目前的報告，他知道長官在信函及日誌（現在都在議場這裡）裡控告他背叛和謀叛。所以他要求取得一份副本，以便能提出適當的辯護，並對控告他的人提起訴訟。

倪但理鄭重保證，他雖不願意，但不得不提起訴訟，唯一目的在辯白他自己的名譽，絕不是要詆毀他的前長官。

---

❶ 原文為副長官富爾堡，更正之。

1650 年代的巴達維亞城【引自 Wiki Commons】

我們經過商議，決定將福爾摩沙長官送來的所有公文和檔案交給法院，請求法院檢視並做成摘要，以便在他們的協助下，我們能做出適當的處置。

維爾崔希牧師也出席評議會，說幾天前他已被解除牧師的職位，他的服務契約已到期。他最近才從福爾摩沙來，想回荷蘭。因他想帶回四個無母的女兒，所以請求允許一位小女奴陪同，以便在旅途中照顧小孩。

經過考慮，評議會同意他的請求，但表示，維爾崔希若能說服一位年輕男僕隨行，將比雇用一位小女奴要好。

雷尼斯、馬次科（J. Maetsuycker）、丹馬、哈辛克、

奧次洪、凱撒、秘書佛利休（A. Frisius）

94. 巴達維亞評議會的決定

（1652 年 1 月 13 日，星期六）

最正直的議員馬次科 ❶，以本城法院主席的身分，今天向評議會報告如下：法院已依據命令，詳細檢查福爾摩沙長官富爾堡 ❷ 對倪但理判決的有關資料，發現這項判決只根據富爾堡長官個人的權威，沒有諮詢其他官員或依循有關法令，所以本法院認爲該判決違法，無效，沒有正當性。

關於第二點，即富爾堡長官到處張貼的荷、中文公告，控告倪但理違法核發漢人人頭稅證之事，本法院認爲，該牧師的名字被惡意地在眾人之前侮辱，因爲依所附的文件，富爾堡很清楚例行作業程序，知道倪但理行爲沒反常，只是依福爾摩沙多年來的習慣辦理而已。

我們在會議中討論法院的報告後，達成如下結論：長官富爾堡對倪但理的判決（已付諸實行）違法、無效。因此我們宣佈，此判決不合法、毫無價值，同時中止該判決的執行，如同從未判決一樣。至於倪但理的名譽在公告中所受的傷害，我們宣佈：倪但理核發人頭稅證，是依福爾摩沙當局多年來所許可的程序行事。此外，我們這項決定是爲了恢復倪但理的聲譽，他可以自由使用這紙決議書。

倪但理必須了解，雖然我們這樣判決，但在法院正式通知前，他還不能傳教，法院通知後，他才能免除長官對他的指控。爲此，本案件有關的文件都交還給他。

❶ 後來當了總督。

❷ 此處英譯原文為副長官，應係錯誤，更正之。

95. 福爾摩沙評議會致總督及其評議會

（1652 年 2 月 26 日，熱蘭遮城）

……我們再度送上倪但理和哈巴特在本島期間所行僭逆和貪婪的報告，我們在去年 12 月 16 日曾提出關於此事的六十六條證據。

我們也附上一份此地法院對倪但理的判決，他被判應賠償勒索自漢人三官的 651.5 盾。他會向漢人勒索，可想見他的良心。而且，這是倪但理離開前，由維爾梯根特使指定的法官所做的宣判，更可見其效力。不久，在哈巴特的唆使下，納特甲（Louwerens Nachtegaal）做對倪但理有利的證詞，但最後被證實爲僞證而被懲罰。爲了證明那位牧師的正直與誠實，用的竟是這種手法！

倪但理爲了掩飾眞相、自我辯護，極有可能使用這類僞證，讓人覺得這些證據絕對可信賴。稍後我們會再詳述此事。

所以我們請求閣下聽取這個人的報告和辯護時，要特別小心。雖然這個僞君子會裝得很眞誠，但您放心，他所說的都是假話。

此外，爲了證明我們說的全部屬實，我們呈上納特甲做僞證及受罰的所有證據文件。同時，此人也高聲抱怨牧師，說是爲了牧師才做僞證的。……

富爾堡、布魯格、班肯（J. Banckens）、達曼

96. 總督及其評議會致福爾摩沙長官富爾堡

（1652 年 5 月 21 日，巴達維亞）

……雖然我們不否認對於福爾摩沙政府的表現感到滿意，但我們不得不告訴你，來信顯示你和副長官揆一、倪但理、哈巴特之間的爭執尚未停止，在特使維爾梯根到達後依舊持續，這使我們非常失望，因爲我們希望這場爭執能夠止歇。

遠在派出特使之前，我們就深切注意到：福爾摩沙評議會和法院的會議，甚至連聖餐禮，全都違反我們的命令，很久沒有召集舉行了。這使我們很難過，因爲我們認爲，沒有這些制度，國家就不能長治久安。仔細斟酌後，我們必須說你最該受到責備，難辭其咎……

所以現在我們要鄭重警告你，同時指出你犯了哪些過失，相信你會善視我們的忠告，更加謹慎無私地處理司法事務。這樣會帶給社會及你更多的安寧，也會讓你更少陷入黨派之爭。

希望你的熱心不會讓你忽視通常的法律程序，或法院所表達的不同意見，而擅自干涉司法，用你的權威來解決屬於法院的事務，就像目前這個案子那樣。

倪但理給我們許多書面陳情，我們都交給此地的法院了。法院在詳細研究後宣佈，你對倪但理的判決，因爲只依你的權威，也違反正規的程序，所以違法無效。我們也決定，歸還他被罰的一千盾，再度存入他的帳目。

另一項嚴重錯誤是，這個案子沒有如維爾梯根所願地當場解決，反而在倪但理離開後，你們才將舊案一一掀出，寄給我們好幾牛車的證據，而這些證據有很多似乎是無關緊要的。爲什麼倪但理在福爾摩沙時，不提出這些證據，讓他便於辯護？對哈巴特也一樣，爲什麼要讓他公開受辱？如果他們違法，爲什麼不訴諸通常的法律程序，使法官依據事實來判決呢？

謹此，正直、聰明、審慎、公平的紳士們，願神保護你們。

你的朋友　雷尼斯、馬次科、丹馬、哈欽克、凱撒、

維爾梯根、斯丟爾（D. Steur）

97. 福爾摩沙評議會致總督及其評議會

（1652 年 10 月 30 日，熱蘭遮城）

……得知您們相當滿意福爾摩沙和台灣不錯的現況，我們也很高興。但，不管您們的稱讚是多麼悅耳，我們還是覺得很難過，因爲我們的敵人（指倪但理等人）已成功地使您們用殘酷的譴責來割裂我們的心，更因這些譴責並不是事實，使我們特別難過。此外，您們在把我當成易怒的長官之前，也應考慮那些控告我的人的情緒，這樣才能算公正合理。

如果我知道送上倪但理和哈巴特犯罪事實的文件會令您們如此生氣，我絕對不會寄去。如果長官不能獲得特使的救濟，就直接向特使的上級提出抱怨，難道算是很大的罪過嗎？如果不可以這樣做，那麼所有人都容易犯的錯誤又如何能得到矯正呢？因此，我們認爲維爾梯根沒有必要引起這麼大的騷動，因爲他執行任務應盡可能地免於受責，就像我執行自身的職責那樣。

我們從未看過維爾梯根所獲得的指令，因此他可以出自嫉妒及惡念，隨意送出關於同僚的假報告，努力使他的長官懷疑我們。我們將全力證明，他就是這樣傷害我們的。否則，我們實在無法了解，諸位閣下爲何會用這麼粗暴的語詞，說您們將對我採取較嚴厲的處置。

您們也說，不得不相信我們做了好幾則自我辯護的證言，從中可看出我們犯下許多該受責備的劣行，不僅玷污了我們自己的名譽，也損害了政府的尊嚴。

各位！說說很容易，但必須有證據才行。要記得，我們被迫爲我們自己的名譽辯護。請召喚那些欺騙您們的人，要他們提出確切的證據來。如果提不出，就請您們主持正義，保護我們。維爾梯根趁我們不在場時控告我們，但我們確信，他不敢在我們面前那樣做。

同時，我們被迫承受那位野心勃勃、背叛造反、手染鮮血的牧師所加諸的嚴厲責備。欣慰的是，我們不可能像他那樣被指控那麼多罪行；因爲按照最近的事態看來，我們若真的有罪，絕對會被判刑，被所有人視作罪犯。

但我們不想詳述此事，因爲很明顯的，您們對我們的偏見很深，只要有關倪但理和哈巴特的事，就永遠都是我們的錯。例如，您們很清楚地說，您們不便接受我們所提出的控告他們的文件，雖然那些文件被認爲值得交給法院，要求法院審理。

我們不後悔公開這些文件，至少可以警告其他牧師，而且倪但理與哈巴特也才不會逢人便說起他們令人作嘔的故事。我們確信他們將獲得報應 ❶，我們也絕對相信，從他們現在的行爲，您們將更認清他們，並看出藏在他們內心深處的眞相。

您們還譴責我們對倪但理勒索漢人 Hinckos ❷ 的事使用權威。對此，我們的回答是，想要抑制他們的傲氣，沒有比那時更好的時機了。您們說得對，對此事做判決是法院的事，但，當他們自稱得到幾乎所有法院人員的支持，放話要長官及檢察官走著瞧的時候，難道不應該讓他們感受一下權威的力量，讓他們——在更高權威的核准下——受到嚴厲的斥責嗎？在這種情況下，我們能算是濫用權威嗎？

你們不能責怪我們曾經在這類場合動用權威。如果長官在緊急情況下不能阻止邪惡頑固者爲惡，那麼長官被賦予的指揮權就跟普通的

❶ 由後來的歷史發展可知，富爾堡長官回到巴達維亞後極力報復，成為揆一悲慘命運的根源。

❷ 前兩三次寫 Sakoa（三官）。

地方官差不多了。但長官所需要的權力絕對不止這些。

關於您們所提的，我們不應該自行作證之事，我們認爲——請恕我們直言——這種說法不當地削減我們的權威。如果我們被賦予無限權力，以指揮公司在此地的所有業務，那麼在情況需要時，我們怎能失去調查和判決的自由權力？我們認爲，祖國的法規也支持這種做法。國法規定，法官在其職責範圍內，只要他知道內情，都可以作證，不需要顧慮任何人。但，如果控訴的根據主要是基於原告和證人的聲明，那麼，讓法官來作證有何不可？

然則，您們値得爲此指控我偏私嗎？我的良知堅信，我只有依據正義、明辨和神的命令，才會揮舞世俗之劍，這點我願以靈魂得救爲誓。

在特使到來之前 ❸，評議會和法院已很久沒開過會，且聖餐也一直未舉辦，您們在信中將這些帳都算在我們身上，讓我們最爲痛心。如果您們願再加詳查，您們將發現，該負責的不是我們，而是別人……責任在宗教議會，爲什麼他們這麼久不舉行聖餐禮？在荷蘭，誰曾聽說過牧師可以憑著自身喜惡，長達八個月 ❹ 不舉行聖餐？我不斷抱怨此事，但那些紳士卻當作耳邊風，繼續他們邪惡荒謬的做法。

現在，您們可以自行判斷，應受斥責的是那些人，還是我？但也許這控告只會傷到我自己，讓我增添另一項罪狀，在您們眼中變得更可惡罷了。

現在，每天除了繁重的公事之外，還要承擔許多不愉快的事，我

❸ 特使在 1651 年 5 月 8 日之後不久到福爾摩沙，頁 448。

❹ 指爭執事發當時倒算回去的八個月，即 1650 年 3 月至 1650 年 11 月 10 日之間的八個月，見頁 439。又特使於 1651 年 10 月 24 日寫信給總督時，也一直還未舉行（頁 446），合計可能有十九個月未舉行。

實在想拋棄所有這些紛紛擾擾，過個安靜和詳的生活，我決心請求解除我目前的職務，懇請您們不要反對……

爲了安頓視察福爾摩沙各村社的牧師和行政官，我們已建許多屋子，有磚仔厝，有竹屋，這樣一來，依據您們的指示，每個人都可以有自由、方便的獨屋。在蕭壠，每個行政官都有一間美麗的獨屋。在麻豆，我們將大磚仔厝分成兩間，牧師住下面，行政官住上面，有兩個分開的出入口。這樣做雖然花了不少錢，但我們盡量讓他們不再抱怨。

如果牧師們能夠容忍行政官員，那麼未來的情況可望好轉，但要使這些弟兄和平相處，似乎有如水火難容一般。牧師想干涉行政事務的動機太強烈了。在此之前，牧師們負責行政業務多年，大概已被寵壞了。事實上，他們想方設法讓新來者反對行政官員。但我們相信，只要堅決不妥協，牧師干涉的欲望終究會消失。的確，當年將行政事務附加在宗教事務之上，使行政權從屬於宗教權的先驅者，其做法不無可議之處。

自從歐霍福死後，南部的傳教工作似乎退步了。沒有牧師願意在那裡服務。在該地區工作的傳道師漢布頓（Hendrick Hampton）死亡後，所有傳教工作均在行政官員的監督下，由學校教師來負責。

由此，您們可以輕易想像教會及學校的情況。每個牧師都想待在福爾摩沙最佳的地點，沒人有前往南部服務的熱誠。因此必須由您們下達適當的命令才行。我們無法說動誰去那裡，因爲這些教會弟兄毫不理會我們的吩咐和命令，只會用他們的宗教力量來威脅我們。

不久前，我們注意到牧師們將試用教師（其中很多是士兵出身）升爲正式教師，並提供一位助理教師和四品脫的酒，而沒有要求他們延長任期。因此，許多晉升的人都只服務到他們軍職屆滿，就以教師的身分及薪資離職。事實上，他們既得升職，就應該留下來多服務幾年，因爲他們在離職之際，已學會該地方言，是最能夠服務學校的時候。

因此我們已公開宣布，從今以後，所有牧師晉升的試用教師都需連續服務五年……

您們認爲我們的仁慈用錯了地方，因爲我們允許尫姨（*Inibs*，這些福爾摩沙的老女人，有時被稱做女祭司）離開諸羅山，定居到哆囉嘓。您們認爲她們有礙於眞信仰的傳播，因此命令我們將她們驅逐出福爾摩沙上傳播福音的地方。但這樣做，對那些無辜的人來說太過嚴酷了。她們大部分都受過尤羅伯的教導，並已受洗，希望她們能爲傳教工作所用。如果已受洗的基督徒被剝奪接近福音的機會，不被允許住在講授經典的地方，那不是很殘酷嗎？就此事看來，她們的第二度被驅逐遠比第一次還糟。因爲在諸羅山，她們還可以自由地閱讀經典，但現在您們想要切斷她們接近福音的權利，以及接近其他基督徒的機會。

現在讓我們來看看基督教最初在福爾摩沙傳播時，爲何要驅逐她們到諸羅山。對此，我們最近的公告只說，當時的尫姨完全受異教的教條和迷信所控制，並鼓勵墮胎。在所有土著都還是異教徒時，這種人的確會有很不好的影響，此時第一要務是將基督教義傳給此地。因此，基於這個理由，尫姨被驅逐，但我們也向她們承諾並保證，她們一旦放棄這種惡行，就可以獲准回來。

現在已經十一年了，她們使我們想起這個承諾還未實現，這完全是因爲倪但理的緣故。相較之下，倪但理的弟兄們及全體台灣宗教議會的態度則顯得較溫和、仁慈。倪但理發覺自己的理由越來越站不住腳，就想出別的方法，醜化那些尫姨，讓人以爲她們是女魔，好讓您們和巴達維亞宗教議會接受他的意見。事實上，許多尫姨已精通教義問答，毫不遜於倪但理在蕭壠改宗的最優秀信徒。

以上就是這些可憐人目前的情況。她們不斷用撼動人心的哀求，希望我們能讓她們脫離這種悲慘處境，允許她們在臨死之前，能和

日治時代的尪姨【引自《台灣原住民族映像》】

親戚朋友同住。我們在宗教議會全體同意，以及某些合理條件下，答應了她們的請求。因此，在巴達維亞的第一艘船到達以前，她們已離開哆囉嘓，住到鄰近的麻豆、蕭壠、新港、目加溜灣、大目降去了。

當初被驅逐的兩百五十位尪姨，二百零二位已因衰老或窮困而死，回來的沒有超過四十八位。如果再將這四十八位分配於五個村子，每村不會超過十位，牧師可以輕易地監視她們。這種監視也許是必要的。如果完全放任她們不管，她們很可能重蹈覆轍，再對愚昧的福爾摩沙土著發揮有害的影響。

就是因爲這樣，經宗教議會詳思後，我們決定允許她們住在各村，直到巴達維亞方面下達進一步的指示 ❺。如果您們不同意這種做

❺ 關於尪姨的問題，長官和台灣宗教議會皆主張讓她們分配到五個村裡，總督則希望將她們驅出教會範圍之外，長官和宗教議會的意見是一致的。倒推回去，十一年前的 1641 年有兩百五十位尪姨被驅逐，原保證只要她們放棄偶像崇拜就可回來，但未執行。現在 1652 年找回她們時，只剩四十八位活著回來。由於尤羅伯 1643 年回國，如果尪姨大部分已接受尤羅伯的教導並被洗禮，則她們應在 1641 年放逐之前大部分就都洗禮了。這裡在邏輯上有不太一致之處，既然她們已被洗禮，代表已放棄偶像，為何又放逐她們，並保證只要放棄偶像就可回來。

法，我們可以在二十四小時之內驅逐她們。但我們相信，您們詳讀宗教議會的報告，考慮我們做成此決議的理由後，您們將會對這群可憐的被造物充滿憐憫與同情。要不然，她們就只能隨遇而安，順從您們的指令。

在談論別的主題之前，我們也要提醒您們：這些婦女所遭受的苦難，已讓各村頭人很鬱卒，因爲她們與那些頭人關係密切。顯然，您們不友善的決定會使他們憎恨我們，甚至激起暴動，像傳染病一樣引起大混亂……

我們由來信得知，倪但理與漢人三官的案子，倪但理已上訴到巴達維亞的法院，法院也宣判倪但理無罪。您們似乎認爲審判此案的本地法官不懷好意，並非善類。但我們能向您們保證，訴訟是由特使維爾梯根特別指定的委員會來執行的。而且，如果巴達維亞的法官對本案能像此地的法官一樣清楚，其審判結果必然不會不利於該漢人。……

富爾堡、布魯格、丹克（Johannes Danker）、達曼

98. 長官及其評議會致總督及其評議會

（1652 年 11 月 24 日，熱蘭遮城）

……遵照您們的意見，哈巴特牧師和家人將搭乘最近的船班離開。如果上次派來的布拉克（Wilhelmus Brakel）牧師沒有猝死，當可取代哈巴特在北部的職缺。現在福爾摩沙只剩下三位牧師，故北部及南部的行政官將兼管學校事務。

令人驚訝的是，不管在虎尾壠或二林，雖然牧師們已在那裡工作八年之久，居然沒有任何福爾摩沙人受洗。不必用兩眼看，就可知道派駐該處的牧師很不盡職。

從承租漢人每天的抱怨，就可知道哈巴特在北部傳教工作的品質了。閣下幾乎無法想像，他用什麼方法掠奪承租人的鹿皮和鹿肉，如何耍詐以逞其私慾。

雖然我們還看到很多類似的事例，但是我們現在不願再繼續寫下去，因爲根據經驗，我們發現這些都不是您們願意聽的。我們將繼續觀察，但保留沉默。…….

富爾堡、布魯格、丹克、達曼

99. 福爾摩沙評議會致總督馬次科及其評議會

（1653 年 10 月 24 日，台灣）

東印度總督馬次科，常被誤以為是揆一
【引自 Wiki Commons】

……今年南部和北部各區都有許多人，包括年老及年輕的，死於瘧疾和麻疹。這些傳染病很猖獗，使許多土地廢耕，我們擔憂福爾摩沙今年會鬧飢荒。由於傳染病之故，教會和學校都退步了。行政官、漢布洛克和許多教師，或因傳染病，或因自身也生病，都被迫暫停工作。

今年 5 月，鐵舒馬克離世，8 月 8 日哈巴特 ❶ 也死，因此教會非常欠缺牧師，情況非常悲慘。

貝克牧師 ❷ 被宗教議會派到虎尾壠。我們不希望這樣做。福爾摩沙評議會決定派他到蕭壠或麻豆，因爲那裡的教會工作需要兩位牧師才能做得好。此地的宗教議會也支持我們的想法，不派他到虎尾壠。

❶ 死的是 1653 年 3 月 7 日才回來為第二任的 G. Happart，哈巴特，不是先前來的 J. Happart，哈伯特。

❷ 1653 年 7 月 30 日被召喚至福爾摩沙，頁 165。

但到了下個月的 28 日 ❸，虎尾壠宗教議會 ❹ 向我們提出請求，希望能讓貝克牧師到當地服務。於是評議會鄭重討論後，多數決定接受虎尾壠的請求，同意讓貝克到虎尾壠。

同時，我們告知這些弟兄，我們最初的決議是有堅強理由的，現在我們取消原決議，純粹是爲了滿足他們的需要。我們也向他們保證，我們不願和他們爭論，以免阻礙教會的進步，讓他們的工作陷於停頓。凡此皆不是我們所願……

您們最服從的僕人　凱撒、胡格蘭（Albert Hooglandt）、范得堅、達曼、阿芬

❸ 應指 1653 年 9 月 28 日。所以貝克尚未學好方言就被派至地方。不過他也有可能在荷蘭時已向尤羅伯學新港語，因為原來是要派他到蕭壠或麻豆的。

❹ 荷蘭原文作「台灣宗教議會」。

100. 福爾摩沙評議會致總督及其評議會

（1654 年 2 月 26 日，熱蘭遮城）

……我們已派胡格蘭牧師（Albert Hooglandt）、行政官貝丁克（Bastinck）和若干代表，到北部地區去檢查行政或司法業務，並訪視教會及學校。感謝神，這些機關都很好，但因哈巴特和數位教師的死亡及傳染病的肆虐，有些學校已不那麼興旺。閣下可從代表們的報告瞭解，隨函附上副本一份。

誠摯盼望您們能補足台灣及福爾摩沙七名牧師的缺額，因爲教會可藉此大幅擴張版圖。許多淡水和雞籠的居民，已被神父改宗爲天主教徒，他們渴望能有我們的神職人員前往教導。

福爾摩沙南部有許多基督徒已受洗。年長者日漸厭惡出席教會和學校，他們說教的永遠都是同一套東西，埋怨他們雖然和別的村民一樣熟悉基督教義，卻不能受洗。這實在很遺憾。雖然我們很尊重您們的意見，但我們認爲，與其讓這麼多已受洗的人退化爲異端，倒不如一開始就不要傳教。如果我們只派行政官和士兵去，我們一樣能獲得他們的善意和忠誠，我們的目的也一樣會達成❶。

在船出發前，評議會決定派員巡視南部學校和教會，南部的頭目也很贊成這項計畫，故我們要求宗教議會指定人選。但他們深思熟慮後表示，這計畫雖然立意良好，但執行困難，因爲當地傳染病正肆虐，而且船就要開了，來不及在船出發前寫好視察報告。他們還說，如果駐在這裡的牧師因視察而生病（這種情況很可能發生），鄰近的學校

❶ 由此可知荷蘭人的殖民地政策不甚重視傳教。

和教會就會因缺少牧師而處境悲慘。漢布洛克是很熱心的牧師，手頭上的工作排得滿滿的，根本無法分身。因此宗教議會結論說，最好將視察工作延後到較適當的季節。

依您們的命令，我們已將您們關於尪姨的提案，即應將尪姨驅逐到別的地方，再交由此地的宗教議會討論。但我們令人敬佩的同事們，經最慎重的考慮後，堅持他們以前的決定❷。主要的理由有三：第一，沒有人對尪姨們發出怨言。第二，巴達維亞宗教議會沒有提出任何反對理由。第三，巴達維亞宗教議會最近的來信並沒有要求取消此項決議。我們相信，您們也會滿意於不做任何改變，期盼您們下封來信能夠同意此事。

我們必須轉告此地宗教議會的熱切請求，他們懇請您們能盡量派牧師和教師前來，好讓本地的傳教工作不致中斷，使異端能夠獲得眞知。我們也懇求您們能考量此事……謹此……

您們最服從且謙卑的僕人

凱撒、揆一、胡格蘭、范得堡、

達曼、阿芬、佩得爾

❷ 即只將四十八位尪姨分派到鄰近五村去。

101.前長官富爾堡關於福爾摩沙傳教工作的報告

（1654年3月10日）

既然我們的前輩在離職之際，都會將其見聞與經驗寫下，好讓福爾摩沙的情況、居民的天性和特質、土地的豐沃及攸關島上幸福的許多事物等，能夠廣爲人知。所以我們也依循此例，提筆論述，不是爲了自娛，而是爲了上述目的，盡我們所知來簡述福爾摩沙的情況與繁榮。以下內容是本人過去四年擔任長官的觀察所得。

爲了讓此份報告條理分明，我將分成十個項目分別闡述。每個項目將依其性質，而有深淺不一的處理。

…………

第九項：首先敘述由於牧師們的怠惰及死亡，導致福爾摩沙傳教工作變得毫無希望的情況；接著提出可行的改進方案。

有些人也許覺得奇怪，身爲行政主管的我，爲什麼敢干涉教會事務。如果他們發現，以下我將詳述從以前到現在主要的傳教方法，他們當更爲驚訝。雖然如此，我們還是覺得有必要表達對此事的明確看法，不想理會那些自認只有他們才是被指定負責此項工作，絕不允許行政當局有絲毫干涉的人。

爲此，我們滿懷信心地希望，過著純潔生活的正直牧師當中，能有人具有足夠的智慧，虔誠無私地接受神的指令，支持我們的理念，即：基督教的當局，應當是教會的忠實撫育者。同時，我們也希望牧師在其良知的指引下，能夠無所偏袒——實際上，指責人們所犯之罪，正是牧師的天職——以追求教會的利益爲己任，引進任何榮耀神的聖名、解救人的靈魂的改進措施。

同時，以此精神——我們在此當著神的面宣稱，我們絕無其他目的——來寫作這項主題的人，應當被公正地傾聽。尤有進者，如果這些促進傳教工作的建議是健全良好的，所有相關者都應該伸出接納的手，提供一切可能的協助。

我在密切觀察福爾摩沙傳教工作四年後，必須很遺憾地說：情況悲慘。年輕的福爾摩沙人雖然經過洗禮，卻像鸚鵡般死背教條，根本不了解所背的眞理。

三十年前，一些熱心虔誠的牧師開始在此傳教，他們考慮到學生的理解能力，將基督教的基本原理寫成淺顯易懂的教義問答。但他們的後繼者眼高手低，不願在那些基礎上繼續努力，反而丟棄這些教義問答，自創新的、程度較高的教材，結果讓許多學生感到迷惑，很多人更退步了❶。

這些改變似乎無止無盡。每個牧師都試著推行自己構想的方法。但是，當一位牧師死亡——在福爾摩沙，此事經常發生——他的傳教架構便全部瓦解，僅剩下一堆殘骸。

現在，我要問的是：這樣做，會不會導致混亂，使異端無法接受神的救贖知識？我們每天的經驗都證明，確實如此。誰能在神前宣稱，在牧師和教師多年來所教導數以千計的土著之中，有一位眞正了解教義的信徒？如果眞有這麼一位土著，我將以基督徒的喜悅，捐贈一千盾給福爾摩沙的教會和學校。

我也無法想像誰寫了那篇福爾摩沙土著傳教非常成功的報導❷，那篇報導不僅在荷蘭國內廣爲流傳，更流傳到全歐洲。我想，最好還

❶ 尤羅伯回國後，在荷蘭批評福爾摩沙傳教事業退步，於是受到福爾摩沙後來的宗教議會無情的攻擊。富爾堡長官因牧師們依往例核發有關證件而與牧師們產生衝突，富爾堡於是被迫站在尤羅伯的立場，攻擊後來的宗教議會。

是保持沉默，或是看一下眞實情況有多麼糟糕，才能設計出較好的傳教方法。底下，我們要精確地指出一種好方法（雖然有些人會不以爲然），期望能有助於改善現況。

首先，我們認爲福爾摩沙的牧師應該和巴達維亞的牧師結合起來，共同商議研究，得出最能將神的眞知帶給福爾摩沙人的教導法，然後所有牧師就只能依這種被批准採用的方法來教導土著。

此外，爲讓這種規定具有更大的權威和穩定性，它應經最高當局的核可。就此個案來說，我們認爲核可的單位應該是東印度的總督及其評議會，而不是福爾摩沙的長官及其評議會，因爲前者擁有較高的權威。位在長官權威底下的牧師，經常跟長官意見不一，牧師有時會認爲：關於此事，總督可能不會同意長官。但是，如果這是總督批准的，任何障礙都會移除。

不過，長官及其評議會在監督、懲處違反這種明確教導規則的牧師方面，應具有完全的權力。

我堅信，綜合這種思想與計劃，並在若干熱心這項神聖任務的人士支持下，我們能夠奠定基石，建築長久安居的神之屋。相反的，在目前的情形下，公司只是浪費龐大金錢做白工。

第二，我們認爲，只要牧師們繼續以同樣的速度擴展傳教範圍，福爾摩沙傳教工作必定無法有持久的良好成果。擴張的距離必須大大的縮短。如果傳教的範圍太廣，傳教工作必定無法進步，目前的經驗足以清楚證明這點。可舉虎尾壠和二林爲例，兩村都在笨港河之北。

---

❷ 此即〈台灣島五千九百人之改信〉一文，先由 C. Sibellius 以拉丁文撰寫，再由 H. Jessei 譯成英文，1650 年在英國倫敦出版。1889 年甘為霖以《台灣佈教之成功》（*An Account of Missionary Success in the Island Formosa*）為名，於倫敦再版。1915 年甘為霖再將此文收錄於《素描福爾摩沙》（*Sketches from Formosa*）一書第 48 章的後半部（頁 346-359）。

九年來有好幾位牧師在那裡工作過，但到目前爲止，卻沒有一個人有資格接受聖洗。

雖然憨鈍的土著沒有太多進步空間，我們還是不能從那個獵鹿利益遠大於宗教利益的地方撤回牧師。然而，本年度我們非常需要召回牧師，因爲全福爾摩沙只剩下三位牧師，除了一位必須留在台灣服務之外，其餘兩位應該駐在台灣附近的村落。

換言之，我認爲目前不宜在南、北兩區派駐牧師，應將所有學校交由行政官管轄，讓教師負責必要的工作，直到土著變得較文明，才需要由牧師進行更高級的教導。

同時，所有牧師應派駐在蕭壠、新港、麻豆、目加溜灣、大目降、諸羅山、哆囉嘓和大武壠。如果牧師們有熱誠，能成功將基督教義銘刻在土著心中，我相信基督教的芽幹終將出現，當然也就會傳播到鄰近的村子。我認爲，這才是教育福爾摩沙土著的正確方法，如此，他們就能獲得智慧果實與救贖知識的滋養。

第三，聘用學校教師時要特別注意，應確保他們是聲譽良好、行爲端正、絕不犯上的基督徒。否則，他們就是無用的僕人，不只無法教導別人，還需別人教他們基督徒應有的品德。

天啊！我必須承認，福爾摩沙有太多不適任的教師，他們完全沒有基督徒的品德。我非常確定，如果沒有去蕪存菁，徹底整頓一番，公司遲早會爲了沒這麼做而懊悔。因爲，除了很多根本無法使土著改信的教師之外，還有許多教師慣用非法手段來危害土著。由於這些教師都受牧師指揮，在牧師羽翼的保護下，永遠有規避懲罰的藉口，行政官不能給他們應得的懲罰。

我們看到，那些貪婪者已下定決心要剝奪窮人日夜盼望的收成，以盡量裝滿自己的荷包。所以，不要驚訝爲什麼土著對我們的恨比愛多，他們總有一天會設法除去頸上的重軛。

因此，除了將學校教師置於行政官的直接監督外，我們看不出醫治此種邪惡的其他方法。這樣一來，只要他們被發現有犯法事實，就會立即被送交行政處置，受到應得的處罰，不會再有牧師來掩護他們逃避受罰。

第四，我認爲懲罰土著不上學，並無絕對必要。現在的罰款是交一張鹿皮。但他們很窮，經常交不出一張鹿皮。他們甚至常無足夠的米來塡飽肚子。這種懲罰太嚴厲了。令我們驚訝的是，土著出奇地善良，竟可以在這種情況下被罰一張鹿皮。誰曾聽說過一個人不是眞心願意接受某一教條，也應該被迫相信它？❸顯然牧者應循序漸進灌輸他們信仰，讓他們不知不覺變得渴望上教堂及學校，他們才能眞正掙脫奴役，使我們宗教上的敵人無法質疑他們的改信。

最後，我們要詳論另一個主題。爲了最有效率地執行這項光榮工作，福爾摩沙必須有充足的牧師，三個也可以，或四個、五個更好，視我們母國能派出多少牧師而定。這些牧師必須正直，莫貪圖塵世的財物，一心一意奉獻於他的精神事業，並具有牧養神的羊群所需的特質。

但是，誰能夠勇敢糾正牧師卻不會冒犯他們呢？就我而言，我絕不敢指出在東印度服務的牧師們的錯，以免造成困擾。不，現在我寧願保持沉默，寧願私下跟長官說，再寫一篇與此有關的文章給他們。

但爲了福爾摩沙教會和學校的幸福，我願意再說一件事：懷抱傳教目標來到福爾摩沙的牧師，應該要求他們在此連續居住十年，就算這段期間他們的薪水必須大幅增加也無所謂。如此一來，主的工作必大爲進展，因爲他們屆時將學會當地語言，不必透過教師的翻譯。最

❸ 在當時，宗教裁判所很盛行，宗教戰爭還存在的時代，在全歐洲，幾乎只有荷蘭才有宗教自由，才會認為不可強迫他們相信他們並不真心願意接受的宗教。

重要的是，他們不會像許多前輩那樣，無預期地突然離開他們的社區。

這個主題到此為止，現在進入第十主題。

…………

以上的討論，皆有關荷蘭聯合東印度公司的利益，也關係著所有愛護福爾摩沙的人。這份報告於 1654 年 3 月 10 日我們從台灣回來時，先呈交給巴達維亞的總督及其評議會。

富爾堡

102. 福爾摩沙日誌摘錄

（1654 年 2 月 27 日至 11 月 6 日）

因爲荷蘭方面只派出極少數牧師到巴達維亞，所以僅有兩位牧師被派到此地，即達婆（Dapper, A.）和薩森（Sassen, R.）。相信他們能對福爾摩沙提供良好服務。我們認爲他們最 好派到附近村子服務。

福爾摩沙評議會將貝克牧師指派到虎尾壠的學校，是錯誤的決定。因爲那裡的人民粗魯未開化，完全不適合學習較高級的知識，而且此地附近幾個主要村落的學校，也因此缺少了該位牧師的教導。未來一定要避免重蹈覆轍。

畜養獵犬幫忙打獵【翁佳音老師提供】

如果教會和學校能夠有所改善，並變得更有秩序，那就太好了。因爲這樣人們就可免去許多苦惱，至少教師也不會引起麻煩。

爲避免神職人員與行政官衝突所需的規定，經仔細思考，已經設計好了。它以教會居優位，眞有遠見。

每位牧師和行政官可畜養三頭獵犬，教師兩頭，以便獵取肉食。但不准飼養超過這些數目的獵犬。

現在要處理倪但理牧師的金錢請求之事，以解決這個混亂的帳目。倪但理某些土地的收入，是富爾堡批准給他的五年聖俸，但有一個但書是，如果倪但理在五年期滿前離開，他將繼續獲得該土地一年的收入。現在允許倪但理獲得有爭議的那年的土地收入，這樣應可避免進一步的爭論。

103. 長官及其評議會致總督及其評議會

（1654 年 11 月 19 日，熱蘭遮城）

……我們要高興地說，關於漢布洛克所負責的台灣及附近村落的學校與教會，以及貝克所負責的虎尾壠和二林等村的學校與教會，都很繁榮進步。

但在南部，依行政官歐拉利（Olario）的報告，幾乎沒什麼進展。強迫當地居民上教堂或上學，就好像搶走他們口中的食物一樣。如前所述，他們謀生困難，連最基本的食物都很難獲得。

我們想在 12 月底派行政及教會代表團到南部，看到底有沒有需要繼續那裡的學校和教會。我們擔心不會得到有利的報告。

牧師們似乎也都主張停止南部的工作，因爲他們不知道該如何克服其中的困難。南部的土地很不健康，他們不願到那裡服務。我們對此不覺得奇怪，因爲約十個月前，我們曾派二十位士兵到麻里麻崙，現在超過半數已死亡。因此，爲數甚少的牧師都不願到那麼危險的地區服務。

我們需要再多三、四位牧師到台灣及附近村落服務。懇請閣下們記住，有牧師可派遣時，不要忘記福爾摩沙。

南部教會和學校視察完畢後，我們會立刻向閣下們報告當地情形。我們將維持當地原狀，等待閣下們進一步的命令……謹此……

凱撒和評議會其他成員

104. 福爾摩沙評議會致總督及其評議會

（1655 年 11 月 19 日，熱蘭遮城）

……克魯夫和漢布洛克兩牧師，感謝閣下們同意授與他們某些土地的收入，這些土地是評議會爲此目的而特別撥出的。依您們的命令，以後不會再批准類似的特權。如果再有牧師提出申請，將會向閣下們諮詢……

今年派來的五位牧師已平安抵達，健康情況良好。宗教議會全體弟兄都認爲他們是適當合法的人選。現在福爾摩沙一共有八位牧師和一位牧師候補。

他們被分派到以下各地：

克魯夫，駐台灣。

漢布洛克，駐麻豆和哆囉嘓。

貝克，駐虎尾壠。

馬休（M. Masius），駐淡水和雞籠。

布希霍（H. Bushoff），駐蕭壠、目加溜灣和大武壠。

溫愼（A. Winsemius），駐新港和大目降。

慕斯（P. Mus），駐諸羅山及附近各村。

甘比（J. Campius），駐二林及附近各村。

宗教議會也決定，南部各村的教會及學校，由駐新港、蕭壠的牧師負責監督，由他們輪流負責，每次爲期一年，並指定牧師候補霍休斯（Holthusius）爲長期助手，駐目加溜灣；又，只要天氣允許，應每月訪視南部各村一次。

依傳道師鄧斯（Joris Daensz）主動請求，讓他駐塔樓（Swatelau），以便牧師或牧師候補不在時，照顧教會和學校。

宗教議會通過有關新進牧師派駐案、南部教會學校監督案，呈交我們（福爾摩沙評議會）批准。我們慎重思考後，決定批准這些提案，雖然我們很希望有一位專職牧師能夠長駐南部。宗教議會向我們保證，南部的工作也會照顧得很好，所以我們就依其所願地批准，請參見 9 月 18 日的決議案。相信您們會批准我們所採取的做法。

我們祈禱全能的神保佑上述牧師的生命，這樣祂的榮光才能普照未開化的土著。

三位傳道師的駐地如下：黑辛（Barent Hessingh），駐虎尾壠地區；皮諾丘（Frederick Pennochius），駐二林地區；美次拉（Hendrick Metselaar），駐大武壠。

評議會及宗教議會請求您們，不要再從巴達維亞派傳道師來了，我們認為教師比傳道師好用。傳道師通常都太老了。

牧師們真誠感謝您們送給他們的酒。謹此……

凱撒

105. 福爾摩沙評議會致總督及其評議會

（1655 年 12 月 21 日，熱蘭遮城）

……此時我們收到溫幀的來信，他說駐二林的甘比牧師，才生病三、四天，就於本月 17 日過世，其夫人亦病得很厲害。❶

漢布洛克目前很虛弱，神若要帶他到天國，我們也不覺詫異。但我們還是希望他能恢復健康，他若離開，將是本地教會的一大損失，他的方言已進步很多，每天都很勤奮地學習。

願全能的神留下尚存的教會僕人，他們才能將神之道傳給異端。謹此……

凱撒、揆一、達曼、阿芬、
佩得爾、伊德（Eynde, J.）

❶ 1655 年 9 月 18 日評議會批准派甘比駐二林，那時很健康，12 月 17 日就病死，其夫人亦病得厲害。可見北部傳染病亦甚嚴重。但依頁 168，甘比於 1661 年被鄭成功斬首。

106. 長官及其評議會致總督馬次科及其評議會

（1656 年 11 月 30 日，福爾摩沙）

……接到您們第一封信之前，我們正建造三間磚仔厝給駐二林、諸羅山、新港的牧師，後兩地所需用的燒磚（都包給漢人處理）已幾乎準備就緒，窗框也都做好了，所以工程已不可能停止。未等您們進一步的命令，就擅自進行這項工程，相信您們不會見怪才對。

房子的正面必須用燒磚，其他牆面則可以依您們所願，以泥土來做。至於二林的房子，我們打算全部用泥土建造。請原諒我們沒有完全遵照您們的命令。未來我們將更仔細遵守您們的訓令……

李奧納（Leonardis）和漢辛（Hamsingh）❶ 兩牧師已平安抵達台灣。抽籤決定派李奧納到虎尾壠，漢辛到二林，如此一來，這些地方就跟以前一樣有牧師派駐。相信這樣的安排必能得到您們的認同與批准。

牧師們感謝您們所贈送的酒，要我們代為轉告。

關於來信提到的另一件事，即：此地的宗教議會希望有權召喚牧師，而不必諮詢巴達維亞的宗教議會。您們的答覆已轉達給教會弟兄，但他們似乎很不滿意，所以我們要求他們自行和您們討論這個問題。

但他們似乎很滿意您們所勸告或提議的，即以抽籤方式，決定每年訪視南部各教會和學校的人選。事實上，他們已經那樣做了，並決定以後要依此運作。牧師們一起禱告後，開始抽籤，結果每年應該訪視南部的，依序是：漢辛、克魯夫、漢布洛克等等，一共七年。但因

❶ 漢辛很可能就是頁 165 和頁 614 牧師表中的安普仁、頁 509 的安新。

漢辛是新手，克魯夫不懂南部方言，又經常生病，所以最後漢布洛克自願負起前三年到南部巡視的責任。據他自述，這麼做完全是出自熱心與虔誠。

漢布洛克也告訴我們，若有二、三位來自南部不同村落的土著教師能和他一起住麻豆，他願意永遠承擔所有南部的工作。他可以天天教他們教義問答和基督教義。他確信，那些教師在他的監督下，將有能力派往南部教學。他清楚提到，如果他的計劃被採納，也希望能有適當的報酬。

我們回答說，我們不是不滿意他的計劃，但我們無權決定，必須請示您們。因此我們主動將他的提案轉告您們，希望您們能夠接受。這件事目前還未有進一步的行動，相信宗教議會會寫信向您們說明。

我們也看到，許多牧師對採用何種傳教方式有所分歧。有些牧師希望用荷語，有些則喜歡用土著方言。我們每天都會面對這個問題，所以我們要求每位牧師都呈交書面意見，看他們認爲什麼才是最好、最有用、最有效的傳教方式。我們也進一步請求他們思考，一旦您們決定變更當前所採用的語言，會不會對傳教工作造成很大的妨礙？

現在我們正在蒐集牧師們的意見。蒐集好後將會寄上，由您們決定何種意見較佳，並告訴我們如何做。到目前爲止，教學都用當地方言，我們將繼續那樣做，直到您們下令採取其他方式。這個問題很重要，需要最仔細的思考，因此我們並沒有擅自決定，完全聽候您們明智的判斷。

牧師們都很熱心在台灣及附近傳教。他們將在 12 月初出發到南部巡視。他們的訪查結果將於下次報告。謹此……

您們最謙卑服從的僕人　凱撒、挨一、佩得爾、達曼

107. 台灣教會議事錄摘錄

（1657 年 10 月 5 日）

新上任的長官揆一及其評議會，交給我們一封巴達維亞的來信 ❶，內容是關於福爾摩沙教會現況，特別是南部地區的學校。非常遺憾地，最高當局指責本地宗教議會在南部傳教的方法。特別是，漢布洛克牧師提議說由他來管理南部所有工作，以便他能更快學會南部語言，大力增進當地事工一事，竟被拒絕了，這眞令我們既吃驚又難過。最高當局剝奪宗教議會對當地教會事務的控制權，將之移交給一般行政官管理，其目的在從行政角度來教化人民，這個提案使宗教議會的成員深感沮喪。

爲此，宗教議會的弟兄們覺得有必要表達他們對此事的看法，並將之記載在宗教議會記錄簿上，以便將來須受調查時，能夠捍衛自己的作爲。

首先，我們不懂最高當局爲何會驚訝地認爲，我們經過這麼多年，到現在才發現「原來我們在南部教學所使用的，一直是南部人所不懂的語言」。

我們絕非到現在才發現這個事實。這可以從宗教議會的牧師不久前所做的若干調查報告看出，請見 1656 年 8 月 14 日布希霍牧師和 1657 年 3 月 2 日漢布洛克的報告檔案。這也可以從宗教議會的許多公文、信件和文書中發現，特使不可能不知道當中的內容，因爲特使曾代表最高當局，參與我們的討論。最後，我們與總督及其評議會也曾

❶ 依頁 505 所述，此信為 1657 年 7 月 11 日總督所寄。

就這一主題有過通信。

我們認爲，去年宗教議會寄給總督的教會議事錄摘錄，應該已被檢視過，特別是 1656 年 8 月 14 日的摘要，其內容是：布希霍牧師報告說，我們教導本島南部居民的語言，並非他們自己的語言；宗教議會聽完這份報告後，決定要認眞地執行 1645 年 1 月 16 日的決議 ❷，而這決議於 1656 年 3 月已被採用第二次了。爲了顯示 1645 年的決議如何清楚提及此事，茲照錄有關片斷如下：「教師和牧師們認爲某些南部村民已可受洗，但其實他們還不夠熟悉基督教基本教義，這是因爲村民們不懂新港語的緣故（教師們係用新港語來教南部人），所以我們決定……既然南部語言和新港語有很大的不同，而教義問答一直用新港語教學，所以宗教議會現在決議，將來要用南部語言來教學。」

此外，同一公文也提到實施此決議的方法，也首次提到在所有學校引進宗教議會秘書所編的教義問答，還說要將此事（即：使用秘書的著作爲教材之事）通知評議會，並提到我們想請歐霍福牧師候補將教義問答譯成南部語言的想法。

除上述之外，我們還要再提醒您們，1649 年 11 月我們給阿姆斯特丹教區議會的信中曾提到：新港語（尤羅伯只會此語）並不通行於南部各村。

所以不能說：本地的宗教議會到現在才知道我們用南部人所不懂的語言來教他們。相反的，我們很早就知道此事，只是一直無法矯治這項錯誤。

最高當局所吃驚的，是不正確的消息，所以不能以此來懷疑或誹謗宗教議會，更不該像巴達維亞寫給福爾摩沙評議會主席和評議員們

❷ 其實他們一開始在南部教學時，可能就用新港語，頁 279 提到：尤羅伯要求，能派一些有能力的熱心者，在他的監督下學習新港語，以便能被派到上述各村（指南部各村）去為神工作。而那時是 1637 年 5 月南部各村剛要設學之時。

的信那樣，公開責難宗教議會。在他們接到那封信之前，我們已告知過相關事項。我們也對當權者的壞記性感到苦惱，他們應該不至於忘記上述所提的資料才對。

的確，那封信裡的指責——最高當局藉此對宗教議會指桑罵槐——絕不是開玩笑的，連長官也認爲該信指責我們不只是有所疏忽，而是犯了很大的（如果不是過度的）疏忽。不只是宗教議會裡的一個人或幾個人被指責，而是所有教師都被指責，包括住這裡的，以及從一開始就在教會服務的人。

所以我們要指出，如果 1656 年我們寄給巴達維亞的公文能被更仔細地閱讀，最高當局就不會如此譴責我們（他們似乎認爲，我們應該謙遜順從地接受這種對待）。如果該公文有任何不清楚或不易了解之處，他們大可要求我們解釋清楚。

關於漢布洛克願意學習更多南部語言以改進當地教學的建議，您們拒絕的理由是：「我們看不出漢布洛克能達成他所說的改善計畫。」這的確不是鼓勵的話，雖然漢布洛克不會因此減低熱誠，但他確實無法獲得鼓舞。這些語句似乎在輕視宗教議會對於漢布洛克能力的看法，但我們不想在此進行詳述，只堅持：唯有本地的宗教議會能決定此事，沒有其他人的意見比它更可信賴。

漢布洛克的提案被批駁後，我們接著被通知：只要情況允許，南部學校的視導工作應交由該地的行政官負責。對此，我們的答覆是：爲了南部受洗弟兄的利益，我們的良知不能同意撤回教會對南部的影響力，我們有責任繼續以各種可能的方法，帶領人們認識基督教的知識。我們相信，抗議這種議案❸的通過，是我們宗教議會的積極責

---

❸ 指將南部教會委由行政官督導的議案。1654 年 3 月 10 日富爾堡辭長官後的總結報告中曾提此案（頁 481）。

任。我們應指出，僅以教化土著爲藉口，來干預和逐漸中止南部的傳教工作，將帶來何種破壞性後果。審判日來臨之際，這種議案將被認爲是不正當、無法饒恕的做法。

這裡的行政官員同意漢布洛克的提案，即南部地區應該全部委由他來負責，而他也承諾要盡全力來完成這項艱鉅的重要任務。那麼，必須先任命他，但他迄未接到任命。此地的宗教議會雖然知道巴達維亞最高當局拒絕我們的提議，主張由行政官來監督，但我們還是會要求長官及其評議會，將南部教會委由宗教議會來監督。

宗教議會請求批准下列安排，以便能達成我們的目標：

1. 長官應該要求行政官諾頓（Hend. Noorden）翻譯某些字詞，協助正在學習南部語言的牧師。當然，不要影響他的日常公務，只要像當年不只一次地幫助歐霍福那般即可。爲達此目的，我們提議當這名行政官訪問台灣時，不論是參加聖餐或洽公，都能允許他多留幾天，特別指導這位正在學南部語言的牧師，寫下一些難以藉由通訊溝通的字詞。

2. 這位正在學習南部語言的牧師，能偶爾召喚他覺得適合的教師到台灣（或他的任何住所）來協助他，而暫時空缺的學校工作，則由其他地區的教師支援。

3. 前述諾頓，或任何被邀請來的教師，有權從南部三個方言區各選一位懂得南方語言的人隨行，方便他們比較此三區方言的相似及相異性。

4. 北風季節時期，需提出學校月報表時，只能從附近村落挑選最精通西得雅語（Sydeyan language）❹ 的人。被選中者接到通知後，就要

❹ 西得雅語是當時新港、麻豆、蕭壠、目加溜灣等地的語言，這些平埔族現在稱為西拉雅族，故西得雅語即是西拉雅語。

暫時離開他們的村子，每天數小時聽候牧師使喚，幫助該牧師學習語言。

5. 長官一旦通知，無論是口頭或書面，駐在蕭壠或新港的牧師和行政官，必須立即派出最能幫助該牧師學習語言的人。

6. 被召喚提供這種服務的土著，應獲得適當報酬。提供服務的牧師也該獲得額外報酬，其數量由長官及其評議會決定。

宗教議會的弟兄們相信，上述請求能獲得令人滿意的回覆。如果沒有，他們以神之名宣稱，只能被迫繼續嘆息、抱怨和受苦。這種情形是他們所不願意，努力想要避免的。

此外，總督及其評議會不願接受我們去年提出的，用荷語教導土著的建議。宗教議會認爲，荷語教學既然是凱撒長官及其評議會提出的，宗教議會應該將總督的決定告知長官及其評議會。如果總督與長官之間的通信提到此事，那我們想要表明：這不是宗教議會的錯。

我們希望您們了解，荷語教學並非像總督所說的，是宗教議會的突發奇想，而是長官給我們的建議。我們更要將以下決議列入記錄：宗教議會知道，巴達維亞評議會已全體一致地否決了我們所提的荷語教學案，此地的宗教議會也全體一致地決定接受總督的意見，不再提出任何異議。

關於在本島建立一所神學校（seminary）❺，以便訓練年輕土著成爲合適有用的牧師之事，我們想向長官及其評議會提出如下建議。

巴達維亞寄來的關於設立此學校的數封信件，以及本地長官及其評議會的意見，都認爲這所學校最好設於蕭壠或新港，認爲這兩地都比麻豆好。❻

❺ 這所學校 1659 年在蕭壠正式設立，1661 年因鄭成功入侵台灣而消失。

❻ 以下宗教議會關於設立神學校五點建議的標題，是漢譯者加入的。

一、**關於設校地點**。在建校地點尚未拍板定案前，不妨先提出宗教議會的想法，供您們評判，即：麻豆是最適合建立這所神學校的地點。理由如下：

第一，麻豆像米索不達米亞一樣，位於數條河流之間，想逃離者較不容易成功。我們擔心，特別是在初期，學生剛離家，離開父母及親人，會很想回去 ❼。如果學校設在麻豆，河流又急又深，特別在南季風季節，將能有效防止他們偷跑回家。

第二，麻豆是個寧靜的地方，沒有漢人的喧擾與混亂——那是不利於學習與獻身神聖使命的。

不能不提的是，麻豆有塊很美麗的方形平地，相當適合設校。村落四周的高地都已移除，平地周圍也種滿了樹。這塊地似乎原本就被分隔開來，準備要設校用的。

另一個需要考慮的，是公司在麻豆所擁有的磚仔厝，其上有一間很大、很方便的閣樓，可以免除興建儲藏室的費用，而且整棟房屋都是用燒磚建成，不容易燒毀。任何知道該間磚仔厝的，都會覺得那裡適合建校。大屋之後還有一棟較小的磚仔厝。校長宿舍與學校分開，又不太遠。簡言之，麻豆的地點與建築都是最方便的。

再者，麻豆比蕭壠和新港都更接近獵場，比較容易取得新鮮的鹿肉。雖然魚的種類和豐富不及蕭壠，但很容易取得，因爲麻豆比別處有更多的漁場。

最後，也是最重要的，福爾摩沙沒有其他地方比麻豆有更多會講西得雅語的官員。

因爲麻豆有這麼多有利條件，宗教議會認爲沒有別的地方比麻豆更適合設校。

❼ 可見這是個寄宿學校，學生不能隨意回家。

二、**關於學生數**。宗教議會認為三十人為宜。所有缺額，不管是因為死亡、逃離或品行不佳遭退學，都應立刻補滿，以維持全額學生。

此外，在各村社間選擇學生時，應該特別注意他們的品性要好、記憶力要佳、理解力要快。他們應該已記住祈禱文和教義問答，善於學習荷語，會讀會寫。簡言之，他們應該證明自己最願意接受這種訓練。孤兒、窮人子弟優先，年齡最好在 10 至 14 歲。

三、**關於教職員**。宗教議會弟兄認為，絕對需要指派一位校長（regent or director），並認為漢布洛克最適合擔任這項職位；也需要有一位副校長（deputy director），霍斯曼（Joannes Horsteman）最適合。宗教議會認為還需要聘請一位管理人，除非評議會認為上述兩位先生即可擔任這項工作。此事交由行政當局全權決定。如果需要管理人的話，宗教議會弟兄認為最適合的人選是維得夫特（V. H. Verdelfft），就是麻豆現任的教師。他在擔任神學校管理人時，同樣能夠照料原先學校的工作。

四、關於教學法。教學順序、方法和時間應該如下：

第一，一般而言，學生早上以福爾摩沙語教學，下午以荷語教學。

第二，上午教學時間如下：日出起兩小時，即 6 點至 8 點；一小時早餐；然後再兩小時教學，即 9 點到 11 點。

第三，下午教學時間要兩小時，即從 3 點到 5 點。

第四，在學生較熟悉荷語之前，副校長應在早餐前以福爾摩沙語教授教義問答，努力讓學生有正確的理解。早上 10 點到 11 點，則由校長教同樣的東西。

第五，每天早上 9 至 10 點，學生們必須認真練習讀寫，不准例外。星期四最好當作假日，學生們可以自由遊玩或允許外出。

第六，下午要教荷語，康美紐斯（Commenius）寫的《語言入門》（*The Door or Portal to Language*）❽，以及一些荷語與福爾摩沙語對照的日常會話彙編，可以當作教科書。

五、關於學校的內部管理。宗教議會建議採用下列規則：

1. 副校長要在天亮前讓所有學生起床，督促他們穿衣、洗臉、梳髮，然後虔誠地跪下做晨間禱告。

2. 上課前後，都要禱告或讀祈禱文。

3. 三餐之前都要求神賜福，餐後要感恩。

4. 享用午、晚餐時，都需大聲朗讀一章聖經。

5. 午、晚餐時，學生必須輪流讀一章聖經，並以同樣順序在用餐前後及上課前後讀祈禱文。

6. 未經校長允許，學生不得離開學校。

7. 學生行爲不良而需由副校長以教鞭處罰時，不得超過一下。

8. 學生外出遲歸時，校長可以決定處罰的程度。

9. 每天輪流由兩位學生擔任値日生，負責登記在校時間沒說荷語的，或行爲不當者，並向副校長報告。

10. 副校長應使學生保持服裝乾淨整潔，負責請人打掃學校，及所有可以促進學校及學生方便與福利的事。

請長官及其評議會指定一些奴隸做勞務性工作，例如準備食物、

……………………

❽ 康美紐斯（John Amos Comenius，1592-1670，英譯原文寫成 Commenius，諒必同一人）的《語言入門》，是一本拉丁文入門書，他以八千個最普通的拉丁字寫成一千個句子，依易難順序排列，並將之分成一百類，每類討論單一主題。完全建立在「語言只在傳達事實」的原則上。該書出版於西元 1631 年，在很短的時間內就被翻譯成十二種歐洲語言及四種亞洲語言。林玉體，《西洋教育史》，文景出版社印行，1980 年，頁 263-264。又見 William Boyd, *The History of Western Education*, 9th. ed., Adam & Charles Black, pp. 243-245, 民 63，台北文景書局影印本。

照料學生的衣服、日常內務工作……

我們現在要對「從北部撤回牧師，改駐在台灣附近各村」這個提案提出看法。宗教議會的弟兄們反對這個提案，理由如下：北部居民，不論老少，在背誦我們所教導的知識上都有很大的進步，我們可以期望不用幾年，他們就會和在台灣附近各村民一樣，對基督教有同等的認識。在此情形下，如果將牧師抽調回來，這些村民必定十分失望，牧師們也不願再學習北部的語言。他們在這方面已有了很好的開始，但現在這項提案卻會讓他們覺得過去的努力全都白費，無法再藉此獲得任何好處。

現在要談到基督教信仰的精簡教學法。我們從 1657 年 7 月 11 日總督寫給本島長官的信件摘錄中得知這個提案。透過該信，我們知道巴達維亞宗教議會很想引進一種良好的、一致的教學法，包括簡易課程、簡單的教義問答和一些祈禱文，全都盡可能精簡，其目的在避免將來發生任何改變創新，為此，牧師們不得擅自增加或刪減上述教材。

為將此提案付諸實踐，巴達維亞宗教議會寄來兩份短篇教義問答，它們經批准後，已用到實際教學上。他們要求我們仔細檢視這些作品，用我們自己的方式，審慎評估是否適用於此地。

然而，基於若干重要原因，我們很遺憾不能同意此項要求。本地教的教義問答已用了好幾年，土著們都已背熟。新寄來的教義問答和本地原有的，在內容和精簡性上都相似；兩者雖稍有差異，但大抵相同。然而這些差異卻是土著們完全不能理解的，容易讓他們感到不安。本地宗教議會極力避免這種事發生，因為土著們都很急著想完成他們的學習，才不必天天到學校，減為每週聽道一次即可。所以我們很希望能避免因延長上學時間而引起的不滿，相信巴達維亞的弟兄也有同感，不希望出現這種情況才對。

仔細考量長官及其評議會的好意，以及其他影響土著福祉的事項後，宗教議會決議，必須嚴格遵守下列關於教育的記錄，現在及未來的牧師都應該依之來教學，除非有當局的明確同意，否則不得隨意增減。

第一，成人及青年學校裡必須牢記的，有短篇教義問答（有三十九個問答）和長篇教義問答（有六十九個問答）❾、主禱文、使徒信條、十誡、餐前後禱文、早晚禱文。必須注意的是，不用記住兩份教義問答，只要記住其一即可：年長者記短篇的，因爲他們只知道這份；年輕人記長篇的，因爲他們一直在學這份，大部分內容都已經背起來了。

第二，教師不得強迫學生學上述以外的東西。除非是在課後，否則學生也不必學習教義問答的解釋或說明。

第三，所有的牧師、傳道師、教師都應該盡其所能，不只在教堂或學校，還要在學生的住家，以教義問答來教育年長者和年輕者，促進救贖眞理的擴張。

本地宗教議會恭請主要當局，在印製長篇教義問答時，能將其解釋與註解一起印出，因爲那很有助於教師及傳道師的教學。這項請求，已經由長官及其評議會向總督及其評議會提出，希望主要當局能在明年之前批准此事。

宗教議會想在明年將這兩份眾所周知的教義問答及其解釋，寄送阿姆斯特丹和瓦赫蘭（Walcheren）兩教區議會，以及福爾摩沙、巴達維亞、荷蘭的所有行政官，希望能夠獲得普遍支持。宗教議會想進一步通知所有宗教團體，我們寄送這兩份教義問答尋求認可，並非有意

❾ 這兩份都不是尤羅伯編的，尤羅伯編的是八十條和八十九條的兩篇短教義問答和三百五十三條的長教義問答。

脫離荷蘭國的教會自立門戶，純粹是因爲福爾摩沙土著只學過這兩份教義問答，不得不繼續沿用。日後當主願意在福爾摩沙建立新教教會時，本宗教議會完全同意採用海德堡教義問答（Heidelberg catechism）。

最後，宗教議會要求，由漢布洛克譯成福爾摩沙語，並經常在本地教會宣讀的〈約翰福音〉與〈馬太福音〉，經適當修改後，能夠公開採用及宣讀。

簽名者：臨時主席李奧納、漢布洛克、克魯夫、秘書安新（J. Amsingh）

108. 長官及其評議會致總督及其評議會

（1657 年 11 月 19 日，熱蘭遮城）

……聖經的僕人全力在福爾摩沙傳教。北部土著天天進步，南部則依然是不道德的異端，因爲其教師突然死了，行政官歐拉利（Johannes Olario）亦突然過世，現在遺缺由諾頓（Hendrick Noorden）遞補。諾頓有行政能力，娶土著爲妻，長期擔任教師和翻譯。我們將所有教會事務交由牧師處理。我們記得閣下的命令，當有牧師死亡而出缺時，要設法任命遠處的牧師來補充。不過，這對那些被遺棄的村社而言，是很大的損失，因爲當地居民對眞理的認識，與居住在我們附近的居民不相上下。因此這樣做只是挖東補西而已。我們也擔心住遠處的牧師將不再願意練習當地的方言。所以我們希望在這類空缺出現前，閣下能給我們進一步的命令。

根據已說過的若干理由，我們認爲，應該教學校最年幼的學童荷語，並繼續用土語教成人。這幾乎是本地所有弟兄的共同意見。不過您們並沒接受我們的提案，所根據的理由也許很重要，但我們不清楚。我們必須接受您們的決定，就當我們的宗教議會從未向您們提案。

關於設立一所培育年輕土著成爲牧師或教師（能將荷語譯作福爾摩沙語）的神學校，您們的同意頗爲猶豫，因此宗教議會隨函附上一份計劃中的教學法及這所學校可能的支出。他們滿懷希望地等待您們的最後決定。

我們需要較一致的教學制度，讓教學者有所依據，並減輕學生的負擔。爲此，此地的宗教議會檢視了巴達維亞宗教議會送來的短篇教義問答（這份問答似乎已在巴達維亞普遍使用）。他們已做成決議，使本島的教學有個固定且一致的計畫可循。

布希霍牧師將乘 *Hercules* 號船回巴達維亞，其蕭壠的遺缺由賓德斯（Vinderus）❶ 接任。

閣下送來的西班牙酒，牧師們要我們轉達謝意。……

以上。

您們最服從的僕人　揆一、歐根、達曼、佩得爾、法蘭丁

❶ 有兩位 Vinderus，一位是 Vinderus, W.（賓德路）（頁 523），一位是 Vinderus, G.（賓德斯），後者於 1657 年 5 月 21 日到福爾摩沙，死於 1659 年 12 月 12 日（頁 511），所以有可能是他。不過，由於賓德路只出現一次，故賓德路也可能是筆誤。

109. 福爾摩沙評議會的決議

（1657 年 11 月 24 日，熱蘭遮城）

評議會已接到宗教議會 10 月 5 日的決議摘要。該份決議提到一段引文，摘錄自今年 7 月 11 日總督寫給長官的信函，長官鑒於其內容與島上居民的宗教利益密切相關，特別轉達給宗教議會知曉。

弟兄們聲稱，閱讀這信時，心裡非常難過，因爲總督批評他們在本島南部的行爲，好像他們的判斷犯了很大的錯誤。他們再度全體一致地鄭重宣稱，絕不同意從南部撤出教會的影響力，更不能同意將南部地區置於行政官的控制之下，僅僅使當地居民成爲安分的百姓而已。相反地，他們將使用各種可能的方法，增進南部地區已受洗基督徒對神及其神性的知識。爲此，宗教議會弟兄認爲有必要向評議會表示：僅以開化土著、教導他們道德觀念爲藉口，逐漸中斷南部的傳教工作，將帶來破壞性的後果。宗教議會認爲，審判日來臨之際，這種做法將被認爲是不正當、無法饒恕的。

這是弟兄們對這個問題長時間討論後的結論，也是他們提出來辯護他們的主張的根據。由於他們宣稱這些想法迄今未變，他們現在以最恭敬的態度，請求我們批准以下幾點：

1. 南部應該繼續受宗教議會監督，其人員及所使用的方法也由他們負責。

2. 長官應命令行政官諾頓，幫忙派駐牧師學習語言並做翻譯工作，但不要（像歐霍福任期時那樣）妨礙到諾頓的行政本職。當諾頓因領聖餐或洽公而回台灣，可以多住幾天來教牧師語言，寫下一些必要的單字和語句。

3. 牧師可以偶爾召喚能力最佳的教師，到台灣或他所在的其他地方，來協助他的工作。此時學校的工作，應交由該校第二負責人負責。

4. 諾頓先生或其他被召喚的教師，可以從講不同語言的南部三區中各選一人隨行，這樣牧師才能更熟悉各種不同方言間的異同。

5. 在北風季節，需提出學校月報表時，只能挑選附近各村精通西得雅語的人。被選上者依牧師之命，須離開他的村子二、三天，提供牧師必要的協助。

6. 長官一有書面或口頭命令，駐在蕭壠或新港的牧師和行政官，就必須立即派出最能幫助該牧師學習語言的人。

7. 被召喚的人必須每天給予食物做爲酬勞。之後，這些人及提供額外服務的牧師，都可獲得長官及其評議會批准的額外金錢。

宗教議會更樂於向本評議會提出支持設立神學校的理由，以使各評議員間能得出適切的看法。他們也報告巴達維亞總督及其評議會對於設立神學校的決定，更對本評議會的意見（神學校應設在蕭壠或新港，因爲這兩村比麻豆還方便）提出評論。

宗教議會決定向本評議會解釋，爲什麼他們認爲麻豆最適合設立神學校。爲使他們的意見更有力，他們提出很長的論證，由於篇幅的關係，在此我們不引述❶。摘要中還包括對土著教學及從北部撤回牧師提案的評論。本評議會若干評議員將會閱讀、檢視這份文件。

依宗教議會的意見，這所神學校將招收較重要各村有意願的學生三十人，年齡 10 到 14 歲；孤兒或窮小孩最好；他們應該品性好、記憶力強、領悟力高。

宗教議會已提出完整詳細的教學計劃，但關於學生的衣、食，及

❶ 即第 107 篇。

需多少奴隸做雜務等相關問題，他們希望交由本評議會全權決定。

最後宗教議會還請我們勸說巴達維亞的行政官，要他們運用影響力來遊說母國當局，讓附有註解的長篇教義問答及漢布洛克修訂的約翰、馬太兩福音書能在荷蘭印刷。他們相信，傳道師和教師將發現這些著作很有助於教義問答的教學。台灣教會記錄對此有更詳細的說明。

本評議會詳讀這些文件，並經充分討論後，一致決議如下：

1. 向異教徒傳教的工作，應依舊由宗教議會監督，特別是巴達維亞當局曾在公文中宣告，牧師每年都可以訪視教會。因此，只要行政官員們的權威不受影響，我們衷心同意此項請求。這在我們去年給宗教議會的決議文裡有詳細說明。

2. 我們很樂意讓司法官諾頓協助常用字詞和片語的翻譯。

3. 此外，我們允許牧師徵調附近最好的教師或是居住在南部的人，來協助他完成南部的工作。然而，沒有人可以完全免除原本的學校工作，因爲這種安排不僅相當麻煩，也曾在前幾年引起很多紛爭。

4. 我們也同意，司法官諾頓或其他教師被召喚來協助牧師時，可以由南部三語言區各選一位土著陪同，但這些人不能羈留過久。

5. 我們還決定，提交學校概況表時，只能選用精通西得雅語的人，這些人也不得羈留過久。

6. 我們完全反對宗教議會的第 6 條請求，因爲它與第 3 條很接近，我們已解釋過我們的想法。

7. 最後，我們決定，被召喚到南部的土著，每個人每天都應有一斤（catty）米和三便士的錢做爲報酬，但督導此事的牧師並不會有特別補助，因爲他是被宗教議會聘雇來做此事的，不應該要求公司薪資之外的額外津貼；這也和巴達維亞來信的要求一致。

我們全體評議員一致認爲，關於提議中的神學校，最適合的設校地點是蕭壠。兩評議會 ❷ 均根據充分理由，認爲蕭壠是最好的設校地點。那裡不會有很多陌生人造訪，位於大河岸，周圍土地肥沃，食物供應無虞。選擇麻豆的長篇論據，我們認爲非常薄弱。

關於神學校的雜務性工作，我們會考慮讓奴隸來做，雖然我們原先想以犯法被判監禁或服勞役的人來做。

附帶說明，宗教議會所擬訂的神學校規則及教學法，符合我們的要求，我們將不加任何評論地呈給總督及其評議會。我們也將請求他們批准在荷蘭印製福爾摩沙語的教義問答。

本決議於上述日期在台灣的熱蘭遮城做成。

揆一、歐根、達曼、佩得爾、法蘭丁

❷ 即福爾摩沙評議會和巴達維亞評議會。巴達維亞評議會也主張設在蕭壠或新港，頁 496。

110. 福爾摩沙評議會致總督及其評議會

（1658 年 3 月 2 日，台灣）

……儘管我們不斷嚴厲警告，土著們還是繼續犯偶像崇拜、通姦、偷情，甚至亂倫之罪，以致招來各式抱怨。考慮到土著們的本性相當腐敗，或是無法認識我們所介紹的神的律法及我們在本地所設立的法律，因此我們一致決議發佈這份文告。

我們在做出這項決議之前，曾諮詢過宗教議會，他們認爲這份文告並未偏離上帝的正義律法。我們也深知，這裡有許多脆弱、知識極端貧乏的基督徒，而且大部分土著都還是愚昧的異教徒。因此，這份文告是針對所有人，但也特別在保護那些已被教導過基督教原理和健全道德的人。同時，此文告也與荷蘭本國的律法一致。我們知道，荷蘭的律法是頒給比福爾摩沙土著更受神眷顧、更有領悟力及知識的人。

爲達此目的，我們宣佈：犯偶像崇拜罪者，最高將處以公開鞭笞並驅逐出此地；犯亂倫罪者，應被嚴厲地公開鞭笞並戴枷鎖六年；犯文告中所列舉的較不邪惡之罪者，則依其情況懲處。爲避免有人裝作不知情，文告將被譯成各地方言，張貼在教會或學校，每月公開宣讀一次。這樣一來，在我們權力所及之處，土著就會學著放棄上述邪行。

我們和宗教議會共同請求您們，以最快的方式，派遣另一位虔誠、有能力的牧師來取代安新（Jacobus Amsing），使該村的工作能像剛開始一樣，繼續卓越地進行下去。安新在 1657 年 11 月 24 日死於二林村 ❶。

趁我們寄信之便，可敬的弟兄們附上我們前封信提到的長篇教義問答的解釋性註解，那是以荷蘭文寫的。弟兄們現在迫切希望閣下能夠同意，將荷蘭文版和福爾摩沙語版以雙語對照的方式印刷，以方便教會的使用。謹此。

揆一、歐根、法蘭丁、達曼、佩得爾、
伊佩蘭（Thomas van Iperen）**、哈豪爾**（D. Harthouwer）

漢譯者：以下少了一年半的資料（1658 年 3 月 2 日到 1659 年 12 月 18 日）

❶ 漢辛駐二林（頁 490），安新死了，還有漢辛牧師在，沒有必要「以最快的方式」再派一位教士來，所以有可能安新即漢辛。再參考頁 614 安普仁之註。

111. 福爾摩沙評議會致總督及其評議會

（1659 年 12 月 18 日，福爾摩沙）

……本月 12 日，賓德斯牧師高燒五天後死於蕭壠。他先前從轄區內的大武壠被送到蕭壠。教會再度哀悼一位牧師的猝逝。我們很擔心教會工作將因這一損失而受到很大傷害。我們暫時請漢布洛克兼管那裡的教會事務，因爲他住麻豆，離蕭壠不遠。

如果可能的話，我們非常希望您們能在下次船班派來新牧師。如是，李奧納就可以不必離開現在的駐守處。要不然依照您們的命令，即「一有牧師缺時，應該由駐守最遠處的同事來頂替」，他就得那樣做。

虎尾壠很需要李奧納的服務。如果他離開了，就必須放棄目前很興盛的教會和學校。這樣一來，也會對李奧納造成很大的不便，因爲他還要再花兩年時間來學習另一種方言。

我們希望能在六個月內獲得您們關於這個問題的指示和命令，這段期間內，我們將不改變現狀，因爲我們認爲這樣做是最有利的。……

服從的、最謙卑的僕人　揆一、歐根、華維倫、法蘭丁、佩得爾、伊佩蘭、哈豪爾

112. 十七董事會致總督及其評議會

（1660 年 4 月 16 日，阿姆斯特丹）

…………

台灣：我們也接到長官揆一及其評議會 1658 年 3 月 2 日的信件。他們說，爲了拯救土著脫離偶像崇拜（我們雖然嚴禁，土著還是在做），已在宗教議會同意下發出禁令文告，對於偶像崇拜者，將處以最嚴厲的懲罰，像公開鞭笞、驅逐出境等。

我們絕不認爲這是讓那些可憐愚昧的人放棄偶像崇拜、學習救贖眞理的適當方法，我們很不喜歡這種做法。如果那樣做，我們相信，土著將會越來越討厭我們的統治，最後必會迫使他們採取極端手段。我們也相信，如果我們的訓誡、教導不能影響他們，這些嚴刑峻罰就更不可能影響他們。我們也認爲，基督徒不應訴諸此種手段，令我們驚訝的是，宗教議會竟然會同意這樣做。雖然那是爲了使土著改信基督教，但做法太嚴厲、太殘酷了，所以我們不得不對此表達反對。那也牴觸了我們荷蘭的立國精神及性格 ❶。

我們熱切希望，這些懲罰應大幅減輕，雖然不必公開撤回該禁令，但不要付諸實施。……

………………………

❶ 荷蘭國的立國精神很人文主義，不喜歡西班牙人的宗教裁判所的高壓制度。所以關於處罰尪姨的問題，福爾摩沙宗教議會認為宜重人情，巴達維亞宗教議會認為應嚴格處理，福爾摩沙當局嚴加處理後呈報十七董事會，十七董事會則認為嚴格處理違反荷蘭的立國精神。

113. 福爾摩沙評議會的決議

（1661 年 5 月 2 日，星期一 ❶）

國姓爺要求普羅文西亞城投降。我們發現該城無法再堅守，便派伊佩蘭、李奧納和三位助手為代表，前去與國姓爺議和。最主要的談和條件，就是讓牧師們能夠繼續自由地教導土著基督徒；這些土著蒙神恩典，已被教導了神的福音。我方代表將盡力要求對方同意此條件，因為我們最關心的，莫過於神的聖名及新教的建立與進展，我們認為這乃是普遍幸福的基礎，也是我們及人民能安享世俗福利與精神恩典的保障。

❶ 楊英的《從征實錄》說赤崁城夷長貓難實叮於 4 月 4 日投降（頁 187）。查西曆 1661 年 5 月 2 日，即農曆 4 月 4 日星期一，兩項資料日期吻合。

114. 熱蘭遮日誌摘要

（1661 年 5-10 月）

1661 年 5 月 17 日星期二：有些土著和他們的長老，包括住在山上和平原，以及幾乎所有南部的土著，都已投降國姓爺。每個長老都收到一件淡色絹袍、一頂有金色圓頂的帽子和一雙中國靴。這些人現在都非常鄙視我們所教導的基督教信仰，並爲了不必上學而高興。他們到處破壞書籍和教具，再度恢復令人厭惡的異教風俗。國姓爺抵達的消息一傳開，土著就殺了一位荷蘭人，砍下其頭，圍著頭顱興高采烈地跳舞，就像從前對待所征服的敵人那樣。揚茲（Steven Jansz）曾在南部目睹整個實況。

軍隊傳來訊息，蕭壠已被占領，漢布洛克及溫愼兩牧師不約而同逃往目加溜灣。

1661 年 5 月 24 日（農曆 4 月 26 日）**星期二**：下午五點半，敵人高舉休戰旗，漢布洛克牧師由奧瑟威（Ossewayer）、一位名 Sangae（總爺？）的國姓爺官吏、兩位翻譯仲哥（Joncke，番通事李仲）和胡興哥（Ouhincko，番通事胡興）等四人陪同（前三人騎馬，後兩位步行），從鳳梨園（Pine-apples）一直走到碉堡底下。我們詢問來意，得知他們是攜帶國姓爺的信前來。因此同意只讓漢布洛克一人，或由奧瑟威陪伴，進入熱蘭遮城。掌旗官克雷蒙（Claermont）被派去禮貌地通知那位官吏，說我們會好好考慮信中的內容，希望他與兩位翻譯先留在城堡前的市鎭（quarter），可待在屋內或任何地方，直到我們準備好答覆文。那位官吏同意了。

漢布洛克一進入城堡，就把國姓爺的信交給長官，長官集合所有評議員，當場宣讀該信。內容如下：

本藩（Pompoan）致台灣長官揆一信函

大明招討大將軍國姓（Teybingh Siautoo Teysiangkon Koxsin）致台灣長官揆一：

你們荷蘭人才區區數百人，竟敢抵抗我方大軍？你們似乎已喪失理智，極不識相。

本藩體念上天有好生之德，不願毀滅生靈，希望大家都能活命，才會頻頻與你們通信。你們必須深思，保護你們的妻兒及財產，乃是頭等要事啊。

現在我派我的官吏Sangae，隨同漢布洛克牧師和胡興哥、仲哥兩位翻譯，向長官致意，並提出和平條件，請你們詳加考慮。

第一，如果你們在我開砲之前就獻城投降，我將以對待你們副長官的方式來對待你們，亦即，我將不會殺你們，如果你們有任何要求，我也會同樣答應。我說的是真話，絕無欺瞞。

第二，即使我已開始朝城堡開砲，只要城上舉起白旗，長官和若干大小官員出城來求和，我還是會立即命令停火，那麼你們就會相信我的話。當你們的指揮官攜妻帶子前來見我，我將立即下令把大砲撤回船上。無論何時，只要我發現你們真心求和，我就會那樣做。等我發佈此命令時，長官和其人民必能確信我真心想要和平，必然會信任我。

再一句話：當和平到來時，你的士兵必須立即離開城堡，我的士兵將立即接管城堡及裡面所有房間。我將維持秩序，使你們的財物不致有絲毫受損，也將命令男女奴隸留在屋內保管財物。在赤崁或台灣有屋子並想住那裡的人，都能夠離開城堡，並帶走所有的金錢和財物。

另一句話：中國人的習慣是有求必應，但城堡不能留給你們，因為它對我們很重要。我可以做很多讓步，但先前給赤崁人兩天的時間，讓他們能夠帶走財物的優待，不能再給你們，因為你們拖了太久才決定，不像赤崁人民在我攻擊之前就先投降。所以，在這段等待時間過後，一旦我的大砲發射，你們必須立即離開，一小時都不能再等。

最後，我知道你們漂洋過海到此貿易，保衛城堡乃是你們的職責所在。我不覺得你們這麼做有什麼錯誤或罪過，這樣的行為甚至令我高興，所以你們不必害怕。

我所說的任何話，所做的一切承諾，全世界都會相信，知道我會遵守諾言。像從前一樣，我不想欺騙任何人。城堡中每個荷蘭人都可保存此信，信中所寫的，全都真實可靠。

如今，局面已經到了不是寬恕你們，就是殺死你們的地步。你們必須盡快做出決定，如果考慮過久，無異是宣告求死。

揆一先生以前說他不認識中國字，我寫的許多信他都看不懂。我現在寄來的這封信，是經胡興哥、仲哥兩位譯者宣讀、翻譯給前副長官法蘭丁❶聽，再由法蘭丁寫成適當的荷蘭文。請你們認真考慮吧。

永曆 15 年 4 月 26 日

（邊緣註記：此信已竭盡所能翻譯，1661 年 5 月 24 日❷，法蘭丁）

評議會決定回覆如下：

---

❶ 即楊英《從征實錄》裡的貓難實叮（《從征實錄》，頁 186）。

❷ 明永曆 15 年農曆 4 月 26 日，恰為西元 1661 年 5 月 24，星期二。

福爾摩沙城堡及其人民的長官揆一致函駐軍於羊廄（Bokenburg）的國姓爺：

昨晚從官員 Sangae 和漢布洛克牧師（由奧瑟威陪同）手中接到您的來信。

我們很清楚信件內容，但我們給您的答覆將一如本月 10 日那般，即為了我們所全心信靠的唯一真神的榮耀，及為了我國及東印度公司的興隆，我們必須繼續捍衛城堡，即使喪命亦在所不惜。

本想於昨夜給您回覆，但因為 Sangae 到來時，您駐紮於熱蘭遮市鎮的軍隊正在我們眼前忙著建築對付我們的工事，那位官員又不願命令他們停止（他說無權阻止），因此我們也須忙於防禦工事，無法在昨晚給您回覆。至於我們如何回擊您對著我們的大砲，您自己的士兵將會告訴您。以上。

揆一，1661 年 5 月 25 日於台灣

漢布洛克進入城堡，將國姓爺的信交給長官【翁佳音老師提供】

寫完信後，漢布洛克描述了我們在北部的同胞（他也是其中之一）的遭遇。

他說，他們一聽說敵人軍隊抵達的消息，就立即聚集在蕭壠。因為那裡的村民懷有惡意，當地又太接近敵人，所以他們再逃到麻豆，後來又逃往哆囉嘓。但他們覺得留在那裡太危險，食物也缺乏，於是再逃到諸羅山。

那期間，土著對荷蘭人的愛與善意已逐漸消逝。他們接到普羅文西亞城主奉國姓爺的命令寫來的信，說他們如果投降，國姓爺將會給予他們與普羅文西亞城同樣的條件。除了在 Zant 河以北的少數居民外（這些人可能要再逃往雞籠、淡水），都認為這個條件對他們較有利，因為當時的處境很悲慘，特別是對他們的妻兒來說，而且軍隊中還瀰漫著不服從、失和的氣氛。因此，包括四位牧師和五位行政官的一百一十六人，都加入普羅文西亞的荷蘭居民。他們全都缺乏食物，敵人的情形也一樣。

在國姓爺的命令下，十一個重要人物離開普羅文西亞，來到駐紮在羊廏的國姓爺面前。國姓爺原本命令十五個人來，但只來了十一人，因為他們抗議說，如果他們全都離開普羅文西亞，勢必會造成混亂。國姓爺最終允許四人留下，保護普羅文西亞的財物。漢布洛克離開時，這四個人就待在那裡，成為和平的保證。

漢布洛克及其他荷蘭人在聽到國姓爺即將登陸，準備逃往北部之前，麻豆人帶著三顆頭顱回來了；他們在 4 月 27 日（農曆 3 月 28 日）前往山上懲罰叛變的力里社（Dunckeduckians）。這些麻豆人用從前的異教習俗大肆慶賀，圍著人頭跳舞，並做出其他滑稽的動作。漢布洛克禁止他們，譴責他們回到過去的行為，但他們粗魯地公開反抗他。

行政官和牧師們逃走後所留下的財物，後來被國姓爺派來的漢人查封保管。

波克（Bocx）先生和李奧納牧師向駐守普羅文西亞城的中國官員 ❸ 的秘書提出申請，得以領回部分財物，漢布洛克也被承諾將能取回財物。

漢布洛克還說，由於一再請求，國姓爺已批准他們大部分的請願，甚至允許他們的宗教行為。

1661 年 5 月 25 日星期三：下午 4 點，昨天來的朋友，即漢布洛克和奧瑟威，帶著給國姓爺的回信向我們道別。沒看到陪著他們一起來的那位官員，原本留在碉堡附近的馬也不見了。所以他們徒步走到鳳梨園，那裡有些漢人，漢布洛克向他們敬禮。於是這群人在白旗遮蔽下，從我們的視野消失了。

這些朋友和我們一樣，為我方的勇敢與至今所獲得的勝利感到喜悅，希望能取得更多勝利，以期盡快解除包圍。願全能的神，讓他們及我們皆能喜悅，使這些希望早日實現，解救我們脫離敵人之手。

1661 年 8 月 13 日（農曆 7 月 19 日）**星期六**：昨晚我們捉到兩個男孩和一個漢人。今早我們盤問那位漢人及其中一位男孩，得到下列口供：漢布洛克是男孩的主人；讀遍達（Jan Druyvendal）、霍恩（Frans van der Voorn）教師及另三個荷蘭人在新港被捉，成了俘虜；前兩人在赤崁被釘上十字架，其餘則被釋放；漢布洛克在翻譯毛利次（Maurits）的協助下，取得國姓爺的允許，為他們祈禱；他們被釘在十字架上三天後還活著，於是連十字架一起被帶到新港，豎立在地上，才死在那裡；他們被行刑處，就在長官房子前面。那位漢人及男孩又說，已婚的荷蘭人都還住在那裡。讀遍達的兩個兒子跟一個中國官員住在諸羅山，他的太太和另兩個孩子住在新港。漢布洛克在諸羅山。溫慎和普魯伊（Pruys）先前一起住在新港，但已移居南部了。

---

❸ 即楊朝棟。

台灣殉教【翁佳音老師提供】

荷蘭教師被釘上十字架【引自《被遺誤的台灣》】

1661 年 8 月 16 日（農曆 7 月 22 日）**星期二：**破曉時分，一位名叫羅伯茲（Hendrick Robbertsz）的士兵游泳到鳳梨園，之後來到碉堡下，被接入城堡。他帶給我們以下訊息：上個月，翻譯員讀遍達和一名年輕教師被綁在十字架上，用釘子穿過他們的手心和小腿，並釘入他們的背部。他們以這種悲慘的情況，被立在長官住宅前公開展示，我們的人則拔刀護衛他們。他們三、四天沒吃沒喝後，氣絕而死。據說他們是煽動土著起來反抗國姓爺，才被如此處置，但他們至死都不承認此事。

1661 年 8 月 27 日（農曆 8 月 3 日）**星期六：**破曉時分，一位新港來的荷蘭人梅格利（Pierre Megriet）進入城堡。他說，普羅文西亞城投降後，他與好幾位殘障者繼續留在那裡十八天，那些健康的人，包括教師黑姆（de Heems）和蘭伯茲（Jan Lanbertsz），都立即被送到南部或北部的村子。不久，十四位病弱者被送到新港，但途中死了七個。

中國軍隊在新港的教堂裡儲存很多火藥和稻米。當地居民怨聲載道，因爲他們最好的土地、稻米、家畜、牛車都被中國人拿走。這些可憐的人只能默默忍受，甚至還得裝出滿意的樣子。長老們則穿著高貴的中國衣袍到處走動。

我們荷蘭人不顧中國人的禁令，常到村裡撿拾掉落的食物來填飽飢腸，但他們經常被禁止這麼做，只得挨餓。

羅伯茲也看到兩個不知名的荷蘭人在赤崁被釘在十字架上，他們的手繞過頭，被釘子釘在十字架上，小腿、手臂也都被釘著。這兩位可憐的人被如此折磨三天後才死。不僅如此，這群野蠻的異教徒還把他們運到新港，他們最後死在那裡，也被埋在那裡，其悲慘的情形超乎想像。中國士兵完全不會騷擾土著，但別的人則會惡意虐待他們。此外，中國人強迫所有採用荷蘭姓名的人，都必須依父母或朋友之意來改姓名，違者重罰。

厄克號（*Urk*）船難被捕的四十二位荷人，除船務長及其僕人外，都被用繩子綁住頸部帶到新港，有一個人只穿一件褲子，另一個只有一件汗衫。中國官吏強迫新港人殺害船難者中的十四位，村裡的頭目殺了最多人。另外五個人，即船務長卓謀（Stephen den Dromer）、他的僕人、醫生、下士和另一人被帶到赤崁。我們不知道其他人的命運如何，但相信他們被帶到南部。

當他【羅伯茲】被舢板載到新港時，副長官法蘭丁及其家人和僕人、李奧納牧師及其家人、教師約拿士（Jonas）、各村所有醫生、測量員梅（Philip May）和布魯姆（Joannes Brummer）及其家人、士兵數人都留在赤崁。教師奧瑟威被允許住他岳母家。他離開時，溫愼夫婦與教師撒姆爾（Samuel）在新港，他們都住在中國官吏所占有的原行政官住宅。漢布洛克和其他朋友也來新港，但他住幾天後就與幾位婦女和小孩移往北部了。

1661年10月24日（農曆10月2日）**星期一**：我們再次審訊本月13日（農曆9月21日）從市鎮逃來的兩名黑人男孩❹。其中一位堅持說，許多荷蘭人，包括漢布洛克和拉曼森（Jan Lammersen），已在新港被斬首，也有很多人餓死。他聲稱，看到奧瑟威和若干士兵被斬首；厄克號船在岸邊擱淺，其船員在新港被殺；所有剩餘的荷蘭人則在各村被殺，只有教師約拿士、阿納尼（Ananias）及梅等還在赤崁；法蘭丁、李奧納牧師、布隆納（Bronner）和兩位隨從被帶到中國。

❹ 這兩名男孩被拷打後，發現是間諜（頁526）。

115. 總督及其評議會致長官及其評議會

（1661 年 6 月 21 日，巴達維亞）

……我們了解，你們希望有更多好牧師到福爾摩沙傳播福音。但我們相當缺乏牧師，所以要如往常一樣派出七位牧師，已是非常困難，雖然我們派到福爾摩沙的牧師一向比其他地方還多。

你們在信中說，如果不能派出更多的牧師，教會工作必然進展很慢；傳教重擔必須轉由土著來負擔，那是他們很不情願的事；目前這項工作由這麼少的人來執行，自然難有令人滿意的成果。我們的回答是，我們很了解你們的心情，但另一方面，我們認爲你們如果縮限傳教的範圍，可能就會有更好的結果。這由你們抱怨進步很少就可知道。

顯然，我們命令李奧納離開虎尾壠，改移駐到蕭壠，使你們很不滿意，但城堡附近的村落，比遠方的村落更需要牧師，因爲城堡附近的居民較文明，也受過較好的基督教教學。我們還是堅信這個原則。如果不這樣做，我們擔心已有的成果會白白浪費掉，也很難期待福爾摩沙人民能擁有適當的基督教知識。

我們也還不確定，能否派牧師來取代已故的賓德路（Vinderus, W.），因爲荷蘭尚未派新牧師來。但只要適合的牧師一到，我們會立刻考慮福爾摩沙，設法供應之。

隨函覆上的公司董事 1660 年 4 月 16 日的信件 ❶ 顯示，他們非常不喜歡你們於 1658 年宣布的反對福爾摩沙偶像崇拜的嚴厲做法。你

❶ 即第 112 篇。

們讀完此信，就可以知道為什麼他們希望採取較溫和的措施；也可以知道他們雖然不堅持要撤回該禁令，但希望該禁令不要被執行。董事們要求立即執行他們的命令，馬上除去加諸在福爾摩沙人民身上的重擔，解除有關上學的嚴厲規定——只要這些規定有絲毫違反基督教之處——這樣一來，傳教事業就不會受到阻礙。

從你們 1660 年 7 月 11 日的決議，我們知道你們已命令南部各村供應飲食給當地的受刑土著，但我們認為這樣很不公平，因為這些囚犯和台灣其他不幸者一樣，是為了公司工作，也應該由公司提供食物。所以我們很希望將來能這樣做，免除上述各村的額外負擔。

漢布洛克要求我們解除他在福爾摩沙的職務，使我們有點吃驚。他透過長期的工作經驗，已對福爾摩沙的語言與人民擁有卓越知識，能對當地教會提供傑出服務。我們很想勸他不要退休，如果他願繼續服務，我們將非常高興。

如果他堅持這項請求，你們必須同意他離開。但屆時他應該瞭解，他及其家人將不能留在巴達維亞，必須返回荷蘭，因為他在此地不像在福爾摩沙那樣有用。

據了解，漢布洛克很不滿蕭壠行政官的挑釁與粗率行為。若此事屬實，他應該知道我們絕不會同意此種行為，我們一貫的想法是，牧師們因其工作神聖，必須被適當尊重。所以我們要求你們調查此事，設法使同樣的抱怨不再發生。

有位名叫漢德利克（Daniel Hendrickx）的，從荷蘭經麻六甲到達此間。我們知道他曾在福爾摩沙當翻譯和教師長達二十三年。依有關報告，他的服務令人滿意，很勤奮。我們也聽說他很虔誠，無品格過失。他個性善良，和藹可親，對於福爾摩沙語的知識超過其他教師。

漢德利克表示想回福爾摩沙，考慮到他將對學校很有幫助，我們同意了。我們更同意他想駐在蕭壠的請求，所以他留在福爾摩沙服務期間，不會派往他處。我們給他傳道師的身分，更給他一塊村旁的小土地，使其足夠養家。我們請求你們注意前述事項，提供我們對他許諾的權益。我們認爲他值得有此待遇，這樣他就願意終生服務福爾摩沙教會。

以前在福爾摩沙服務過的梭頓（Dirck Scholten）、史特拉丁（Hendrick Stratingen）兩教師，剛從荷蘭到達此間，正要與家人前往貴島。我們相信他們會提供良好服務，希望你們能雇用他們。

我們不同意在下層城堡（the lower castle）的北面建另一個堡壘……因爲台灣和福爾摩沙的堡壘已經夠多了。現在不比從前，以前公司較有能力築堡壘，現在他們只願支付開銷而已。你們要瞭解這事實，也不要無端恐慌，覺得福爾摩沙需要再建許多碉堡。以上……

你的朋友

總督馬次科、哈辛克、奧次洪、富爾堡、斯丟爾

116. 卡烏指揮官日記摘錄

（1661 年 10-11 月，熱蘭遮城）

1661 年 10 月 21 日：今天下午兩個黑人男孩由市鎮❶逃到城堡來，一個是次級商務官巴利（Michiel Baly）的奴隸，另一個是自由民，但曾在掌管市鎮的馬本督（Beepontok，馬信）家當奴隸。

他們聲稱親眼目睹如下事實：國姓爺因底下士兵越來越少而暴怒，特別是上月 16 日與我方船艦的戰爭中，他的士兵死傷相當慘重。因此，國姓爺先讓所有受俘的荷蘭士兵進食，然後再全部殺害，不只包括與普羅文西亞城一起投降的士兵，也包括派駐各地的哨兵。漢布洛克、慕斯、溫慎等牧師，前法院秘書奧瑟威，前蕭壠行政官波克（Gillis Bocx）和若干住赤崁的荷人，都遭到同樣命運，先被招待，然後砍頭。但李奧納牧師、前駐普羅文西亞城可恥的副長官法蘭丁及其妻和五子，和許多荷蘭小孩，都被遣送到中國。李奧納妻子的同父異母姊妹，一位廣南（Quitam）父親和日本母親所生的 16 歲少女，嫁給住赤崁的韃靼官員，不僅已穿上中國服裝，也開始纏足。漢布洛克的女兒，長得非常討喜可愛，被國姓爺❷納爲妾，充爲後宮。所有其他荷蘭婦女都被看守在普羅文西亞城。

後來，這兩個小孩被拷打❸後，發現他們是被派到城裡來的間諜。但他們堅持所說的是實話。

1661 年 11 月 20 日（農曆 9 月 28 日）：傳道師漢德利克的名字經常被提及，因他對福爾摩沙語言相當了解，也很熟悉土著，所以他跟

---

❶ 指熱蘭遮市鎮，已由鄭氏控制。

隨遠征隊到南部，以提供有價值的服務。他到了Pangsuy島（放索仔？）後，大概對自己很有信心，獨自深入內陸，離遠征隊太遠，結果突然被一群武裝土著包圍。他們殺死漢德利克，取走他的頭、手臂、腿、甚至內臟爲戰利品，只留下被支解的軀體❹。

❷ 【甘為霖原註】國姓爺（Koxinga），這個首領的名字在書中經常出現，不妨簡述一下。他的父親鄭芝龍，出生在福建省安海（Anhai）附近的小村，原是小商人，貧困多年，後來和福爾摩沙的荷蘭人和澳門的葡萄牙人做生意。鄭芝龍在澳門好幾年，受基督教影響，以尼可拉斯（Nicholas）之名受洗。接著他移居長崎附近，與一日本女子結婚，生成功（Cheng-Kung），即日後的國姓爺。鄭芝龍的財富及影響力急速擴張。不久，韃靼人入侵中國，讓鄭芝龍變得更加重要，因為他有武裝帆船的大艦隊，也有數千名勇士跟隨他反抗韃靼入侵者。明朝皇帝歡迎他，給他榮譽，賜他為將軍。鄭芝龍的運氣一直很好，直到韃靼人捉住他，將他囚禁在北京。這時國姓爺挺身而出，大膽抵抗韃靼人。國姓爺有決心，有膽識，一時勢如破竹，但後來在南京、廈門先後遭到重大挫敗，情況急轉直下，讓他不得不轉而攻占福爾摩沙。國姓爺打敗了荷蘭人，獲得一處廣大、舒適的庇護所。任何想論定國姓爺人格的人，都必須避免中國方面的過度讚揚及荷蘭方面的全然憎惡，也應考慮他所面對的周遭環境和他所處的時代。通盤看來，現在的作家很難為他的人格漂白，也很難肯定他就像遭指控的那般粗暴殘酷，因為他的許多同代人跟他一樣壞，甚至更壞。禮密臣（Davidson）在其近著《台灣之過去與現在》（*Island of Formosa*）裡，似乎喜歡這樣的說法。該書第53頁說，國姓爺並不真正殘酷；他懷疑國姓爺會下令殺害荷蘭人；國姓爺允許被圍在熱蘭遮城裡的人帶著私人財物離去，這種外交行為非常寬大，比我們所見過的、包括我們這時代的任何戰爭個案都寬大。另方面，也不能否定國姓爺——這位尼可拉斯弟兄的兒子，南京太學（Nanking University）的校友，之後也是李科羅神父（Father Ricci）的朋友——以非常殘酷的方式剷除福爾摩沙的基督徒。誰敢瞞著國姓爺，暗地裡招待這些荷蘭牧師，然後再酷刑折磨他們至死？難道國姓爺不知道，有一群荷蘭人在赤崁被釘上十字架，再被運往新港展示，最終在極端痛苦中死去？我們能夠假設，對大批手無寸鐵的福爾摩沙人民所進行的折磨屠殺，如禮密臣書中第89頁所說的情形，可能沒經過國姓爺的明確指令或默許嗎？要解決這個爭議的問題，只需要知道國姓爺和漢布洛克之間發生何事即可。漢布洛克被派往熱蘭遮城勸降，但他卻鼓舞同胞們堅守城堡，再以生命為賭注，回報國姓爺說：城中人雖然願盡力滿足國姓爺的期望，但絕不提到投降一詞。這個答覆觸怒國姓爺，

使他下令砍殺漢布洛克。（漢譯者：這裡有簡化推論的現象。漢布洛克於5月24日，見頁514-518，被派去勸降，而9月16日稍後才被殺，見頁526。勸降不成不會等到三個半月後才遷怒。）同時，這位勇敢的基督教殉教者的女兒，據說長得非常甜美可愛，也被國姓爺充為後宮。然而，禮密臣還是樂於說國姓爺不是粗鄙（vulgar）的海盜，也不是殘酷的人，只因為這位粗暴、不信神、人面獸心的人（the coarse unholy brute），以較寬大的方式來對待被征服的敵人，例如，比美國人在其內戰所做的，或英國人最近在南非所進行的（指1899至1902年的布耳戰爭），都來得寬大。

【甘為霖原註又有一條說明李科羅神父，漢譯者將之置於下】

【甘為霖原註】李科羅（Vittorio Ricci），這位天主教道明會修道士，有時被誤認為是名氣更大的利瑪竇（Matteo Ricci）。利瑪竇是早一代的傳教師，大部分時間都居住在北京。而這位李科羅則是從菲律賓開始他的事業，然後移居福建，在那裡成功傳教好幾年。後來他涉入政治，以致嚴重干擾到他身為基督教傳教者的單純與虔誠，也沒有任何證據顯示他對「他的朋友國姓爺」奸猾殘酷的個性產生多少影響。

❸ 【甘為霖原註】荷蘭人在處理福爾摩沙土著事務時，似乎有時會訴諸拷打。事實上，中國人一旦對證人的說詞持疑，或想得到更多的訊息，也經常會嚴刑逼供。這種審訊方式一直在福爾摩沙沿用，至少遭監禁的嫌疑犯會受到殘酷的毒打。應該一提的是，日本派駐在台灣的有為官員，並不贊成這套做法。另外，本書也數度提到早期的荷蘭殖民者有蓄奴的習慣。無疑地，目前的輿論已無法容忍許多早期的慣習。拷打、蓄奴，與拯救人類的努力同時並存，特別引人注目。

❹ 以他在本島的生活經驗和土語能力，應該不會被殺才對，所以，他會被殺，應該是土著已被鄭氏收服，背叛荷蘭人的現象。

117. 克魯夫牧師致錫蘭巴達斯（P. Baldeus）牧師的信

（1662 年 10 月 13 日，Negapatam）

……我與家人於 10 月 6 日到此地後，我立即犯了嚴重的熱病，無法寫太多東西，但我仍透過船長羅斯（Mr. Roos）和商務官羅夫（Mr. Reuf）向您致上誠摯的問候。我不知道您是否有收到，因爲我這段期間病得很嚴重，幾乎已絕望。蒙神的特別恩賜，我現已康復，上星期四我先到教會，在接著的星期日講道兩次，我明天打算去拜訪病人，然後下週日主持聖餐禮。

一封信無法詳述福爾摩沙最近的悲慘狀況，這也超出我目前的體力所能負荷。雖然我每次想到就會發抖，但我還是要描述最主要的情節。這些狂暴的中國人，首先攻擊赤崁的城堡，他們殺死若干荷蘭士兵後，捉了我的長子和我內弟，後者還被砍斷一臂。

第二天，我方的赫克托號（*Hector*）與許多中國帆船交戰，結果爆炸沉沒，船上有我方最好的船員，包括我的岳父佩得爾（Thomas Pedel）。赤崁城抵抗數日後，也因缺水缺糧被迫投降；牧師、行政官、教師、士兵和大部分平地居民只好盡量爭取有利的投降條件。卡烏領導的艦隊（我們低落的士氣曾因此短暫地重新鼓舞起來）被暴風雨打散，厄克號（*Urk*）在沙灘擱淺，被敵人逮捕，再也沒有聽到後續的消息。

簡言之，中國軍隊橫行於福爾摩沙，我們的士兵四處潰敗，*Koukeren* 號在城堡附近被擊沉，來不及逃走的荷人，都落到無情的敵人手中。漢布洛克及其子和諸羅山的一些人都犧牲了；虎尾壠的牧師慕斯、新港的牧師溫慎等都被斬首，他們的妻子和許多人一起被迫爲奴。

荷軍海戰失利圖【引自《被遺誤的台灣》】

同時，由於熱蘭遮城嚴重缺乏食物，每天都有士兵死於赤痢、壞血病、水腫等。九個月間，戰死、餓死的達一千六百人，我們剩餘的人爲求活命，只好投降。

想到這麼多家庭突然破碎，想到幾乎有三十位牧師蒙難（有的喪失性命，有的損失財產；我自己則是失掉了十五年來的全部積蓄及大部分的藏書），想到公司經受的損失、羞辱，以及其他無法言喻的苦難，沒有人能夠不流淚。我們必須將這一切災難，視爲神的正義之怒，用以懲罰我們種種罪孽。

除了一件事外，我不想再說了。此事同樣令人痛心，那就是巴達維亞方面的訊息是如此偏差，以致嚴重誤判了整起事件。

您摯愛的同事　克魯夫（J. Kruyf）

Kort en Bondigh Verhael, van 't gene op het ſchoone Eylandt FORMOSA, miſgaders op het by-gelegen Eylandt TYAWAN en 't Fort ZEELANDIA, op den 5 Iuly 1661. is voorgevallen, mitſgaders de Overgevinge van 't gemelde Fort aan de Chineſen.

Gunſtighe Lezer,

HOe zeer dat Mensch in dese laetste en verdorven tijden Schatten en Rijkdommen najaegt, zijn herte en trooſt daer op zet, en poogt alzo een Hemel, in den Mammon van dese Werelt op te rechten, voornamentlijk met zijn even Mensche te beschadigen, en is 't mogelijk uit het Land der Levendigen, door een ontydige en geweldige doot weg te rukken; zo heeft nochtans d'Almachtige, als een Roede van zijn Toorn, dikmaal het quade zo weten te bestieren, dat daer uit eenig voordeel ten besten van zijn kerke, ofte gemeene Staat zy voortgekomen; ofte immer, dat dese in haer uiterste voornemen, van alles na hare begeerlijke hartstochten te drayen, noch eyndelijk zijn gestuyt en opgehouwen. Dit is kennelik uit d'oude Historien, als mede, uit dit bloedig en droevig Verhaal, welker Vertooning, als een jammerlijk Treurspel, alle Christenen, ta waetheyt, hier afgebeeldt werdt.

WAnt, na dat den Machtigen Tarter, het Vermaerde Rijk van China, door stale Wapenen bemagtigt, en zo hy waende, de rebellige Chinesen, by na geheel verstropt en uyt de palen zijns Rijks had verdreven, soo heeft hy den Stoel zijns Gesaghs, als verwinnende Monarch, onwanckelbaer gevestigt. Doch waren noch eenige Chinesen overgebleven, die hare nekken, onder de last van zijne verwinnende Wapenen niet en hadden willen buygen; dese op verscheyde kleyne Eylanden gevlucht, en door gebrek van Vaartuygh niet konnende achter volgt werden, hebben, niet mogelijk te Lande yets te verrichten, alles te Water gestroopt en weg geroost wat sy vonden, niet alleen van hare openbare Vyanden, maer oock van hare bekende Vrienden; alles verrichtende onder het Opper Beleydt van den bekenden Zee-rover Equan: die eertijdts een Kleermaker op Tyawan geweest is, en sig so verwaent en sterk met dese verdreven Chinesen heeft gemaeckt, dat hy van yder ontsien en gevreest wierdt: als Meester ter Zee zijnde; maer hy van de doodt weg geruckt, so hebben sy, sijnen Soon Coxcenia genaemt, in zijn plaetse aengenomen.

Doch gemelde verdreven Chinesen, door de parsende magt der Tartaren, niet langer konnende verblijven op hare wijk-plaetsen, hebben langsaem 'er handt toegeleyd op 't vruchtbare Eylandt Formosa om 't selve weder te bemachtigen, daer te nestelen, en in zeeckerheit te verblijven: wetende dat de Forten en Sterkten, die de Ed. Bewinthebberen daer hadden, niet bestandig waren tegen hun persende magt. Dit heeft desen Coxcinia, door kundschap van de Inwoonders, poogen uit te voeren, en sig meester van Formosa te maken: maer den Gouverneur, ter zyden daer van verwittigt zijnde, heeft in alle yl den Generael en voordere Raden van Indien, tot Batavia, daer van mede kondschap gedaen: daer hy onderstandt versoekende, 't welck hem, zo haest doenlijk, ook is toegesonden. Echter heeft genoemde Coxcinia niet na gelaten, zijn voornemen in 't werck te stellen en uit te voeren; derhalven, komt niet meer dan 600 Chineese Jonken, of Vaer tuygh, met Volk en Geschut wel voorsien, in Maert op 't genoemde Eylandt Formosa aenvallen; maekt zig terstond Meester van zeeker Fort Stekan, waer op een Amsterdammer Gouverneur en Landdrost was, die niet bestandig tegen sodanig gewelt, 't selve moest overgeven. Daer op zijn noch andere Sterkten, als mede alle de Negerye vermeestert. Doch alsoo het Fort Zeelandia, het magtigste was, en so haest niet konde vermeestert werden, heeft hy Do Hantbroeck, een Godvreesent Man, nevens andere Dienaers des Goddelijcken Woordts, by hem ontbooden, en aen den Heer Cojet, Gouverneur van gemelde Fort Zeelandia gesonden, om te versoecken, hy wilde de Sterkte goedtwillig overgeven, sou dan met alle de Nederlanders onverhindert, vry, behoudens lijf en goedt, op Formosa mogen woonen, doch so hy in 't tegendeel sulks weigerde, swoer, noch Vrouw, noch Kindt, noch leven te willen verschoonen, maer alles door 't swaert te vernielen en uit te roeien.

Dese last is by Do. Hantbroeck, getrouwelijk verricht: op 't Fort komende, heeft sulks seer ootmoedigljk voor-gedragen en versocht, gelijk in de Kaerte wert aengewesen: Maer de Heer Cojet, gaf hier op tot antwoordt, dat hy sulks, eeds halven, niet en vermochte te doen; dat hy hulpe van Batavia verwachte; dat haer ellendige staet hem leedt was; en al soude alles te gronde en verlooren gaen, kon hy sulks niet inwilligen oft toestaen. Hier op is genoemde Leeraer, bitterlijk schreyende, met zijne by-hebbende vertrokken, seggende in 't afgaen van 't Fort, dese woorden: Och my! ik beklaegh mijn leven, dat ik sulke grouwelijke Tyrannye van zo Heydensche Menschen, sal moeten aensien. Dit bescheydt aen Coxcina en zijn Mede-Broeders gedaen hebbende; zo gaf den Tyran terstondt daer op last, niemant te sparen, hoe erbarmelijk hy ook om genade mocht bidden. Onmenschelijk wierden Gods heerlijke Schepselen mishandelt, zonder aensien van Kinderen oft onnooselen. Geen pen kan sonder tranen beschrijven, hoe wreedt, het Bloedt der Heyligen als water wiert vergoten, gelijk uit de Afbeeldinge levendiger gespeurt magh werden.

Midlerwijl poogde den Tyran, met de zyne, het Fort te overrompelen; doch quamen 9 Schepen, wel bemant en van alle behoeften voorsien, tot hulp voor Tyawan aen: Dese, nevens die van 't gemelde Fort, hebben een proef op den vyand gedaen, en zijn gelijker-handt gevallen, op een half afgespoelde Redupt, daer tegen over op Baxemboi gelegen: 't welck de Chinesen hielden, om daer mede 't Fort Zeelandia te beschieten, gelijk de Letter F aenwijst: maer de Nederlanders derwaerts overgeschept zynde, vonden de tegenstandt so geweldig, dat sy gedwongen waren met verlies van 400 Man af te wijken; De Chinesen waren 6000 sterk, alle van den hoofde tot den voeten toe gewapent, en in den aensien, wegens hun blanke Wapenen een Tinnen-berg. En of wel de Schepen tot hulp gekomen, de Jonken meenden te vernielen, zo was 't echter te vergeefs, want sy setten so fel op hun aen, dat van alle kanten omcingelt nauwelijks ontkomen was; de Jonken tot onder het Fort op de droogte geweken, gelijck Letter B aenwijst, soo is een der Schepen de Hector genaemt gesprongen, en een ander dat op grondt vast raekte van de Chinesen genomen, met 400 Man en 2 Schuyten, alhoewel den Gouverneur Cojet, sulks met groote ernst pooghde te verhinderen. Daer op zijn de Secours-Schepen weder vertrokken, onder 't Beleydt van Jacob Cauwen, mede nemende over de 200 Vrouwen en Kinderen der Vluchtelingen, en zijn gelukkig yk in 4 weken en 6 dagen tot Batavia gearriveert, zijnde een sonderling Beleyt van d'Almachtige, die hun so spoedig tot de hare bragt, daerse anders door gebrek van levens-middelen hadden moeten versmachten.

Hier op is terstondt ordre beraemt, het Fort Zeelandia is 't mogelijk te assisteeren en te bewaren, vier Schepen na den Tartar gesonden, om strijdbare Mannen over te halen, de Chinesen van Formosa weder te verdrijven, als ook een tamelijke maght van de Ed. Compagnie derwaerts aen geschikt, om den Tyran in zijn verdere Progressen te stuyten: Maer eer so een groot voornemen, tot de gewenste uytwerckinge konde komen, is het genoemde Fort Zeelandia van den Gouverneur Cojet met Verdrag aen de Chinesen overgegeven, als niet magtig zijnde, soo een groote menigte Vyanden tegen te staen, te meer, wijl hy niet vertrouwde dat het ontset soo na was. De Nederlanders sijn alle na Batavia gevoert, daer Cojet tot nader onderrichtinge van alles gave, in verseckeringe zy gestelt.

Doch wijler noch hoope overigh is, dat de baldadige Chinesen, door de Wapenen der Nederlanders, ofte maghtigen Tartar wederom, dese Conquesten eenmael sullen moeten verlaaten oft in ruymen, waer toe den Almachtigen sijn zegen wil verleenen, soo willen wy dit ons verhael hier af-breken. Maer en boven also men verstaet, dat den Tartharischen Cham genegen soude wesen, de Nederlanders den Handel op China en d'omleggende plaetsen toe te laten en in te willigen, so soude dit verlies door een veel grooter goet verwisselt werden en, den Handel meer en meer aenwassen, en onder die de Kercke des Heeren uytgebreydt werden, aen die, welcke soo lange in duysternisse hebben geseten.

Dit is 't dat wy na de beste onderrichtinge hier van hebben konnen vernemen, uyt geloofwaerdige Getuygen, en geschreven Brieven, en den Liefhebbers aldus hebben willen mede deelen.

De Aen wijsinge van de plaetſen in deſe Caert begrepen.

A. Hier verſoeckt D. Handtbroeck de Overgaaf van 't Fort, *B.* Sijn de Joncken der Chineſen, *C.* Is het Schip de Hector Opgeſprongen, *D.* Is het Schip van de Chineſen genomen, *E.* Sijn de 9 Schepen van Batavien tot hulp gekomen, *F.* Is 't Vervallen Fort Baxenboy, mitſgaders de gecommandeerde Hollantſe Soldaten, *G.* De Troupen der Chineſen.

福爾摩沙淪陷快報【翁佳音老師提供】

118. 台灣教會圖書館藏書目錄

1. Syntagma Polani, *f.*7.18
2. Jacobi Laurentii, Shield of Faith, *f.*3.18
3. Mercerus in Genesin, *f.*5.12
4. Paraeus in Genesin, *f.*8.0
5. Musculus in Matthaeum et Joannem, *f.*6.0
6. Opera Zanchii, 2 folios, *f.*28.0
7. Paraeus ad Hebraeos et Corinthios, *f.*8.8
8. Piscator in 8vo. in 4 parts in N. Test., *f.*8.0
9. Paraeus ad Hebraeos, *f.*2.16
10. Ferus in Matthaeum et Diotericus, *f.*2.0
11. Merlinus in Job, *f.*2.0
12. Paraeus de Gratia, *f.*2.16
13. Sacroboscus de Spheris, *f.*2.16
14. Doreslaer against the Mennonites, *f.*4.18
15. Eusebii Church History, *f.*5.18
16. Alstedii Cursus Philosophiae, *f.*8.0
17. Biblia interlineate, *f.*16.0
18. Biblia Hebraea, *f.*4.10
19. Thesaurus Festi, *f.*4.12
20. Udemans against the Anabaptists, *f.*1.16
21. Plessaeus de veritate religionis, *f.*1.8

22. Vorstius de Deo, *f.* 3.5
23. Drusius in Prophetas, *f.* 1.7
24. Teelincks Treatise, *f.* 2.6
25. Erpenii Grammatica, *f.* 2.0
26. Josephi Historia, *f.* 2.12
27. Amsingh against the Baptists, *f.* 0.18
28. Theatrum histor., *f.* 2.12
29. Lexicon Scapulae, *f.* 3.10
30. Paraeus in Jacobum, *f.* 2.14
31. Opera Wittakeri, *f.* 8.8
32. Triglandi Opera, Dutch, } *f.* 30.0
33. Amesii Opera, Latin, }
34. Chemnitzius in N.T., *f.* 19.12
35. Chronica Carionis, *f.* 2.12
36. Templeri Metaphysica, *f.* 0.15
37. Biblia Trimellii, *f.* 8.4
38. Lexicon Pasoris, *f.* 2.3
39. Ternovius de Trinitate, *f.* 4.12
40. Martini grammatica hebr., *f.* 1.4
41. Alstedii Theologia Catech., *f.* 3.6
42. Instit. Calvini, idem in Epistolas, *f.* 7.0
43. Theophylact.; Lactant.; et Aretius in Acta, *f.* 4.0
44. Grossius in Biblia, *f.* 3.0
45. Melific. historica, *f.* 3.0
46. Scotan. in Petrum, *f.* 2.16
47. Stepperi Postil. –Itinerar. Script. –Crispin, On the condition of the

Church; idem against the Anabaptists, *f.* 16.16

48. Walaeus against Corvinus and Collatio Hagiens, *f.* 5.12
49. Pentateuchus in N.T. arabicum, *f.* 7.16
50. Cartae in Proverb, *f.* 2.16
51. Brokeri Antidotum, *f.* 2.16
52. Paraeus de Statu Peccat. et Justificat., *f.* 6.10
53. Summa exemplarium, *f.* 2.16
54. Tileni Loc. comm., *f.* 2.16
55. Taffyin, on Repentance, *f.* 2.0
56. Books on Medicine, *f.* 2.0
57. Histor. arabic, *f.* 1.10
58. Sibelius in 133um Psalmum, *f.* 2.0
59. Aromatum, liber, *f.* 2.8
60. Aretii Loc. comm., *f.* 3.12
61. Bucani Loc. comm.., *f.* 2.0
62. Clavius Comment. in Spheram, *f.* 2.16
63. Tomb: Parables, *f.* 1.0
64. Perkerus de Descensu, *f.* 3.0
65. Tremellii Grammatica, *f.* 1.0
66. Luther Knecht. wille, *f.* 1.0
67. On the Globe, *f.* 1.0
68. Anatome Arminianismi, *f.* 1.1
69. Consensus Orthodox, *f.* 1.0
70. Animadvers. histor., *f.* 1.0
71. Festi Disputat., *f.* 1.10
72. Synopsis pur. Theolog., *f.* 2.16

73. David's Repentance, } *f.* 1.0
74. Becan. Tractatus, }

75. Opera Ciceronis, *f.* 7.0

76. A small collection of little books, *f.* 15.0

……………………………………………………共76本，價值*f.* 360.16。

119. 禮拜前的禱告

（尤羅伯著）

喔！神，我父，我們唯一永恆的眞神，創造天，並獨自創造地、海、山、森林、湖泊，最後一天造人，在第七天休息的神，注視著集合在這間教堂裡的我們。我們村民畏懼祢，相信祢的話語，請降臨來察看我們，因爲我們把祢當作我們唯一的神。我們不再尋找我們祖先的神，那是異端。我們要拋棄那些神，放棄過去所有錯誤。白天晚上、餐前餐後，我們都將對祢謙卑，喔！我父。

祢曾說：「安息日在家休息，不要工作。」誰敢拒絕這一戒律？依祢指示，我們在此集合，聽從祢聖經裡的話語。喔！神，我父，當祢的牧師僕人解釋聖經，請打開我們的耳朵，讓我們聆聽、了解，並信那些話語，所以我們了解、相信了。

雖然我們有很多罪行和錯誤，請祢忘記它們。我們祈禱祢將它們全部帶走，拋棄到大海裡。我們會記住祢的兒子耶穌基督，祂同情我們，救贖所有信祂的人，然後祢不再對我們發怒。在祢對我們的榮光中，只要我們活著，我們將讚美榮耀祢的名。我們死後，我們也將讚美在天上的祢，直到永恆。

喔！我父，繼續傾聽我們，我們會聽從神子耶穌活著時給我們的教訓，並說「我們在天上的父」，等等。

120. 詩篇第1章[1]第15節的講道書

（尤羅伯著）

"在患難之日求告我，我必搭救你，你也要榮耀我。"

先前我教過你們，我們的神不像異端眾神。雖然祂希望人們服事祂，命令人們對祂謙卑，但祂會要求祭品嗎？祂曾說過：「如果你們以陷阱捉到鹿，要送鹿的舌、肝或腎給我」嗎？祂曾說過：「要以檳榔、荖葉（siry）、飲料、飯或豬肉來服事我」嗎？祂爲什麼要說那些呢？如果我們以那種方式崇拜祂，祂必會生氣發怒。神是人嗎？祂像拜神的異教徒嗎？祂想吃嗎？祂想喝嗎？祂會餓嗎？祂會渴嗎？不是，祂滋養我們，祂只要我們心口如一，虔誠地崇拜祂。

神告訴我們：「如果要服事我，就來求告我，讓我聽你們的聲音，把心給我，並榮耀我的名。如果你們有麻煩，如果你們生病，如果你們飢餓，那麼，安靜地、熱誠地、悲愁地求告我，只向我祈求。我會聽到你們，我聽到你們時，你們就讚美我。」

我們的神，唯一眞神，在過去對我們的祖先這樣說。祂自己這樣啓示我們：「你們，人子，住此世界的人民，我有話要告訴你們。如果你們生病、貧窮、有麻煩或困難，就來求告我，不管你們不幸的原因是什麼。你們以吾子耶穌之名，用虔誠、悲愁的聲音來求告我，必定不會白叫。當你們這樣呼叫我，我會喜悅地聽你們，答應你們的祈求。當我聽到並應允你們的祈禱，你們當讚美我，榮耀我的名。」

[1] 應該是第 50 章

在這些話語中，神教我們三件事：

第一，我們要求告祂。

第二，祂將聽見我們。

第三，我們要讚美祂。

第一，神說：「在患難之日求告我。」換言之，神告訴我們：「如果你們有困難或生病，虔誠地求告我，只向我一神。」這樣，我們的祈禱將會傳給唯一眞神，不會隨便傳給陌生的神。我們必須只求告祂，因爲祂自己說：「要只求告我、只向我祈禱，我是主，你們的神，所以你們必須只求告我。」這些話是神所說的。讓我們聽從耶穌，看神子說了什麼？祂說過：「要求告許多不同的神」嗎？祂怎麼會那樣說呢？不是，祂這樣宣告我們的責任：「你們要求告我父，唯一眞神，高住天上的神。」聖靈不也是做了同樣的見證嗎？祂的話是相同的，因爲祂教我們高叫：「阿爸，天父。」（Abba, Father.）

過去，我們的祖先求告神，服從聖父、聖子、聖靈的話。我們是這些基督徒的後代，必須照著這樣做。聽聽非常敬畏神的先知大衛（David）怎麼說。他說：「喔！神，我只求告祢。」因此所有基督徒，所有懷著同樣敬畏心的人，都只求告祂。先知但以理（Daniel）這樣說：「主呀，當祢的僕人求告祢，傾聽他們。」因此過去其他基督徒都這樣說：「神呀！當我們求告祢，請從祢的寶座往下看。」

爲什麼我們一定不可魯莽地敬拜別的神？爲什麼你們說我們要求告唯一眞神？注意聽，我告訴你們。因爲祂說：「只來求告我，只有我是你們的神：不要遵從別的神。」如果我們輕視、拒絕祂的話語，至高無上的神會對我們怎樣？

第二，如果你們想要神聽見你們，答應你們的祈求，就只求告祂一神。「我將只聽見那些唯獨求告我的人。」我們的神和異端諸神不同，因爲他們雖有耳朵，卻不會聽。但神聽得見我們的話，如果我們以正確的方式向祂求告。

我們的神是全能的，因爲祂住在天上，能隨心所欲達成任何想做的事。祂不像人，不像我們在地上的父親。地上的父親可能眞的愛我們，但他們能治我們的病嗎？唯一的神，全能的神可以。爲什麼我們要隨便追隨異端神呢？我們的神不是慈悲神嗎？祂不愛所有向祂祈禱的人嗎？因此，讓我們全心全意只求告祂一神。不要替異端神裝飾，要榮耀我們的天父，唯一的神，因爲祂告訴我們：「求告我」，並承諾會諦聽我們。

讓我們警告所有不服從這些話語的人，以及那些沒有唯獨求告祂的人。讓我們的憤怒轉向那些只求告人類的人，因爲我們應該都只向神祈禱。

所以我說我們應該譴責那些愚蠢地崇拜異教神的人、那些偶像崇拜的人、那些求告並以祭品祭拜達瑪、德卡、達帕等異端神的人。他們顯然拒絕神的話語，嘲弄我們的神，變成異端。他們不眞誠，心持兩意。這樣的人將無法進天堂，會和魔鬼住一起，因爲他們不相信神的話語，拒絕聽從。

這就是那些尚未拋棄偶像的村民的情形，他們仍然是異端。他們隨意敬拜異端神，錯誤地生活，獻祭品給尪姨；尪姨不認識神，不信神的獨子耶穌。不要和這些人有任何往來，因爲他們是異端、魔鬼的僕人。

第三，現在來看看你們這些村民拋棄偶像後的情形。你們的心境如何呢？繼續蔑視神的話語嗎？還傾向以前邪惡的習俗嗎？或憎恨唯一眞神嗎？你們眞的只崇拜祂嗎？

開始檢驗你們自己，你們是否還秘密地向你們的偶像獻祭？如果是，那麼你們還是異端，依舊嘲笑、嘲弄我們的神。這眞是不虔誠。因爲神說：「把我當成你們的唯一眞神」，你們卻拒絕奉行，不信祂的話：「只向我求告。」你們不聽從祂，還是遵守以前異端的習俗。你們何時才會停止欺騙和嘲弄神？在場的女士，妳們何時才能拋棄祖先邪惡的行爲呢？

我不知道你們是否尚未改信。但是請記住，如果你們維持歪曲的行爲，繼續嘲笑神，你們將無法進入天國，只能下地獄，到那裡和惡魔同在。你們要完全轉向神，只求告唯一眞神，熱誠地向祂求告。只想到祂，只請祂協助，並對祂謙卑，然後祂將憐憫你們，對你們慈悲。你們常被規勸要向神求告、禱告。神說：「你們要把我當作你們唯一的神，只向我求告。」

但你們可能會問：「我們何時求告祂？」聽我說，我告訴你們。要天天向祂求告，在早晚、吃喝時求告祂。過去我們的祖先這樣做，他們在早晚敬拜神。先知但以理每天求告祂三次，先知大衛也一樣，在早上、中午、晚上爲之。當年神子耶穌基督在世時，每天早上求告祂的天父。在破曉前、雞鳴時，祂求告神，祂的父親。有時祂晚上祈禱，有時還整晚祈禱。

固然要天天求告神，但我們有困難或生病時，更要不停地向祂求告，因爲祂說：「在患難之日求告我。當你們有困難或生病時，求告我。天天求告我：早上起床時，下午用餐時，晚上躺下時，還有當你們健康強壯時。當你們生病、困難、飢餓時，更要毫不遲疑地熱切求告我。讓你們的呼喊被我聽到。困難時呼喚我。」當我們的祖先面對強大殘酷的敵人、生病、飢餓時，他們就是這樣做。當他們痛苦時，就熱切地求告祂。

信了神後，你們現在的心情怎樣？早上起床、晚上睡覺時，你們都熱誠地祈禱嗎？白天你們有多常求告神？我擔心你們許多人不曾向祂求告。你們早上起床時沒有想過祂，晚上睡覺前也沒想祂一下。你們有些人完全不服事祂。「生病時、患難時求告我。」你們聽到這樣的話了嗎？我只問你們這個問題：生病時，你們曾想到神嗎？

爲什麼你們應該想祂呢？祂讓你們生病，給你們困難，所以你們不說：「喔！神，把病帶走，治療我，拿走我的困難」嗎？這種想法是非常叛逆、非常邪惡的。當你們生病或有困難時，你們想到按摩身體，想到尪姨，白白奉獻了你們的財物。如果你們熱誠地求告祂，祂必會帶走你們的病，取走你們的苦。

既然你們不知聖經，已經錯了，好，現在就轉向神。改信基督，忘記你們祖先的生活方式。遵循神，你們的父的命令，因爲祂會給憂慮的心帶來平安和寧靜，你們的心將會一如止水。如果軟弱，祂會給你們力量；如果有困難，祂會帶走你們全部困難；因爲祂說：「在患難之日求告我。」

神說：「求告我，有時大聲說，有時用想的。如果你們大聲求告我時，有人嘲笑你們，你們就在心中安靜地求告我。」若這樣做，你們就像神的朋友摩西，他在眾人之前求告神，雖然他們不信他的話。你們要像撒母耳（Samuel）的母親哈拿（Hannah），當她安靜地求告神時，只動嘴唇而已。所以神說：「有時要在心裡秘密地求告我，因爲我知道你們的思想，知道你們一切的一切。」不要以爲你們秘密求告神時，祂不知道。祂知道你們內心在想什麼。聽祂怎麼說：「如果你們熱切地求告我，那麼用溫熱的語言大聲說。求告我，熱切地求告我，向我祈求，讓你們的話能被清楚聽見。以你們全部的力量來求告我，讓人們和你們身邊的陌生人聽到你們在求告我。當你們求告我，我將傾聽你們，應允你們。」

你們這些信仰基督的村民，注意聽神這些令人精神抖擻的話，因爲祂說：「你們將不會白白地求告我，我將回答你們，應允你們。我將會睜開眼看到你們的求告，不會置若罔聞。當你們求告我，我將不會不傾聽。」相信這些話，因爲這是神說的，祂眞誠，不會說謊。祂在我們祖先活著時就存在了。有時他們只求告祂一次，祂就聽到了。當希西家（Hezekiah）生病將死時，他求告祂，主就回應他，帶走他的病，把他治好。以前先知大衛求告神，神聽到了，就引導他走向正路。有些早期的基督徒也那樣做。他們向神祈求下雨，說：「神呀！把祢的雨送下來給我們。」神聽到他們的祈求，就將雲集合到他們的土地上，下起雨了。

神以前就這樣做了，祂現在還這樣做。如果我們適當地求告祂，祂會忘記我們嗎？以前我們出征塔加里揚時，我們求告神，說：「神呀！保護我們，和我們一道去，使我們勇敢。」結果怎樣？神不聽我們嗎？祂不引領我們嗎？祂不使敵人害怕嗎？又有一次，我們在休息時向祂祈雨，我們看到什麼了？祂不是把雲集合到我們的田地上，下起雨了嗎？❷所以要相信祂的話，當你們求告祂，全力地熱切求告祂，祂就聽見你們。

也許你們會對我說：「我真的求告祂，可是祂並沒有聽見。」你們說真的是這樣。祂沒聽見你們的求告，是因爲你們並未聽從祂，你們沒有服從祂的話，拒絕祂的話。罪和褻瀆依舊占有你們的心。神不回應充滿罪的人。拋棄你們的罪，洗滌你們的心，遠離你們的缺點和邪惡，祂就會聽見你們，回應你們的祈求。

爲什麼你們整天求告神，神還是不要❸回應你們呢？因爲你們依舊輕視神的話，依舊想到你們的異教神，還在獻祭給異教神，安息日還跑到田裡工作，不願將那一天奉獻出來敬拜神；因爲你們不服從父母；因爲你們還在通姦、偷情、說謊。這就是祂沒有聽見你們，不回

❷ 傳教士的心是矛盾的，他們向原住民表示能祈雨，卻對總督誠實招認無法祈雨。見頁 185。

❸ 英譯原文漏了「不」字。茲改之。

應你們的禱告的理由。只要你們繼續犯這些罪，求告祂就無效。

所以，讓我們一起拋棄我們的罪，讓我們一起說：「神呀！帶走我們過去所犯的罪，我們不願再褻瀆神，我們不願再犯罪。用基督的血洗淨我們，我們信仰基督，因爲祂的血承擔了我們罪惡的懲罰，並救贖我們。」讓我們說：「神呀！當我們求告祢，請聆聽我們。」讓我們每天不停地求告祂。讓我們在生病時、困難時，不停地求告祂，然後祂將憐憫我們，聽見我們。

121. 第一篇短教義問答

（尤羅伯著，福爾摩沙傳道師歐霍福譯）

1. **誰創造天地萬物？**
   神。
2. **神有幾位？**
   一位。
3. **你們的祖先說有許多神，真的嗎？**
   我們的祖先錯了。
4. **神很有力量嗎？**
   對。
5. **祂遍在嗎？**
   是，祂遍在，到處都在。❶
6. **祂也看得見所有事物嗎？**
   是，祂看得見我們所有的思想。
7. **祂有一子嗎？**
   是，祂有一子。
8. **誰是祂的真子？**
   耶穌基督。
9. **祂有任何其他的真子嗎？**
   祂沒有其他的眞子。

❶ 這種想法會和萬有神論扯不清。遍在的神，較難想像會具有位格。

10. **但祂有認養別人為孩子嗎？**

有。

11. **誰？**

所有信祂的人。

12. **祂也認養你嗎？**

是的。

13. **為什麼？**

因爲我讚美祂，榮耀祂的名。

14. **基督有多少本性**（natures）**？祂是人或是神？**

祂有兩個本性：神性和人性。

15. **基督耶穌憐憫人類嗎？**

祂非常憐憫我們。

16. **祂如何表現祂的憐憫？**

祂爲我們而死。如果不是祂替我們受罪，我們將被送進地獄，丟進火裡。

17. **誰會把我們打入地獄？**

神。

18. **為什麼祂要那樣做？**

因爲我們有罪（sin）❷。

19. **基督有肉體的父親嗎？**

沒有。

20. **祂有母親嗎？**

祂有一位母親。

❷ 這三篇教義問答（第121-123篇）常常用到 sin 一詞，是指宗教的罪，和塵世的罪 crime 不同，遇 crime 時，皆附英文。

21. 祂的母親是誰？

瑪利亞。

22. 祂有神性的母親嗎？

沒有。

23. 但祂有神性的父親嗎？

有的。

24. 誰是祂的父親？

神。

25. 如果基督像你所說為我們而死，我們如何向祂表示尊敬？

用舌頭、嘴巴、思想和虔誠之心對祂表示尊敬。

26. 但祂不會想要豬肉、檳榔、熟飯和其他東西嗎？

不會，如果祂想要這些東西，祂能夠輕而易舉地取得。

27. 你說神創造天地萬物，祂最先創造多少人？

兩個。

28. 他們的名字是什麼？

亞當和夏娃。

29. 神把他們創造成好人或壞人？

好人，像祂自己。

30. 但他們犯罪了，誰使他們犯罪？

惡魔。

31. 他們犯下何罪？

他們吃長在伊甸園中央、神禁止他們吃的禁果。

32. 亞當和夏娃的罪會遺傳嗎？

會，亞當和夏娃的罪就是我們的罪。

33. 你也有罪嗎？

是的，有誰沒罪呢？

34. 你怎麼知道你有罪？誰告訴你的？

神在祂的書（聖經）裡向我們啓示的。

35. 祂的書裡有多少誡律？

雖然有很多誡律，但神在最初只給我們十條。

36. 請複誦這十誡。

（1）我是耶和華，你們的神，我是唯一的；你們不可以有別的神。

（2）不可偶像崇拜。

（3）不可濫用我的名耶和華，你們的神。

（4）禮拜日不可到田裡工作，留在室內，在我的房子裡傾聽我的話。

（5）服從父母。

（6）不可殺人，不可墮胎。

（7）不可通姦，不可與婦女秘密相會。

（8）不可偷竊。

（9）不可嫉妒別人

（10）不可貪圖鄰居家裡的財物或任何東西。

37. 如果我們拒絕這些誡律，神會對我們生氣嗎？

會，祂會很生氣，因爲祂說：「我將把你們送到地獄，丟到火裡。」

38. 因為我們有罪，神也會把我們丟到地獄嗎？

如果耶穌基督沒代替我們受苦的話，祂會把我們投入地獄，丟到火裡。

39. 有多少種聖禮（sacraments）？

兩種。

40. 那兩種？

洗禮和聖餐（Administering）。

41. 洗禮是什麼？

那是耶穌基督教我們的基督教儀式，牧師以聖父、聖子、聖靈之名，爲人們洗禮。

42. 牧師為人們洗禮時所用的水，有什麼意義？

它象徵耶穌的血，祂在十字架上爲我們流的血。

43. 這些血如何淨化我們？

它洗清我們的罪，赦免我們靈魂的墮落，洗滌我們的靈魂。

44. 聖餐是什麼？

那是耶穌基督教我們的基督教儀式，牧師提供麵包和酒給來到他前面的人。

45. 麵包象徵什麼？

它象徵耶穌的身體，祂在十字架上爲信祂的人而毀壞。

46. 酒象徵什麼？

它象徵耶穌的血，祂在十字架上爲信祂的人而流下的血。

47. 誰教我們這句話：「我們在天上的父」？

耶穌基督。

48. 祂何時教我們的？

過去祂和人一起住在此世的時候。

49. 祂最先教誰？

祂的門徒。

50. 祂有多少門徒？

十二位。

51. 「我信聖父」：你信的是什麼神？

我信聖父、聖子、聖靈。

52. 神有三位嗎？

不，一位。

53. 為什麼你說有三位？

因爲聖經這樣說。

54. 「我信耶穌基督，神的獨子，吾主」，誰是吾主？

耶穌基督。

55. 「祂是由聖靈感孕而生」，誰是由聖靈感孕而生？

耶穌基督。

56. 「瑪利亞真的懷孕了」，瑪利亞懷了誰？

耶穌基督。

57. 瑪利亞年輕或年老？

她年輕，而且沒和男人同房。

58. 如果她未和男人同房，怎會有孩子？

她因聖靈而懷孕。

59. 「祂在本丟彼拉多（Pontius Pilate）❸ 統治下受苦」，誰受苦？

耶穌基督。

60. 祂那些地方受苦？

祂多處受傷：祂的頭、祂的手、祂的背、祂的腳、祂的側邊。

61. 祂為什麼受苦？

爲了我們的罪和我們心靈的腐敗。

62. 為什麼祂受這麼多處傷？一處傷不夠嗎？

不夠，我們的罪有許多，不只一個，所以祂要受許多傷。

63. 「祂被釘在十字架而死」，誰被釘在十字架而死？

耶穌基督。

64. 祂死在那裡？

十字架上。

❸ 審判耶穌之總督。

65. **祂死後，仍被留在十字架上嗎？**

不，信祂的人把祂帶走。

66. **他們帶祂到那裡？**

他們將祂埋葬。

67. **祂躺在墳墓裡多久？**

祂第三天死而復生，再活起來。祂升到天堂，現在坐在神的右邊。

68. **祂第三天復活時，立即升天嗎？**

不，祂在地上停留四十天。

69. **祂在這四十天裡做什麼？**

祂教導信祂的人。

70. **基督的神性在那裡？**

遍在。

71. **祂的人性在那裡？**

與神一起在天上。

72. **祂在那裡做什麼？**

爲信祂的人說情。

73. **基督也會為你說情嗎？**

是的，祂會。

74. **為什麼？**

我相信祂、讚美祂。

75. **基督會再來嗎？**

是的，祂將會回來，並審判之前死去的人和仍然活著的人。

76. **我們身體死後，也會再復活嗎？**

是的。

77. **何時？**

在審判那天。

78. 我們身體死時，靈魂也會一起死嗎？

不，我們的靈魂永遠活著。

79. 當身體死後，靈魂去那裡？

到天上的神那裡。

80. 異端和惡人的靈魂到那裡去？

下地獄，到烈火裡去。

122. 基督教短要理問答

（尤羅伯編，他離去後留給蕭壠、新港、麻豆和其他各村使用）

1. 誰創造天地萬物？

   神。

2. 什麼神？

   聖父、聖子、聖靈。

3. 神有幾位？

   一位。

4. 但你說：「聖父、聖子、聖靈」，所以有三位神嗎？

   不，怎麼會有三位呢？神在聖經裡是如此啓示的。

5. 神的住所在那裡？

   在天堂。

6. 祂腳站在那裡？

   站在地面和所有的地方。

7. 你信神嗎？

   是的，我信。

8. 關於祂，你信什麼？

   我信祂是創造天、地和萬物的眞神。

9. 神創造天、地和萬物時，祂是否在天上創造我們看得見的東西？

   是的。

10. 那是什麼？

    太陽、月亮和其他我們所看見的。

11. 祂也有創造我們看不到的嗎？

有的。

12. **那是什麼？**

祂的天使。

13. **神為什麼要創造天使？**

爲了讚美祂、榮耀祂。

14. **天使能降臨我們所住的地上嗎？**

是的，他們能。

15. **他們在這裡做什麼？**

照顧我們，保護我們。

16. **誰命令他們下凡？**

神。

17. **神對他們說什麼？**

降臨地上，保衛我的人民——讚美我、榮耀我的名的基督徒。

18. **天使也有犯罪（sin）嗎？**

是的，他們有罪。

19. **他們犯了什麼罪？**

他們違反、拒絕神的話。

20. **神對他們生氣嗎？**

是的，祂對他們生氣。

21. **神生氣時，說什麼話？**

神對他們說：「我要把你們丟到烈火中，因爲你們違反我的話。」

22. **他們現在是什麼？**

惡魔。

23. **惡魔住在那裡？**

地獄，在地底下。

24. **惡魔能動我們一根毫毛嗎？**

不能。

25. 惡魔想要什麼？

他想要我們的靈魂。

26. 誰較強？

神。

27. 如果神創造星星和月亮，祂還有在地上創造其他事物嗎？

有。

28. 祂創造什麼？

所有的豬、動物和地上的萬物。

29. 祂創造天地萬物花費幾天？

六天。

30. 祂第七天做什麼？

祂休息，停止任何工作。

31. 神最初創造幾個人？

兩個。

32. 他們名叫什麼？

亞當和夏娃。

33. 為什麼神先創造動物，而不是人？

如果祂先造人，那麼人在地上能找到什麼東西維生呢？

34. 亞當的身體是什麼做的？

一小把的土和泥。

35. 泥土會動嗎？

不會。

36. 神造了什麼，泥土才會動？

靈魂。

37. 造第一個人亞當後，神怎麼說？

「人單獨不好，我要給他造個與他相稱的助手。」

38. **夏娃的身體是什麼做成的？**

亞當的一支肋骨。

39. **亞當的肋骨會動嗎？**

肯定不會。

40. **神怎麼使它動？**

祂給它一個靈魂。

41. **當這個身體從亞當身體出來後，亞當怎麼說？**

「這個女人是我的肋骨，我的肉。」

42. **這個女人說什麼？**

夏娃說：「我的身體是用他的肋骨做成的。」

43. **誰教她的？**

神。

44. **神對她說什麼？**

這樣妳會有後代。

45. **神使亞當善良和完美嗎？**

是的，神把他創造成善良的，像祂自己那樣。

46. **亞當一直保持善良完美嗎？**

不，他違背並拒絕神的話。

47. **他們怎樣違反神的話？**

他們吃了伊甸園中央的蘋果。

48. **他們吃了伊甸園中央的蘋果和水果，是很嚴重的罪嗎？**

是的，因爲神說：「那些水果是我的，你們可以自由地吃花園邊沿的水果。」

49. **誰叫他們吃的？**

魔鬼。

50. 魔鬼怎麼對她說？
「去吃那些好的水果，妳就會像神一樣。」
51. 當神看到他們吃長在伊甸園中央的禁果時，祂生氣了嗎？
是的，祂非常生氣。
52. 神憤怒時，對他們說什麼？
「我將把你們丟到地獄，丟到火坑裡去，因爲你們有罪。」
53. 你也有罪嗎？
是的，我也有罪。誰沒罪呢？
54. 你怎麼知道你有罪？誰告訴你的？
神在聖經裡說的。
55. 神在聖經裡給我們多少條誡律？
雖然有很多，但神在一開始時給我們十誡。
56. 我們說：「我父」，誰是我父？
神。
57. 誰教我們向「我父」禱告？
耶穌基督。
58. 祂最先教誰？
祂最先教使徒。
59. 我們說：「我信神子耶穌基督。」誰是神子？
耶穌基督。
60. 祂有其他真子嗎？
沒有。
61. 有任何人被神稱為祂的孩子嗎？
有的。
62. 祂認領誰為祂的孩子？
祂認領信祂的人爲子。

63. 我們說：「我信耶穌基督，神的獨子，吾主」，誰是吾主？

耶穌基督。

64. 我們說：「瑪利亞生子。」瑪利亞生了誰？

耶穌基督。

65. 瑪利亞年輕或年老？

她年輕，而且沒和男人同房。

66. 我們說：「祂在本丟彼拉多統治下受苦」，誰受苦？

耶穌基督。

67. 我們說：「祂死在木頭十字架上」，誰死？

耶穌基督。

68. 祂死在那裡？

木頭十字架上。

69. 祂一直留在十字架上嗎？

不，相信祂的人把祂弄下來。

70. 他們把祂放在那裡？

墳墓裡。

71. 祂在墳墓裡幾天？

三天，然後復活。

72. 基督的肉體復活後，祂留在地上很久嗎？

不超過四十天。

73. 祂在地上做什麼？

教導祂的使徒。

74. 祂有多少使徒？

十二位。

75. 祂什麼時候教他們？

祂復活前，以祂的肉身在地上活動時。

76. **你說耶穌的身體住在天國，祂會永遠在那裡嗎？**

不會，祂會回來。

77. **祂何時會回到地上來？**

祂最後的審判時會回來。

78. **那一天，誰會是主審者？**

神子耶穌基督。

79. **當祂再來時，誰陪祂一起來？**

祂的僕人，吹著笛子的天使。

80. **升上天堂的基督徒的靈魂會怎樣？**

他們會和耶穌一起降臨，尋找靈魂以前住過的身體。

81. **有多少聖禮？**

兩種。

82. **名叫什麼？**

洗禮和聖餐。

83. **什麼叫洗禮？**

它是耶穌基督創立的宗教儀式，牧師以聖父、聖子、聖靈之名，將水灑在人們的前額。

84. **牧師灑在人們前額的水，象徵什麼？**

象徵耶穌的血，祂在十字架上爲信祂的人所流的血。

85. **水能除去什麼？**

它能除去不潔、黑暗，使我們的靈魂變得美麗。

86. **為什麼我們需要這樣？**

因爲我們有罪、不義。

87. **什麼是聖餐？**

它是神子耶穌基督所創立的宗教儀式，牧師將麵包和飲料分給來到他面前的人。

88. 麵包象徵什麼？

它象徵耶穌的身體，祂在十字架上爲信祂的人而毀壞。

89. 飲料象徵什麼？

它象徵耶穌的血，祂在十字架上爲信祂的人而流。

1649 年 11 月，蕭壠——這份教義問答是我用於蕭壠、新港等地所有學校的教材，當作精簡的基督教要理問答。一直到 1647 年為止，福爾摩沙居民只要能夠靠記憶回答這些問題，就能夠受洗。

漢德利克（Daniel Hendricksen）

123.大教義問答

（尤羅伯著。這份教義問答是尤羅伯最後一年住在蕭壠時，用來教導從附近數村挑選出來約五十位學生的教材）

1. **關於神，你信什麼？**
我信祂是唯一的、眞實的、永恆的，並且是最有力量的神，祂創造天地萬物。
2. **神的名字叫什麼？**
聖父、聖子、聖靈。
3. **有多少位神？**
一位。
4. **如果只有一位神，你為什麼說：聖父、聖子、聖靈？有三位嗎？**
爲什麼會有三位呢？只有一位眞神，這是祂在聖經裡教導我們的。
5. **如果神在一開始創造萬物，那麼祂現在還在統治嗎？祂關心祂所創造的萬物嗎？**
祂爲什麼不關心呢？地上萬物都聽祂的話，都依祂的意志行動。我們頭上一根頭髮的掉落，不也是依照祂的意志嗎？
6. **有其祂神嗎？**
只有一個眞神。敬拜祂是我們的本份，我們要向祂求告。
7. **但你們的祖先和尪姨說有許多神，那是真的嗎？**
不，他們錯了，他們因無知而敬拜他們的神，敬拜惡魔。
8. **我們的神住那裡？**
祂住在天上和地上，祂住在任何地方，因爲天堂是祂的寶座，地上是祂的腳凳。

9. 神知道所有事物嗎？

是的，祂知道人的思想：人在心裡想什麼，神都知道。祂知道我們何時做對，何時做錯。

10. 祂的眼睛（按：眼睛用單數）如何？它也轉向這裡嗎？祂看得到任何事物嗎？

神看得到所有事物，祂看得到角落，看得到我們內心最深處。

11. 神也愛人嗎？

是的，祂愛我們。祂不是創造我們嗎？祂不是天天向我們顯示祂對我們的慈愛嗎？祂就像父親愛孩子一樣，愛且憐憫任何敬拜祂、畏懼祂的人。

12. 天地萬物是誰創造的？

這位眞神。

13. 祂何時創造的？

在往昔萬物未有之際。

14. 神在幾天之內創造萬物？

祂在六天之內創造萬物。

15. 神在第七天做什麼？

祂創造完一切後，就休息。

16. 神說我們也應該只工作六天？

是的，因爲祂說：「所有的工作都在六天內做，第七天要休息，停止你們的工作。你只能敬拜我，因爲這一天是我的。」

17. 神只創造天嗎？祂在六天內還創造天上的什麼東西呢？

神創造太陽，以便在白天給我們光；創造月亮和星星，以便在晚上給我們光。祂創造雷聲、閃電、風雨，以及所有我們頭上看得見的事物。

18. 神也創造住在天上的天使，也就是祂的僕人嗎？

是的。神也創造他們，因為他們也從某個時候開始存在，像我們一樣。

19. **神如何創造他們？**

祂以祂自己的形象，把他們創造得善良且正直。

20. **神為什麼創造他們？**

要他們來讚美祂，推崇祂，不斷地敬拜祂，並向祂表示順從、服從。

21. **為何有這麼多惡魔？**

他們最初是天使，既善良又正直。但是他們反叛神的話而變成惡魔。神拒絕他們，把他們投入地獄，丟進地底深淵。

22. **你說神創造大地。祂只創造大地嗎？祂沒有創造其他事物嗎？**

有的，祂創造我們大地上的萬物。

23. **告訴我神在大地上所創造的。**

神創造所有無生物：即水、山、谷、森林、草、灌木、石頭。祂創造所有生物：像空中的飛鳥、地上爬的萬物。祂也創造在水裡海裡游的所有魚類。有什麼東西不是祂創造的呢？

24. **你知道人嗎？何時開始有人？神創造他們嗎？**

神不是在第六天創造人嗎？祂不是在創造完凡間萬物後才創造人的嗎？

25. **為什麼神不先創造人？**

在地上尚未有任何東西時，祂是可以創造人的，但那樣人如何能生存下去呢？因此，祂先創造所有野外的動物，讓人能夠統治牠們。

26. **神最終創造多少人？**

兩人。

27. **他們的名字是什麼？**

亞當和夏娃。

28. 神如何創造他們？

祂把他們創造成善良的，像神一樣。

29. 兩個人裡，祂先創造那一個？

男人，就是亞當。

30. 這個人的身體是用什麼做的？

用土造的。神拿一塊土，做亞當的身體。

31. 神用土創造亞當的身體後，這個身體會不會動，能不能走路說話？

不會，一開始不會，因爲神尚未給他靈魂，但他獲得靈魂後，就會說話、走路和移動了。

32. 這個女人的身體是用什麼做的？

用亞當的肉和肋骨做的。男人亞當睡覺時，神取下他的肋骨，用那隻肋骨造女人夏娃。

33. 當亞當醒來時，他認識這個女人夏娃嗎？

是的，他說：「她是我的身體造的，我的肋骨造的，我會愛她。她像我的身體，因爲她是我的身體造的，我的肋骨造的。」亞當這樣說。

34. 夏娃對亞當說什麼？她也說話了嗎？

是。她說：「亞當，我愛你。你的身體像我的身體，我不會不聽話，我會服從你。縱然我拋棄我的父母親，我也不會拋棄你。我們不會分開，因爲我們兩個身體就像一個身體。」夏娃這樣說。

35. 他們結婚嗎？

是，神使他們牽手，使他們結婚。

36. 他們結婚時，神說什麼？

神創造亞當後，就先對亞當說：「讓你孤獨並不好，沒有妻子陪伴並不好，所以我創造這個女人給你，當你到田裡時，她陪你去。她的身體就像你的身體。你只能愛這個女人，牽她的手，娶她。你不可拋棄她，要善待她，不可愛別的女人，只能愛她。因爲我會對通姦者發怒，把他們丟到地獄裡與惡魔在一起。如果你傾聽我的話，服從我，我也會愛你。」這是神對亞當說的話。

37. **神怎樣對夏娃說？**

祂說：「妳，女人，夏娃，妳必須愛這個男人，亞當，因爲妳是從他的身體、從他的肋骨被創造出來的。妳只能愛他、尊敬他。妳要善待他，因爲我是先創造他的。所以妳要服從他，對他忠誠，愛他像愛妳自己一樣。不要愛別的男人。你們不可拋棄或遺棄彼此，因爲我已讓你們牽手。如果你們不聽我的話，我將對你們發怒，把你們丟入烈火裡。」神這樣說。

38. **神現在也命令我們——亞當夏娃的後代——遵守同樣的誡律嗎？**

是的。因爲神說：「男人們，如果你們愛一個女人，我命令你們在你們社區的教會裡結婚。同樣的，女人們，如果妳們愛一個男人，必須在神的房屋（指教會）裡牽手結婚，因爲我會對那些違反我的話、我的制度的人發怒。我將懲罰所有通姦者和嫖客。所有不遵守我的儀式的人，我都要將他們送到地獄去。」

39. **你說神造人，祂如何造人呢？祂將人造得善良且正直嗎？**

祂將人造得像祂自己一樣善良且正直，沒有罪。

40. **他們一直保持善良且正直嗎？還是像從前的天使那樣，因為不敬神、犯罪而變成惡魔？**

他們的善良正直並沒有保持很久。他們改變了，吃下伊甸園中央、神禁止他們吃的水果。他們拒絕神的話，相信惡魔，惡魔說：「吃這些長在伊甸園中央的水果。」他們聽信惡魔的話，卻不在意神的話。

41. 神對他們非常生氣嗎？

是，祂非常生氣，若不是神子耶穌救贖他們，他們必已被丟入地獄烈火中去了。他們的罪過爲我們帶來死亡、貧窮和所有疾病。如果亞當沒有犯罪，我們就能夠一直保持善良正直。

42. 亞當違背神，和我們有什麼關係呢？我們是否也因此有罪？

是，因爲亞當的罪變成他的子孫的罪。他有罪，我們都因他而有罪。

43. 我們也有很多罪嗎？

是，我們有很多罪：有些是因爲亞當所犯的罪，有些是我們自己每天犯的，我們的罪比頭髮還多，和海邊的沙一樣多。誰能清楚算出他自己犯的罪？事實上，我們的罪很多。

44. 神對我們所犯的罪生氣嗎？

祂不會生氣嗎？祂說祂對亞當夏娃非常生氣，而他們只犯一個罪；我們犯這麼多罪，爲什麼祂不會對我們更生氣呢？

45. 神生氣時怎麼說？

「只要你們活在塵世上，你們就會經歷許多疾病和困難；當你們死後，我要將你們打入地獄；因爲我憎恨所有的罪人，憎恨所有不跟隨我、靈魂發臭、被污染的人。」

46. 人皆有罪，那麼神會永遠對我們生氣嗎？祂會送我們入地獄嗎？

如果耶穌沒有來，如果耶穌沒有赦免我們的罪，如果祂沒有平息神的憤怒，爲我們帶來和平的話，神必定會這樣做。如果耶穌沒有死，祂的身體沒有替我們受苦，我們必已被打入地獄。但耶穌替我們償還我們應付的帳，使我們避開神的憤怒。如果耶穌沒有解救我們，我們將永遠是惡魔之子。耶穌替我們開啓天堂之門，否則以我們的罪，天堂的門是不會開的。如果人們信祂，祂就會用祂的血替人洗禮。那些繼續爲惡、拒絕神的話的人，依神的旨意，將會被丟入地獄。如果他們不悔改，此後必與惡魔同受火烤。

47. **神為什麼要創造人？**

有兩個理由：第一，神說：「我要讓人掌控地面上我所創造的一切動物。」第二，祂也說：「我要人讚美我，像我的天使在天上讚美我一樣：他要和我的天使一樣，繼續榮耀我的名。」因此神創造我們，使我們統治野外所有動物，使我們讚美祂。

48. **神想要我們用什麼方法讚美祂？**

當我們求告祂，在祂面前謙卑並服從祂，我們就是在讚美祂。當我們教別人神的話，教別人聖禮儀式——就像祂教我們那樣——並教別人讚美神，我們就是在讚美祂。當我們譴責那些嘲笑、鄙視祂的人，我們就是在讚美、榮耀祂的名。

49. **當我們犯罪並輕視神的話，我們是在讚美神的名嗎？**

不，不是，我們是在羞辱祂。

50. **我們犯罪時，我們是在讚美誰？榮耀誰？**

惡魔。如果我們聽從惡魔，神會把我們打入黑暗世界，因爲我們若服從惡魔，我們就是黑暗之子。

51. **如果我們沒有每天早晚都讚美神，神會對我們生氣嗎？**

會的。所有不與祂交談、不讚美祂的人，不都是像野外的野獸嗎？神的怒火會降臨他們，神會拒絕他們。

52. **我們有很多罪，有些因亞當而生，有些因靈魂，有些因肉體，我們從頭到腳都不健全。我們全身及靈魂都生病了。罪使我們生病，罪使我們不潔，依神所言，祂將把我們打入地獄，丟進火海。有補救之道嗎？你知道有任何人可以赦免我們的罪，使我們和神和解，讓祂治癒我們？**

我知道有一個人可以。

53. **他是誰？**

祂是神的獨子，耶穌基督，瑪麗亞的兒子：祂是神又是人。

54. **耶穌為我們做什麼？**

祂救贖我們，藉著死在十字架上，祂以祂的身體來承受我們的懲罰。祂在十字架上揹負人的罪，償還神對人所要求的。

55. **耶穌有多少本性？**

兩個。第一個本性是：祂是永恆的眞神；第二個本性是：祂變成眞人。祂有肉體和靈魂，兩者都沒有罪。

56. **耶穌基督是神子，這是非常肯定的事嗎？**

是的，祂是神的唯一眞子，因爲根據使徒信條，我們說：「我信耶穌基督，上帝的獨生子。」

57. **為什麼你說只有基督是神子？如果我們是虔誠的基督徒，我們不就全都是神的孩子嗎？**

雖然我們都是神的孩子，但不是像基督那樣的孩子。神認養我們爲祂的孩子。

58. **關於基督的一個本性，你能談一談嗎？**

依祂的一個本性，祂是人，和我們一樣：祂有母親和身體。

59. **祂從天堂帶人性下來嗎？**

不，聖靈的力量使瑪利亞受孕，並在伯利恆生下祂。

60. **依祂的神性，我們能說祂有一個父親和一個母親嗎？**

依祂的神性，祂沒有母親；但祂有父親，因爲神是祂的父親。

61. **依祂的人性，祂有父親也有母親嗎？**

依祂的人性，祂沒有父親，因祂是聖靈感孕而生的；但祂有母親，處女瑪利亞，她未曾和男人同床。

62. **如果瑪利亞未和男人同床，為何她會受孕？**

她因聖靈而受孕：聖靈把影子罩住她，耶穌的身體就在瑪利亞的子宮受孕。所以祂沒有罪，不像我們犯許多罪。我們有父親有母親，所以繼承了罪，他們把罪傳給我們。

63. **當基督變成人，祂停止為神嗎？**

不，祂永遠保持祂的神性。祂將人性加在祂自己身上，所以祂有兩個屬性。

64. **依祂的神性，基督住在那裡？**

祂住在天堂，祂也住在地上所有地方。祂的神性永不離開我們。

65. **依其人性，基督住在那裡？**

祂只住在天堂，因爲祂升天了。

66. **祂坐在那裡？**

在神，祂的父親的右邊。

67. **祂在那裡做什麼？**

祂在爲所有信祂、讚美祂的人說情。❶

68. **基督愛我們嗎？祂憐憫我們嗎？**

是的，祂很憐憫我們。

69. **你能告訴我，基督怎樣顯示祂對我們的愛和關懷嗎？**

祂解救我們，祂受苦，祂爲我們而死，祂被埋、再復活、升天，現在坐在神，祂的父親的右邊。如果基督沒死，如果祂沒替我們承受天譴，我們的靈魂和肉體都會被罰入地獄，因爲我們有罪。

70. **祂如何受苦？**

祂的肉體和靈魂，祂全部的人性都受苦。

71. **祂何時受苦？受苦多久？**

從祂青年時代到死，不停受苦。

❶ 猶太人是選民，神會解救他們。非猶太人則靠耶穌的說情而得救。因此，耶穌專為非猶太人而設，耶穌搶走了神對猶太人的獨寵，所以猶太人不信耶穌。耶穌是慈愛的，神是嚴厲的。神和耶穌是一，但祂們的神性又是這麼不同！

72. **誰使基督死？**

本丟彼拉多。

73. **為什麼耶穌基督受苦？祂犯什麼罪嗎？**

不，祂沒犯罪。所有人類的罪和不服從，是祂受苦和死亡的原因。

74. **為什麼祂在地面上受苦而死？**

祂可能帶領我們再度提升並上天堂。所以祂並未白死，因爲祂救贖了所有信祂、讚美祂的人。

75. **基督死在那裡？**

在十字架上。

76. **祂救了誰？**

祂救了所有信祂、像小孩敬畏父親般敬畏祂的人。

77. **祂也救褻瀆神、不聽從神的話、輕視祂的人嗎？**

不，祂只救贖誠懇的眞基督徒。

78. **祂救你嗎？**

是的，祂救我。

79. **你怎麼知道祂救你？**

基督自己說過：「我已救贖所有信我、服從我的話的人。」我相信祂，聽從祂的話，所以顯然祂已救贖我了。

80. **基督的身體很多地方都受苦嗎？**

是的，祂頭上的荊棘冠，背部的鞭痛，以及穿過雙手、雙腳的釘子，都使祂受極大的苦。祂身體的側部也有一處被矛刺得很嚴重的傷。

81. **祂為什麼有那麼多的傷？**

我們的罪有很多，祂的傷也就很多。

82. **你說祂死在十字架上，祂留在上面很久嗎？**

祂的身體沒有留在那裡很久。

83. **誰把祂從十字架上解下，並埋葬祂？**

祂的弟子們。他們都愛祂，是虔誠的基督徒。他們把祂放在棺材裡，埋葬祂。

84. **祂的身體留在墳墓裡很久，並像凡人一樣腐壞嗎？**

不，祂在墳墓裡待了兩天，第三天祂就依照自己的話而復活，因爲祂說：「你們殺了我、埋了我，然後我才顯現我是神子，因爲我將在第三天復活。」祂眞的在安息日一大早復活。

85. **為什麼基督死在十字架上？**

因爲祂想要赦免我們內在所有的惡，幫助我們。

86. **祂使我們免除多少惡？**

四種：我們的罪、惡魔的力量、死、地獄之火。

87. **祂的死帶給我們什麼好處？**

祂赦免我們的罪，使我們同神和解，在天堂前爲我們辯護，讓我們往後能住在天堂。祂也給我們永生，因爲祂的死爲我們打開了天堂的門，這扇門本因我們的罪而關閉著。

88. **有其他人能帶我們上天堂嗎？**

除了基督之外，沒有別人。

89. **如果基督死了，所有的基督徒也會死嗎？如果基督復活，所有基督徒也都會跟著祂復活嗎？**

是的，因爲基督死了，基督徒心中的罪也都死了。既然基督復活，虔誠基督徒的靈魂也都跟著祂復活了。

90. **基督死而復活後在地上很久嗎？或者祂很快升天？**

不，祂在地上住四十天。

91. **祂為什麼不馬上升天？祂在塵世做什麼？**

祂教導祂的門徒所有應對世人宣告的事項。

92. **第四十天祂去那裡？**

祂和祂的門徒爬到一座高山，祂向門徒做最後一次講話，然後留下他們，獨自升天到神那裡。

93. **誰引導祂？誰帶祂到天堂？**

雲遮蔽祂，使祂的門徒看不到祂，並帶祂到神那裡。

94. **基督不再依其人性到地面上來了嗎？**

依其人性，基督不再住在塵世上，因為祂已升天了，坐在聖父的右邊。但依其神性，祂住在我們之間，祂遍在。

95. **為什麼基督要升天？**

因為基督升天，我們確信祂會為我們祈禱，調解我們與神的關係。祂的升天，亦表示我們也可以升天。因為基督升天，祂個人不再與我們住一起，但祂派祂的聖靈來引導我們信神，指引我們應走的正途。

96. **你說依祂的人性，基督住在天堂，祂會永遠留在那裡嗎？**

不，不會，以後祂將會重返塵世。

97. **祂何時會再來？**

在偉大的日子，大審判的日子。

98. **祂再來時會做什麼？**

祂再來時，祂將審判所有已死的和正活著的人。

99. **誰會是法官？**

神子耶穌基督，祂是瑪利亞所生，祂受苦，死亡，第三天復活，然後升天。

100. **祂要審判什麼？**

祂將審判我們所做的、所說的、所想的。

101. **我們能知道祂在何年何月何日會再來嗎？**

不，神沒有告訴我們基督何時再來，祂不讓我們知道這個秘密。

102. **基督再來時，誰陪祂來？**

祂的僕人天使，他們爲數眾多，都帶著號角和笛子（Schalmeyen）。

103.那麼已上天堂的基督徒的靈魂呢？

他們將和基督一起回來，找尋他們以前住過的身體。

104.如果他們的身體已腐壞，變成塵土，他們還能復活嗎？

是的，他們將復活。當天使的號角響起，所有已死的人都將復活。即使他們的身體已被敵人碎屍萬段，即使他們已溺死或燒死，他們都會復活，接受審判。

105.在審判日，還有其他人會出現嗎？

是的，所有惡魔都會出現，那些在地獄火焰中受苦的邪惡者的靈魂也會出現。

106.當人們出現在基督面前，祂會怎麼做？

祂會坐在寶座上，將聖潔的從邪惡的之中分出來。

107.聖潔的人，亦即信祂並期待祂再來的人，祂會將他們安置在那裡？

祂會把他們和天使一起安置在祂的右邊。

108.祂將邪惡者安置在那裡？

在祂的左邊，和惡魔在一起。

109.基督會對安置在祂右邊虔誠的基督徒怎麼說？

祂會友善地對他們說：「信我、服從我的孩子們，基督徒們，進來天堂，進到我可愛美麗的大廈，一同來讚美神。我的僕人，我的天使：這些是我用我的血洗禮、我所選擇的人，把他們的身體和靈魂帶到天堂，指引他們通往天堂之路。他們會和你們一樣，服從神，唱歌讚美神。」然後天使會帶他們升到天堂，到神住的地方，享受永生。

110.如果聖潔者和信基督的人到天堂，那麼邪惡者和輕視神的人會留在那裡？

他們將被打入地獄，丟入烈焰，到惡魔住的地方。他們將被拋入黑暗世界，因爲他們追隨惡魔，喜歡黑暗。他們將被丟入地底深處，那裡很熱，並受大火、毒蛇、蜈蚣的折磨。基督會說：「在我左邊的惡魔們！帶走在我左邊的這些人，他們和你們一樣，不潔，不信我，也不服從我的話。他們拒絕我的話、我的命令，所以我也要拒絕他們。他們將和你們一起留在地獄，你們可以殘酷地對待他們，統治他們，因爲他們是你們的孩子。離開我吧！你們這些不服從我的邪惡之人，我不認識你們，進入爲你們和惡魔準備的地獄烈焰吧！」基督說完後，惡魔會很殘酷地對待他們，把他們丟入地獄火焰中。

111.關於聖靈，你們相信什麼？

祂和聖父、聖子是唯一眞神。祂沒有起始，永恆以來就存在。祂沒有結束，將持續到永恆。祂在天堂和地上，也住在聖潔者的靈魂中。

112.你能看到祂嗎？

不，看不到，祂像風。我們無法像看到周遭物體一樣地看到聖父、聖子、聖靈。

113.聖靈住在那裡？

祂住在虔誠基督徒的心裡，因爲祂愛以耶穌基督之血洗禮的基督徒的靈魂。

114.祂也與邪惡者住一起嗎？

不，祂不住在邪惡者的靈魂裡，因爲祂恨被罪所玷污的人。

115.既然邪惡者心中沒有聖靈，那麼是誰與他們住一起並統治他們呢？

惡魔是他們的主人。魔鬼是謊言之父，他愛所有的不潔。因此，他很快樂地與邪惡者住一起。

116.既然聖靈取代基督肉體，來到此世，那祂在基督徒的心靈中做什麼事？

祂懶惰嗎？祂非常努力地使人們改信。祂帶走人們心中的黑暗，讓他們的心高舉向神，教他們神的話，引導他們信基督，想到神。祂赦免他們的罪，用基督的血噴灑他們的靈魂。當我們痛苦、意志低沉，祂安慰我們。

117.如果你現在很努力很熱心地以基督之名向神求告，你的心會變得如朝露般清新嗎？

是的，一定會變得很清新。

118.誰給你這種感覺？

聖靈使我們的心靈清新，就像渴者有水喝一樣。

119.如果沒有聖靈，我們能求告神嗎？

不能，因為聖靈在我們的心和嘴裡放入我們應該說的話。祂更新軟化了我們原來像鐵、像石頭一樣硬的心。如果聖靈沒有使我們相信，我們就不會相信神的話。

120.聖靈喜歡和誰住一起？

祂特別喜歡那些敬畏神、服事敬拜祂並相信基督的人。祂不停地幫助這些人。

121.聖靈何時會降臨我們？

當我們過虔敬生活，並不斷向神求告說：「賜給我聖靈，讓祂住在我的心靈。」如果我們每天這樣說，革除罪行，祂將會進來軟化我們原來像石頭一樣硬的心。當我們悲傷煩亂，祂將安慰我們。祂將轉變我們，教我們敬愛神。只有祂能使牧師們在教堂裡宣講的神的話語，在我們的心中增長。

122.如果你愛聖靈，呼喚神，請神派聖靈來，你要怎麼呼喚，怎麼對神說？讓我聽聽看你會怎麼說？你會用那些字詞？

「神呀！我在這裡求告祢。雖然我的身體是泥土做的，雖然我的靈魂被罪行玷污，罪孽深重，但祢曾說過：『要不停地求告我。』所以我求告祢，向祢跪拜。我求告祢派聖靈給我，讓祂永遠與我同在。我充滿了不淨，我邪惡，但祂能赦免我的邪惡，我所有的罪及不淨。祂照亮我充滿黑暗的心。聖靈將把祢的話深植我心，使之增長、提升。祂將使我愛祢。祂會將基督的血注滿我的靈魂，並爲我洗禮。祂將清新我的心。我將不再犯罪，不再輕視祢的話語，因爲我畏懼祢，像小孩畏懼父親一般。不要拒絕讓祂進駐我的心，這樣我將會以最正直的方式敬拜祢，在人間榮耀祢的名。聖靈！眞神，傾聽我。請住在我的身體裡，進入我的住所，引導我，指引我神的道路，我應該走的路，那條走向天堂的狹窄小徑，因爲我不知道那條路。神呀！我的靈魂既盲目又軟弱，道路濕滑，如果沒有聖靈牽著我的手，我將跌倒。請帶走我的懶惰、病弱，提升、清新我的心。聖靈呀！助我求告神，使我能對祂說話，好像對父親說話一般，除非祢教我，否則我不知道當如何向祂說話。如果祢確在傾聽我的祈禱，我將天天不停地在地面上讚美祢、榮耀祢，從現在一直到永遠。阿門！」

123. **「我相信虔誠的真基督徒所在的各地基督教會」是什麼意思？**

我相信許多人是邪惡的、不潔的。但我相信有些人是神揀選的，即眞誠的、愛神的基督徒；也相信許多地方有神子耶穌所洗禮的人，他們每個安息日都集合在神的房子裡，聽神的話語。

124. **你所說的真誠的人是什麼模樣？他們的心仍充滿不潔嗎？他們受洗嗎？**

不，他們不再不潔，因爲基督在十字架上爲他們流的血，已洗盡他們的不潔，祂使他們分享祂的善良與正直。

125. **有許多基督徒嗎？你能數得出來嗎？**

我們數不出來，因爲有許多是神揀選的，有些則是在地上敬拜祂而被祂認爲養子。

126. **誰認識他們？誰使他們安息日時在神的房子裡集合？**

耶穌基督，神子。

127. **誰是基督從各地集合起來的人？**

只有那些神揀選爲祂的孩子，以後要帶到天堂去的人。

128. **為什麼神揀選一些人與祂一同住在天堂？為什麼祂拒絕一些人並將他們丟進地獄？**

那是祂的意志。誰能對祂制定任何規則？如果祂把我們全體都丟到地獄去，誰敢說祂錯了？因爲我們全都犯了違逆祂的罪。如果神揀選一些人到天堂，祂就是對祂所揀選的人展現祂的愛。

129. **請告訴我，神是否也揀選你？**

是的，我是神的孩子。我是虔誠的基督徒，我非常敬畏祂、愛祂，我每天向祂祈禱並榮耀祂，我信神子耶穌基督，所以祂會揀選我。

130. **神所認為養子的，會永遠是祂的子民，永遠是祂的孩子嗎？**

是的，因爲聖父保衛他們，聖子替他們洗禮，不斷在天上爲他們祈禱，聖靈則住在他們的靈魂裡，永不離開。當他們的身體死亡，天使將帶著他們的靈魂到天堂。

131. **我們能否辨別誰隸屬於基督教會？**

可以。他們有牧師虔誠地教導他們神的全部話語，他們在教堂裡謹守神的日子（安息日），他們接受兩種聖禮：洗禮和聖餐。這樣的人就是神的子民，是眞誠的基督徒。

132. **神如何看待他們？祂憐憫這些基督徒、憐憫基督教會、憐憫祂所揀選的人嗎？祂愛他們嗎？**

是的，祂愛他們。

133.祂給他們多少美好的禮物？

雖然我們得到許多美好的禮物，但如果從信仰的眼光來看，有四項特別好。

134.說說看。

（1）基督的領土（possessions）就是基督徒的領土。

（2）神赦免他們的罪。

（3）他們的身體將復活。

（4）他們將永遠住在天堂。

135.你說「我相信基督的領土就是基督徒的領土」，是什麼意思？

基督徒，虔誠的真基督徒的身體，就像基督的身體，因爲祂是我們的頭，基督徒是祂的身體。

136.做為基督徒有什麼好處？

他們有神爲父，神認養他們爲子，保守、護衛他們。他們有基督來救贖他們。他們有聖靈住在他們內裡。所有屬於基督的，都是他們的。基督的美就是他們的美，基督的眞誠就是他們的眞誠，基督的房子就是他們的房子。他們結爲一體，死後將一同進天堂，因爲他們有共同的信仰。他們有相同的聖禮，並相互愛著彼此。他們也都愛神，都期望有一天祂會帶他們進天堂。所以我們能說基督的領土就是基督徒的領土。

137.神還賜給基督徒什麼福？

神赦免他們的罪：有些是從亞當夏娃繼承下來的，更多的是他們自己的罪。

138.什麼罪？

我們輕視神的話、神的命令時，就有罪。我們不顧神在古遠時代給我們的十誡時，就有罪。

139.如果你敬拜異端偶像，而不是唯一真神，那是罪嗎？

當然是。神命令我們：「你不可以敬拜異端的神，只能敬拜我。」如果我敬拜異端神，顯然我就是拒絕神的話。

140. **基督徒也有很多罪嗎？**

有，他們有很多罪。誰能數清他們的罪？他們的罪和頭髮一樣多，和海邊的砂子一樣多。

141. **神能赦免他們所有的罪嗎？**

是的，祂赦免他們的罪，將它們丟入深海裡。祂不再對我們生氣，不再記住我們的罪。

142. **神為什麼要赦免罪？**

因爲基督的身體在十字架上替我們受罰，承擔我們的罪。基督償清了我們欠神的帳。祂用祂的血爲我們的靈魂洗禮。

143. **如果基督沒有用祂的身體替我們受懲，神會赦免我們的罪嗎？**

我們必定永遠充滿了罪，我們的身心必要接受地獄之火的懲罰。

144. **有任何其他人能赦免我們的罪嗎？**

不，只有神能赦免我們的罪。

145. **神也會赦免非基督徒、不信基督的人的罪嗎？**

不會，罪會繼續與他們同在，基督沒有救贖他們，將來他們的身體會在地獄受罰，因爲他們有罪且邪惡。

146. **神何時會赦免罪？**

當基督徒努力求告神，因自知有罪而難過沮喪，每天呼喊：「神呀！赦免我。」當他們這樣祈禱、相信基督、停止犯罪並改信時，神就會赦免他們的罪。當基督用祂所流的血爲我們洗禮，祂也使我們免於不潔和罪。

147. **神還賜給聖徒社區（the community of the saints）什麼其他祝福？**

即使他們死了或在墳墓裡腐壞了，神也將使他們復活。基督也將帶他們接受審判。

148. 他們何時會再復活？

當天使的號角響起。

149. 你的身體也會復活嗎？

一定會，我的身體將復活。我這個在塵世上敬拜祂的身體，將在天堂再敬拜祂；我的肉體和骨頭都會再復活。

150. 屆時靈魂會留在那裡？

基督徒以前死時升天的靈魂，將會和基督一起回到塵世，然後回到他們以前住過的身體。

151. 誰使他們復活？誰使他們已化為塵土的身體再度結合？

我們的神，祂在過去以泥土造人，未來也將重新復原我們已化作灰土的身體。

152. 神為什麼要使過去死的人復活？

爲了要帶領信基督的人到天堂，將不信祂而信惡魔的人打入地獄。

153. 如果我們將來會復活，我們一定會先死嗎？

是，每個人都必須死，沒有人能不死。我們的祖先死，他們的子孫也必須死。

154. 為什麼我們必須死？

因爲亞當和夏娃的罪。如果我們的祖先一直很正直，我們還會死嗎？所以，因爲罪，我們必須死。

155. 人知道他何時會死嗎？

當然不知道。雖然神預定我們的死期，但我們不知道確定的日期。當死期臨到，我們無法逃避。

156. 身體死時，靈魂也跟著死嗎？

不，靈魂不會死。

157. 為什麼靈魂不會和身體一起死？

我們的靈魂是神的，身體是塵土的。

158. **我們必須永遠記住有朝一日我們一定會死嗎？**

是的，如果我們一直記住我們一定會死，我們將不會那麼邪惡，也不會想犯罪，而會不斷地想到神，努力服事祂。

159. **神給基督徒什麼其他好處？**

祂給他們永生，死後帶他們到天堂，讓他們住祂的房子，祂的房子很大、很涼。

160. **你知道你在塵世的生命是什麼？它將永遠持續下去嗎？**

不，我必須死一次。但我死後，身體會再復活，從此不再死亡，因爲我此後會永生。

161. **基督徒將來永生時，會住那一種房子？**

他們會住在天堂，在神的房子裡，那裡美麗且充滿亮光，因爲基督說過：「我父的房子有很多間，我要升天去爲你準備一間。」

162. **那是持久耐用的房子嗎？**

是的，它不會像我們的房子那樣變舊，它很高，不潔的東西無法靠近。神在聖經裡說：塵世的人無法描述它的美麗，它比太陽還燦爛。

163. **基督徒進入天堂時，要住那裡？**

他們將和聖父、聖子、聖靈同住。他們將和天使一起讚美神，他們將面對面地見祂。那裡看得到基督以前爲我們而死的那個身體。如果我們相信祂，我們將與祂，我們的兄弟，同在。我們將與正直的天使同在，我們將和其他虔誠的、在塵世裡一直敬拜神的基督徒同住。我們將與我們的先輩亞伯拉罕、以撒、雅各等人同在。我們也將與神的僕人摩西、永遠敬畏神的大衛同在。誰不想永遠住在那裡呢？他們都很正直，我們將永遠和他們同住在神的房子裡。

164.你知道天堂怎樣嗎？那是美麗的地方嗎？住那裡能得到絕對的寧靜和休息嗎？

是的。天堂很美麗、很可愛。那裡沒有疾病、悲傷、困難。沒有傷、沒有痛、沒有餓、沒有窮，沒有任何形式的勞累。我們的靈魂永遠像露珠，很清涼。沒有人能描述天堂的美麗和可愛。沒有人曾見過它，人從未知道天堂有多美。在天堂，我們除了每天榮耀、讚美神外，沒有其他工作。

165.這種美麗與可愛會持續下去嗎？基督徒會永遠在那裡嗎？

是的。這種美麗、可愛、豐盛將繼續下去，基督徒將永遠住在那裡。數千年後，它還是和第一天一樣。眞基督徒將永遠住在天堂。

166.如果真基督徒將永遠與神住在天堂，那麼邪惡者的命運如何呢？他們會永遠活著嗎？

是的，他們也會永遠活著，但不是在天堂，而是在地獄，在黑暗中，與惡魔同在。

167.他們何時下地獄？

當他們死時，神會將他們的靈魂丟進地獄與惡魔在一起，直到基督的到來。那一天來到時，他們的身體會再復活，神再將他們丟入地獄，他們將在那裡直到永恆。

168.地獄在那裡？烈火在那裡？

在地底下，很深的地方，在黑暗中。

169.他們會住那裡嗎？

是的，他們將住在惡魔的房子裡，住在呻吟哀慟的地方，因爲他們拒絕神的話，因此神把他們丟到惡魔之間。

170.他們會和誰住在那裡？

他們將與惡魔同住，和有罪、不潔的人同住。他們要和毒蛇、蜈蚣同住，遭牠們咬噬。

171.那裡怎樣？很悲慘嗎？

當然，那裡很悲慘，也很黑暗，沒有亮光。他們一群人都將永遠被火燒，爲飢餓口渴所苦，無止境地哭泣。我們無法描述他們在烈火所遭受的一切痛苦。

172.他們永遠留在地獄裡嗎？

是的。就像基督徒永遠住在天堂，邪惡者也將永遠住在地獄。因爲地獄是無止境的，在那裡的人無法上升到神所住的地方，所以我相信不信神的人將永遠與惡魔住在地獄深淵，和所有跟他們一樣不信神、拒絕神的話的人同在。我也相信所有信基督的人及神的孩子將永遠住在天堂。

173.將來誰會與神永遠同住？

所有改信者和心中正直的人，所有相信神的話，依據約翰福音三章 16 節而信基督的人：「神那麼愛世人，甚至賜下祂的獨子，要使所有信祂的人不致滅亡，反得永恆的生命。」

174.這些信念從何而來？能從自己而來嗎？

從神而來，無法從人自己而來。神必須給我們那種信念，如果神不教導我們認識基督，我們將不知道要信祂。聖靈將信念植入我們心中。我們認眞聽神的話語時，不管是在學校或教會，祂都加強我們的信心，兩種聖禮也有助於強化信心。

175.誰是信神的人？

只有神所揀選的人和祂的孩子們。神使這些人信祂。

176.你知道其他人怎樣嗎？他們也信神嗎？

惡魔和黑暗的孩子不相信：他們不認識基督。相反的，他們輕視祂，拒絕祂的話語。

177.如果聖靈要培植信仰，祂會在那裡培植？

祂會培植在基督徒的心中，引導他們去相信。

178.當我們傾聽神的話，信仰也會跟著出現嗎？

是的，神的話非常有力量。當神的僕人對我們說話，聖靈就會在我們心中種下信仰。

179.誰派牧師來？他們自願來的嗎？

不，他們的領袖，神子耶穌基督派他們來的。祂這樣對牧師們說：「到全世界去，讓所有人聽見我的話，使他們熟識它，在每個安息日告訴他們關於神的事。那些改信我的人，你們就以聖父、聖子、聖靈之名，爲他們洗禮。」

180.牧師們用什麼話向我們傳教？

只用神的話，那是祂在聖經裡啓示的。如果他們帶來別的信息，神會對他們發怒。

181.那些話是牧師們必須教、必須勤奮地讓我們知道的？

他們必須每天教我們認識死於十字架上的耶穌基督，祂是神子，瑪利亞之子。

182.如果有人不聽牧師所宣講的神的話語，他們有罪嗎？

當然有罪，神會對他們生氣。如果他們不聽神的話，神也不會聽他們的話。

183.如果有人在教會裡睡覺、講話或心中充滿邪念，也會有罪嗎？

他當然犯很大的罪，神會將它記載下來，在審判日時拿給他看。

184.如果有人輕視神的僕人，他就等於輕視神本身嗎？

的確是，因爲牧師是神的僕人，當他教導神的話語時，不服從他就是不服從神。

185.何時要來聆聽神的話語？

要在每個安息日集合到神的屋子，認眞聆聽神的話。當基督徒聚會時，神也會傾聽。

186.僅僅聆聽神的話就會增加我們的信仰嗎？還有沒有其他方法可增

強我們的信仰？

兩種聖禮。

187.誰創設聖禮？

神子耶穌基督。

188.有多少種聖禮？

兩種。

189.說說看。

洗禮和聖餐。

190.為什麼基督要設這種聖禮？

爲了強化眞基督徒脆弱的靈魂。

191.聖禮顯示給我們什麼？

基督在十字架上之死。

192.洗禮是什麼？

它是耶穌基督創立的宗教儀式，牧師以聖父、聖子、聖靈之名，將水灑在人們的前額。

193.水，象徵什麼？

象徵耶穌在十字架上所流的血，祂藉此來救贖我們。

194.為什麼基督要牧師用水為人們洗禮？

就像我們用來洗禮的水可以帶走身體的不潔，耶穌基督的血也能洗淨我們靈魂的罪。那些罪使我們不淨，但基督的血洗禮我們的靈魂，使我們潔淨。

195.基督何時用祂的血洗淨基督徒的靈魂？

當牧師爲他們洗禮，以祂的名，用水灑在他們的前額之時。

196.那些尚未被牧師洗禮的人會怎樣？

他們的靈魂不淨，神厭惡他們。因爲他們的罪尚未被赦免，使他們在神面前自慚形穢。

197.誰將基督的血灑到我們的靈魂？

聖靈。祂用血灑我們的靈魂，以基督的血來洗禮我們的靈魂。

198.當基督用祂的血為基督徒洗禮後，這些基督徒的情形如何？

他們變得純潔美麗。基督爲他們洗禮，用祂自己的血赦免他們所有的罪。祂每天更新他們，使他們改信，教他們認識神，敬拜神。

199.洗禮的水能帶走人的罪嗎？

不，水不能帶走我們的罪，只有基督的血才能。基督的血爲我們洗禮，治療我們病弱的靈魂。

200.牧師要為那一種人洗禮？

他只爲敬拜神的眞基督徒洗禮，他們已改信，相信且認識基督。他不該爲還是異端、還很不淨、還拒絕神的話的人洗禮。這是基督告訴我們的。

201.牧師只為成人洗禮嗎？他不能替尚未懂事的小孩洗禮嗎？

不，他也需爲基督徒的小孩洗禮，也就是已洗禮過的基督徒父母的小孩。

202.為異教徒的小孩洗禮，是對的嗎？

不，他不可以爲異教徒的小孩洗禮。

203.為什麼牧師要為尚未懂事的小孩洗禮？

因爲和所有成人一樣，他們以有罪之身來到世上，他們的祖先亞當夏娃使他們有罪。

204.牧師為他們洗禮，能使他們無罪嗎？

是的，基督曾這樣說，因爲牧師爲他們洗禮，等於基督用祂的血爲他們洗禮。

205.如果小孩有被洗禮，死後的靈魂會到那裡？

有被牧師洗禮的基督徒小孩，死後會被神帶到天堂。

206.未受洗的孩子死後，他的靈魂在那裡？

只要他仍有罪，只要基督沒有赦免亞當所犯的罪，他們就無法到神那裡，他們就要下地獄和惡魔在一起。

207. **受過洗的父母，若沒讓他們的孩子受洗，有罪嗎？**

是的，他們犯下可怕的罪。他們沒讓孩子受洗，顯然表示他們不愛孩子，寧願孩子下地獄，因爲那些沒用基督在十字架上流的血洗禮的孩子，必下地獄。

208. **牧師給我們洗禮後，我們必須努力改信神並過正直的生活嗎？**

當然，我們必須努力愛神、敬拜神。如果我們不棄絕罪，神會很生氣。如果我們受洗後再回到以前的不淨，神會將我們及那些不淨打入地獄，和惡魔在一起。

209. **誰創設另一種聖禮——聖餐？**

神子耶穌基督。

210. **何謂聖餐？**

它是神子耶穌基督所創立的基督教儀式，牧師將麵包和酒分給基督徒。

211. **牧師給真基督徒什麼？**

他會給他們破碎的麵包吃，給他們酒喝。

212. **為什麼基督快死時，會給祂的門徒麵包和酒？**

因爲這樣他們才會記住祂。祂說：「這麵包像我的身體。當你們看到這塊破碎的麵包，就記得我在十字架上毀壞的身體。當你們喝了酒，就想起我在十字架上所流的血。就像人吃麵包、喝酒會強壯，我的身體和血也會使你們的靈魂強壯。」基督這樣說。

213. **你們吃牧師給你們的麵包和酒時，基督的身體像肉，祂的血像飲料嗎？**

是的，祂是這樣承諾的。因爲祂在聖經裡就這樣說：「當基督徒吃牧師所給的麵包，我就要給他們我的肉吃，給他們我的血喝，我將使他們的靈魂強壯。」祂這樣說。

214. **當基督說我們吃祂的肉、喝祂的血，祂的意思是什麼？**

祂的意思是，如果你相信基督，那就等於吃基督的身體。那樣祂將赦免你們所有的罪，因爲聖靈將降臨你，永遠與你同在。

215. **在過去，基督最初拿象徵祂身體的麵包給誰吃？**

十二位門徒。

216. **祂在那一天的什麼時候拿麵包給他們？**

太陽下山後的晚上，在祂被殘酷的猶大綁住之前。

217. **誰描述記載這道儀式並傳給我們？**

使徒保羅，在〈哥林多前書〉第十一章等地方。

218. **這麵包和酒可以治療我們的靈魂嗎？**

不能，只有基督的身體和血能強化我們的靈魂。

219. **為什麼基督要在聖餐中給我們吃麵包、喝酒？**

爲了使我們記住祂對我們的慈愛。亞當夏娃因吃長在伊甸園中央的蘋果，使我們受到汙染，但我們如果吃了基督的身體、喝了祂的血，我們的靈魂就會被治癒，因爲基督將用祂的身體和血來治療我們。

220. **你了解「吃基督的身體，喝祂的血」嗎？我們能真的吃祂的身體嗎？**

不，我們不能眞的用嘴吃祂的身體、喝祂的血，但我們追隨祂、相信祂，就是吃祂的身體、喝祂的血。

221. **因為我們不能真的吃祂的身體，有沒有別的方法可以分享祂的身體？**

有的，所有基督徒都能在精神上分享祂的身體❷。我們能夠在精

❷ 【甘為霖原註】此句逐字譯是：所有基督徒都有一個有嘴巴的靈魂。

神上吃祂的身體、喝祂的血。

222. 靈魂如何分享祂的身體和祂的血？❸

藉著信仰，因爲信祂的人就是吃祂的身體，追隨祂的人就是喝祂的血。

223. 基督為何要創立聖餐？

爲了強化眞基督徒軟弱的靈魂。

224. 牧師要把麵包和酒給誰？他可以隨便給嗎？

不可以。牧師只能把它們給虔誠正直的基督徒和神的孩子，那些繼續愛祂、讚美祂的人。

225. 那麼不敬神和未棄絕罪的人怎樣？

他們不能靠近桌子，因爲他們不喜歡基督，基督也不喜歡他們。

226. 如果有人不是正直的基督徒，心中還是異端，當他們也走近桌子、分享麵包時，神會對他們生氣嗎？

神會非常生氣，因爲他們嘲弄了祂。祂將會把他們打入地獄之火。

227. 要以何種心情坐上聖餐之桌？

他們必須先測試自己，看看自己內心的想法。如果他們不眞誠，還受到罪惡的支配，還不服從、未改信、不畏懼神，就不要分享這些麵包。但，如果他們記住自己的罪，悔恨這些罪，因有罪而感到眞心難過，如果他們相信基督，相信祂能赦免他們的罪，如果他們往後眞誠地想過讓神滿意的生活，繼續愛祂、讚美祂，就可以走向桌子。基督會憐憫這些人，會讓他們分享祂的身體、血，拯救他們免於罪。

228. 如果基督徒檢測自己的心，覺得自己有罪，蔑視神的話語，但此

❸ 【甘為霖原註】此句逐字譯是：靈魂得到那一種嘴？

後想要愛基督，信祂，繼續事奉神，則這些食物會強化他們的信仰嗎？

會，這些食物將會強化、增加他們軟弱的信仰，使他們的靈魂虔誠，引導他們記住神。

229.如果基督徒不分享麵包和喝酒，有罪嗎？

是，罪很重，因爲他們表現出不服從，就像他們輕視神的話的祖先。神說：「你不要吃伊甸園中的水果」，但他們照吃。同樣地，當神子基督說：「吃我的身體，喝我的血，信我」，但我們不吃、不喝，就證明我們不服從。

230.那些沒有真誠地悔恨他們的罪，明顯地不信基督，不愛神也不愛人的人，可以分享這些麵包嗎？

不，他們不可以分享麵包，因爲他們不愛唯一眞神。那些恨他的兄弟，在心中對弟兄生氣的人，不能靠近桌子。分享這些麵包和酒的人必須相愛。

231.神很愛我們，會給我們更多的利益。聖父為我們派祂的兒子到塵世來，神子耶穌基督來此世為我們而死，聖靈不停地對我們行善。因此，我們不該愛祂做為回報嗎？

是的，如果神給我們這麼多好處，我們的身體和靈魂都應不停地愛祂、敬拜祂。

232.如果我們像祖先一樣奉獻豬肉、熟米和檳榔給神，神會接受嗎？

不，神會對以異端的方式祭拜祂的人生氣。

233.那麼我們應該給神什麼？祂想要什麼？

神要我們停止犯罪，改信祂，變得正直。神希望我們每天都謙卑地面對祂，勤奮地求告祂。

234.你說神希望我們改信，改信是什麼意思？人何時改信？

當神帶走我們不正當的思想，當我們不再邪惡並服從神的話，我們就改信了。當我們變得虔誠，放棄一切有罪的異端習俗，敬重神的話及祂所創立的儀式，我們就改信了。

235.當你說你希望摒棄所有因亞當和夏娃的墮落而引起的不潔事物，你應該有什麼心態？你不應該為你所犯的罪感到難過嗎？

是的，我眞心爲我的罪難過，我爲觸怒聖父和輕視祂的話而難過。

236.如果你真正悔恨你的罪，你是否會停止犯罪？

是的，我們必須拋棄罪，每天勤奮地服事神。

237.如果我們不再犯罪，但也不行善、不服從聖經裡的神的話，我們的行為算正確嗎？

那樣的行爲怎能算正確呢？神要我們不停地服從祂的話、敬拜祂，我們必須愛神的儀式和誡命，因爲祂在聖經裡教我們：我們將從罪中復活，好像基督從墳墓復活一樣。

238.沒有神的協助，我們能夠自己改信並變得正直嗎？

不能。如果神對我們說：「要改信。」我們必須回答：「神呀！請祢替我改信，並使我正直，因爲只有這樣我才會改信，才會正直。」

239.為什麼我們不能自己改信？

因爲我們的內在並不健全，因爲亞當和夏娃的罪使我們盲了、死了。沒有一個人能行善或思想正確。

240.藉由什麼話語我會被引導改信？

藉由神的話和祂的書。

241.在祂的書——聖經——裡有許多話嗎？

是的，神對我們啓示很多話，祂的書很大本。

242.神在開始時給我們幾句話？

十句。

243.神怎樣給我們那些話的？祂有寫或畫那些話嗎？

是的，祂以祂自己的手，在兩片像桌面那麼大的長型薄石版上畫、寫這些話。

244. 神在那兩塊石版上寫了幾句話？

一片寫四句，另一片寫六句，共十句。

245.誰從神那裡接到這兩塊石版？

摩西，神的朋友和僕人，他在神的面前和神說話。他接到這些石版，再轉給大家看。

246.這十句話都是神說的嗎？

是的，它們都是神說的。

247.說說第一塊石版的四句話。

第一到第四句是：「我是主，你的神」等等。

248.說說第二塊石版的六句話。

第五到第十句是：「尊敬你的父親」等等。這是神在第二塊石版上所寫的六句。兩塊石版的話加起來共有十句，是神最初所說的。

249.「我是主，你的神」，這第一誡命教我們什麼？

這條誡命教我們：我必須認識祂為唯一神，只真心地榮耀祂，服事祂，必須只愛祂，因為在祂之外沒有別的神，祂創造萬物。

250.還有誰是我們該求告的？

沒有別的。雖然有天使，雖然有別人，雖然有異端的神，但神會對那些求告別的神而不求告祂的人發怒。神在祂的話語裡命令我們：「拋棄異端的偶像，丟掉他們不潔的習俗和偽善，那些都屬於惡魔。」

251.當我們疲倦負重，我們要歸向誰，要向誰傾訴？

我們只能歸向神，因為在悲傷不幸時，祂將傾聽我們。

252. 如果基督徒心持兩意，愛異端的神，是大罪嗎？

是的，神對沒有只愛祂的人會極端憤怒。

253. 當他們死後，神會對他們怎樣？

他們活著時，神會對他們發怒；他們死後，祂會把他們丟入地獄和黑暗中，和他們同樣不潔的父親一起。因爲他們敬拜異端神，而不是唯一眞神，不能進天堂。

254. 當神說：「你們不可以造任何偶像」，祂教我們什麼？

這第二誡命教我們，我們只能敬拜神，順從祂的話，遵守祂的誡命，不可以對石頭或任何這類物品獻祭，只能用身和心敬拜祂。

255. 如果我們進行鳥占或夢卜，神會生氣嗎？

會，祂會很生氣。鳥是你的什麼，你爲什麼要聽牠叫呢？夢是什麼，你爲什麼要注意它呢？我們須服從神在聖經裡啓示的誡命。

256. 神對我們獻祭的豬、熟米、檳榔和荖葉（syri）會說什麼呢？

祂會對我們盛怒。「爲什麼要浪費你們的飲料和食物呢？我是會餓的人嗎？我需要吃和喝嗎？你們的身體和靈魂是我所要的祭品。如果你們不放棄對異端神的崇拜，我將讓你們饑荒，讓你們的田地像石頭，天空像鐵塊。我將不讓雲下雨，因爲你們不依我的話，只敬拜我一神。」

257. 既然祂拒絕所有異教徒的祭品，那我們要怎樣敬拜神？

我們必須將身體與靈魂當祭品獻給祂，只記住祂，每天求告祂，因爲祂是唯一眞神，陌生的神都是惡魔。我們必須奉獻我們的心，每天都對祂謙卑。

258. 為什麼神要說：「你們不可妄稱神的名」？

意思是：人如果想要對神說話，求告祂，就用謙卑的心接近祂，敬畏地對祂說話，勤奮嚴肅地求告祂，莊敬地接近祂，不要輕視祂，嘲笑祂的誡命。人歸向祂時，要謙卑，滿懷敬畏。

259.如果酒醉時隨便使用神的名，有罪嗎？

有的，那是很重的罪。神會懲罰妄稱祂的名的人。

260.如果你聽到有人隨意使用神的名而默不作聲，也不糾正他，神會對你生氣嗎？

會，我會變成有罪之人。

261.如果神不希望我們隨意提及祂的名字，那我們要怎麼做？

神希望我們以我們的行爲和話語榮耀祂。

262.當我們說用語言來榮耀神，是什麼意思？

基督徒從他們的嘴裡說出以下的話來榮耀神的名：

(1) 當他們能不覺丟臉地讓自己的同胞聽到自己信神。

(2) 當他們求告祂的名。

(3) 當他們爲獲得的利益而讚美神。

263.我們也能榮耀神嗎？

是的，如果我們言行一致，遵循祂的誡令；如果我們像神的孩子一樣，打從心底喜愛祂，我們就是在榮耀祂。

264.那些既是基督徒，又是教導神的話語的教師，如果過著像異端的生活，持續輕視神的話語，他們犯嚴重的罪嗎？

是的，沒有人可以魯莽地使用神的名，神會對他們非常生氣，因爲他們欺騙那些還不認識神的人。他們引導異端犯罪，使他們輕視神。

265.第四誡命教我們什麼？

它教我們，當六天過去，第七天開始時，我們必須停止工作，做神的事，在祂的教會找尋祂，用祈求和讚美的方式傾聽、回應祂的話語。

266.人為什麼需要休息？

因爲神在那一天休息，因爲祂在六天之中創造萬物，在第七天停止祂的工作。在聖經裡，祂命令人們照樣做。

267.如果太陽下山後，到森林裡砍柴、取水或釣魚，有罪嗎？

有，因爲神說：「你們要整天服事我。」祂有說：「只要服事我半天」嗎？所以在那天偷偷到田裡或做任何工作，即使在太陽下山以後，還是有罪。❹

268.為什麼我們在禮拜日休息？

因爲基督在那天復活，所以每個禮拜日我們都必須記得祂由死亡中復活。

269.如果他們不到田裡工作，安靜地留在家裡睡覺，沒到教會聽神的話，也有罪嗎？

有的。神說過：「你們每個禮拜日都要集合到我的房子聽牧師講道。在那天，你們要敬拜我，和其他基督徒一起求告我，在我的面前謙卑。」

270.如果禮拜日到其他村子販賣東西，這樣的人怎樣？他們也算不顧神的話嗎？

是的。因爲他們努力賣東西，卻忘了去尋找神。因此長老們要責備他們。

271.如果在教堂裡想睡覺，或打瞌睡、說話，不聽牧師講道，他們算背棄神的話嗎？

是的，因爲他們不專心聆聽神的話。

272.為什麼要守禮拜日？

神命令我們那樣做，因爲祂在第七天休息。眞基督徒應集合在神

❹ 既然這樣嚴格要求遵守安息日，為什麼干治士 1628 年 8 月 20 日給總督的信（頁186）會計劃將新港村分成十四個區，每天下午輪流由兩區的婦女來上課，就連安息日也要上課？

的房子裡敬拜祂。我們如果服事祂，祂將在其他六天服事我們，和我們一起到田裡，讓我們有力量勤奮工作。

273.神會對玷污安息日，在安息日工作或到野外砍柴的人怎樣？

神會使他們的田長滿雜草，讓各種動物破壞他們的田，命令蟲類啃食他們的種子。

274.神的第五誡命：「尊敬你們的父母」，教我們什麼？

祂就好像說：「你們這些孩子，要服從順從你們的父母及統治當局，不要違背他們，不要輕視他們，不要嘲笑他們。」

275.我們的父親是誰？母親是誰？

那些養活我們、統治我們，並比我們年長的人。

276.如果小孩不尊敬年老的父母，神會對他們生氣嗎？

會的，侮辱父母的人不會長壽。

277.父親對孩子有什麼責任？

以敬畏神的心撫養他，讓他認識神的話，送他到學校。

278.神在第六誡命裡命令什麼？

不要殺人，不管用想的，用說的，用手勢或用手，都不可以。不能無由地發怒，要友善地對待每個人。

279.我們能用思想殺人嗎？

當我們在心中恨我們的弟兄或對他生氣，我們就是用思想殺他。神禁止我們這樣做。

280.我們能用嘴或舌頭殺人嗎？

是的，當我們說希望某人死，或很嫉妒某人時，就是用嘴或舌頭殺人。

281.神對墮胎很憤怒嗎？

是的，因爲墮胎的婦女拒絕神的話，殺害自己的骨肉。神對殺害自己孩子的人非常生氣。

282.統治當局處死犯下重罪（crime）❺的人有罪（sin）嗎？

沒有，因爲神命令統治當局不要憐憫任何犯謀殺罪的人。

283.神在第七誡命裡教我們什麼？

祂禁止我們通姦偷情、淫言穢語、談論異端、心懷惡意。實際上祂說：「你們男人要滿意於一個妻子；你們女人要滿意於一個丈夫。不要想到別人的，你的眼睛和心要乾淨，你們的身體不是住著聖靈嗎？好好愛護你們的身體，不要玷污你們的靈魂，不要讓住在你們之中的聖靈離開。」

284.未婚者必須結婚嗎？

是的，因爲神在聖經裡告訴他們要那樣做。

285.對於通姦偷情卻不想結婚的人，神會怎樣？

祂會將通姦者、賣淫者及不斷犯罪的人打入地獄。

286.神說：「不要偷竊」，這句話教我們什麼？

它教導我們不要拿走兄弟或別人的東西，而要憐憫他們。

287.為什麼人們會偷竊？

懶惰和貧困。如果人們不認眞下田工作，就會開始想要偷竊。❻

288.「你不可對兄弟做假見證」，這句話是什麼意思？

那就等於說：「你們人啊，不要輕視你們的兄弟，也不要在他背後說任何假話。」

❺ 本篇教義問答用到一般的罪 crime 字只此一次，它與宗教的罪 sin 有關，但不同。

❻ 干治士在 1628 年 12 月 27 日給長官的備忘裡，提到新港語系的八村，除蕭壠外，都不會偷竊（頁 30）。1643 年尤羅伯編此長篇教義問答時，就這麼鄭重地討論了偷竊的問題。可見他們的文化已有改變。他們原來的生活方式是，在 50 歲以前，丈夫不能公然和妻子來往，而 50 歲以後就幾乎是等待被敵村獵人頭了（頁 36）。所以他們沒有我們的「家庭」生活，財產觀念也因此不甚強。基督教推動一夫一妻制，連帶地也建立家庭制度，父母需負起家庭經濟及保護子女的責任，不能再像過去一樣懶惰，使財產的重要性大增，偷竊就成為社會問題。

289.說謊有罪嗎？

有的，因爲神痛恨說謊：祂厭惡我們不說眞話。我們對任何人都必須說眞話。

290.為什麼神禁止我們說謊和欺騙別人？

因爲惡魔是謊言之父。神對說謊的人非常生氣。他們死後不會上天堂，而會下地獄。

291.神在第十誡命教我們什麼？

不要讓神所厭惡的想法進入我們心中，我們應努力避免犯罪，愛神所愛的，恨神所恨的。

292.神禁止我們純潔的思想嗎？

不，祂不會。但神禁止我們懷有違反神的教導的不潔思想，祂也討厭我們心懷魔鬼的想法。

293.有人能服從並實踐這十誡嗎？

不，沒有人。不管我們多正直，只要我們住在塵世，罪就跟隨我們。事實上，我們每天都觸犯這些誡命，不停地犯罪。

294.何處才會停止犯罪？

天堂。神帶我們上天堂後，我們將不再犯罪。

295.如果我們無法完美地實踐十誡，為什麼神要命令祂的僕人教那些呢？

教我們十誡，是神的意志，這樣我們才能看到我們的罪，才知道罪怎樣玷污我們，才知道我們的罪有多少。我們以此學習認識基督，歸向祂，並以祂的血洗禮。十誡讓我們讚美神，讓祂派祂的聖靈來洗濯我們。

296.真基督徒雖然繼續犯罪，但和不信者相同嗎？雖然神的孩子和惡魔的孩子都有罪，但請告訴我他們之間的真正差別。

神的孩子與惡魔的孩子有很大的差別：

（1）雖然神的孩子繼續犯罪，但基督已替他們洗禮，所以罪不會繼續掌控他們。但惡魔的孩子不一樣，他們犯許多罪，基督沒爲他們洗禮，罪完全掌控他們。

（2）神的孩子知道自己有罪，所以會痛苦。但惡魔的孩子不會。

（3）基督徒恨他們的罪，但惡魔的孩子愛他們的罪，喜歡犯罪。

（4）神的孩子雖會犯罪，但知悔改，會轉向基督求助。但不淨者不知悔改，犯罪也不覺悲哀。

（5）神的孩子眞誠地愛神的話，惡魔的孩子不愛神的話，也不探究神或祂的話語。

（6）基督徒勤奮地追求神，異教徒快樂地追求罪。這是這兩者重大的差異。

297.神除要我們悔改並改信之外，還有要求我們什麼嗎？

有的，祂要我們不斷求告祂，因爲祂說：「不斷求告我。」

298.那些輕視神的話的人，他們早上起床、晚上睡覺及吃飯之前都像異端那般，既沒有求告神，也沒有想到神，他們的行為像動物嗎？

是的，他們罪孽深重，就像野獸。神會對他們很生氣，因爲他們像啞巴，不會說話。

299.為何我們必須求告神？

因爲祂在祂的話裡命令我們那樣做，祂說：「每天都熱切地求告我。」我們既窮又餓，如果我們不向祂祈禱，祂會送東西下來給我們嗎？

300.如果我們求告神，祂會替我們做什麼？

祂將派聖靈給我們，讓聖靈住在我們心裡，教我們祈禱。如果我們求告祂，祂將對我們很滿意，因爲經由求告祂，我們也是在讚美祂。

301.我們求告祂時，心中應謹記什麼？

我們必須這樣想：我將要對這位偉大的神說話，祂就在我面前，在我右邊。如果我行爲有錯，如果我沒有懷著敬畏心就接近祂，祂會傾聽我嗎？我擔心祂會對我非常生氣。如果我沒有先想好、沒有心懷敬意就對祂說話，祂必對我不滿意。所以我要很謙卑，因爲我的身體是土做的：我要對祂謙卑，因爲沒有什麼比這位神偉大。

302.如果我只以嘴巴敬拜祂，祂會滿意嗎？我們求告祂時，我們的心也必須說話嗎？

是的，因爲祂要的是我們的心。所以要打從心底求告祂。如果我們不全心全意地求告祂，那麼就算我們整天求告祂，祂也不會聽我們。

303.神會傾聽不停止犯罪的人嗎？

祂不聽不潔者的呼喚。

304.想要求告祂的人，必須有怎樣的心境？

神不喜歡歪曲的心，而喜歡正直的心，我們的嘴必須說出心中的語言。祂不會聽歪曲的人的話，他們是反覆無常的。

305.不認識神的人能求告神嗎？

不能，如果我們不認識祂，就不能正確地求告祂。

306.求告祂的人，心裡必定會難過嗎？

一定的，因爲神只傾聽這些人，他們很勤奮眞誠地求告祂，心中充滿痛苦謙卑，並因犯罪及輕視神的話語，在祂之前覺得可恥害怕。對於虔誠地改邪歸正、願意放棄他們的罪的人，神會淨化他們。

307.神會傾聽雖求告祂，但並不信祂的人嗎？

絕不，如果他們不信神，祂一定不傾聽他們。

308.為什麼在求告神時，要謙卑、跪下、合掌、眼睛下視呢？

以這種態度，我向神表示我的羞愧與敬畏。如果我心中驕傲，就無法面對祂，因爲那會使祂對我生氣。如果我們謙卑敬畏神，祂就會傾聽我們。

309.如果我們在思想中向祂祈禱，祂會聽到嗎？

會的，因爲祂知道我們的思想，祂能看穿我們，聽到我們傳送給祂的歎息聲。

310.我們必須求告誰？

我們必須只求告神，不可求告別的，因爲祂是唯一眞神，祂的命令是：「只求告我。」

311.當我們求告神，必須經由誰、以什麼名來求告？

我們必須以基督之名，也只能以那個名來求告。因爲神說過：「我將只聽以吾子耶穌基督之名歸向我的人。」

312.我們何時求告祂？

我們必須不停地求告祂，每天、每晚、早上起床、晚上躺下、吃喝之時，非常勤奮地求告祂。

313.早上求告祂時，要怎樣說？

天上的神呀！祢是唯一的眞神。祢創造天地、大海和萬物。我讚美祢的名，祢晚上保護我，使我遠離所有謀殺者、小偷和縱火者。祢使我起來，看到光線，現在我將向前。我走向我的田地，或走進森林，不知走往何處。賜給我祢的聖靈，讓聖靈與我同在，引導我。讓祢的天使僕人陪伴我，替我趕走路上的蛇，清除道上的荊棘。不要讓我生病虛弱，給我力量。喔！我天上的父，我能不歸向祢嗎？雖然祢知道我充滿了罪，知道我有無數的罪，像地上的蟲，像海邊的砂，像蒼天的星星那麼多。喔！我父，我要悔改。不要記住我的罪，祢不要看它們，把它們丟到祢的背後。爲了祢的獨子耶穌基督的緣故，不要記住我的罪，因爲祂救贖我，爲我而死，用祂在十字架上所流的血來贖我罪。看看祂的血，祂在十字架上爲我們所流的血，我們藉此得到救贖。算算祂的傷，這麼多處。看看祂頭上、背部、手腳和側部的傷。祢一定不會再對我們生氣，因爲祢的兒子不會白白地爲我們而死。祂承受了我們的罪及我們邪惡的心所應得的懲罰，讓我們與祢重歸於好，再把我們帶到祢面前，替我們打開天堂之門，那道門原本因我們的罪而關閉。只要我們活在塵世，就要不停地讚美祢，榮耀祢的名。我死後與祢的天使僕人同在天堂時，將不會忘記宣揚祢的名，直到永遠。這些是現在我要告訴祢的，不要不聽我，不要背對著我，因爲我以基督之名求告祢。神呀，我父！傾聽祢的兒子耶穌基督在世時教我們的話，祂說：「我父」等等。

314.當你躺下來要休息時的晚禱，要怎麼說？

天上的神，我們唯一永恆的眞神，創造天地、大海及萬物的神，我們讚美祢的聖名，感謝祢爲我趕走路上的蛇，拔除道上的荊棘。現在我要躺下來睡覺。夜幕低垂，我已疲倦，因爲我到田裡工作，前往森林，有時不知道身在何處。讓我甜蜜舒服地睡上一覺，使我免於所有恐懼。保衛我，不要讓惡魔侵入。萬一有惡徒要偷竊、殺人、縱火，請祢阻擋他們，替我們趕走他們。當祢記得我的罪（等等，像晨禱一樣）。

315.吃飯時，必須說什麼？

我的唯一眞神，我現在要享用祢給我的飲食，因爲這是祢所賜下的。我餓了，祢使我不餓。祢使我的身體健壯美麗，所以我強壯，能在田裡辛勤工作。但不要只餵養我的身體，也要以祢在天上的話滋養我的靈魂，那是我靈魂的食糧。我此刻在塵世，死後在天上，都會不停地讚美祢。

316.用完飯，你要怎麼說？

我的神，我的父親，我讚美祢給我食物和飲料，使我飽腹有力。我祈求祢，不要忘記每天給我們食物，這樣我們才有體力下田工作。但不要只以食物增強我們的身體，用祢神聖的話語使我們飢餓疲倦的靈魂活潑起來，那才是靈魂眞正的食糧，能持續到永恆。我將不停地讚美祢和祢的慈悲。神呀！在塵世，以及死後在祢涼爽美麗的房子，我要讚美祢，一直到永遠。阿門！

317.誰教我們這句話：「我們天上的父」？

神子耶穌。

318.祂何時教我們這句話？

過去，當祂還在塵世時。

319.祂最先對誰教的？

祂最先教祂的十二位門徒，當時祂這樣說：「我的門徒呀！當你們對神說話時，讓祂聽到這句話，祂將很願意彎身傾聽你們。」

320.我們在天上的父是誰？

聖父、聖子和聖靈。

321.為什麼我們稱祂聖父？

因爲祂創造我們，祂給我們身體和靈魂，所以祂是人類的父親。祂是基督徒的父親，祂認養了他們，把他們從撒旦的鐵鍊中解救出來。我稱祂爲我的父親，因爲祂愛我們就像父親愛孩子一樣。

322.為什麼你說「我們的父」，而不是「我的父」？

祂只是我一人的父嗎？祂是所有敬拜祂、被祂認作養子的人的父。祂是富者與貧者的父，祂是偉人和凡人的父。

323.如果我們有一個父，我們有許多兄弟嗎？

有的。我們像同一個父、同一個家庭的孩子一樣，我們愛基督徒，他們是我們的兄弟姐妹。

324.你說：「我們的父」，是什麼意思？

那意謂著：「神呀！我是祢的孩子，我現在在祢面前，我求告祢，向祢說話，請憐憫我、傾聽我、關心我，像父親傾聽小孩一樣，因爲我像個孩子般敬畏祢。」

325.神只住在天上嗎？

神無所不在，在上面，在下面，各處遍在。

326.那麼你為何說：「在天上」？

那是說，雖然祂無所不在，但祂主要的住所是天上，因爲天堂是祂的房子，地上是祂的腳凳。所以我們要想到天堂，在天堂就要找神。

327.還有別的神可以求告嗎？

沒有，我們只能求告唯一的神，即聖父、聖子和聖靈。

328.「願人都尊祢的名為聖」是什麼意思？

那等於說：「教我們認識祢，神呀！讓我們讚美祢，讓所有人讚美並發揚祢的名。祢創造人是徒然的嗎？人長大是徒然的嗎？各地的人都必須讚美祢，因爲祢讓他們來到地上，讓他們能夠讚美祢、發揚祢。所以人不該忘了讚美神。」

329.我們能在塵世讚美神嗎？

能的。當我們用嘴巴榮耀祂、爲祂唱歌、相信祂的話、努力使別人改信並過正直的生活，我們就是在用我們的語言、我們的行動讚美神。

330.你說：「用我們的行動讚美神」，是什麼意思？

我們必須教人知道，我們所敬拜的神是全能的，祂正直，愛所有讚美祂的人。

331.當基督徒作惡並輕視神的話，他們是在讚美祂嗎？

他們是在讓神的名蒙羞。

332.牧師努力教導神的話，並設法使人改信，他們也在讚美神嗎？

是的，他們在讚美、榮耀神，因爲他們教人讚美神。神非常愛他們，將來他們在天堂會獲得很高的回報。

333.「願祢的天國有很多子民」，這句話是什麼意思？

它的意思是：神呀！豐富並增大祢的王國，使身處黑暗國度的人脫離惡魔之國，提升到祢的王國，那樣就會有許多子民讚美祢。

334.你說：「在祢的國」，那麼有多少個大國？

有兩個大國。

335.這兩大國各屬於誰？

一個屬於神，一個屬於惡魔。前者稱做光明之國，後者稱做黑暗之國。神是祂的王國的主人及統治者。惡魔是祂的王國的領導。

336.那一個王國住比較多人？神國或魔國？

魔國裡有很多不潔、邪惡的人，但眞基督徒和眞正敬拜神的孩子卻很少。所以我們必須這樣來了解這句話：「如果祢想要人們讚美祢，使他們轉向祢的國，那麼就解開被綁在魔國者的鐵鍊，讓祢的光照亮活在黑暗中的人，認養惡魔的孩子爲祢的孩子，教他們認識祢，相信基督。那麼許多人將進入祢的國。當我們都在祢的國，我們將不會白白待在那裡，我們不會緘默無聲，我們將在祢的房子和我們的房子裡讚美祢。」

337.當你說：「願祢的旨意行在地上，如同行在天上」，是什麼意思？

那等於說：「神呀！我不想依照我的意志行事，但要屈服於祢的旨意。讓我像住在祢的房子的天使那樣，歡愉勤奮地讚美祢的名。如果我們像祢的僕人天使一樣，也不停讚美祢，相信祢，那麼祢的旨意確實會被完成。」

338.神的旨意也在天上被完成嗎？

是的，因爲那裡沒有人輕視神的話，那裡所有人都是神聖的，因為他們都是神的僕人。所有天上的天使和死去的基督徒的靈魂都敬愛並讚美神。

339.神的旨意也在地上被完成嗎？

不，我們犯了許多罪。雖然我們是基督徒，但我們常常忽視神的話。

340.你說：「賜給我們今天的糧食」，是什麼意思？

意思是：「神呀！如果祢不憐憫我們的身體，我們的身體如何維持美麗呢？我們餓渴時，如果祢不賜給我們飲食，我們如何能活下去？如果祢不遮蔽我們，我們如何有衣服可穿？雖然我們勤奮，但如果祢不給我們土地，我們怎會有土地呢？我是祢的孩子，賜給我維生所需的必需品，因為人的一切都從祢而來，祢使人富有，祢使人貧窮。」

341.為什麼你說「今天」？

我要說明天或後天嗎？如果我說「今天」，我也記住我必須死的那天。我們將永遠住在地上嗎？誰不會死呢？我們的祖先死了，我們也必須死。當神所指定的那一天到來，我們就活不過那天。

342.「免我們的債，如同我們免了人的債」，是什麼意思？

那等於說：「神呀！請跟著我們做。如果任何人觸犯我們，我們原諒他們，請祢也這樣對我們，因為我們有很多罪，像我們頭髮那樣多。赦免我們的罪，就像我們對待別人那樣。不要記住我們的罪，就像我們沒有記住別人對我們所犯的罪一樣。」

343.神會赦免我們的罪嗎？

會的，祂會赦免基督徒的罪，因為我們相信基督並讚美祂。基督為我們流下祂的血，祂的受苦成為我們的贖金。如果我們虔誠、正直地轉向神，如果我們信耶穌，那麼神將帶走我們所有不潔，把它們丟到深海裡去。牧師不會徒然地用水為我們洗禮，因為基督的血會潔淨我們的靈魂。如果基督沒有為我們洗禮，我們將繼續被罪所玷污。神會因為基督的緣故而原諒我們所有的罪。

344.如果有人對我們犯罪，如果我們的兄弟觸怒、輕視我們，而我們含恨在心，一直憤怒，不原諒這個罪，這樣神會對我們生氣嗎？

會的，因為那些恨他的兄弟、一直對他的兄弟生氣而不求和解的人，不是神的子民，而是惡魔的小孩，神不會原諒他們的罪。

345.你說：「不叫我們遇見試探，救我們脫離惡魔」，是什麼意思？

「我們唯一的神，祢知道我們有多軟弱，因為我們都像小孩一般。我們還能在那裡得到庇護之處？有許多敵人在找尋我們，想要掌握我們的靈魂。那些敵人，有的是惡魔，有的是不潔的人，甚至我們的心和身，也都誘惑我們為惡。如果祢不強化我們，如果祢不用聖靈保護我們，惡魔將再度把我們從祢那邊帶走，但我們希望能永遠當祢的孩子。」

346.為什麼惡魔永遠對基督徒很殘酷？

因為我們摒棄、拒絕他。他恨所有讚美和敬拜神的人。

347.雖然惡魔尋找基督徒，但他能讓基督徒再次歸向他嗎？

不能，因為比惡魔更強的神會保護基督徒。

348.有許多惡魔嗎？

有很多，誰能算得出來呢？

349.惡魔統治誰？

他統治住在他的房子、在地獄之火的靈魂。在塵世裡，他統治他所有的孩子，所有不潔的和拒絕神的話的人。

350.「國度、權柄、榮耀，全是祢的，直到永遠。阿門！」是什麼意思？

那等於說：「神呀！雖然我的敵人很多且大膽，雖然他們很有力量，想要傷害我，但祢比他們更有力量，因為一切都屬於祢。魔鬼怎能躲過祢呢？如果祢要保護我們，還有什麼能傷害我們呢？」

351.如果神安全地保護你免於惡魔危害，你應該給神什麼？

我應該宣揚神的名，現在在地上每天讚美祂，以後在天上永遠讚美祂。

352.「阿門」是什麼意思？

它等於說：「神聽見我的話。神啊，雖然萬國讚美祢，雖然祢的王國裡有許多居民，我確定祢將聽見我的話。」

353.牧師求告神後，大家是否也要大聲說：「阿門」？

是的，因爲那是合宜的，神要每個人都說：「阿門」。至於牧師向神所說的其他話，他們必須安靜地自行複述。

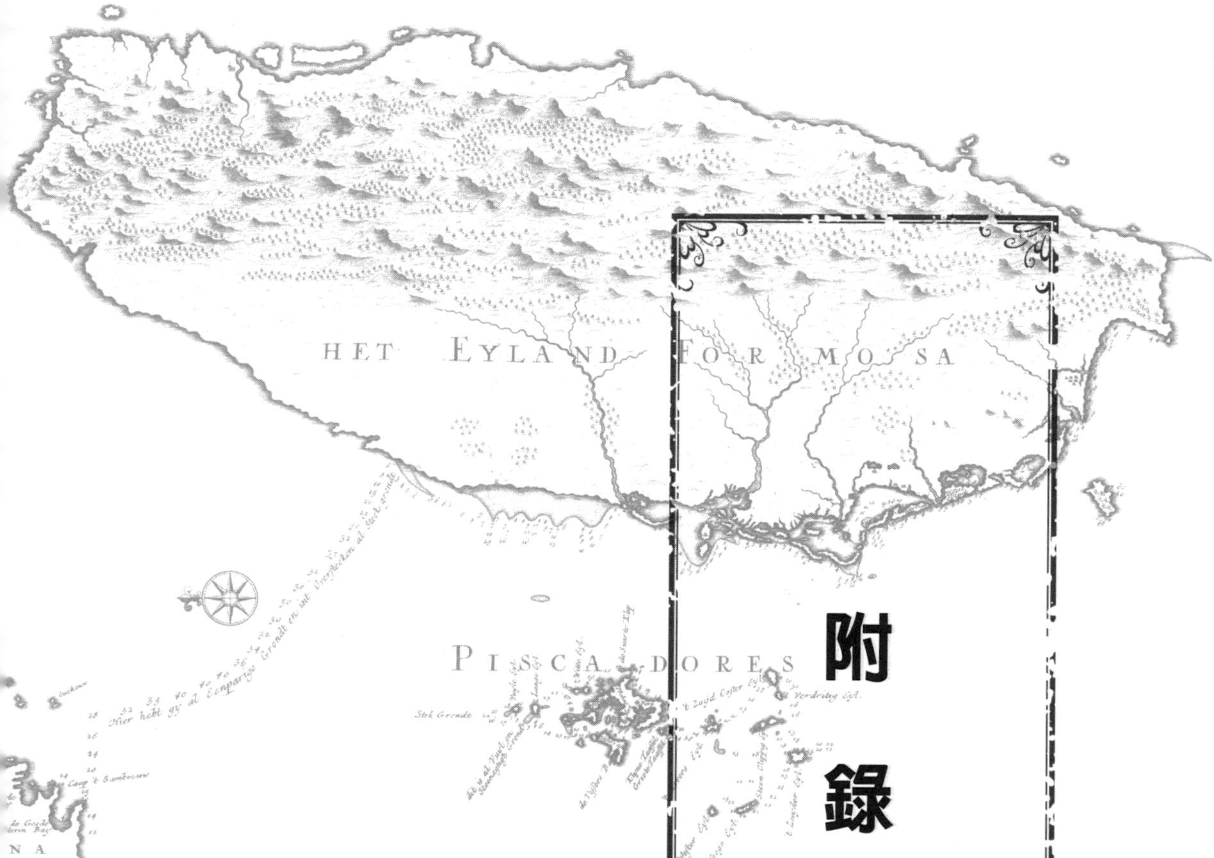

附錄

表1：福爾摩沙荷蘭長官表❶

	中文名	原文名	任期
1	宋克	Marten Sonk	1624/8/1❷-1625
2	魏斯	Gerard F. de With	1625-1626
3	努易茲	Pieter Nuyts	1627/6/28❸-1629
4	普特曼斯	Hans Putmans	1629/7❹-1636/10/25❺
5	范得堡	Johan van der Burg	1636/11/15-1640/3/11❻
6	特勞德	Paulus Traudenius	1640-1643
7	梅爾	Maximilian le Maire	1643-1644
8	卡隆 ❼	Francois Caron	1644-1646
9	歐佛華德	Pieter A. Overtwater	1646-1649
10	富爾堡	Nicolas Verburg	1649/8-1653❽
11	凱撒	Cornelis Caesar	1653/6-1656
12	揆一	Frederik Coyett	1656-1662

❶ 本表由英譯本頁 75 移至此。

❷ 頁 78。

❸ 頁 84 及頁 227。

❹ 頁 119。

❺ 頁 121 以為普特曼斯長官任期到 1636 年 11 月 15 日截止，實際上 1636 年 10 月 5 日范得堡已成為新長官了（頁 265），不過新舊長官很正式地在土著面前交接，日期在 1636 年 10 月 25 日（頁 271）。

❻ 逝世於福爾摩沙，見程紹剛譯註，《荷蘭人在福爾摩莎》，頁 226。

❼ 頁 160-161：尤羅伯於 1643 年 12 月 14 日回到巴達維亞，回去前代表福爾摩沙教會向長官卡隆做許多請求，可見卡隆於 1643 年底前已擔任長官，年代與此稍有不同。

❽ 程紹剛指出富爾堡於 1649 年 8 月上任長官，並由歐佛華德擔任副長官（程紹剛，頁 308），1653 年 6 月再由凱撒接替長官（程紹剛，頁 387），合乎本書頁 478 富爾堡自稱擔任長官四年的說法。

表2：巴達維亞總督表[9]

	中文名	原文名	任期
1	庫恩	Koen, J. P.	1619-1623
2	卡本特	Carpentier, P. de	1623-1627
3	庫恩	Koen, J. P.	1627-1629
4	斯貝克	Specx, J.	1629-1632
5	布勞沃爾	Brouwer, H.	1632-1636
6	迪門	Diemen, A. van	1636-1645
7	萊恩	Lyn, C. van der	1645-1650
8	雷尼斯	Reyniersz, C.	1650-1653/5/18
9	馬次科	Maetzuyker, J.	1653/5/22-1678

[9] 本表為英譯原文所無，漢譯者加入。

表3：福爾摩沙荷蘭牧師表[10]

	原英譯姓名	中文譯名	起迄年代[11]	修正起迄年代[12]
1	Candidius, G. (1)	干治士（第1次）	1627-31	1627/8/27[13]-1631/10[14]
2	Junius, R. (1)	尤羅伯（第1次）	1629-41	1629/3-1641/4
3	Candidius, G. (2)	干治士（第2次）	1633-37	1633/5/12-1637/4/30[15]
4	Hogensteyn, A.	荷根斯坦	1636-37	1636/5[16]-1637/1/16[17]死
	Holtenus	霍騰斯		1636/5/29在福爾摩沙[18]
	de Roy	羅伊		1636/5/29在福爾摩沙[19]
5	Lindeborn, J.	林德堡	1637-39	1636/7[20]-1637？
6	Livius, G. [21]	李必斯	1637-39	1637/7-1639/10/10[22]
7	Schotanus, J.	蘇坦納	1638-39	1638/7/12-1639/9/7停職[23]
8	Bavius, J.	巴必斯	1640-47	1640/7底[24]-1646/12/23死[25]
9	Junius, R. (2)	尤羅伯（第2次）	1641-43	1641/5/13[26]-1643/12/14

[10] 本表出現在英譯本頁 86，未標示號碼者為漢譯者加入的。

[11] 原英譯本所註明的起迄年代。

[12] 漢譯者由翻譯中所發現的起迄年代。

[13] 頁 156 的資料錯誤，見頁 56 及頁 57 註 1。

[14] 頁 203：1631 年 10 月 11 日計劃以尤羅伯取代干治士，所以不勸留後者。

[15] 頁 158。

[16] 頁 158 指出荷根斯坦 1636 年 5 月 1 日通過派遣來此。

[17] 頁 277。

[18] 頁 268。

[19] 頁 268。

[20] 頁 158。

[21] 英譯原文除此處作 Leeuwius, G. 外，全書皆寫作 Livius, G.，茲改之。

[22] 頁 310。

[23] 頁 310。

[24] 他替總督帶 1640 年 7 月 23 日的信給尤羅伯，必於其後數日到福爾摩沙，頁 316。

[25] 頁 372。

[26] 頁 160。

	原英譯姓名	中文譯名	起迄年代	修正起迄年代
10	Merkinius, N.	麥金尼	1641-43	1641-1643㉗
11	Breen, S. van	范布廉	1643-47	1643-1649㉘
12	Happartius, J.	哈伯特	1644-46	1644-1647/8/20死
13	Gravius, D.	倪但理	1647-51	1647/5/6-1651夏離開
14	Vertrecht, J.	維爾崔希	1647-51	1647/7/17-1651夏離開
15	Hambroek, A.	漢布洛克	1648-61	1648/4/20-1661/9斬㉙
16	Happartius, G. (1)	哈巴特（第1次）	1649-52	1649/3/22-1652/12/26
17	Cruyf, J.	克魯夫	1649-62	1649/4/26-1662逃
18	Tesschemaker, R.	鐵舒馬克	1651-5?	1651/4/17-1653/5死㉚
19	Ludgens, J. (Lutgens, J.)	盧根	1651-5?	1651/7/26-1651/10死
	Blank, A.	布蘭克		1650/10/3稍後出發㉛
20	Brakel, G.	布拉克	1652-5?	1652/4/15-1652/11猝死

㉗ 這與傳道師的麥金尼不同。1637 年 10 月 17 日傳道師麥金尼先擔任麻豆的教師，為尤羅伯的助手，1638 年 2 月 6 日他的身分已變成傳道師、1643 年 4 月 16 日時的身分是牧師候補（頁 327），1644 年 3 月 29 日還是牧師候補（頁 338）。牧師麥金尼 1643 年 10 月 7 日在福爾摩沙（頁 331），脾氣不好。攻克雞籠，驅逐西班牙人的荷軍司令哈羅斯（Harouse, H.）1642 年 9 月 4 日寫信給長官，抱怨麥金尼（Merkinius）對其很無禮（頁 322），可能就是脾氣不好的麥金尼牧師。依本表，他 1641 年便已到福爾摩沙。

㉘ 1648 年 11 月 3 日范布廉當主席，召開一次台灣宗教議會（頁 407），至少當年底范布廉還在福爾摩沙。他於 1649 年帶〈馬太福音〉新港文譯本回巴達維亞（程紹剛，頁 315-316）。1650 年 10 月 3 日范布廉已回到荷蘭出席阿姆斯特丹教區議會（頁 416）。范布廉身強體健，但 1644 年 12 月間發燒兩個月，其妻死在本島。

㉙ 依 1661 年 10 月 13 日逃至城堡的兩名當間諜的黑人小孩（頁 522）的口述，被斬日期當在 1661 年 9 月 16 日之後數天（頁 526）。

㉚ 見程紹剛，頁 395。其妻犯罪被關，出獄後五週死亡，頁 401。

㉛ 頁 417。

	原英譯姓名	中文譯名	起迄年代	修正起迄年代
21	Happartius, G. (2)	哈巴特（第2次）	1653-5?	1653/3/7-1653/8/8死㉜
22	Bakker, J.	貝克	1653-5?	1653/7/30-165?死㉝
23	Dapper, A.	達婆	1654-5?	1654/4/20-1654
24	Sassenius, R.	薩森	1654-5?	1654/4/27-1654
25	Buschhof, H.	布希霍	1655-57	1655/7/14-1657年底回
26	Masius, M.	馬休	1655-61	1655/6/21-1661逃
27	Mus, P.	慕斯	1655-61	1655/6/30-1661/9斬
28	Campius, J.	甘比	1655-62	1655/6/30-1655/12/17死㉞
29	Winsem, A.	溫慎	1655-62	1655/7/21-1661/9斬
30	Leonardis, J. de	李奧納	1656-62	1656/6/9-1663
31	Ampzingius, J.	安普仁	1656-62	1656/6/9-1661/9斬㉟
32	Vinderus, G.	賓德斯	1657-59	1657/5/21-1659/12/12死㊱

㉜ 頁 474。

㉝ 貝克 1653 年 9 月 28 日被福爾摩沙評議會派駐虎尾壠，頁 475。

㉞ 依頁 489，病死，其夫人亦病重。但依頁 168，甘比於 1661 年被砍頭，程紹剛認為甘比（即卡姆皮霧斯）病死。（程紹剛，頁 462）

㉟ 依頁 165，安普仁與李奧納一同來福爾摩沙。安普仁應即頁 490 處和李奧納同來福爾摩沙的漢辛（Hamsingh），頁 509 的安新（J. Amsing），如果不同人，則本表應再加一人。

㊱ 此處依頁 511。但頁 165 以為他病死於 1657 年 7 月 11 日。

人名索引

A

B

C

G

H

I

J

K

L

M

P

R

S

W

地名索引

A

B

C

D

H

J

K

N

P

Q

R

S

T

V

W

Y

Z

國家圖書館出版品預行編目資料

荷蘭時代的福爾摩沙／甘為霖英譯；李雄揮漢譯；
翁佳音校訂 -- 修訂新版-- 臺北市：前衛，2017.9
656面：17×23公分
譯自：Formosa under the Dutch
ISBN 978-957-801-817-4（平裝）

1.荷據時期 2.臺灣史

733.25 106004845

荷蘭時代的福爾摩沙【修訂新版】

英　　譯　甘為霖
漢　　譯　李雄揮
校　　訂　翁佳音
責任編輯　周俊男
美術編輯　Nico
出 版 者　前衛出版社
104056台北市中山區農安街153號4樓之3
Tel：02-2586-5708　Fax：02-2586-3758
郵撥帳號：05625551
e-mail：a4791@ms15.hinet.net
http://www.avanguard.com.tw
出版總監　林文欽
法律顧問　陽光百合律師事務所
出版日期　2017年 9 月修訂新版一刷
2021年12月修訂新版四刷

總 經 銷　紅螞蟻圖書有限公司
114066台北市內湖區舊宗路二段121巷19號
Tel：02-2795-3656　Fax：02-2795-4100

定　　價　新台幣650元

Printed in Taiwan　ISBN 978-957-801-817-4